全国物流专业应用型本科“十二五”规划系列教材

采购管理实务

张建军　主编

中国财富出版社

图书在版编目(CIP)数据

采购管理实务/张建军主编．—北京：中国财富出版社，2015.12
(全国物流专业应用型本科“十二五”规划系列教材)
ISBN 978-7-5047-6030-2

Ⅰ．①采…　Ⅱ．①张…　Ⅲ．①采购管理—高等学校—教材　Ⅳ．①F253.2

中国版本图书馆 CIP 数据核字（2016）第 021817 号

策划编辑	张　茜	责任编辑	颜学静		
责任印制	方朋远	责任校对	饶莉莉	责任发行	斯　琴

出版发行	中国财富出版社		
社　　址	北京市丰台区南四环西路 188 号 5 区 20 楼	邮政编码	100070
电　　话	010-52227568（发行部）		010-52227588 转 307（总编室）
	010-68589540（读者服务部）		010-52227588 转 305（质检部）
网　　址	http://www.cfpress.com.cn		
经　　销	新华书店		
印　　刷	北京京都六环印刷厂		
书　　号	ISBN 978-7-5047-6030-2/F·2538		
开　　本	787mm×1092mm　1/16	版　　次	2015 年 12 月第 1 版
印　　张	18.25	印　　次	2015 年 12 月第 1 次印刷
字　　数	433 千字	定　　价	45.00 元

前 言

2014年国务院印发的《物流业发展中长期规划》把物流业定位于支撑国民经济发展的基础性、战略性产业，是物流业产业地位进一步提升的重要标志。作为物流系统的重要组成部分之一，采购管理越来越引起人们的重视。

采购活动是现代经济活动的重要环节，无论是生产领域还是流通领域，都离不开采购活动。采购管理是一种与企业战略决策密切相关的综合性管理工作，是企业战略管理的重要组成部分，在企业经营管理中发挥着重要作用。为强化采购管理人才培养理念，适应国内外市场对采购管理人才的需求，本书在编写过程中力求实现理论与实践的结合、严谨与通俗的结合，既有基本理论、前沿理论的介绍，又有相关案例的分析和最新实践成果的引入。

本书具有以下特点。

(1) 完整性。本书系统、完整地介绍了采购管理理论体系以及采购管理的发展趋势，便于学生掌握采购管理理论及相关技能，培养学生系统完整的知识结构。

(2) 适用性。本书结合专业特点及社会发展实际需要，对教学内容与环节进行了整合与重组，课程设计更加合理，更加突出学生应用能力的培养。

(3) 兼顾理论性和实践性。虽然理论介绍是必要的，但本书不作冗长的推演，而偏重于在实践中如何应用理论。另外，书中设计了适量的案例，在充实内容的同时也丰富了读者的视野。

本书共分为十二章，由内蒙古农业大学经济管理学院张建军老师任主编，负责本书的内容结构设计及统稿工作。本书第一、第三章由张建军老师编写；

第二、第十章由内蒙古财经大学商务学院刘宇鑫老师编写；第四、第八章由内蒙古工业大学国际商学院王梦楠老师编写；第五、第七章由内蒙古农业大学经济管理学院刘桂艳老师编写；第六章由广东技术师范学院天河学院刘芳生老师编写；第九章由内蒙古农业大学经济管理学院永梅老师编写；第十一、第十二章由包头钢铁职业技术学院工商管理系王迅老师编写。

本书在编写过程中，得到了中国财富出版社的大力支持，在此表示衷心的感谢。本书内容借鉴国内同行大量的最新科研成果和实践经验，参考和引用了大量国内外有关采购管理方面的教材、专著、论文和相关网站资料，在此一并表示感谢。由于时间仓促，加之编者水平有限，书中难免有疏漏和不足之处，敬请同行和广大读者批评指正。

编　者

2015 年 10 月于北京交通大学

目 录

第一章　采购管理概述

章节知识框架

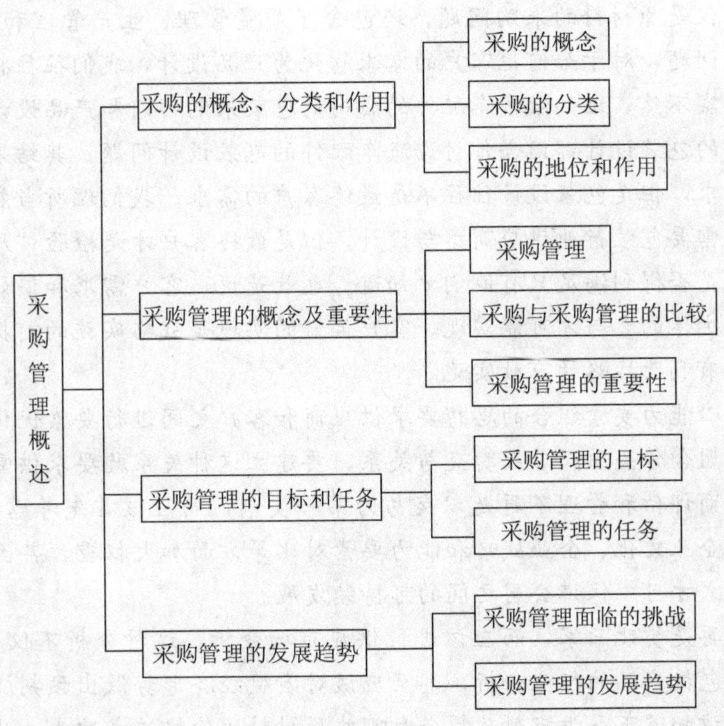

学习要求和目标

(1) 掌握采购与采购管理的概念、采购与采购管理的区别;
(2) 领会采购与采购管理的地位与重要性;
(3) 了解采购的各种分类方法;
(4) 理解采购管理的内容和采购管理的目标;
(5) 了解采购管理未来的发展趋势。

导入案例

战略采购管理

战略采购管理是基于与供应商建立“战略合作模式”的采购管理，是以企业最低总成本建立业务供给渠道的过程，而不是以最低采购价格获得当前所需原料的简单交易。战略采购管理充分平衡企业内部和外部的优势，以双赢采购为宗旨，注重发展与供应商长期战略合作关系，是新经济形势下的采购管理新范式。

一般我们认为采购管理是一种职能，跟战略无关。这是一种错误的思想，原因如下。

(1) 采购不仅是原材料的采购问题，还包含了质量管理、生产管理和产品设计问题，特别是产品设计问题，对于如何把客户的需求转化为产品设计，我们往往将它认为是公司内部的事情，其实不然。比如做汽车配件的公司的包装采购部门和产品设计部门往往不跟包装纸箱供应商的包装设计部门合作讨论汽车配件的包装设计问题，其结果是虽然汽车配件满足客户的需求，但是包装设计往往不是最终客户的需求。我们理所当然地认为客户的汽车配件需求不需要包装行业供应商参与设计，但是最终客户才是检验“质量”的唯一标准。他们的需求是否得到满足只有他们才知道。也就是说，客户需求和偏好的满足必须通过供应链各环节主体的参与才可能实现。客户偏好的实现是战略实施的前提，因此，改变传统的采购概念有利于战略的有效实施。

(2) 基于核心能力要素组合的思想要求供应商和客户之间进行要素优化组合。建立一种长期的战略联盟合作关系而非买卖交易关系，要建立这种关系就要求供需双方达到战略匹配。进行供应商评估和管理不再是以交易为第一要则，而应该首先考虑是否战略匹配。在企业家精神、企业文化、企业战略和能力要素对比等方面加大权重，甚至建立一种相互参股和控股的形式才可以保证公司之间的可持续发展。

(3) 采购不再是货比三家，而应该进行供应市场分析，这种分析不仅包括产品价格、质量等，还应该包括产品的行业分析，甚至应该对宏观经济形势做出预判。比如一个建筑行业的采购商应该知道下一步宏观政策会对哪些原材料的价格造成冲击。此外，应该对供应商的战略做出判断，因为供应商的战略管理能力无疑会最终影响采购关系是否可靠。所有这些问题都属于战略分析的范畴，它超越了传统的采购分析框架（价格、质量等）。

总之，采购管理，在供需双方，特别是供应商与用户企业之间，在供应商评估、供应市场分析和供应链整合之间，需要战略管理思维以取代传统的买卖交易行为。

（资料来源：http：//www.chinawuliu.com.cn/xsyj/201308/19/248612.shtml.）

问题：

1. 请谈谈你对战略采购管理的理解。
2. 请分析战略采购管理的重要性。

采购活动是人类经济活动的基本环节，无论是生产领域还是流通领域，都离不开采购活动。特别是进入21世纪以后，世界经济进入了一个新的发展阶段，企业之间的竞争加剧，采购被赋予了新的含义，采购管理也越来越引起人们的重视。

采购是企业经营的初始环节，也是企业获取利润的一个重要来源。随着市场经济的发展，企业经营管理理念、运营方式的改变和信息技术的广泛应用，采购的作用日益突出。采购活动不但是保证企业生产正常运转的必要条件，也是降低企业经营成本、提高企业经济效益和增强企业核心竞争力的重要环节。

随着世界经济一体化步伐的加快，企业面临的市场环境出现了新的变化。集中表现为消费者需求呈现多样化的趋势，消费者的要求越来越苛刻，产品生命周期越来越短，企业经营的风险逐渐加大。对企业而言，能够最大限度地获取和利用全球优质资源，已成为在竞争中获得优势的重要砝码。采购作为获取资源的重要手段，自然成为企业竞争优势的来源。因此，如何进行有效的采购管理，最大限度地获取企业需要的物料和服务，是所有企业都必须解决好的关键问题。

第一节　采购的概念、分类和作用

一、采购的概念

采购是一种极其频繁的经济活动，无论个人、家庭、企业、组织或政府，都离不开采购。一个组织只要存在，就要从外界获得所需的有形和无形物质，这种行为便是“采购”。

(一) 采购

站在字面角度理解采购，其包含两层基本含义：一层为“采”，即选择，指从许多对象中选择若干个之意；另一层为“购”，即购买，是通过商品交易的手段把所选对象从对方手中转移到自己手中的一种行为。因此，采购就是指在一定的时间和地点条件下通过交易手段，实现从多个备选对象中选择购买能够满足自身需求物品的企业活动过程。

站在流程角度理解采购，可将采购定义为：采购是指企业根据需求提出采购计划、审核计划、选好供应商、经过商务谈判确定价格、交货及相关条件，最终签订合同并按要求收货付款的过程。

从以上定义中，我们可得出采购具有以下特点。

(1) 采购是从资源市场上获取资源的过程。采购的意义就在于提供生产和生活所需要的而自己又缺乏的资源，这是采购的基本职能之一。采购的范围既包括生活资料也包括生产资料，从另一个角度来说，既包括物质资料（如原材料、设备和工具等)，也包括非物质资料（如信息、技术和软件等)。资源市场由能够提供这些资源的供应商组成，从资源市场获取这些资源都是通过采购的方式来进行。采购的基本功能就是帮助人们从资源市场获取他们所需要的各种资源。

(2) 采购是商流、物流、信息流与资金流的统一。采购就是将资源从供应方转移到需求方的过程。这个过程既是所有权转移的过程（商流），即资源所有权从供应方转移到需求方；也是实体的转移过程（物流），即物质实体从供应方转移到需求方；也是资金流的过程，即货款（资金流）从需求方转移到物资供应方；也是信息流的过程，即信息伴随着整个商品的采购活动。例如，A企业与B企业经过商谈，达成了一笔供货协议，确定了商品价格、品种、数量、供货时间、交货地点、运输方式等，并签订了合同，也可以说商流活动开始了。要认真履行这份合同，自然要进入物流过程，将货物进行包装、装卸、保管和运输，同时伴随着信息传递活动。如果商流和物流都顺利进行了，接下来是付款和结算，即进入资金流的过程。无论是买卖交易，还是物流和资金流，这三大过程中都离不开信息的传递和交换，没有及时的信息流，就没有顺畅的商流、物流和资金流。没有资金支付，商流不会成立，物流也不会发生。因此，采购是商流、物流、信息流与资金流的统一。

（3）采购是一种经济活动，是企业活动的重要组成部分。采购活动一方面要获取资源，保证企业正常的经营与生产，实现采购的效益；另一方面采购过程会发生各种费用，存在采购成本。采购的目标就是要追求以尽量少的成本去获取最大的经济效益。

（4）采购的实现需具备一定的条件。采购的实现需要具备一定的前提条件，比如企业在采购之前要明确需要采购的物资品种、物资的需求时间、尽可能准确地预测物资的需求量、准备一定的货款，以及提前了解市场的供应情况等。

（5）采购的过程是一个选择的过程。采购过程中会涉及商品种类的选择、供应商的选择等，这是采购的一个必经环节。任何形式的采购都会涉及供应商的选择问题，在某种程度上，供应商选择的好坏会直接影响采购的成败。

（二）采购与购买

与采购词义最接近的词汇是购买，很多人也将采购活动简单地理解为买东西，但实际上，两者之间存在很大的区别。采购与购买的区别如下表所示。

采购与购买的区别

比较项目	采购	购买
主体	通常是企业、事业单位、政府部门、军队和其他社会团体	家庭或个人
对象	不仅是生活资料，更多的是生产资料	生活资料
规模	品种、规格繁多，金额巨大	就独立的购买个体而言，数量不多、品种有限
流程	从策划至实施到任务完成，整个过程十分复杂，是商流、物流、资金流、信息流综合运行的过程	从策划、实施到完成，相对简单、易行
需求	由生产及发展驱动，波动性较大	由生活所需导向，通常较稳定
动机	主要出于理性考虑	带有个人喜好或冲动

续　表

比较项目	采购	购买
价格	缺乏弹性	富有弹性
风险	尤其是国际采购，存在很大的社会风险和自然风险	无论是自然风险还是社会风险，都不是很大

二、采购的分类

根据不同的划分标准可以对采购进行不同的分类。针对不同的类别，实施不同的采购策略。下面就其中的重要类型进行阐述。

（一）按采购的主体分类

根据采购主体的不同，可以把采购分为企业采购、政府采购。其中，企业采购是采购的主体，在社会采购中占有绝大比重。在本书中，如果没有特别说明，一般是指企业采购。

企业采购是指以企业为主体进行的原材料、零部件等物品的采购；企业的生产是以采购作为前提条件的。没有采购，生产就不能进行。企业的采购，不但采购数量多、采购市场范围广，而且对采购活动的要求也特别严格。它要对企业的需求品种、需求量、需求规律进行深入的研究，要对国内、国外众多的供应厂商进行分析研究，还要对采购过程各个环节进行深入研究和科学操作，才能完成采购任务、保证企业生产所需的各种物资的适时、适量供应。

政府采购是指各级国家机关、事业单位和团体组织，使用财政性资金进行的集中采购目录以内或者采购限额标准以上的货物、工程和服务的采购行为。

（二）按采购品的形态分类

根据采购对象的形态不同，可以将采购划分为有形采购和无形采购。

1. 有形采购

有形采购是指对有形商品的采购。有形商品包括所有的生产资料和生活资料。原材料、零部件、半成品、成品、能源、辅助材料及低值易耗品等。

2. 无形采购

无形采购是指对无形商品的采购，即对不具有实物形态商品的采购，主要是指技术、服务、软件以及在计算机上运行的电子文件等。无形商品通常是看不见、摸不着的，但是它们对企业的生产经营活动却非常重要。例如，创新性的技术可以在很大程度上降低企业的生产成本，提高生产效率；良好的服务可提高企业销售量和知名度，增强顾客对企业的忠诚度。

（三）按采购的目的分类

按照采购的目的，可将采购分为消费采购和工业采购。

1. 消费采购

消费采购是个人行为，是个人为了消费而以一定的代价获得物品的所有权或使用权的行为。消费采购的随意性比较大。主要为满足个人需求，采购动机带有个人偏好，采购量也比较小。

2. 工业采购

工业采购指为了满足在经营或生产中产生的企业对产品和服务的需要，企业按照一定的代价同外部公司进行的购买行为和业务活动。工业采购通常是企业、机关等机构组织的集体行为。所以相对来说动机是理性的，属于一种程序化行为。另外，由于采购批量大，价格基本维持稳定，采购方易于与供应商建立长期的合作伙伴关系。

(四) 按采购的科学化程度分类

按采购的科学化程度，可以将采购划分为传统采购和科学采购。

1. 传统采购

传统采购模式即面向库存的采购，是指在季（年、月）末，企业各部门申报下季（年、月）采购单，由采购部门汇总，制订统一的采购计划，采购计划被批准后于下季（年、月）采购，用于补充库存，满足下季（年、月）企业各部门的需求。

传统采购的特点是管理简单、粗糙，市场响应性差，没有考虑到顾客需求的变化，物资库存量大，资金积压多，库存风险较大。

2. 科学采购

科学采购就是面向用户需求的采购，是指在科学理论指导下，采用科学的方法和现代科技手段来进行的采购。科学采购主要包括订货点采购、物料需求计划采购、准时化采购、供应链采购和电子商务采购等。

(1) 订货点采购。它既是一种采购方法，也是一种库存控制方法。所谓订货点，就是仓库必须事先确立订货的警戒点，即订货点，当仓库的库存量达到订货点后就必须发出订货，否则就会出现缺货。因此，订货点也就是订货的启动控制点。订货点采购原理比较科学，操作比较简单。但由于市场需求的不确定性，使该方法同样具有库存量大、市场反应不灵敏的缺陷。

(2) 物料需求计划采购（Material Requirement Planning，MRP)。根据物料需求计划（即根据物料清单（BOM）和生产计划表所做出来的一份计划）来进行采购的方式。MRP采购主要适用于生产企业，其物料需求计划较严格、详细，规定了采购物品的品种、数量、时间等属性。

(3) 准时化采购（Just In Time，JIT)。其基本思路是：在恰当的时间、恰当的地点，以恰当的数量、恰当的质量提供恰当的物品。JIT采购是从准时化生产发展而来的，是为了消除库存和不必要的浪费而进行的持久性改进。要进行准时化生产必须保证准时化采购，因此，准时化采购是准时化生产管理模式的必然要求。准时化采购不但可以减少库存，还可以加快库存周转、缩短提前期、提高采购物品的质量、获得满意的交货服务等。

(4) 供应链采购。供应链采购即供应链机制下的采购模式。在供应链机制下，采购不再由单个企业操纵，而是由整个供应链操纵，并且采购管理的目标不是单个企业采购管理效益的最大化，而是整个供应链管理效益的最大化。

采购者只需将自己的需求信息向供应商实时传递，供应商根据自身产品的消耗情况及时连续小批量地补充库存，保证采购者既满足需求又使整个供应链库存量达到最小。供应链采购对信息技术、信息系统、供应商的要求都比较高。它也是一种科学的、理想的采购模式。

(5) 电子商务采购。电子商务采购即网上采购，是在电子商务环境下的采购模式。它的基本特点是在网上寻找商品、寻找供应商、网上洽谈交易、网上下订单、网上结算，网下配送（送货）。这种采购模式的好处是扩大了采购市场的范围、缩短了供需距离、简化了采购手续、节约了采购时间、降低了采购成本、提高了采购工作效率。电子商务采购具有很广阔的市场前景。

(五) 按采购的组织形式分类

按照采购的组织形式，可以把采购分为集中采购、分散采购与混合采购。

1. 集中采购

集中采购是指企业的采购部门全权负责企业的采购工作，统一组织企业所需物品的采购业务，其他部门（包括分厂、子公司）均无采购职权。

(1) 集中采购的优点。集中采购具有很多优点，其一，企业可以在采购总量一定的情况下，使采购的批量增加，提高与供应方的谈判力量，从而获得较多优惠的采购条件；其二，便于企业实施采购方针，可统筹安排采购物资，合理配置资源，避免各自为政，最大限度降低库存；其三，企业不需要设立过多的采购机构，精简人力，提高采购工作的专业化程度；其四，有效控制采购成本，提升采购工作效率，促进采购流程的规范化。

(2) 集中采购的缺点。集中采购的缺点主要表现在：采购流程过长，时效性差，难以适应零星采购、地域采购、紧急情况采购；采购与需求分开，有时难以准确了解内部需求，降低采购绩效。特别是对于非共用性物资来说，集中采购难以获得价格优惠。

(3) 集中采购的适用范围。一般来说，集中采购主要适用于集团范围实施的采购活动，跨国公司的采购，连锁经营和特许经营企业的采购。

①企业产销规模不大，采购量较小，企业只需一个采购单位来办理采购业务即可满足各部门的需求。

②企业虽然有多个生产机构，但是产品种类大同小异，集中采购可以达到“以量限价”的效果。

③集中采购是政府采购的重要组织形式。由政府将具有一定规模的采购项目纳入集中采购目录，统一交给集中采购机关（通常指政府采购中心）开展采购活动，从而获得政府采购的规模效益。

2. 分散采购

分散采购是指按照需要，由企业下属各单位（如分厂、子公司、车间或分店）自行组织采购，以满足自身生产经营的需要。分散采购是集中采购的完善和补充，有利于采购环节与存货、运输、配送等环节的协调配合，有利于增强基层工作者的责任心，提高基层工作者工作的积极性，使基层工作富有弹性和成效。

（1）分散采购的优点。在分散采购中，企业下属各单位都享有自主采购的权利。这样，可以将采购与生产经营紧密结合起来。分散采购减少了集中汇总、层层审批的烦琐程序，可以快速做出采购决策并立即组织实施，提高了工作效率，使采购具有较好的时效性。另外，分散采购也有利于激励机制的贯彻实施，调动采购人员的积极性。

（2）分散采购的缺点。分散采购的缺点也很明显。下属单位都具有采购自主权，因此企业整体采购管理的难度就会加大，特别是资金控制的难度会加大。另外，由于各下属单位均自设采购组织，采购能力分散，缺乏规模经济效应，且会增大整体采购组织人员的数量，增加人力成本。

（3）分散采购的适用范围。分散采购适用于各下属单位地理分布比较分散的采购。并且，要求企业需求的共性不是很强，通过集中采购不能取得采购规模优势。此外，企业的零星需求、紧急需求及地域性很强的需求，都需要采取分散采购方式。

①小批量、单件、价值低、总支出在产品经营费用中所占比重小的物品，产品研发、试验所需要的物品。

②市场资源有保证，易于送达，较少的物流费用。

③分散采购优于集中采购的物品，包括费用、时间、效率、质量等因素均有利，而不影响正常的生产与经营情况。

3. 混合采购

混合采购就是将集中采购和分散采购联合起来进行的一种采购方式。对于有些物资采用集中采购，由公司统一采购；而有些物资采用分散采购，由分公司或部门自行采购。

由于集中采购和分散采购都各有优缺点，集中采购的优势就是可以将企业的采购需求进行集中，形成规模效应；分散采购的优势就是比较灵活，可提高基层工作者的积极性，两者优缺点互补，因此，将集中采购和分散采购混合起来使用通常可实现合理化采购。

（六）按照采购的地域范围分类

按照采购的地域范围，可将采购分为国内采购和国际采购。

1. 国内采购

国内采购是指企业用本币向国内供应商采购所需物资的行为。国内采购是将采购资源的市场选择在国内，在国内寻求供应商，并不是指采购的物资都一定是国内生产的，也可以是从国外企业设在国内的代理商采购所需物资，以本币支付货款，不需以外汇结算。国内采购又分为本地市场和外地市场采购两种。通常情况下，首先考虑本地市场，这样可以节约采购成本、减少运输时间、保障供应。在本地市场不能满足供应时，再考虑外地市场。

2. 国际采购

国际采购又称国外采购或全球采购，国际采购是指利用全球的资源，在全世界范围内去寻找供应商，寻找质量最好、价格合理的产品（货物与服务）的采购。这种采购一般直接向国外厂商咨询，同国外厂商谈判，或者向国外生产厂商设在本地的代理商咨询采购。

国际采购主要指在国外市场采购，并不是指采购的物资都一定是国外生产的，也可以向国内企业设在国外的代理商采购所需物资，需要以外汇结算。随着经济全球化的发展，国际采购已经成为企业发展的重大战略。

相对于国内采购而言，国际采购具有一定的特殊性，主要表现在以下几个方面：

（1）国际采购更加追求低成本。这是国际采购最大的特点。每个采购商都希望降低采购成本，而在国际采购中，国外有竞争力的供应商通常能提供比国内供应商更低的价格。为了提高企业竞争力，降低企业成本，国际上许多企业往往在劳动力成本较低的区域生产，通过国际采购可以追求采购成本最低。

（2）国际采购更加复杂，难度更大。由于不同国家（地区）的运输能力、社会条件、自然环境、运作模式等不同，国际采购更加复杂、难度更大。

（3）国际采购时间长、环节多、手续复杂。由于国际采购的跨地域性，使得在订货、备货、制造和运输上的时间都被延长。与国内采购相比，国际采购涉及更多的部门和节点，如物流中心、港口、船公司、保险公司、海关以及质检部门等。研究表明，在整个供应链中，国际物流费用占货物总成本的2%～5%，但其所花费的时间却占到了30%～50%。

（4）国际采购供应保障性较差，需要较高库存，结算币种以供需双方协商为准，遵循国际惯例及所在国的法律法规。

（七）按采购包含的内容分类

按采购包含的内容，可将采购分为租赁、借用、交换、征收、外包和转移等。

1．租赁

租赁是一种以一定费用来租用实物的经济行为。在这种经济行为中，出租人将自己所拥有的某种物品交给承租人使用，承租人获得在一段时期内使用该物品的权利，但物品的所有权仍保留在出租人手中。承租人为获得物品的使用权需向出租人支付一定的费用（租金）。

2．借用

借用是指使用方无须支付任何代价，取得他人物品的使用权，使用完毕后，将物品返回给对方。

3．交换

狭义的交换是指人们互换劳动产品的过程。通过交换，交换双方获得了各自所需的产品。广义的交换主要包括人们在生产中发生的各种活动和能力的交换，主要有以下四类。

（1）生产过程中产生的各种活动和各种能力的交换。例如，在生产过程中，劳动者在分工和协作过程中所进行的活动和能力的交换。

（2）生产过程中的产品交换。例如，在同一生产线上，不同工序之间的原材料、半成品的交换。

（3）产品在进入消费领域之前的交换。

(4) 直接为消费而进行的交换，即产品进入最终消费领域的交换。

4. 征收

征收是指政府以无偿或有偿占有的方式来取得相关物品的使用权和所有权。

5. 外包

外包是将一些传统上由企业内部采购部门负责的非核心采购业务外包给专业的、高效的产品与服务供应商，以充分利用企业外部最优秀的专业化资源，从而降低采购成本，提高采购效率，增加自身竞争优势的一种经营策略。外包在一定程度上可以降低企业营运成本、分担采购风险，提高产品或服务品质，提升顾客满意度。

6. 转移

转移是指大型企业集团或政府机构的各二级单位或部门之间，从其他部门调拨物品来满足各自需求。转移一般只涉及物流活动，不涉及商品所有权的转移。

(八) 按照采购价格分类

按照采购价格，可将采购分为招标采购、询价采购、比价采购、议价采购、定价收购和公开市场采购。

1. 招标采购

招标采购是通过公开招标的方式进行物资和服务采购的一种行为。其最大的特点是公开性，凡是符合资质规定的供应商都有权参加投标。它通常适用于重大的工程项目的采购、政府采购以及采购批量较大的物资采购。

2. 询价采购

询价采购是指采购人员选择资信状况较好的厂商，向其讲明具体的采购条件，并询问价格或寄发询价单并促请对方报价，比较后现价采购。询价单上应注明商品的品种、数量以及交货的时间和地点等信息。这种方式适合于价值量较小或标准化程度较高的商品的采购。

3. 比价采购

比价采购是指由采购人员邀请数家供应商提供价格，然后从中加以比价后确定从其中一家或几家供应商进行采购的一种模式。这种采购方式本质上是一种有限供应商参与的招标采购。由于供应商的有限性，在采购中可能会出现恶性抢标，从而会影响采购品的质量。

4. 议价采购

议价采购是指采购人员与供应商经讨价还价后，议定价格进行采购。议价采购一般不进行公开竞标，而是由采购人员确定供应商后直接采购。这一模式较灵活，可节省采购时间和费用，同时也有利于与供应商建立稳定的合作伙伴关系。但是，议价采购往往价格较高，缺乏公开、公平。主要适用于需求量大、质量稳定、定期供应的大宗物资的采购。

5. 定价收购

当采购物资数量巨大，并非几家供应商所能全部提供或当市场上某种物资匮乏时，企业或政府可以采取定价现款收购的方式来收购物资。

6. 公开市场采购

公开市场采购也称为竞争价格采购，是指采购人员在公开交易或拍卖场所随时机动式的采购。一般适用于大宗、价格变动非常频繁的货物采购。

(九) 按照采购时间分类

按照采购商与供应商之间交易时间的长短，可将采购分为长期合同采购和短期合同采购。

1. 长期合同采购

长期合同采购是采购商和供应商通过合同，稳定双方的交易关系，合同期一般在一年以上。在合同期内，采购商承诺向供应商采购其所需要的产品；供应商承诺保证满足采购商对于采购品的数量、品种、规格、型号等方面的需要。

长期合同采购的优点：有利于增强双方的信任和理解，建立稳定、良好的供需关系；有利于降低双方的价格洽谈费用，由于供需双方有良好的长期合作关系，所以谈判时可以一切从简，节省洽谈费用；由于长期合同采购有明确的法律保证，有利于维护各自的利益。

长期合同采购的缺点：首先，其价格调整比较困难，如市场供求关系变化，采购商要求供应商调整价格有一定难度；合同对采购数量作了规定，不能根据实际需求来调整采购数量；由于有了合同的限制，因此在合同期内，即使出现了更好的采购渠道，采购商也不能随意调整供货商。

由于存在上述缺点，长期采购合同主要适合于采购商需求量大、需求连续、稳定并且市场价格波动较小的商品。

2. 短期合同采购

短期合同采购指采购商和供应商通过合同，实现一次交易，以满足生产经营活动的需要。短期合同采购中，采购双方的关系不稳定，采购产品的数量、品种、价格可以随现实情况相应调整，对采购商来讲具有较大的灵活性。但由于这种不稳定性，也将出现价格洽谈、交易以及服务等方面的不足。

短期合同采购一般适合于非经常性消耗物品、价格波动较大的物品和质量不稳定的物品。

三、采购的地位和作用

(一) 采购的地位

采购是企业经营的核心环节，是企业获取利润的重要源泉。采购在企业的产品开发、产品质量保证、整体供应链及经营管理中起着极其重要的作用。科学确立采购的战略地位、充分认识采购的重要性是现代企业谋求长远发展的必然要求。

1. 采购的供应地位

采购的供应地位，即源头地位。在商品生产和交换的整个供应链当中，每个节点企业既是上游企业的客户，同时又是下游企业的供应商。为了满足最终客户的需求，企业都力求以最低的成本将高质量的产品以最快的速度供应到市场，以获取最大化的利润。站在整体供应链的角度分析，企业为了获取尽可能多的利润，都会想方设法加快物料和信息的流动，这样就必须依靠采购的力量，充分发挥供应商的作用。供应商通过提高其供应的可靠性及灵活性，可在一定程度上缩短交货周期、增加送货频率、提高下游企业的生产效率、减少整个供应链的库存量、增强对市场需求的应变能力。

2. 采购的成本控制地位

随着经济的发展，采购活动变得越来越复杂，其在现代企业经营管理中的地位越来越重要。采购活动和企业的物流活动息息相关，是沟通生产需求与物资供应的桥梁，是企业获取经营利润的一个重要源泉。

随着信息技术的高度发展和现代经济高度自由化，过去企业借助技术优势、市场、资源垄断等手段获取的超额利润正逐步消失。随着消费者消费意识的增强和信息市场逐渐透明化，偏高的产品价格在市场上很难站稳脚跟，面对这样的局面，企业不得不以“内部”途径——降低采购成本，来代替“外部”途径——提高售价的方法来达到增加利润的目的。

因此，采购在企业经营成本控制中具有重要地位，通过有效的采购控制和管理可以降低企业整体经营运作成本，提高产品销量，实现企业经济效益最大化。

3. 采购的质量地位

质量是产品的生命。采购商在采购过程中不仅会考虑产品的价格问题，还会更加重视产品的质量、售后服务、供应商的综合实力等诸多问题。一般企业都根据质量控制的时序将其划分为采购商品质量控制、过程质量控制及产品质量控制。

由于产品中价值的60%是经采购由供应商提供的，毫无疑问，产品的“生命”由采购品质量控制得以确保。也就是说，企业产品“质量”不仅要在企业内部控制，更多的控制应在供应商的质量过程中进行，这也是“上游质量控制”的体现。供应商上游质量控制得好，不仅可以为下游质量控制打好基础，同时也可以降低质量成本，减少企业来货检验费等。因此，采购在企业产品质量控制中具有重要地位，通过对采购活动进行精细化管理，可以确保采购品的质量，进而保证最终产成品的质量。

4. 采购的价值地位

采购的价值地位也即采购的利润地位，企业的采购环节在产品的利润当中具有较大贡献。采购是企业管理中“最有价值”的部分。

（二）采购的作用

采购是企业开展各项经济活动的初始环节，对于生产制造企业来讲，其在生产过程中需要大量的原材料、零部件、包装物等，这些物料对企业的生产经营活动具有重要作用。科学合理地组织采购活动可在一定程度上降低采购成本、提高采购品质量、加快商品周转、提高物资利用率。具体来说，采购的作用体现在以下几个方面。

1. 采购是保证企业正常生产经营活动的前提条件

物资的采购和供应是企业生产经营的前提条件，企业生产经营所需要的原材料、零部件、机器设备等都要通过采购环节来满足，没有采购环节，企业就不可能正常开展生产经营活动。

2. 采购制约企业生产和销售工作的质量

作为向生产或销售提供对象的先导环节，商品采购必须使购进商品的品种、数量、质量等符合企业生产或市场的需要，这样才能保证企业以此为原料生产出的最终产品的质量，或实现其高质量、高效益的销售，从而达到采购与生产和销售的和谐统一；相反，则会导致购、产、销之间的矛盾，影响企业功能的发挥。可见，商品生产及销售工作质量的高低在很大程度上取决于商品采购工作的质量。

3. 采购制约企业研发工作的质量

在某种程度上，没有采购支持的研发方案其成功率会大打折扣。研发人员经常会因采购不到某种物料或采购的物料远远满足不了研发的需要，导致其研发设计难以实现。因此，采购在某种程度上制约了企业研发工作的质量。

4. 采购制约商品周转速度

采购员必须把握好采购活动的时间、采购批量等关键信息。若采购工作运行的时点同企业其他环节的活动达到了适度结合，就可以加快商品的周转速度，从而加快资金周转，为企业带来切实的利益。反之，就会造成商品积压、商品周转速度减缓、库存费用增加，库存风险增大，从而影响企业利润。因此，采购工作能否做到快、准、好，对于企业能否增加营业收入是至关重要的。

5. 采购可以提高物质资源利用率

采购工作必须贯彻节约的方针，通过采购可以提高物质资源利用率。第一，合理地采购，防止优料劣用，长材短用。第二，优化配置资源，防止优劣混用。在采购中，要力求资源优化配置，实现整体效应最大化。第三，在采购工作中，应用价值工程分析，力求功能与消耗相匹配。第四，通过采购同时引进新技术、新工艺，提高物质资源的利用效率。第五，采购要贯彻执行有关资源合理利用的经济、技术、政策和法规，防止被淘汰的产品进入流通领域，做到资源合理利用。

6. 采购可以加强企业间的经济联系

现代经济的一个显著特点，就是生产全球化、流通市场化、企业间的协作关系向深度发展。不同部门之间良好的经济合作关系，主要是通过商品流通的购销渠道实现的，采购工作在这一过程中起着重要作用：第一，通过采购工作，巩固现有的经济联系；第二，通过采购工作，开拓新渠道、新领域；第三，通过采购工作，发展、丰富经济联系的内容，如开展除采购以外的技术、资金、科研等方面的合作。

7. 采购可以洞察市场趋势

企业生产经营活动是以市场为导向，凭借市场展开的。通过采购，企业可观察市场上某种商品供求变化及其发展趋势，借以引导企业投资方向、调整产品结构、确定经营目标、经营方向和经营策略。

8. 采购可控制企业经营成本

采购的成本构成了生产成本的主体部分，其中包括采购费用、运输费用、仓储费用、流动资金占用费用以及管理费用等。采购的成本太高，将会大大降低生产的经济效益，甚至导致亏损。因此，加强采购和供应的组织与管理，对于节约占用资金、压缩存储成本和加快营运资本周转起着重要的作用。

采购工作是企业运营过程中的关键环节，并构成生产经营活动的物质基础和主要内容。规范的采购要兼顾经济性和有效性，这样可以有效降低企业成本，促进生产经营活动的顺利实施和按期完成。

9. 采购是企业科学管理的开端

物料采购直接与企业生产相联系，物料采购模式往往会在很大程度上影响生产模式。如果企业采用一种科学的采购模式，就必然会要求生产方式、物料搬运方式都做相应的变动，从而共同构成一种科学管理模式。

第二节　采购管理的概念及重要性

在企业的整个采购活动中，企业一方面要通过采购来获取所需资源，保证企业正常生产的顺利进行，这是采购的效益；另一方面企业在采购活动过程中会发生各种费用，这就是采购成本。企业要追求采购经济效益的最大化，就要保证在满足采购质量的前提下使采购总成本最小。而要做到这一点，就要对采购活动进行科学有效的管理。

一、采购管理

（一）采购管理的概念

采购管理，就是指为保障企业物资供应和增强企业竞争力，综合运用现代管理理论和技术方法对企业采购活动进行计划、组织、协调和控制等一系列活动的总称。

（二）采购管理的内容

采购管理主要包括三个方面：一是与采购需求有关的企业内部管理；二是企业外部的市场分析和供应商管理；三是对采购实践活动的管理。具体包括以下内容。

1. 采购管理组织建设

采购管理组织是采购管理最基本的组成部分，为了做好企业的采购管理工作，需要构建一个合理的管理机制和一个高效的管理组织。

2. 采购制度建设

制订采购工作管理目标、供应商选择制度、价格管理制度、采购作业制度等，用制度规范采购程序、采购人员行为，使采购运行机制科学化、合理化。

3. 明确业务部门的需求

采购职能的战略方向主要取决于公司主要战略或业务部门的发展战略，公司各部门所需的物料、商品和服务将转换为采购目标并形成采购计划。采购部门的职责是代表组织中的其他部门进行采购。采购需求主要来源于生产所需零件及材料、新项目的物料采购、办公用品或服务采购、需要替换设备、维修零部件、库存下限请购等。

4. 采购供应市场分析

供应市场分析，就是根据企业所需的物资品种，分析供应市场的情况，包括资源分布情况、供应商情况、品种质量、价格情况、交通运输情况等。由于采购物品种类繁多，因此需要对供应市场进行分析，并尽可能了解供应商产品的差异。供应市场分析的重点是供应商分析和物资品种分析。

5. 制订采购订货计划

是根据需求品种情况和供应商的情况，制订出切实可行的采购订货计划，包括选择供应商、供应品种、具体的订货策略、运输进货策略以及具体的实施进度计划等。

6. 制定供应战略

制定战略的目的就是要指明企业发展的方向、重点和资源分配的优先顺序。企业没有必要对每一个采购品项都给予同样的重视，有些品项比其他品项对企业更重要，企业要把主要精力花在优先级的采购品项上。

7. 选择和管理供应商

根据需求说明选择成绩良好的供应商。供应商选择是保证企业产品的质量、价格、交货期和服务水平的关键。因此，企业应加强对供应商的选择、评估和管理工作。

8. 协商谈判，获取报价

采购价格的确定是采购过程中的一项重要决策，也是选择供应商首要考虑的重要因素之一。采购者是否能得到合理的价格也是衡量一个优秀采购者的首要标准。采购者必须了解供应商定价的方法，并能够利用技巧来取得满意的采购价格。对于金额较大的采购，一般宜采用竞标的方式定价，这会让采购价格变得更加合理。

9. 采购合同管理

采购合同是需求方向供应商采购商品时，按双方达成的协议所签订的具有法律效力的书面协议，它确立了供需双方之间的购销关系和权利与义务。

10. 库存管理

库存管理是指企业优化物资的存储，以便使企业在恰当的时间、以最低的成本满足用户对特定数量和质量的产品的需求，库存管理是采购供应的一个重要环节。

11. 结果控制及采购绩效考评

采购绩效考核与评估是对采购供应工作进行全面系统的控制和评价的活动过程。通过采购绩效考核与评估，可使采购工作有计划、有目标地进行，从而有效地控制采购过程；可提供改进绩效的依据，找出采购工作的缺陷所在，从而据此拟订改善措施；客观地评价个人或部门绩效，能有效调动采购人员的积极性和开拓性，发挥团队合作精神，进一步提高整个部门的效能；可以为甄选和培养优秀采购人员提供依据；可使采购工作透明化，促进各部门合作。由此可见，采购绩效考核与评估不仅对采购工作，而且对企业的整体经营运作和经济效益都有着不可忽视的影响。

二、采购与采购管理的比较

采购和采购管理是两个不同的概念，采购是为完成指定的采购任务而进行具体操作的活动，一般由采购员承担，其使命就是完成采购主管布置的具体采购任务。采购员是对自己的采购业务进行管理，属于操作层面的作业管理。

采购管理不但面向企业的全体采购员，而且也面向企业的其他组织人员，一般由企业采购部或企业的中高层管理人员承担，其使命就是保障企业物资供应、对企业的整个采购活动进行计划、组织、指挥、协调和控制，其权力是可以调动整个企业的资源。采购管理是站在企业的立场上，对整个企业采购活动的管理，包括对采购员和具体采购业务的管理，采购管理是企业管理系统的一个重要子系统，是企业战略管理的重要组成部分。

采购与采购管理的区别如下。

（1）采购与采购管理的内涵不同。采购是按订单规定指标，在资源市场完成采购任务，是一种具体的业务活动。而采购管理是对这个企业的采购活动进行计划、组织、指挥、协调和控制，是管理活动。

（2）采购与采购管理的参加人员不同。采购通常只由采购人员承担，只涉及采购人员个人。而采购管理几乎会涉及企业全体人员，一般由采购经理来具体承担采购管理工作。

（3）采购与采购管理任务的权限不同。采购就是完成采购经理布置的具体采购任务，采购人员的权力仅限于采购经理分配的权力和有限资源。而采购管理则要面向全企业或整个组织，要保证物资供应，实现企业利益最大化。因此有权力调动整个企业的资源为其服务。

但是，采购本身也有具体管理工作，它属于采购管理。采购管理本身，又可以直接管到具体的采购业务的每一个步骤、每一个环节和每一个采购员。由此可见，采购与采购管理并不完全是两回事，两者有区别也有一定的联系。

一般情况下，采购管理会伴随着企业采购活动而发生，也即有采购活动的地方就有采购管理。但是不同的采购活动由于其采购时间、批量、方式等的不同，采购管理的复杂程度也不同。

一般的集团采购，如企业采购、政府采购、军队采购、事业单位采购等，由于采购量大、品种多、涉及面广、事务复杂，管理工作必不可少，所以都毫无例外地设有采购组织管理机构，而且企业规模越大，其采购管理工作就越重要。

三、采购管理的重要性

采购管理的重要性可体现在如下几个方面。

1. 供应链流程的重要环节

制造业不能是“无米之炊”，它的首要特点就是必须购进原材料才能进行加工。对装配型产品来讲，还必须首先购进配套件和标准件才能进行装配。生产加工之所以可行，在很大程度上还得靠采购供应来保证，两者之间有着密切的关系。

另外，企业生产能力的发挥，在一定程度上也要受采购供应的制约。采购提前期在整个产品生产周期中占了很大的比例，实现按期交货满足客户需求，首先应保证的环节就是采购作业，它直接关系到计划的如期执行。实质上，采购作业是企业能力的外延，如果外延的能力不能保证需求，销售计划是无法完成的，销售人员在承诺交付条件之前，除了了解企业生产能力的可行性外，还必须了解供应的可行性。

从供应链管理的角度来看，由于采购周期一般比较长，不确定因素较多，供应商毕竟不是企业自身，对需求变化的应变能力和响应速度相对较为迟缓，一定程度上会影响整个供应链的竞争力。

2. 质量第一关

制造业产品的质量，在设计不出现差错的前提下，首先决定于采购物料的质量。一部手机的信号不好，人们首先指责的是手机的品牌，而不会想到手机的零部件是哪一家工厂生产的。在加工过程中，一个铸件出现砂眼气孔，会造成大量工时浪费。ISO 9000 把采购质量放在极其重要的位置，提出一系列质量保证措施的要求，说明采购管理是把好产品质量的第一关。

3. 成本第一关

在产品成本中，原材料和采购件占的比重最大，对制造业来讲，视行业而异，约占产品成本的50%～90%，多数为60%～70%。因此，降低采购费用是提高企业利润率的一项重要措施。采购作业管理的目标就是用较低的采购成本，较少的库存保证生产活动不间断地均衡运行。

现代企业在日常管理中非常重视采购管理，在企业资源计划（ERP）系统中它是一个重要的核心业务工作流程，同时也是信息集成的一个重要组成部分，无论是制造流程还是供销流程都需要同采购流程集成。在全球经济一体化的环境下，采购作业将是一个面向全球的业务。

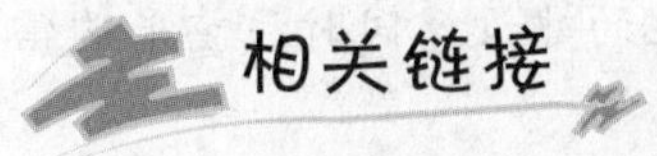

加快提升我国企业采购管理水平

中国物流与采购联合会会长　何黎明

采购作为连接社会生产、流通和消费的核心环节和关键职能，是市场经济的重要组成部分，在国民经济资源配置和转型发展中发挥着至关重要的作用。作为世界制造大国，目前我国企业的总体采购水平依然比较落后，与国际水平存在很大差距。在全球化竞争异常激烈、价格剧烈波动、成本日益上升、市场风险加大的今天，如何降低采购成本，将采购从业务层面提升到企业的战略层面，充分发挥采购的杠杆作用，提升企业国际竞争力，已成为关系到我国企业生存与发展的关键问题。

据专家研究分析，采购成本每下降1个百分点，相当于利润增长5%～10%。我国制造企业应高度重视采购管理的重要性，逐步将采购部门的角色从成本中心向利润中心过渡。同时，为更好地发挥采购的杠杆作用，应把采购管理纳入企业的战略层面，设立与企业战略目标相适应的采购组织，提高采购管理在企业中的战略地位。根据国外的经验，这重点表现在以下几个方面：一是在建立采购部门的基础上设立首席采购官职位来统管采购，直接向公司高管或首席执行官（CEO）汇报工作；二是提高采购部门管理的支出在总支出中的比例，根据国际著名研究机构阿伯丁公司（Aberdeen）的研究，公司可控支出即采购部门管理的支出比例越高，其节省成本的可能性越大；三是建立标准化的采购流程和完善的绩效评估体系；四是采取多种方式加强对采购人员的专业培训。

我国制造业要实现产业结构调整和升级，就必须进入国际分工中“微笑曲线”的两端——产品创新和品牌经营，真正实现从“中国制造”到“中国创造”的转变。而这种创新必然伴随着采购模式的创新，要求企业充分运用战略采购方法，创新采购模式，与供应商形成长期共赢的战略伙伴关系来降低采购成本，在产品和市场竞争中获得优势。

一是采用战略采购方式。以公司总体战略为目标，把采购与公司的总体目标紧密结合起来，充分平衡企业内部和外部的优势，以最低总成本建立供应渠道。它通过分析建立公司品类采购管理方法，为不同类型的货物制订采购战略并加以执行。

二是加快采购模式创新。企业需要根据总体目标，从自身的实际情况出发，合理利用企业资源，在实践中不断摸索与创新。寻找集中与分散采购最佳结合点，对企业来说至关重要。无论集中与分散的程度如何，信息的集中度要高于管理的集中度，这是一条基本原则。

三是与供应商建立长期共赢合作伙伴关系。企业必须要重视供应商管理，尤其要与关键供应商建立长期稳定的供应商合作伙伴关系，与供应商及时沟通与分享信息，提升供应商协同技术的运用能力。同时，对供应商的准时交货、成本、响应速度等方面进行考核和优化。

四是加强企业采购信息化建设。采购信息化是提高采购效率、减少采购风险的主要途径，运用采购信息化的水平直接决定着制造企业的竞争能力。在采购信息化与供应链全程可视化趋势不可逆转的今天，制造企业应当充分重视采购信息化的建设，同时注重采购信息方面复合型人才的培养。

五是推动企业绿色采购与供应链发展。要重视企业绿色采购与供应链的发展，加强供应链风险防范意识，强化制造业企业的社会责任。制造企业可通过采购与供应链环节的努力，促进节能减排和环境保护，使产品在整个产品生命周期中对环境的影响最小，资源利用率最高。

总体而言，我国企业采购与供应链理论的研究和实践还处于起步阶段，制造业中采购与供应链管理仍存在诸多问题，亟待解决。我国要发展现代产业体系，提高产业核心竞争力，离不开企业采购水平的优化和提升；要加快建设资源节约型、环境友好型社会，离不开全社会对绿色采购的认识和实践。这些都需要有关政府部门、行业协会、大专院校和企业等社会各界形成合力，共同推动。

（资料来源：http：//www.chinawuliu.com.cn/xsyj/201009/01/143193.shtml.）

采购管理的规范建议

采购是利润的源泉，又是腐败的土壤；采购是制造的龙头，也是生产的金箍；采购是多人向往的职位，也是老板头疼的岗位。因为，打工者取得采购一职，就如同找到了发财之路；采购无法满足生产的需求，就变成例会上人人抨击的靶心；无法控制的采购漏洞，也就成为老板心中挥之不去的疼。既然无法堵塞采购漏洞，很多老板也就自然而然实行了重用家人的政策。因为与其肥水流了外人田，还不如让自己的亲朋来做。

采购、采购，到底有没有办法控制漏洞？采购、采购，到底有没有流程能够规范操作？

答案是肯定的。只要你有心规范、有意防患，控制方法就会来到你的手上，规范流程就会写入你的手册。

我们都知道，没有监督的权力必然产生腐败；没有过程的控制，很难达成理想的目标。任何靠个人自觉的管理注定是走不远的。没有制度规范、没有操作流程，圣人去采购也会收回扣，道德模范去采购也会被拉下水。传统的采购流程让一人操办，不出事、不腐败，那才叫奇迹；出事、腐败才叫正常。

一、采购流程细分、采购责任细分

我们知道采购活动通常分为几个步骤：采购计划、市场调查、货比三家、讨价还价（议价）、选择供应商、合同草签、合同审批、下单订货、货物验收、品质检验、生产反馈、货款结算。不少小企业，这一系列流程活动几乎是一人承担，责任自然也在一个人身上。采购员在整个采购活动中拥有绝对的权力。采购员与供应商之间有地下交易，是十分方便的事情。

如果我们把以上流程活动分派给不同的岗位员工担任，控制就变得非常简单了。生产单位下达采购计划，市场调查、货比三家由一个岗位承担；讨价还价由一个岗位承担；选择供应商与合同草签由一个岗位承担；合同审批由2～3个管理岗位承担；下单订货由一个岗位承担；货物验收、品质检验、生产反馈本来就是不同岗位在承担，不过是他们的责任更明确；货款结算这一环节千万不能让采购员承担，由供应商按流程直接到结算中心结算。整个采购活动仍然连贯在一起，只不过责任细分到了不同的岗位。供应商再想行贿其中的某一个员工没有意义，行贿全体采购流程上的所有岗位员工相当复杂、相当困难！任何一个稍具商业头脑的人都不会再去琢磨歪门邪道的事儿了，降低成本、保质保量，按合同供货就成了他唯一的选择。

二、严格挑选采购人员

公司将采购权限下放给各生产单位，但采购人员的任用权控制在公司手上。用人单位可以提报人选，但最终是否选用，还得公司总裁说了算（审批），防止采、用人员串通一气，在企业内部又增加了一道防火墙。

三、严格控制采购过程

当我们将采购活动按流程细分之后，控制采购过程就变得相对简单。所有市场调查、货比三家、讨价还价的信息资料都必须按规定上报存档。合同管理、供应商管理更是只能加强，不能放松。除了货物验收、品质检验、生产反馈在时时监督采购活动成果之外，公司还要另设监察审计部门进行重点监控。所有采购人员的所有采购活动都在双向监督之下。采购人员的任何不法举动都可能被及时发现。

四、所有采购都可追踪

由于整个采购流程上的每一个活动都有档案记录，任何一项采购结果没有达成目的，都可以迅速查明问题出在哪一个环节，责任人基本上难逃“法眼”。

五、采购品质决定绩效

以往采购员一人大包大揽的采购方式，由于采购员是亲信，即使采购物品出了问题，往往都是不了了之。可谓买多买少一个样，买好买坏一个样。说白了就是工资照拿，回扣照吃。现在不一样了。采购数量是采购人员计算基本工资的主要指标，但采购品质才是决定采购人员工作绩效的KPI（关键绩效指标）。并且我们还要加大绩效奖金的比重。比如说，绩效奖金至少占到采购人员工资总额的50%或更多，让采购质量成为采购人员工资收入的决定因素。

（资料来源：http：//www.chinawuliu.com.cn/xsyj/201302/05/206813.shtml.）

前沿理论与技术

采购管理成功运作的五大要素

很多企业都把降低采购成本作为节省企业运营成本的重要方法。一般来说，采购成本占到企业运营成本的60%。如果能把采购成本降低10%或更多，那么就相当于企业赢利额上升了一大笔。过去，采购成本的节省主要通过压价来实现。到了今天，在产品赢利幅度减少的情况下，企业压价的空间就减少了。要想大幅度地降低企业的采购成本不能再停留在价格上，而是要把采购的所有环节有效地管理起来，向管理要效益。下面介绍一下降低采购成本的五大采购管理要素。

一、数量就是力量

这是谈判课程中基本的原理。买方的采购批量是买方在谈判中的最大优势，但具体如何合理运用这个优势，却取决于不同的采购战略。对于某些生产资料的采购，其采购批量上的优势是相当明显的。为了维持价格的竞争性，同时也为了分散风险，常常要维持2～3个供应商。另外，某些物料的采购，尤其是品种繁多的低值物品，单项商品的采购规模并不一定很大。如果仍然采取分散采购，则是自己削减自己的优势。这种情况下可以将同类商品，甚至不同类的商品进行合并采购，从而提升谈判的力量。试想，如果我们有近百项年采购量在几千元左右的商品，如果单独采购各项产品，将没有一项可获得采购优势，而且因为要与数百个不同的供应商交易，厂商的采购成本也是相当巨大的。但是如果能将这千项物品集中从一两个供应商那里采购，该厂商就是年采购量数十万元的大客户，没有一个供应商会忽视我们的存在。

二、选择综合性供应商

如果我们要合并采购项目，有时一个具有综合能力的中小型公司可能更能满足我们买方的需要。对单一物料的制造商而言，单一客户的采购量未必很大。虽然他们具有成本优势，但其提供给我们买方的未必就是最好的价格，并且他们很少有单独为某一客户储备大量的库存。相比之下，通过服务灵活的综合性供应商进行采购时，买方庞大的采购批量往往能够获得特别的折扣，我们买方可以要求供应商储备一定的库存量，从而将自己的库存削减到最小。而当我们买方由于生产计划波动等原因而取消某些物料的采购订单时，因为大部分库存放在供应商那里，这部分损失可以和供应商一起分担，而且供应商还可以通过自己的销售渠道把这些多余的库存销售给其他客户。在供应商库存管理的支持下，企业生产在物料供应上也就有了保障。不仅如此，供应商通过增加库存和提供额外服务等手段，也可以与我们结成相当紧密的伙伴关系。供应商通过大批量的商品进出，实现薄利多销的目的；而当客户有其他的需求时，他们也往往会成为首选供应商。这实际上是一个双赢的局面。

三、近地域采购

运输的时间和成本在物料采购中的作用不可低估。物料的交货期中大约有1/4的时间是被用在了运输上。特别是一些低价值产品，长途运输无疑将增加采购的成本，有时甚至可能超过物料本身的价值。实际上很多厂商都注意到了这点。例如，诺基亚在建设北京经济技术开发区的星网工业园工程中，也邀请了他们的主板、电池、机壳等主要物料供应商在开发区建厂。在整个星网工业园中，诺基亚的物料可以做到随用随取，基本实现了零库存。

四、采购管理系统的运用

采购管理系统的应用无疑可以提高企业使用各种资源的效率。

从目前的情况来看，虽然没有实现完全的电子化管理，但是已经初步实现了电脑信息化管理，部门内部通过局域网的信息和资源互通互享，可以提高运作的速度，减少出错率，增强计划的准确性，从而带来采购成本的相应下降。

五、诚信的工作态度

“动荡经济”的到来使竞争法则从公司之间的竞争转为供应链联盟之间的竞争。良好的供应商关系是构建供应链联盟的基础，供应商关系管理因而成为决定企业竞争力的重要因素。良好的供应商关系是通过诚信互利的合作达到的。良好的信用记录可以极大地提升采购方在谈判中的地位，采购员在向供应商要求更合理的采购条件时也不会难以启齿。同时，良好的供应商关系常常可以使买方在物料短缺时仍能以相对合理的价格及时得到供货，在供应充裕时又可以获得相当优惠的价格。

（资料来源：http：//www.chinawuliu.com.cn/xsyj/201204/12/181129.shtml.）

第三节　采购管理的目标和任务

一、采购管理的目标

采购管理的总目标是满足企业物资供应，确保企业经营战略的实现。通过实施采购管理应做到：在确保适当质量的情况下，能够以适当的价格，在适当的时间从适当的供应商那里采购到适当数量的物资和服务。

1. 选择合适的供应商

选择合适的供应商是采购管理的首要目标。一批适合企业需要的供应商是企业的宝贵资源。对于采购方来讲，选择的供应商是否合适，会直接影响采购方的利益。如数量、质量是否有保证，价格是否降到最低，能否按时交货等。供应商的选择主要应考察供应商的整体实力，生产供应能力、信誉等，以便建立双方相互信任的长期合作关系，实现采购与供应的双赢战略。

2. 适当的质量

采购商进行采购的目的，是为了满足生产需要，因而，为了保证企业生产的产品质量，首先应保证所采购材料的质量能够满足企业生产的质量标准要求。一个不重视产品品质的企业在今天激烈的市场竞争中根本无法立足。因此，采购部门要保证采购的物品能达到企业生产和流通所需要的质量标准，而且要做到“适当”。质量过高，会加大采购成本；质量太差，就不能满足企业生产对原材料品质的要求，影响到最终产品质量，甚至会危及人民生命财产安全。

3. 适当的时间

采购管理对采购时间有严格的要求，即要选择适当的采购时间。一方面要保证供应不间断，避免停工待料；另一方面又不能过早采购而出现积压，占用过多的仓库面积，大量积压采购资金，加大库存成本。故采购人员要扮演协调者与监督者的角色，促使供应商按预定时间交货。

4. 适当的数量

采购数量决策也是采购管理的一个重要目标，批量采购虽有可能获得数量折扣，但会积压采购资金，太少会出现供货中断、不能满足生产需要、采购成本增大的问题。故合理确定采购数量相当关键，一般按经济订货批量采购，采购人员不仅要监督供应商准时交货，还要强调按订单数量交货。

5. 适当的价格

采购价格的高低是影响采购成本的主要因素，企业在采购中最关心的要点之一就是采购能节省多少采购资金。价格永远是采购活动中的焦点。因此，采购中能够做到以“适当的价格”完成采购任务是采购管理的重要目标之一。采购价格应做到“公平、合理”。因为，一方面采购价格过高，加大了采购方的生产成本，产品将失去市场竞争力，供应商也将失去一个稳定的客户，这种供需关系也不能长久；另一方面采购价格过低，供应商利润空间小，或无利可图，将会影响供应商供货的积极性。

二、采购管理的任务

为了实现上面提出的企业采购管理的目标，企业就必须加强采购管理。企业采购管理的主要任务：一是通过采购管理，保证企业所需物资的正常供应；二是通过采购管理，能够从市场获取支持企业进行物资采购和生产经营决策的相关信息；三是与供应商建立长期友好的合作关系，为企业建立稳定的资源供应基地。

第四节　采购管理的发展趋势

一、采购管理面临的挑战

采购管理伴随着全球化发展和信息技术的进步而发展。随着科学技术的日新月异，新产品、新材料、新技术、新市场的快速出现，使采购管理未知数多、风险大、需求不易控制；技术发展变化快、市场价格变化大、产品研发时限短、产品生命周期短，使采购管理的反应时间短；信息传播和市场变化迅速、全球性竞争、全方位经营，使采购管理质量难以提高、成本难以估算和控制，采购管理面临前所未有的挑战。

二、采购管理的发展趋势

随着科学技术的发展，一些新理论、新技术的出现赋予了采购和采购管理新的活力。采购管理随着全球化竞争和科学技术的发展呈现出新的发展方向和趋势。企业只有了解采购管理的发展趋势，才能制定恰当的采购策略，为企业的持续赢利和长远发展奠定基础。

1. 全球采购

所谓全球采购，就是指利用全球的资源，在世界范围内寻找供应商，寻找质量和价格令人满意的产品或服务。越来越多的迹象表明，我们的世界将要变成一个商品在各国之间飞速流动的世界。全球正在变成一个单一的市场，哪里成本低，就在哪里生产。在经济全球化的大背景下，供应链和采购的全球化显得越来越重要。全球供应链管理在许多方面和国内供应链管理是基本一致的，只是它覆盖的范围更广，包括了从较为初始的以国内市场为主的国际供应商到较为高级的全球化供应商等形式。进行全球采购时，也会涉及很多潜在问题，如供应商的选择是否合适、交货时间是否准时、政治问题、汇率波动、付款方式、法律问题、语言问题等。

2. 电子采购

从全球的采购发展趋势来看，电子采购将越来越广泛地被企业管理者接受。事实上，许多跨国公司已通过电子采购方式获得了它们想采购的部分物品，实行了电子采购的企业认为电子采购比传统采购方式有更多的优点，首先，因特网给采供双方提供了更广阔的选择余地，扩大了市场活动的空间。其次，在采购单价及采购管理费用上的开支也可降低。最后，电子采购可使交易在更短时间内完成，满足了企业实施柔性制造的需要，同时也提高了采购管理效率，可使企业参与更大范围的国际竞争。

3. 采购外包

随着生产企业分工越来越细化，企业的部分采购业务也有外包倾向。越来越多的公司决定将其部分业务外包出去，如信息技术或服务等。采购外包的前提是有效性，即能利用外包方的数量规模或竞争优势带来外包前不能获得的效益。但很多外包在具体的实施过程中却并没有获得收益。采购外包的重点并不在外包业务本身，而在于对其进行的管理。

需要强调的是，外包并不意味着放权或者是放弃，所有进行外包的企业都必须认识到这一问题的严重性。虽然外包出去的业务并不一定是公司的核心业务，但是如果公司放弃了权利或者能力，一旦外包企业出现问题就会严重影响到本公司的生产，甚至影响到公司的生存。

通常在一个稳定的市场中，外包是一种有效的选择方式。在这种市场环境中，供应商数量充足，市场供应能力充分，能够确保竞争性。但是，正像前文所讲，外包并不意味着放弃，一旦市场出现变化，企业需要重新拾起中断的外包业务时，必须保证企业还拥有这种能力。外包决策的制定对企业的影响是巨大的，在制定前必须慎重。

采购外包的好处及采购外包实施

采购外包与第三方物流（3PL）都是供应链管理（SCM）外包工作的进一步分解。第三方物流是企业将物流业务外包给第三方物流公司，与之对应的是，采购外包是为企业采购部门服务，两者都是供应链外包中两个重要环节。

尽管第三方物流（3PL）的应用已经非常广泛，公司职能外包已在全球范围内兴起，IT（信息技术）、HR（人力资源）、财务外包的成功案例越来越多，采购外包的概念也兴起很久，但采购外包在中国还是处于萌芽状态。

减少采购成本能够直接影响一个企业的利润率，但是持续性的成本降低是一个难点。仅仅依靠系统和技术本身不能够产生可持续性的采购节约。企业必须进行一整套综合性的工程，将人力资源绩效管理与战略采购、流程优化以及深入的供应链知识相结合来建立一个高效卓越的采购组织。

大多数企业是自己进行独立的采购活动，企业独立采购无法利用规模效应、对供应商的数量没有控制；和供应商的信息交换仅限于在基本的运营层面，而不是进行深入的数据交换来改善双方的物流绩效；没有一个定量和定性的标准来评测和监督供应商的绩效……

采购外包有什么好处？

对于一个企业而言，采购外包项目最初的收益是采购价格的下降。同时，通过战略寻购、在线拍卖、采购流程设计、企业组织设计以及人力资源绩效管理，采购外包项目可以立即产生可持续性的收益。

企业非核心业务采购外包项目能够在三年左右的时间内，达到至少15%的可持续性的计划内支出降低，并保持采购价格的下降。在实践中，通常达到的收益还更高。另外，将采购工作进行外包的企业，能够避免大规模的采购系统投资。通过采购外包，企业能够减少50%以上的采购人力成本，还可减少最多达20%的库存成本。

采购外包带来的利益还涉及其他方面，比如企业的发货频率、产品质量监控、需方要求监控、提升供应链管理水平等。从开始接受订单，到库存管理、发货，包括一些逆向物流（退货）等，这些过程也应该有一些管理，通过这些管理，公司可以把它的采购管理延伸出去，深入到与供应商的关系和整个供应链的管理。与此同时，企业可以形成跨组织的规模经济和效率，并把风险转移给第三方。

如何有效地实施采购外包？

将企业的采购业务交给其他公司，是在加强而不是削弱采购部门。采购外包有三种不同的模式，其中一个模式就是联合外包。

企业可以根据自己的需要和第三方采购公司成立联合采购小组，由企业的采购人员和第三方采购公司的专业人员一起履行采购职能。战略采购当中的一些业务比如价格谈判，还是由企业来执行，接下来的程序由双方合作的联合小组来执行。这样的一种方式会让企业觉得他们的供应链管理权限并没有旁落，既满足了他们的战略需要，又可以使采购小组得以高效运作。

此外，采购方还可以根据自身需要将采购完全外包给第三方采购公司或者与第三方采购公司成立合资的采购公司。而且，三种模式都可以为整个行业的采购服务。

（资料来源：http：//www.chinawuliu.com.cn/xsyj/201405/29/290184.shtml.）

4. 采购管理的一体化

采购管理一体化方法要求企业的生产计划、库存控制、质量检查、运输管理和采购管理要紧密衔接，采购管理不能只遵循自身的路线。为了确保企业采购资源的有效整合和采购管理工作的顺利开展，采购管理正逐渐被纳入到供应链管理体系当中。

企业采购管理发展的趋势

一、交易管理标准化

交易管理（Transaction Management）是初级的采购管理，企业与供应商之间为简单的买卖关系，供应商充当贩卖商的角色。其特征为：围绕着采购订单（Purchase Order）与供应商进行较容易的讨价还价；仅重视如价格、付款条件、具体交货日期等一般商务条件；被动地执行采购和技术标准。其核心思想为订单管理。

公司的采购是通过采购员进行的。首先由采购员组织供应商的认证工作，通过上门调查、产品认证、试生产、供货跟踪等手段，在供应商资料库中确认能供应产品的供应商。之后，在某一约定的时间段内，通过电话询问或招投标的方式，得到供应商的报价并挑选其中报价最低的作为中标者，与之进行后续的合约工作。该采购过程较长、重复工作很多，一般适用低值、常用物品的采购，并已经形成了一套标准的采购流程控制。该阶段企业应该重视对供应商的合约履行及准时付款，达到获得供应商最佳配合的目的。

不过该模式在面临新兴技术和产品快速更新的时候，不适应价格变化快的产品，往往会使企业在经济上受到损失。

二、竞争管理集中化

竞争管理（Competition Management）是中级的采购管理，企业与供应商之间为传统的竞争合作关系，供应商充当合格供货商的角色。随着对前期大量订单的经验总结以及管理技能的提高，管理人员意识到供应商管理的重要性和集中采购的必要性。其特征为：围绕着一定时间段的采购合同，试图与供应商建立长久的关系；加强对供应商其他条件的重视，如订单采购周期、送货、经济批量、最小订单量和订单完成率；重视供应商的成本分析；开始采用投标手段；加强了风险防范意识和成本控制管理。其核心思想为以团队运作为主的区域集中采购。

公司的采购是把采购需求汇总起来，由各个采购团队负责特定领域内的物料采购，寻找合适的供应商，达到节约成本的目标，确保材料的充足供应。一是引入竞争机制发挥批量采购优势，实行以招标、议标、电子商务采购的方式。二是对不符合招标条件的物料实行会签制的自行采购，使采购业务公平、公正、公开。三是建立健全采购决策、采购权限、采购审批等程序，指定专门部门对采购计划和采购全过程的审核和监督，更好地规范了采购行为，降低了采购成本。该阶段企业应该重视集中化采购，达到节约采购成本的目的。

不过该模式需要考虑在面临世界经济的网络化和全球化的时候，公司之间的竞争变成供应链之间竞争的时候，怎样在供应商不断增多的同时有条不紊地管理供应商？怎样在压低供应商价格的同时和供应商保持良好关系？怎样在降低物料采购成本的同时保持产品的优异质量？怎样在统一供应商标准的同时不失采购的灵活性？

三、供应链管理共享化

供应链管理（Supply Chain Management）是中高级的采购管理，企业与供应商之间为伙伴型合作关系，供应商充当合作伙伴的角色。其特征为：与供应商建立策略性伙伴关系；更加重视整个供应链的成本和效率管理；与供应商共同研发产品及研究其对消费者的影响；寻求新的技术和材料替代物，OEM 方式的操作；更为复杂和广泛的应用投标手段。其核心思想为与供应商建立战略合作伙伴关系，让供应商早期参与采购需求的分析和开发。

公司的采购流程划分为战略采购和订单协调两个环节，战略采购包括供应商的开发和管理，订单协调则主要负责材料采购计划，重复订单以及交货付款方面的事务。战略采购就是合理选择供应商，并与之建立战略合作伙伴关系，要求供应商进入制造商的生产过程；小批量采购；实现零库存或少库存；交货准时，包装标准；信息共享；重视教育与培训；严格的质量控制，产品国际认证。该阶段企业应该重视供货商的先期参与，运用供货商的专业知识以及经验来共同设计开发新产品，达到降低成本和加速产品上市时间的目的。

随着企业全球化采购的深入，供应商早已不是以前的小供货商，而是企业的战略联盟者（Strategic Alliance）。对于这些不再俯首帖耳，有时甚至还会高高在上的“伙伴”们，如何才能让它们为公司的业务做更大的贡献呢？

四、战略采购随需而变

战略采购（Strategic Procurement）是高级的采购管理，企业与供应商之间为策略联盟合作关系，供应商充当联盟者的角色。其特征为：集成采购战略；加强供应链管理；优化解决方案；高效的项目管理；深层次的战略管理；针对公司和客户需要，对自身关键性材料或服务的需求进行战备部署，与认证的供应商结成战略联盟，在研究开发阶段进行合作，以减少制造中的意想不到的问题，共同面对市场的竞争与挑战，取得市场上的购买优势。其核心思想为增强企业核心业务，对自身没有能力做或虽有但成本高于业界水平的业务进行外包管理。

公司的采购是以基于网络技术的电子采购，从根本上重新构架企业的采购模式，彻底改变企业的供应链，在企业与供应商之间形成无缝的订单履行信息流，从而优化采购流程、提高工作效率、缩短采购周期、减少过量库存、降低采购管理成本、降低采购产品价格、增进企业间的合作，使交易双方均能获得长期的收益。而且，电子采购的过程是与企业其他系统优化整合的过程，从而使成本节约的幅度及改进过程的效益更加凸显。该阶段企业应该重视对供应商的培训，视供应商为在外工厂的延伸，与供应商拥有共通的语言，达到企业和供应商联合的持续性改善的目的。

战略采购的具体形式是企业和具有“战略联盟伙伴”地位的供应商确立相对长期稳定的供需关系，而不是每一次采购均实施招标操作程序，以此降低双方乃至整个供应链的营运成本，达到“双赢”目的。应该说，“战略采购”是“竞争采购”的深化，是一种更高层面的、企业之间形成供应链关系的、双方“双赢”的采购模式。

采购管理作为企业提高经济效益和市场竞争能力的重要手段之一，在企业管理中的战略性地位日益受到国内企业的关注。一个企业能否持续发展，很大程度上取决于其采用何种采购管理方式。企业要在竞争激烈的国际市场上站稳脚跟，就必须依据企业自身的发展现状和信息技术的更新状况，适时调整企业采购管理策略，最大限度地合理利用社会资源，并且最大限度地利用企业自身的、包括无形的和有形的资源，适时、适地、适量地进行采购。

（资料来源：http：//www.chinawuliu.com.cn/xsyj/201407/18/291879.shtml.）

本章小结

采购是企业经营的开始环节，也是企业获取利润的一个重要来源。采购指在一定的时间、地点条件下通过交易手段，实现从多个备选对象中选择购买能够满足自身需求的物品的企业活动过程。采购在企业的产品开发、产品质量保证、整体供应链及经营管理中起着极其重要的作用。

采购管理就是指为保障企业物资供应和增强企业竞争力，综合运用现代管理理论和技术方法对企业采购活动进行计划、组织、协调和控制等一系列活动的总称。采购管理主要包括三个方面：一是与采购需求有关的企业内部管理；二是企业外部的市场和供应商管理；三是对采购实践活动的管理。

采购管理的总目标是满足企业物资供应，确保企业经营战略的实现。通过实施采购管理应做到：在确保适当质量的情况下，能够以适当的价格，在适当的时间从适当的供应商那里采购到适当数量的物资和服务。

企业采购管理的主要任务：一是通过采购管理，保证企业所需物资的正常供应；二是通过采购管理，能够从市场获取支持企业进行物资采购和生产经营决策的相关信息；三是与供应商建立长期友好的合作关系，为企业建立稳定的资源供应基地。

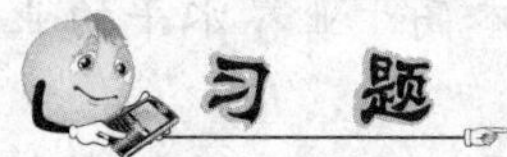

1. 什么是采购和采购管理?
2. 采购和购买有何区别?
3. 采购和采购管理有何不同?
4. 采购的特点有哪些?
5. 集中采购与分散采购的优缺点有哪些?
6. 试述采购管理包含的主要内容。
7. 你如何理解采购的地位和作用。
8. 采购管理未来的发展趋势有哪些?

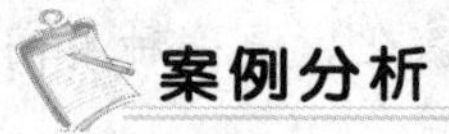

公司采购管理中出现的问题以及处理方法

1. 问题的提出

随着经济全球化和信息时代的到来，合作伙伴关系、信息技术进步以及管理思想的创新，使企业之间竞争的方式也发生了转变，从企业与企业之间的竞争转向供应链和供应链之间的竞争。采购领域的变革速度越来越快，越来越多的企业打破原有的思维方式，以供应链管理的思想为指导，使采购从以交易为基础的战术职能向以流程为导向的战略职能转变。从发达国家企业的实践经验看，有效的供应链管理对于企业增强成本控制、高效利用资源、改善服务和增加收益起到巨大的推动作用。

20 世纪 90 年代以来，社会生产力的不断发展和科学技术的不断进步，全球信息化网络和全球经济一体化的初步形成，市场竞争日趋激烈，科技进步和需求多样化使产品生命周期不断缩短，企业面临着缩短产品的交货期、提高产品的质量、降低产品成本、改进服务等多方面的压力。所有这些都要求企业对不断变化的顾客需求做出快速反应，因此许多企业推出了大规模定制生产模式，用定制的个性化产品去占领市场，赢得竞争的胜利。

FIC（大众电脑）公司也正是面临着这种竞争环境，为既能满足顾客个性化需求，又能满足企业规模经济效益，而采取了准时制生产、敏捷制造生产经营方式。然而，定制生产模式也存在着不可回避的问题，例如，生产批量小、产品品种多、设备利用率低等。随之而来的是这种生产经营方式在采购环节上也面临着许多亟待解决的难题：多品种、小批量的准时制采购难以形成批量采购，产品质量难以控制，交货期难以保证等。

2. FIC 公司采购管理面临的问题

实际工作中，FIC 公司为适应准时制生产模式管理活动的要求，采取以销售订单驱动生产订单，以生产订单驱动采购订单，供应与需求双方都围绕订单运作的生产运行方式，企业的采购方式与生产方式是并行的，也就是要求企业的采购方式必须实现准时化、同步化运作。当生产部门在接到供应部门根据销售部门所签订订单所制订的生产计划后，开始安排生产；同时，采购部门在接到供应部门根据生产部门所反馈的物料需求计划后制订采购订单，当采购部门产生一个订单时，供应商即开始着手物品的准备工作。与此同时，采购部门编制详细采购计划，制造部门也进行生产的准备过程，当采购部门把详细的采购订单提供给供应商时，供应商就能很快地将物资在较短的时间内交给 FIC 公司。当需求发生改变时，制造订单又驱动采购订单发生改变。企业的生产目的是为订单生产，而不是为库存生产；企业的采购目的是为订单采购，而不是为库存采购。准时制采购使企业适应了多变的市场需求，增加了供应链的柔性和敏捷性。

但由于企业自身所生产产品、生产管理方式以及与其相结合的采购管理方式的特点决定着 FIC 公司在采购管理工作中存在着一些难点问题，这些难点问题如果得不到很好的解决，将影响企业采购管理目标的实现，影响企业的生产经营。

(1) 供应商交货及时率低影响准时制采购的实现。交货及时率是准时制采购所强调和考察的主要指标。FIC 公司的供应商交货及时率低的影响因素很多。首先，在 FIC 公司的供应商中，有一部分供应商由于缺乏现代企业管理理念，根本没有意识到交货及时率对采购方以及整个的供应链运营运作的重要影响，另外企业生产经营管理方法落后，在生产计划、生产加工、质量检验、包装运输各个生产环节中存在问题，无法保证交货及时率。其次，FIC 公司的小批量订单使供应商无法保证交货及时率。每个供应商都有自己的生产计划，当 FIC 公司反复地给供应商下单，由于供应商的生产任务量大、生产计划安排得很满，供应商会按照自己企业的实际情况来制订生产计划和安排生产，这样，交货及时率无法保证。

(2) 多品种、小批量准时制的产品采购方式采购工作量大。准时制生产系统是在自动化、电算化的情况下，合理规划并大大简化采购、生产及销售过程，使原材料进厂到产成品出厂进入市场能够紧密地衔接，尽可能减少库存，从而达到降低产品成本，全面提高产品质量，提高劳动生产率以及综合经济效益目标的一种先进系统。为了满足不断变化的市场需求，FIC 公司目前采用的正是这种先进的准时制生产系统，结合这种生产方式，公司在采购管理工作中推行的是准时制采购，以用户需求驱动生产订单，以生产订单驱动采购订单，最大限度地降低采购成本，最大限度地降低产品库存，最大限度地提高对用户需求的响应速度。但由于订单驱动下的采购管理需求是离散的，消耗是不稳定的，频繁按需求批量生产，造成了日常采购工作任务繁杂。

(3) 多品种，小批量采购造成公司采购成本增加。多品种、小批量准时制采购对供应商的交货期有严格的控制和要求，使供应商无法整合采购商的采购订单，造成供应商送货频繁，同时也会造成公司由于频繁收货而增加采购成本。

(4) 供应商管理的不足。制造业供应商管理包括供应商的筛选，资信评估，合作评估及合作制度等。现在本公司并未重视这项工作。通常的情况是，采购大权由某位负责人独掌；对供应商缺乏评价，即使采用招标制，考察的内容也局限于价格，从而导致不能选出合格的供应商，并在日后的合作中遭受损失；对供应商的合作状况没有记录和评估，产品及服务得不到改进。与现有供应商之间的关系难以协调且不易发展新的供应商。即使是以招投标方式采购，也同样面临地域限制、流程不透明、过程烦琐、人力与资金耗费巨大等限制。上述因素均造成了企业整体采购成本的居高不下，难以面对激烈的市场竞争而形成规范高效的采购管理。采购管理成为企业在发展中的瓶颈。

3. 针对FIC公司采购问题提出的对策

结合FIC公司采购管理工作的实际情况，FIC公司应完善对供应商的开发、选择与评估体系来加强供应商管理，通过实施策略采购、电子采购等一系列具体可行的采购管理战略，提高企业采购管理工作效率，降低采购成本，加强与供应商的战略合作，最终提高企业的市场竞争能力。

（1）策略采购的大力运用。

传统的采购是用合适的价格，在适当的时间，将适合的数量和质量的物料输送到适合的地点。采购活动是短期的和零散的，在市场竞争、巨大的价格压力和考虑供应商关系等种种因素下，都要求企业用更加策略性的方式去购买产品和服务。策略采购就是针对某一特定物资或服务，通过内部客户需求分析，外部供应市场、竞争对手、供应基础等分析，在标杆比较的基础上设定该物品的长、短期的采购目标、达成目标所需的采购策略及行动计划。计划内容包含采用何种采购技术、与什么样的供应商打交道，建立何种关系，如何培养与建立对企业竞争优势具有贡献的供应商群体，日常采购执行与合同如何确立等。策略采购现已被世界500强的1/3企业采用，通过策略采购，企业一般可以使采购成本降低10%～15%。

（2）实施年度采购，增加采购批量，降低采购成本。

由于销售订单驱动下的多品种、小批量采购，需求是离散的，消耗是不稳定的，频繁按需求批量补给生产会造成因无法形成经济采购批量而使采购成本增加，而且极易受到原材料价格波动的影响。因此，在实际的采购管理工作中，FIC公司应采取各种有效措施增加采购批量，平抑采购产品价格，降低采购成本。首先，采购部门可以通过加强与市场销售部门的信息沟通，得到市场需求的准确信息；通过与生产部门的信息沟通，进一步了解企业的生产计划，通过这些措施确定一定时期内的采购需求量，然后根据预测的采购需求量，整合采购订单，与供应商签订年度采购协议，实施年度采购来增加采购批量。即用承包年采购量、分期交货来代替经常性的小批量采购，以形成产品的经济采购批量，降低产品采购成本。其次，通过分析主要原材料和零部件的市场长期价格走势，结合对市场需求的预测，与供应商先期签订订购合同。要确定这些原材料的长期价格走势，然后与使用这些原材料提供相关零部件产品的供应商，针对价格波动较大的产品，与供应商签订跨年度长期订购合同，旨在减小产品价格波动的影响，稳定采购价格，降低采购成本。

（3）加强对供应商的过程控制。

按照FIC公司现有的采购工作流程，在对供应商正式下达批量采购订单之前，需要对供应商提供的样品进行检验、测试；样品合格后，再进入小批量验证阶段；小批量验证合格后，FIC公司才正式给供应商下达正式批量采购订单。对正式订单的产品验收只是在产品送达工厂时才进行质量检验。可见，FIC公司目前在采购管理方面缺乏的是对供应商的过程控制。

首先，协助供应商建立并完善符合FIC公司要求的质量控制体系，从根本上提高供应商对所提供产品的质量控制能力。只有拥有了完善质量控制体系的供应商才能从原材料采购、工艺准备、人员准备、生产加工、质量检验、包装运输等各个环节进行严格控制，以确保其供应的产品质量符合要求。

其次，与供应商密切配合，制定积极有效的供应商质量目标以及相应的条款以促进供应商持续改进其产品和服务质量。此目标应该包括产品技术参数、公差范围、应用材料以及产品性能等关系到产品质量的重要指标。通过定期或不定期地对所设置的质量目标的考核与评估，进而达到促进供应商持续改进其产品和服务质量，提高产品和服务质量的目的，加强对供应商的过程控制。

最后，设立考核评估目标的约束激励机制。为提高供应商的合作积极性，保证所设立的质量和成本目标的实现，FIC公司还应与供应商设立双方认可的相应的约束激励机制。相应的约束机制包括：减少订货批量，供应商赔付因其产品质量问题所造成的损失，甚至终止双方的合作协议等；相应的激励机制包括：增加订货批量，对质量稳定的产品实行质量免检，延长双方的合作期限等。所有这些约束激励机制的设立都应建立在进一步巩固FIC公司与供应商的合作关系基础上，而不是破坏彼此间的合作关系。以上采购管理的解决对策力图实现FIC公司缩短采购周期，降低采购成本，提高采购物料质量，快速适应企业所面临的现代采购管理多样化目标。

（资料来源：http：//www. chinawuliu. com. cn/xsyj/201010/15/143371. shtml.）

问题：

1. 请结合案例分析企业采购管理包含的主要内容有哪些？
2. 请结合FIC公司的采购实际，谈谈你对采购管理重要性的理解。
3. 请结合案例，谈谈你对策略采购的理解。

第二章 采购管理组织机构

章节知识框架

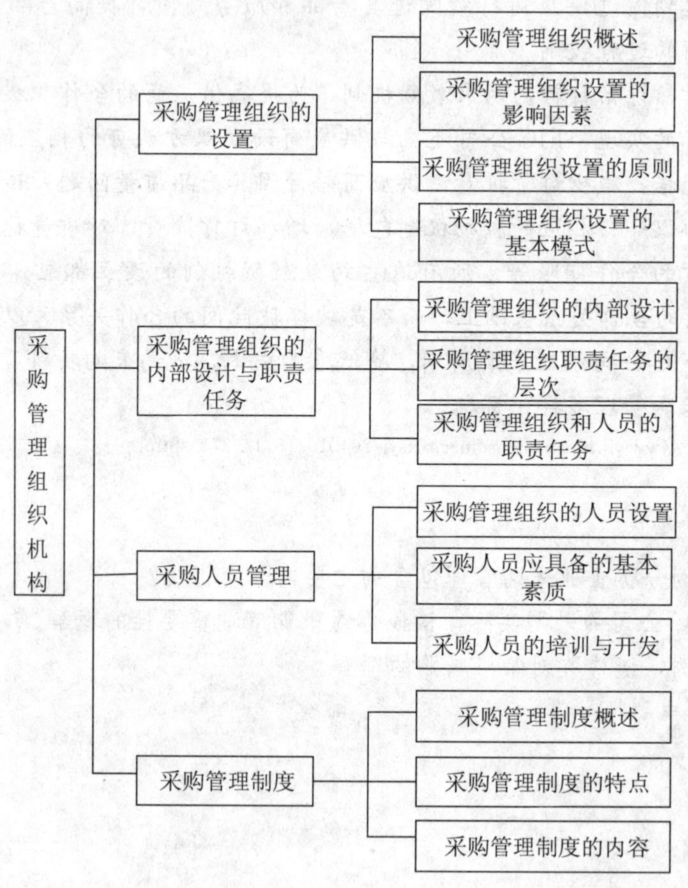

学习要求和目标

(1) 了解采购管理组织设置的原则和影响因素，掌握采购管理组织设置的基本模式；
(2) 理解采购管理组织的内部设计，了解采购管理组织和人员的职责任务；
(3) 理解采购人员应具备的基本素质，了解采购人员的培训与开发；
(4) 了解采购管理制度的特点和内容。

海兴食品加工厂的采购人员分工

海兴食品加工厂是一家食品加工企业，需要采购的物资分为三大类几十个品种，包括：一类原材料（面粉、猪肉、牛肉、海鲜类、蔬菜类、豆油、干香菇、小料等）；二类原材料（干调类调料、餐巾纸、碗类、包装盒、包装袋类）；三类原材料（日杂、设备配件等）。海兴的采购部现有七人，其中采购部经理、采购部主管、采购部财务、采购助理各一名，原材料、辅助材料、杂物及设备采购人员各一名。

采购部经理负责执行采购战略，制定并完善采购部门的规章制度；根据企业经营计划，制订物资采购计划与采购预算，监督并参与大批量订货业务的洽谈工作；参与开发、选择、处理与考核供应商，对不合格供应商进行处理；审核年度、季度、月度需求计划，统一采购，减少开支，提高资金运营效率；主持采购招标、合同评审工作，签订采购合同，监督执行情况；负责采购人员的绩效、培训等管理工作等。

采购部主管负责分派采购人员及助理的日常工作；负责次要原料或物料的采购；协助采购人员与供应商谈判价格、付款方式、交货日期等；审核一般物料采购案；市场调查；定期开展供应商考核等。

采购助理负责请购单、验收单登记；订购单与合约的登记、保管；交货记录及稽催；采购费用的申请与报销；电脑作业与档案管理；行政对接工作等。

三个采购员分别负责公司所有原辅材料、杂物、设备、配件等采购工作。采购员A负责原材料采购，采购员B负责辅料采购，采购员C负责杂物、设备的采购。三个采购员办理各类物资的一般性物料采购；查访供应商；与供应商谈判价格、付款方式、交货日期等；跟踪供应商执行工作；确认交货日期；收集价格情报及替代品资料等。

问题：

1. 海兴食品加工厂的采购人员的职责任务分为哪些层次?
2. 海兴食品加工厂的各层次采购人员需要哪些知识和能力?

第一节　采购管理组织的设置

企业采购管理第一项的工作就是要建立一个完善的采购管理组织机构，这对于企业采购管理非常重要。设置合理的采购管理组织，可以保证企业的采购工作对外能够选择和管理好供应商，进而控制并保证供应价格的优势，对内能够控制采购流程，保证采购质量和交货周期，满足企业生产需要和市场需要。

一、采购管理组织概述

（一）采购管理组织的含义

组织是指完成特定使命的人们，为了实现共同的目标而组合成的有机整体。采购管理组织是指为了完成企业的采购任务，保证生产经营活动顺利进行，由采购人员按照一定的规则，组建的一种采购团队。

（二）采购管理组织的特点

从上述定义可以看出，企业的采购管理组织具有以下三个特点：

（1）采购组织是由具有特定采购能力的人员组成的集合体；

（2）采购组织成员具有共同的目标，即保证采购效率，控制采购成本；

（3）采购组织具有一定的结构，参加采购组织的人员必须按一定的方式相互合作，共同努力形成一个有机整体。

（三）采购管理组织的功能

采购管理组织以保证企业正常运营，提高采购效率，控制采购成本为目标，应该具有以下功能。

1. 凝聚功能

凝聚功能是采购管理组织凝聚力的表现。凝聚力来自于目标的科学性与可行性。采购管理组织要发挥其凝聚功能，必须做到以下三点：①明确采购目标及任务；②良好的人际关系与群体意识；③采购管理组织中领导的导向作用。

2. 协调功能

协调功能是指正确处理采购组织中复杂的分工协作关系。这种协作功能包括两个方面：第一，组织内部的纵向、横向关系的协调，使之密切协作，和谐一致；第二，组织与环境关系的协调，采购管理组织能够依据采购环境的变化，调整采购策略，以提高对市场环境变化的适应能力和应变能力。

3. 制约功能

采购组织是由一定的采购人员构成的，每一成员承担的职能，有相应的权利、义务和责任，通过这种权利、义务、责任组成的结构系统，对组织的每一成员的行为都有制约作用。

4. 激励功能

激励功能是指在一个有效的采购管理组织中，应该创造一种良好的环境，充分激励每一个采购人员的积极性、创造性和主动性。因而，采购管理组织应高度重视采购人员在采购中的作用，通过物质和精神的激励，使其潜能得到最大限度地发挥，以提高采购管理组织的激励功能。

二、采购管理组织设置的影响因素

采购管理组织在一个企业中的作用和定位，取决于管理层对采购管理工作的看法，采

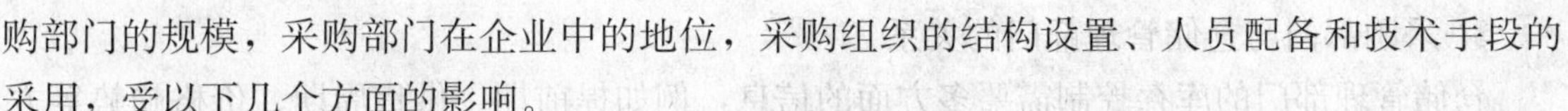

购部门的规模，采购部门在企业中的地位，采购组织的结构设置、人员配备和技术手段的采用，受以下几个方面的影响。

（一）采购工作的定位

采购组织的设计与规划与企业对采购职能的看法有关。如果管理层自身的知识和认识水平比较高，将采购视为一个重要的竞争因素，并且对企业具有重要的战略意义，那么采购组织就处于较高的地位，采购部门也会得到比较多的关注。如果管理层仅将采购看作一项服务性的职能或普通的业务活动，而不是影响企业价值链关键环节的因素，那么采购组织在企业中将会处于较低的地位。

（二）采购职能对于企业的重要性

1. 采购原料在最终产品的成本中所占的份额

采购原料所占的份额越高，采购在企业中的地位也越高。例如，在制造行业，采购支出在营业额中所占比重通常在50%以上，此时采购对成本和利润影响很大，往往采购工作直接向高层管理者汇报；而在服务行业，采购支出在营业额中所占比重通常在25%左右，采购工作一般向中层管理者或部门经理汇报。

2. 公司的财务状况

在公司财务状况良好的情况下，管理层对于采购或者物流部门都会比较宽松。相反，当公司的财务发生严重问题时，管理层会对采购业务和与采购相关的成本提出比较高的要求。毕竟从管理层的角度来看，采购部门是个直接花钱的部门。

3. 公司采购的原料的市场供应情况

当公司所采购的原料，目前供应市场处于垄断或者是寡头垄断的格局，供应风险水平较高时，管理层对于采购的直接关注会比较多。

如果采购职能被赋予的责任、地位和资源，与其在组织中的重要性不一致，那么采购对于增强组织竞争力的优势就发挥不出来，或造成资源浪费。

（三）采购部门与其他部门的关系

企业的采购工作不仅仅是采购部门的工作，也不能由采购部门单独来完成，采购部门和企业中其他部门之间的联系越来越紧密。采购部门与管理部门、销售、生产、仓储管理、财务等部门有密切的关系。

1. 采购部门与销售部门的关系

采购部门要依靠从销售部门获得的销售计划来制定物料供应战略和具体采购计划，销售部门也要依靠采购部门及时地获得高质量的物料来保证销售目标的实现。

2. 采购部门与生产部门的关系

因为生产部门是采购物料的使用者，他们在使用过程中的实践和技术经验，可以为采购部门提供物料质量和生产进度方面的信息，采购部门通过对这些信息的处理，可以获得一个有用的、规划采购和供应业务的工具。采购部门与生产部门是一个信息互动、互为协作的关系。

3. 采购部门与仓储管理部门的关系

仓储管理部门的库存控制需要多方面的信息，例如提前期、供货周期、价格趋势等方面的信息，而采购部门是这些信息的提供者。同时，采购部门需要库存管理部门提供关于在规定时间内需要订购的商品名称和数量方面的信息，通过这些信息，采购部门才能围绕采购物料的种类、时间和数量实施采购，一方面可以避免库存不足或积压状况的出现，另一方面又可以节省采购费用。

4. 采购部门与财务部门的关系

采购部门和财务部门在应付账款、计划和预算方面相互作用。采购部门提供给财务部门的信息是其进行公司发展和管理预算以及确定现金需要量的基础。同时，采购部门运作的有效性也可以作为衡量财务工作好坏的依据。

（四）集权化或分权化的采购决策

按采购工作的集中程度分，可分为集中采购和分散采购。

集中采购是企业在核心管理层建立专门的采购管理机构，统一组织企业所需物品的采购业务。它具有较大的采购部门、更复杂的结构，采购活动由专家管理。集中采购可以合并需求，获得规模经济，有利于降低采购成本；在管理上减少重复设置，统一采购规范，可以对采购活动进行更有效的控制；还能简化与供应商的联系，易于稳定企业与供应商之间的关系等。但同时集中采购可能对需求的变化反应较缓慢，过分的集权化可能导致采购管理效率低下。集中采购适用于集团范围实施的采购活动，跨国公司的采购，连锁经营、特许经营企业的采购等，适用于针对大宗物品、价值高的物品以及关键零部件、原材料或有共性要求的物品的采购。

分散采购是由使用者（如子公司、分厂、分店等）自行管理采购工作，特点是采购批量小、价值低；过程短、手续简便；问题反馈快，方便灵活。分散采购能够更好地满足使用者个性化的需求，能更快地对需求做出反应。分散采购适用于子公司、分厂、车间；离主厂区或集团供应基地较远，其本地供应成本低于集中采购成本等情况。

企业作出集权化、分权化或混合型的采购决策，直接影响到采购管理组织建立的方式。

三、采购管理组织设置的原则

（一）目标原则

采购与供应部门的组织设计，首先应该保证采购与供应职能的目标与使命的实现。而采购与供应的目标，应该与企业的经营战略目标一致。

（二）战略匹配原则

采购组织是企业的一个职能部门，其结构和岗位职能的设计，应与企业的经营战略相匹配，应能保证企业经营战略的实现。比如，企业实施全球化采购战略和本地化采购战略的采购组织结构是不同的；企业在寻求快速发展战略时，需要较多的外包合作伙伴，与企业实施稳步发展战略时的采购组织结构也是不同的。

（三）合理分工原则

根据采购与供应的职能使命列出所有业务，将相同（似）功能的业务整合，以提高工作效率。按照业务逻辑关系设计流程，再根据不同人员的能力和特点合理分工，以便各司其职，提高采购效率。

（四）统一指挥原则

在采购组织中，应尽量保证每一个采购人员只对一个上级负责，即只向一个上级汇报。这样可以避免责任不清，相互推诿的情况发生。

（五）管理幅度与管理层级适度

管理幅度指平均每位干部管理下属员工的数量配备。管理层级指最高管理者到最基层员工之间设了几层机构。管理幅度与管理层级是对应的关系，管理幅度越大，管理层级就越少；管理幅度越小，管理层级就越多。管理者由于精力有限，有效管理幅度要受到一定限制。在建立采购管理组织时，为了保证采购与供应管理的效果，应合理确定管理的幅度和层次。

（六）权责相符原则

有效的采购管理组织必须是责、权相互制衡。有责无权，责任难以落实，就会滥用职权，因此，应该实现责权的对等和统一。

四、采购管理组织设置的基本模式

（一）采购管理组织在企业中的隶属关系

任何一个企业均有相应的采购管理组织，由于企业的性质不同，企业的采购管理组织形式也是不一样的。

（1）当企业的生产规模不大，但物料或商品在制造成本或销货成本所占的比重比较高时，采购部门直接隶属于总经理。采购部门直接归总经理督导，提升了采购人员的地位和执行能力，主要目的是发挥降低成本的效能，使采购部门真正成为公司利润的第二来源。适合于生产规模不大的单一工厂或企业。该组织形式如图 2-1 所示。

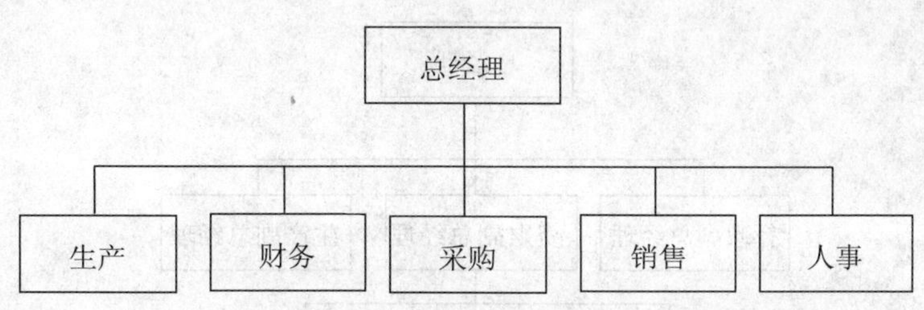

图 2-1 采购管理组织隶属于总经理

（2）当采购部门的主要职责是协助生产工作顺利运行时，采购部门归属生产部门，采购部门属于生产副总经理主管。此种形式适合于“生产导向”的企业，其采购功能比较单纯，且材料价格比较稳定。该组织形式如图 2-2 所示。

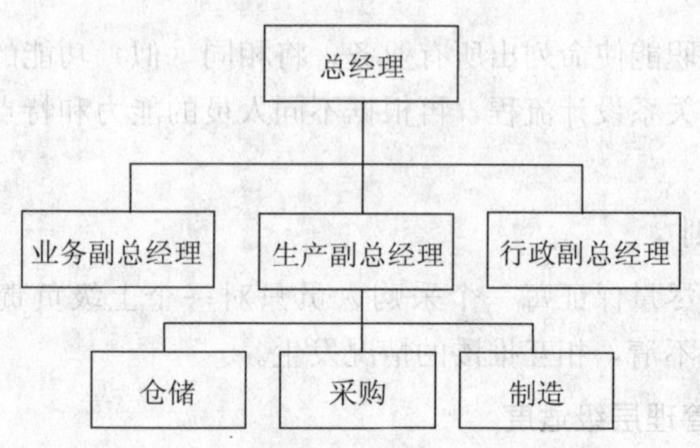

图 2-2 采购管理组织隶属于生产副总经理

（3）当采购部门的主要职责是获得较佳的价格和付款方式，以达到财务上的目标时，采购部门在企业中隶属于行政副总经理。该组织形式如图 2-3 所示。

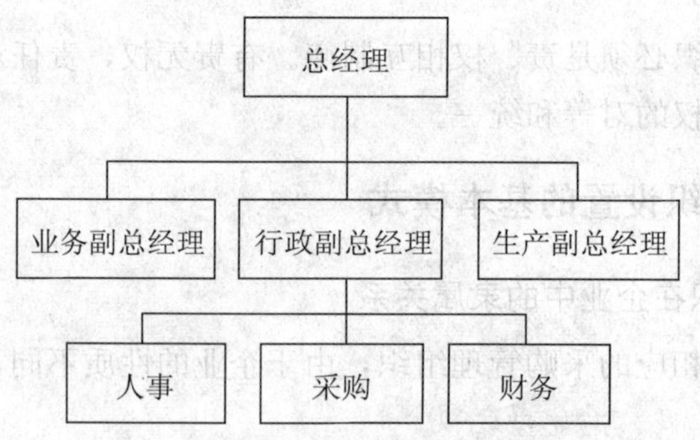

图 2-3 采购管理组织隶属于行政副总经理

（4）当企业对物料需求管制不易，需要采购部门经常与其他相关单位沟通、协调时，采购部门隶属于资财副总经理。该组织形式如图 2-4 所示。

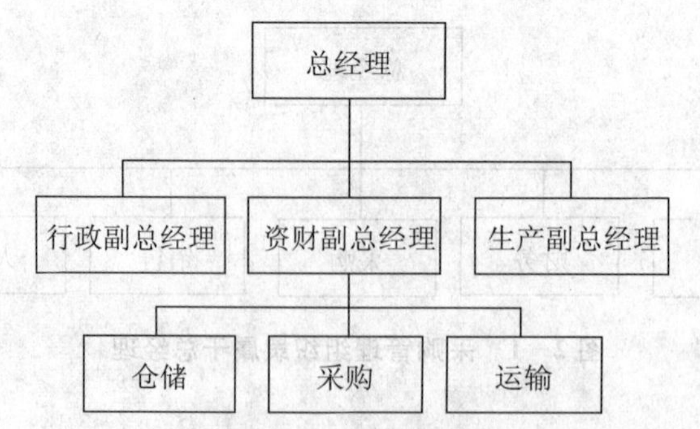

图 2-4 采购管理组织隶属于资财副总经理

(二) 采购管理组织的类型

虽然企业越来越倾向于将采购权集中到一个部门，集中采购成为采购管理发展的一个趋势，但是要根据企业的实际情况决定采购组织的设置。如果企业规模较小，产品结构较单一，设置单一的采购部门并直接向总经理汇报工作较好；企业的规模较大，如大型的跨国公司或国内的大型国有企业，其业务较多、管理繁杂，可以设置独立的采购部门体系，并向分管采购的副总经理汇报工作；对于一些规模大、产品种类多、原材料需求差异性大、各子公司的地理位置距离远的企业，可采用较为分散的采购设置模式。但无论采取哪种模式，都要保证采购在企业中拥有较高地位，才能充分发挥其作用。

1. 分权式的采购管理组织

分权式采购管理组织属于平行式管理组织，企业把与采购相关的职责与工作分别授予不同的部门来执行，各预算单位自行开展采购活动。当经营单位采购原材料出现问题时，负责人不仅要对原材料质量负责，而且要对自己的财务后果负责，如图 2－5 所示。

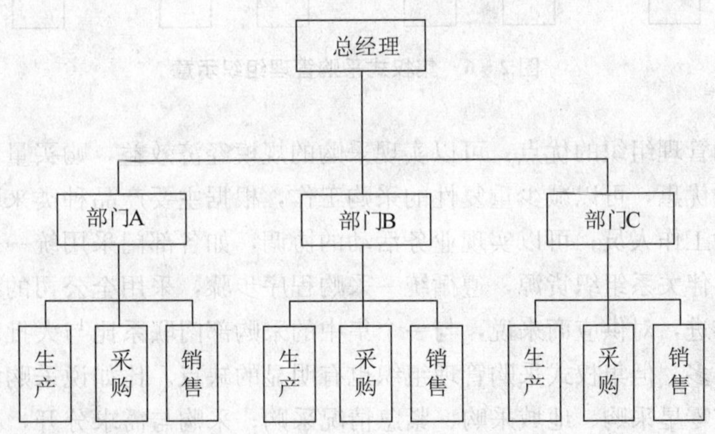

图 2－5　分权式采购管理组织示意

分权式采购管理组织相较其他的管理组织类型既有优点又有缺点。大体上具有以下优点：可以自主、灵活地处理各项作业，增加物料采购的多样性；采购速度快，对用户和消费者需求的快速反应能力强；可进行地区性物资采购，仓储管理方便。在分权式采购管理组织中，每个部门经理对自己的财务后果负责，因此，经营单位的管理要对其所有的采购活动负完全责任。这种结构的缺点之一是不同的经营单位可能会与同一个供应商就同一种产品进行谈判，结果达成了不同的采购情境。同时造成供应商分散和混乱，技术人员短缺，成本上升；重复采购，各个使用部门缺乏沟通，缺乏财务控制等。

分权式采购组织适用于拥有多样化经营单位结构的跨行业公司，每一个经营单位采购的产品都是唯一的，并且与其他经营单位所采购的产品有显著的不同。在这种情况下规模经济只能提供有限的优势或方便。

2. 集权式的采购管理组织

集权式采购管理组织是将采购相关的职责或工作由一个部门统一负责，组织本部门、本系统的采购活动的采购实施模式。公司将整个集团的采购集中到某个部门，统一对公司进行战略和战术层面上的采购，然后将采购到的商品从全球采购部门中分配到各个需要的部门进行经营，如图 2－6 所示。

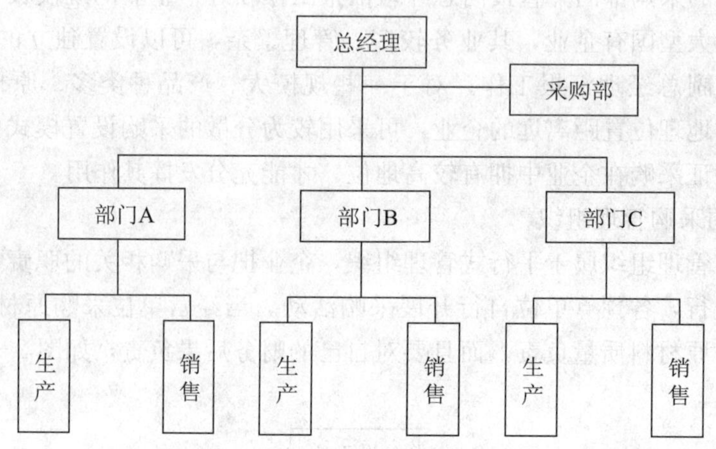

图 2－6　集权式采购管理组织示意

集权式采购管理组织的优点：可以实现采购的规模经济效益，购买量的集中可形成价格的批量折扣或优惠，可以减少重复性的采购工作，根据主要产品种类来聘用专业技术人员和专业的辅助工作人员；可以实现业务活动的协调，如各部门采用统一的采购政策，单一货源、合作伙伴关系组织货源，遵循统一采购程序步骤，采用全公司的统一规范，使标准化工作易于推进，对供应商来说，与一个集中的采购部门联系比与大批单独的部门或工厂联系要方便得多。但集权式采购管理组织也有明显的缺点。比如说采购流程过长，时效性差；难以适应零星采购、地域采购、紧急情况采购；采购与需求分开，有时难以准确了解内部需求，降低采购绩效。

集权式采购适用于几个经营单位购买相同产品，同时该产品对于其具有重要战略意义的情况，即下属各单位通用材料的采购。在这种情况下规模经济会发挥较大的优势或方便。

3. 混合式的采购管理组织

混合式的采购管理组织结合了分散式和集中式两种采购管理组织方式，是既在一级管理层次上设立公司采购部门，进行战略和战术采购活动，又在各个分支部门设立采购部门分别采购的一种组织形式，如图 2－7 所示。公司采购部门和各经营部门采购有着明显的分工。凡属于通用性的、采购金额大的、需要进口的采购需求，均由公司采购部集中办理；小额、临时性的采购，则授权分公司或工厂执行，给予下属部门较大的权限，不但可以提高采购效率，还可以降低采购成本。

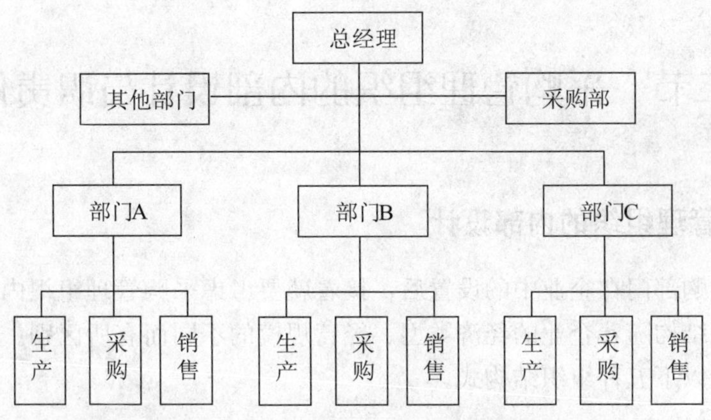

图 2－7　混合式采购管理组织示意

混合式的采购管理组织结合了两种采购组织的优点，能够做到分散和集中的有效结合。公司采购部门对战略采购品进行详细的供应市场研究，部门内部的采购部门可以参考使用。公司采购部门协调、解决部门之间的采购工作，但不进行战术采购活动，具体采购活动完全由各部门采购组织实施。

4. 跨职能的采购管理组织

跨职能的采购管理组织是一种比较新颖的采购组织形式，其做法是在公司总部设立采购总部，同时在各经营单位也分设采购部门，各经营单位的采购经理既负责本部门的采购，向本单位的主管汇报，同时也需要向首席采购官（CPO）汇报以取得本部门的采购与公司的政策相适应，如图 2－8 所示。例如，IBM 公司（国际商业机器公司）的采购合同的订立是在公司那一层次上集中进行的，业务的采购活动都是分散的，采购部件和其他与生产相关的货物是通过分布在全球的采购经理组织的。这些经理对某些部件组合的采购、物料来源和供应商政策负责，向首席采购官（CPO）和他们自己的经营单位经理汇报。首席采购官（CPO）单独与每一个经营单位经理进行沟通，以使公司的采购战略与单独的部门和经营单位的需要相匹配。IBM 通过这种方法将其巨大的采购力量和最大的灵活性结合在一起。

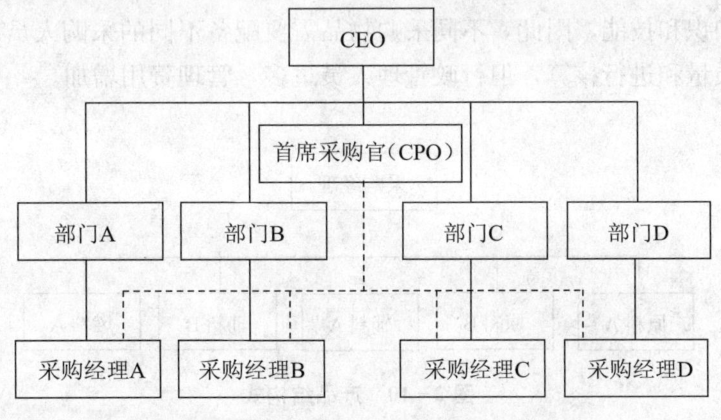

图 2－8　跨职能采购管理组织示意

第二节 采购管理组织的内部设计与职责任务

一、采购管理组织的内部设计

当明确了采购部门在企业中的设置后，接着就要考虑采购管理组织内部的设计。采购部门的内部组织结构随着企业的经济类型、经营规模的不同而有所区别。采购管理组织的内部设计可以有以下五种组织结构式。

(一) 职能结构式

职能结构式是根据采购工作的流程和业务分工，在采购的不同环节配置不同的岗位，每个岗位专门负责某一流程阶段的专职工作的组织形式，如图 2－9 所示。该组织形式有利于采购人员熟悉业务，提高工作效率，同时各环节之间相互监督，避免腐败和浪费，减少内部审计成本；但容易出现部门的本位主义，决策缓慢管理较弱，较难检查责任与组织绩效。

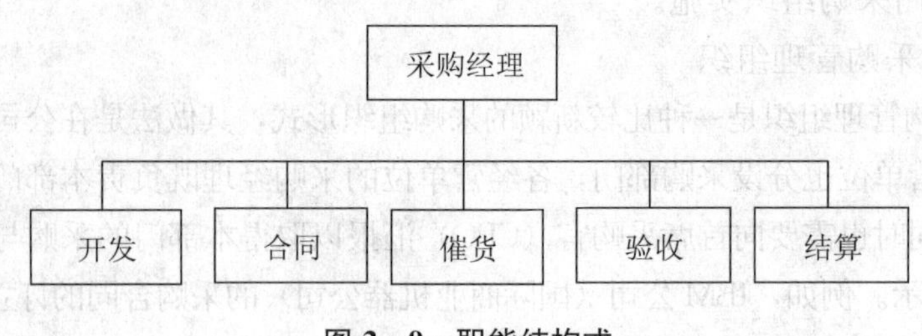

图 2－9 职能结构式

(二) 产品结构式

产品结构式是指将企业所需采购的产品分为若干类，每一个或几个采购人员分成一组，负责采购其中的一种或几种商品的组织形式，如图 2－10 所示。该组织适合于原料种类多、专业性强的企业，如大型石油石化企业，每种采购物品的物理化学性质都不同，需要非常专业的知识和技能，因此，不同采购物品需要配备不同的采购人员。该组织形式易于保证产品的质量和进行核算，但行政管理人员过多，管理费用增加。

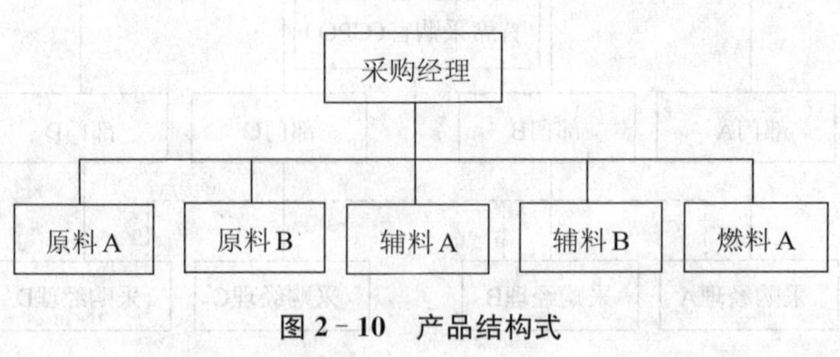

图 2－10 产品结构式

（三）地区结构式

地区结构式是指将企业采购的目标市场划分为若干个区域，每一个采购人员负责一个地区的全部采购业务，如图 2－11 所示。该组织形式对本地区环境的变化反应迅速灵敏；便于区域性协调；但与总部之间的管理职责划分较困难。

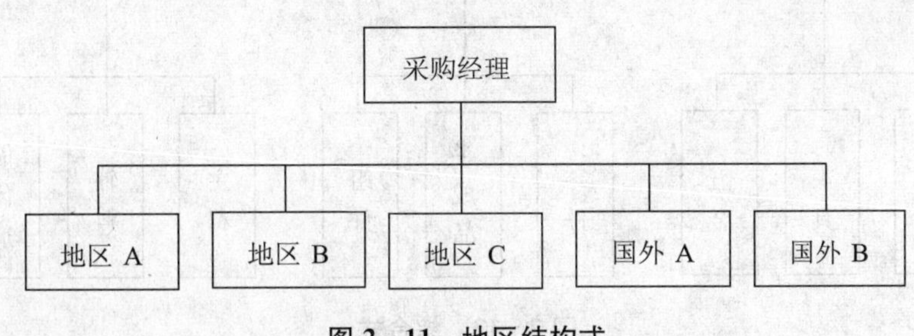

图 2－11　地区结构式

（四）顾客结构式

顾客结构式是指将企业的采购目标市场按顾客的属性进行分类，每一个采购人员负责同一类顾客，如图 2－12 所示。该组织形式可以有针对性地按需生产、按需促销，但只有当顾客达到一定规模时，才比较经济。

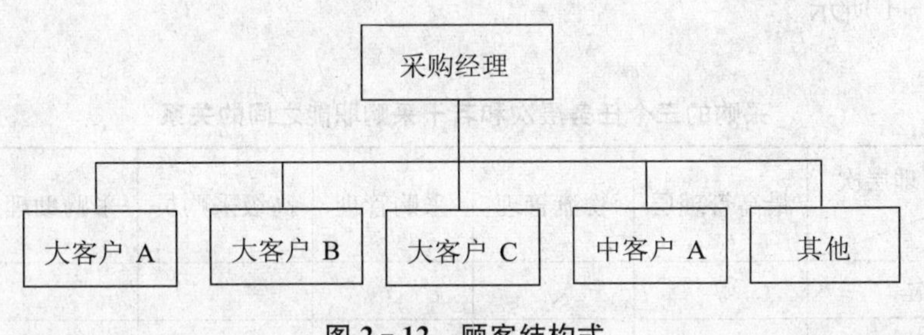

图 2－12　顾客结构式

（五）综合式

综合式采购管理组织综合考虑了上述四种因素的重要程度和关联状况，如图 2－13 所示，该方式适合于一些大企业。这些企业原料需求多、数量大、专业性强、客户分布广泛，采购组织也相应复杂得多。

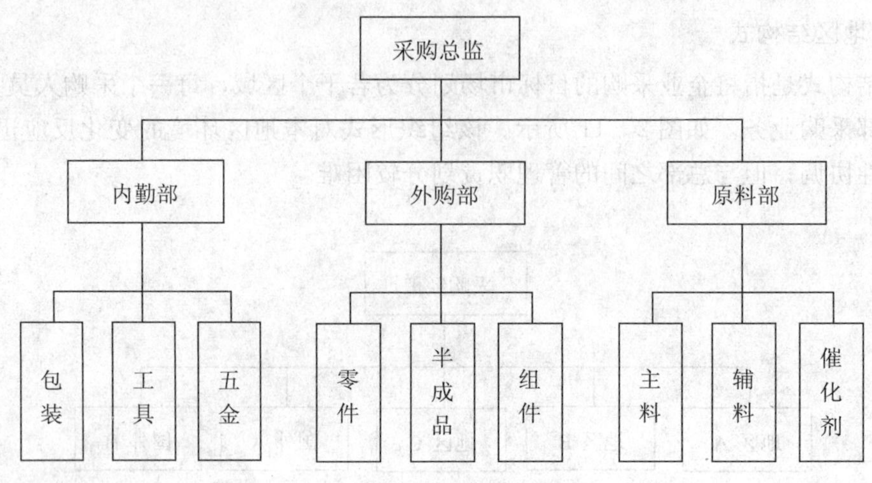

图 2-13 综合式

二、采购管理组织职责任务的层次

按照采购的目标、采购工作范围及采购过程，可将采购任务、职责、权利划分为战略、战术及业务三个层次，不同层次的任务、职责、权利意味着相关人员或部门在公司或企业中拥有不同程度的地位，也是采购内部组织机构和采购人员划分权利、责任和任务的依据，如表 2-1 所示。

表 2-1 采购的三个任务层次和若干采购职能之间的关系

任务＼管理层次	最高管理层	物流管理	采购管理	高级采购员	采购助理/物料计划员
战略层次	√	√	√		
战术层次		√		√	
业务层次				√	√

（一）战略层次

战略层次（Strategic Level）是指那些影响到企业长远发展及市场定位的有关采购决策，一般跨度 3～5 年，最终决策权在最高层。包括以下职责任务：制订、发布采购方针政策、管理运作程序及工作描述；对采购运作及表现进行审核以衡量采购绩效并促使采购不断改进；主要投资决策如厂房、设备、信息技术等；主要零部件自制或外协决策；供应市场定位、供应体系及供应商关系定位；供应商合作决策，如是否向供应商投资、是否与供应商共同开发等。

（二）战术层次

战术层次（Tactical Level）是在战略采购的指导下，采购中涉及产品、工艺、质量及具体供应商选择等相关的决策，它对公司中期运作和发展产生影响，影响跨度 1～3 年，要求内部相关的职能部门如工程、开发、制造、企划、品质及采购之间密切合作。具体包括以下职责任务：供应商审核、选择及认可；订立合作协议、采购合同或年度改进目标协议等；制订供应商改进计划或采购改进项目；制定实施供应商考评、考核、奖励措施；实施供应体系优化等。

（三）业务层次

业务层次（Service Level），又称执行层，对应着采购过程中的后期采购供应，主要是执行开单下单、跟进交货、付款及相关的事宜。具体包括以下职责任务：按采购供应合同与生产计划、物料需求计划的需要下订单、签单落单；跟进供应商的交货及周转包装材料的使用；衔接收验货过程、按有关规定及决策处理安排不合格材料的退货等；跟进供应商表现、向供应商知会有关考评结果促其改进等；跟进发票及付款等事宜。

采购管理组织的职责任务就是寻求合适的供应商以保证外部资源的充分供应，但是这种职责和任务由传统的业务层次逐渐提升到战略层次。

三、采购管理组织和人员的职责任务

在具体的采购工作中，处于公司不同位置的采购管理组织和不同职务的采购人员，分别负有不同的职责与任务。

（一）采购管理组织的职责任务

1. 采购总部的职责

（1）供应商选择与评价；

（2）协调各分采购部门的采购工作；

（3）与企业其他部门沟通，制订采购计划，且将重要的采购计划报上级批准；

（4）制定采购制度和设计合理的采购流程；

（5）控制采购风险；

（6）完成采购人员的培训和组织的调整；

（7）共同商品的订货和结算处理。

2. 采购部门的职责

（1）执行采购总部制订的采购计划，组织具体的采购活动。

（2）供应商（包括寻找新的物料代替品）的调查与选择。通过采购调研做出供应商的筛选、甄别、评价、认证、培养、审核、考察、评审、资料备案等。

（3）核对请购单所购物料的技术规范和技术标准。

（4）收集市场信息、价格变化的调查分析，掌握市场的需要及未来的趋势。对市场（国内和国际）的行情有及时地了解，保证公司在采购价格上的优势。在市场状况发生明显变化时能够妥善利用供应商的资源和采取适当战略降低风险和取得竞争优势。

(二) 采购人员的职责和要求

1. 采购总监或首席采购官 (CPO) 的职责

(1) 主持采购部全面工作，提出物资采购计划，确保各项采购任务完成。

(2) 调查研究各部门物资需求及消耗情况，熟悉各种物资的供应渠道和市场变化情况，供需心中有数。指导并监督下属开展业务，不断提高业务技能，确保公司物资的正常采购量。

(3) 审核年度各部呈报的采购计划，统筹策划和确定采购内容。减少不必要的开支，以有效的资金，保证最大的物资供应。

(4) 要熟悉和掌握公司所需各类物资的名称、型号、规格、单价、用途和产地。检查购进物资是否符合质量要求，对公司的物资采购和质量要求负有领导责任。

(5) 监督参与大批量商品订货的业务洽谈，检查合同的执行和落实情况。

(6) 按计划完成各类物资的采购任务，并在预算内尽量减少开支。

(7) 认真监督检查各采购员的采购进程及价格控制。

(8) 在部门经理例会上，定期汇报采购落实结果。

(9) 每月初将上月的全部采购任务完成及未完成情况逐项列出报表，以便于上级领导掌握全公司的采购项目。

(10) 督导采购人员在从事采购业务活动中，要遵纪守法，讲信誉，不索贿，不受贿，与供货单位建立良好的关系，在平等互利的原则下开展业务往来。

2. 采购经理的职责

(1) 基本职责。采购经理的基本职责包括：制定采购谈判的策略和方案并加以实施；处理质量问题，以及退货方案的实施；同公司内部其他各功能部门建立并维持良好的关系；对公司采购管理的政策和程序进行有益的宣传并提出建设性的改良建议；运用一些战术性的方法如供应商伙伴关系、供应链管理等建立良好的供应商关系；处理供应商的问讯，异议及要求；实施对新供应商的开发和扶植工程；配合财务在整体上用的付款策略。

(2) 核心职责。采购经理的核心职责包括：首要任务是保证本单位所需产品与服务的正常供应，以支持本单位生产及其他经营活动的顺利运作；不断改进采购过程及供应商管理过程，以提高货物质量；控制、减少所有与采购相关的成本，包括直接采购成本和间接采购成本；建立可靠、最优的供应配套体系；利用供应商的专业优势，积极参与产品或过程开发；建立并维护本企业、本公司的良好形象；管理、控制好与采购相关的文件及信息。

(3) 其他职责。从采购管理的角度讲，其他职责包括制定并实施采购的方针、策略、流程、目标及改进计划并进行采购及供应商绩效衡量，建立供应商审核及认可、考核与评估体系，开展采购系统自我评估，建立培养稳定并有创造性的专业采购队伍等。

3. 采购员的职责

采购员的日常工作就是进行采购作业，包括商品的议价、交易条件协商、新商品的引进及议价、商品的配送方式、数量决定。其职责主要包括下面几项：

（1）热爱本职工作，注意市场信息的收集。

（2）工作要细，采购要精，行动要速，质量要高，服务要好。

（3）廉洁奉公，不徇私舞弊，不违法乱纪，讲究职业道德。

（4）采购必须以采购单进行采购，金额超过规定数额以上须经采购经理批准。

（5）采购多种物品时，要分轻重缓急，合理采购。大宗高额物资须经采购中心招标采购，小宗大量物资，同申购部门代表一同采购。

（6）严把质量关、价格关，不采购假冒、伪劣、不符合质量要求的商品，及时做好入库报销工作。

第三节　采购人员管理

采购人员是企业采购工作的执行主体，因此，采购人员素质的高低，会直接影响企业采购的效率、质量和效益，加强采购人员的培训，提高采购人员的综合素质，以保证采购任务的完成。

一、采购管理组织的人员设置

企业采购管理组织需要不同岗位的采购工作相关人员共同配合完成采购工作，以采购活动较复杂的大型企业为例，采购管理组织的人员可以按照以下职能或岗位进行设置。

（一）供应市场分析员

为了满足企业目前及未来发展的需要，企业针对所采购的商品系统地进行供应商、供应价格、供应量、供应风险等基础数据的收集、整理和分析，为企业的采购决策提供依据。许多跨国公司，如 IBM、西门子、飞利浦等公司都有专人负责在全球范围内采购战略部件和材料，他们不断为所需要的材料和服务寻找第一流的供应商。公司采购人员自己逐渐承担起进行供应市场研究的活动。

（二）供应商管理人员

供应商管理人员主要是根据公司发展需要开发、维护供应商并参与制定供应商管理的相关制度对供应商进行分析、评价、筛选、考评。要进行定期的市场调查和跟踪供应商情况，建立并维护供应商数据库，进行供应商的开发与维护。

（三）采购计划人员

采购计划人员主要任务是制订公司的采购计划，保证采购计划合理。一方面收集公司所需物料的市场动态信息；定期、准确向采购部经理和财务部等部门提供物料市场动态信息；另一方面协助采购部经理制订公司年采购计划、预算，并协助部门经理制订公司库存方案。

（四）进货管理人员

进货管理人员的任务是管理商品进货业务和关于进货情况的统计分析，对进货商品、物料的品质、价格、数量进行控制，规范进货程序、财务数据，保证合理库存满足日常的生产和销售。

（五）采购质量管理人员

采购质量管理人员负责采购部门的质量管理工作，包括供应商评估与认证、产品的验收把关等工作，要了解供应商质量管理的有关情况（如质量管理机构的设置，质量体系文件的编制，质量体系的建立与实施），对供应商出具的质量证明材料要核实并确认，及时掌握供应商生产状况变化对质量的影响，并通过加强最终检验和试验来把关。

（六）库存管理人员

库存管理人员的主要任务是对供应物品的出入库情况进行分析，对供应物品的储存结构、储存时间等进行调节，在满足生产、销售的前提下尽可能减少存货资金占用，提高库存的响应能力并降低成本。

（七）采购统计分析人员

采购统计分析人员的任务是接收物料需求计划，对订单等资料存档管理，计算和汇报采购达成率，跟进采购进度，参与供应商评审，制定供应商柔性交货资料等。

（八）财务与成本核算人员

财务与成本核算人员负责审核公司各项采购成本的支出，进行采购物品成本核算、费用管理、成本分析，定期编制成本分析报表，加强成本控制、促进降低成本；进行有关物料的成本管理工作，主要做好成本的核算和控制、汇总、决算工作和开支的事前审核；评估成本方案，及时改进成本核算方法；做好各相关成本变动资料的整理、归档、查询、更新工作。

（九）采购人员

采购人员负责采购的具体购买实施工作。

（十）采购经理人员

采购经理人员的任务和职责前文已经叙述。

二、采购人员应具备的基本素质

随着采购的重要性的提高，采购工作也越来越复杂。采购人员必须具备相应的素质和能力，通过专业化工作和能力培训达到与企业和市场要求相适应的水平。

（一）采购人员的职业道德

1. 公正廉洁

采购人员在企业的采购活动中应当维护正当的企业利益和供应商利益，做到公正廉洁，诚实守信，执行企业的采购政策，遵守采购的内部管理制度，厉行节约，科学合理确定采购需求。采购人员不得向供应商索要或接受其给予的赠品、回扣或与采购工作无关的其他商品、服务。

2. 敬业精神

敬业精神是做好本职工作的基本要求，能力再强的人也必须有敬业精神，才能做出应有的成绩。采购人员敬业精神的好坏会直接影响企业供应情况，良好的敬业精神可以保证企业供应的稳定，进而保证生产的顺利进行；也可避免采购中的不必要损失。

3. 虚心、诚心、耐心

采购人员在和供应商交往的过程中，往往占据主动地位，拥有局面的控制权。但采购人员对供应商的态度一定要保持公平互惠，甚至要做到虚心求教，不能趾高气扬。与供应商建立良好的互利互惠的合作伙伴关系，要求采购人员要有足够的虚心、诚心和耐心同供应商谈判，与供应商交往，才会换来对方的真诚合作，达到企业的供应目的。

(二) 采购人员应具备的观念

1. 战略观念

采购人员应从企业整体出发，把握企业战略目标，使采购工作符合企业整体战略发展的要求。

2. 经济观念

采购人员在采购过程中应该重视经济核算，提高采购活动的经济效益。尽量组织当地产品采购，坚持货比三家，择优而购，节省开支。

3. 市场观念

采购人员应该把握市场发展的规律，适应供应市场变化的趋势，善于抓住市场机会。

4. 竞争观念

采购过程中充满竞争，既包括采购人员与供应商的竞争，又有与其他企业之间的竞争。因此，采购人员要善于把握竞争中的机会，将竞争压力转化为采购工作的动力。

5. 服务观念

采购过程本质上是一个服务过程。一方面，从企业内部来说，采购要为企业的生产经营、销售工作服务；另一方面，采购工作要为供应商服务，在采购过程中着眼于长远利益，为供应商提供必要的服务，例如，提供准确的信息、协助供应商完成销售、介绍新客户等。

6. 创新观念

采购人员在采购过程中要有创新的意识和行动，例如，开发新供应来源或选择更佳的供应商，以提高采购工作的效率。

(三) 采购人员必备的知识

1. 政策、法律知识

政策、法律知识包括国家出台的相关法律法规、价格政策、专营方向，维护国家与企业利益。采购人员只有掌握和采购工作相关的政策、法律知识，才能在工作中避免违法违规的行为，避免企业发生违规成本。

2. 供应市场知识

采购人员要了解供应商市场结构和市场需求，掌握市场供应的基本情况，才能合理地选择供应商品品种，从而保证采购的商品适合企业需要。同时，了解市场供应商的需求，从而提高采购工作的针对性和有效性。

3. 采购业务知识

业务知识包括产品知识，例如产品的技术特征、物理化学性质、功能用途、成本、品质等，还有谈判技巧、签约、合同履行等基本知识，这是做好采购工作的关键，有利于与供应商的沟通，能主动进行价值分析，有助于降低采购成本。

4. 其他知识

其他知识包括管理知识、数理统计知识、计算机知识和外语知识等。将这些知识用于采购过程，提高采购过程中对现代管理、技术工具的使用能力，把握市场变化规律，从而提高采购工作的效率与准确性。

（四）采购人员的能力要求

1. 市场分析能力

分析市场状况及发展趋势，分析消费者购买心理，分析供货商的销售心理，从而在采购工作中做到知己知彼、百战百胜。

2. 协作能力

采购过程是一个与人协作的过程，一方面采购人员要与企业内部各部门打交道，如与财务部门打交道解决采购资金、报销等问题；与仓储部门打交道，了解库存现状及变化等。另一方面采购人员要与供应商打交道，如询价、谈判等，采购人员应处理好与供应商和企业内部各方面的关系，为以后工作的开展打下基础。

3. 语言表达能力

采购人员是用语言文字与供应商沟通的，必须做到正确、清晰地表达所欲采购的各种条件，如规格、数量、价格、交货期限、付款方式等。如果表达不力，会浪费时间，导致交易失败。因此，采购人员的表达能力很重要。

4. 成本分析和价值分析能力

采购人员必须具有成本分析能力，会精打细算。质优的物品价更高，增加成本，盲目追求“价廉”，则可能付出品质低劣的代价。因此，对于供应商的报价，要结合其提供的商品的品质、功能、服务等因素综合分析，以便买到适宜的商品。

5. 预测能力

在市场经济条件下，商品的价格和供求在不断变化，采购人员应根据各种产销资料及供应商的态度等方面，预测将来市场上该种商品供给情况，如商品的价格、数量、分布等。

表 2-2　　　　　　　　采购人员的知识和能力要求

		集团采购总经理	分厂采购经理	战略采购人员	后期供应人员	品质工程师	电子采购专员
知识要求	采购管理	高	高	高	低	高	高
	采购物品相关知识	低	高	高	低	高	高
	财务管理	高	高	一般	低	低	一般
	相关法律	高	高	一般	低	低	一般
	信息系统	一般	一般	一般	一般	高	高
能力要求	价值分析能力	高	高	一般	低	高	一般
	逻辑思维能力	高	一般	一般	低	高	一般
	决策能力	高	高	一般	低	一般	低
	预测能力	高	高	一般	低	一般	一般
	灵活性与敏捷性	一般	高	一般	低	低	低
	团队精神	一般	高	一般	低	一般	低
	沟通交流技巧	高	一般	一般	低	一般	一般
	市场能力	高	低	一般	低	低	低
	供应商关系处理	高	一般	一般	一般	高	一般

三、采购人员的培训与开发

（一）采购人员培训需求分析

采购人员培训需求分析是培训工作的基础，是在采购人员培训需求调查的基础上，由培训部门、采购主管人员等相关人员运用各种方法与技术，对采购人员的思想、观念、知识、技能等方面进行系统分析，以确定是否需要培训及需要培训哪些方面。采购人员的培训需求分析包括采购组织需求分析、采购人员职务分析、采购人员个人分析三方面内容。表 2-3 说明了不同层次的采购人员的不同培训需求。

表 2-3　不同层次的采购人员培训需求结构

采购人员类别	个人素质与技巧	相关专业知识	采购专业知识
集团采购总监 事业部采购总经理	变化管理 国际关系学	战略管理 宏观经济学	采购战略管理 国际采购管理 战略成本管理
采购经理 资深战略采购员	高层领导学 公共关系学 时间与效率管理	人事管理 市场与营销 法律 经济学	采购管理 成本分析与管理 国际采购与运输
战略采购员 高级采购员 前期采购员	项目管理 指导技巧 沟通技巧 领导方法	财务管理 市场学 质量管理 供应链管理	专业采购模块 谈判技巧 供应商管理 即时供应（JIT）
后期采购员 助理采购员	团队工作 表达技巧 基础谈判	财务基础 语言（英语等） 计算机及信息管理	采购基础 国际贸易基础 供应商管理基础

（二）采购人员培训计划

一般来说，采购人员培训计划首先应该明确培训目的，培训目的应具有可操作性、可衡量性，以便培训完成后能有效评估培训的效果；其次应该确定培训对象，培训对象包括采购工作的中高层管理人员、技术人员、执行人员等，根据人员才能对培训内容进行分类；最后应该选择培训形式和培训内容，涉及行业发展、规章制度、管理实践、工作流程、专项业务等。培训计划还包括聘请培训讲师、设计培训课程和制定培训预算等。

（三）采购人员培训方法

1. 讲授

讲授是培训教师通过语言向培训对象描绘情境、叙述事实、解释概念、论证原理和阐明规律，进而达到传授知识、培养能力的目的。

2. 案例讨论

通过向培训对象提供相关的背景资料，让其寻找合适的解决方法。该方法将培训对象的注意力集中到企业管理实践中已经做过的事情上，从而巩固和加深培训对象对所学内容的理解，培养学员综合运用所学知识解决实际问题的能力，还能给培训对象创造一个身临其境的感觉，提供一个锻炼分析企业经营管理问题的机会。

3. 在职培训

在职培训又称“工作现场培训”，是一种对已具有一定教育背景并已在工作岗位上从事劳动的培训对象进行的再教育活动。在工作当中，培训对象更容易发现问题并做出思考，在在职培训的观念指导下，管理人员指导员工思考问题，提出改进建议，加深员工的印象，使改进更有针对性和时效性。

4. 角色扮演

角色扮演是一种情景模拟活动，就是指根据培训对象可能担任的职务，编制一套与该职务相似的工作项目，将培训对象安排在模拟的工作环境中，要求培训对象处理可能出现的各种问题，来巩固知识、提高操作能力的方法。

5. 岗位轮换

岗位轮换制是企业有计划地按照事先确定的期限，让培训对象轮换担任不同工作、不同岗位的做法，从而达到开发职工多种能力、进行在职训练、培养管理者的目的。轮岗不仅可以培养出优秀的复合型人才，而且是员工职业生涯规划的有效方式。通过轮岗，员工可以找到适合自己发展的位置，激发潜能，提升价值。

6. 管理竞赛

将培训对象分组成若干个采购单元，然后每个采购单元利用相关模拟软件或沙盘，在模拟供应市场上自行决策、完成采购工作，将较长时间（如几年、几个月或几周）压缩成几天、几小时，模拟出采购的结果，并根据事先设定的目标（如达到一定的采购绩效）进行考核，以提高培训对象的实战能力。

第四节　采购管理制度

一、采购管理制度概述

采购管理制度是指以文字的形式对采购管理组织工作与采购具体活动的行为准则、业务规范等做出的具体规定。

为了规范采购工作，提高采购工作的效率，企业必须建立健全多种采购管理制度，以此作为采购人员与采购部门的工作准则与行为规范，以保证采购工作健康、有序、高效地运行，从而圆满地完成采购任务，满足企业其他部门对采购业务的要求。

采购管理制度居于上层建筑的范围，体现一定的生产力与市场关系的发展要求，企业采购管理制度的建立不是一蹴而就的，而是一个长期的过程，应由企业管理层所倡导，能被广大的采购员工所认可，在实际工作中，它往往是集体智慧的结晶。

二、采购管理制度的特点

建立企业采购管理制度，可以明确各岗位、各环节的责、权及相互关系；明确采购人员的业务操作要求，从而有利于加强考核；有利于在采购部门贯彻按劳分配制度，有利于激发职工的责任感与事业心。值得提出的是，采购管理制度作用的发挥是建立在采购制度本身科学性的基础上的，为此，企业采购管理制度应体现以下几个方面的特点。

（一）文字化

任何制度都是以文字的形式表示出来的，采购制度也不例外。制度不是上级的口头命令或要求，口说无凭，应以文字的形式固定下来，作为大家共同的行动纲领，对任何人、任何采购活动均起规范作用。文字化的采购制度可以张贴起来，也可以打印成册，分发给每一个采购人员，要求大家领会其内容，自觉地按采购制度要求自己。

(二) 可行性

任何企业的采购制度都应在充分考虑企业内外部条件、企业发展目标、行业特点以及采购人员本身实际情况的基础上制定，应切实可行。不同类型企业的采购制度可以有差异，即使是同一个企业在不同时期也应有不同的采购制度，我们反对照搬照抄和一成不变的采购制度，强调采购制度在实施贯彻中的切实可行性，而不是僵化的教条与清规戒律。

(三) 严肃性

采购管理制度一旦确定，采购人员应不折不扣地执行，只制定制度而不加强执行与实施的监督，这样的规定、制度是毫无价值的。在实际运作中，对违反制度的采购人员应有相应的制裁措施，应提倡采购制度的严肃性。

(四) 协调性

采购管理制度要注重各部门、各岗位之间的协调，把上下级工作、前后环节工作有机地协调与联系起来，以体现集体利益。

(五) 相对稳定性

采购制度已确定，一般地，短期内不要变动，通常一两年甚至更长时间应保持稳定，便于执行。如果经常变动，采购人员刚刚领会了老制度，又出现了新制度，这样就会难以适应，容易造成采购工作的混乱。当然，采购制度并不是长期固定不变的，随着外部环境的变化，企业内部条件的改进，采购制度也可以适当进行调整。

三、采购管理制度的内容

采购管理的主要制度有采购领导制度、经济责任制度、奖惩制度、监督制度等。

(一) 采购领导制度

采购领导制度，即采购决策制度，按采购什么、采购多少，什么时候采购等决策权属于哪一级来划分领导制度。具体有以下三种。

(1) 集中制：采购的决策权集中于总公司，其他分公司或分厂无权采购。

(2) 分散制：将采购的决策权分散于各个分公司或分厂。

(3) 混合制：若企业的分公司（分厂）所需的物品相同，且采购金额较大时，由总公司统一采购，对于各分公司间有差异的、金额较小的、临时性采购的物品由分公司自行采购。

(二) 经济责任制度

经济责任制度是按照客观经济规律的要求，以提高经济效益及服务质量为目标，科学地确定相关部门、人员经济职责、利益权力的一项管理制度。明确经济责任制度，有利于维护采购队伍的良好的工作秩序，提高工作效率，讲究经济核算，从而提高经济效益。采购部门的经济责任制度通常有以下几方面。

1. 岗位责任制

岗位责任制是采购制度的中心环节。建立与健全采购岗位责任制，能做到采购部门人人有职责，事事有人管，目标清楚，责任明确，工作有条不紊，加强职工责任感，调动工作积极性，发挥其聪明才智；可以堵塞工作漏洞，保证采购工作的良好秩序。

不同类型的企业采购，岗位责任制不尽相同，一般采购部门内设有不同的岗位，不同岗位确定有不同的职责。

2. 采购费用承包制

这是采购部门加强经济核算的一种形式，在实际工作中，许多企业的采购费用大大超过正常的费用水平，造成采购环节经济效益低下，从而也影响了整个企业经济效益的提高。因此，用制度的形式来控制采购费用的开支水平显得尤为重要。

采购费用承包制是将采购费用指标落实到每一个岗位、每一个采购人员身上，只允许其在规定的费用标准内开支费用，从而控制采购费用支出。实际操作过程中，可以用相对数来控制，如规定采购每吨商品的费用额或每百元商品的费用额等。也可以用绝对数来控制，如规定采购部门在按要求完成采购任务的前提下，每月的采购总费用水平，对于超支的部门由采购部门、采购员自己承担；对于节支的部分可由采购部门、采购人员自行分配，以激发其工作责任感。

(三) 奖惩制度

为了调动广大采购人员的工作积极性，充分发挥他们的聪明才智、努力干好本职工作，企业应该建立与健全各种形式的奖惩制度以真正体现“干多干少不一样，干好干坏不一样，干与不干不一样，干轻干重不一样”的分配精神。对于一些成绩突出、工作勤奋踏实的采购人员应给予适当的奖励；对于那些工作散漫、绩效较差，甚至给企业带来经济损失的采购人员应进行必要的惩罚，甚至清除出采购队伍。

在建立奖惩制度时应注意两点：一是把握好“刺激度”，即拉开档次，不搞平均主义，要奖得高，罚得重，使奖惩措施真正起到激励的作用。二是注意多种奖惩方法相结合，根据心理学理论，人的需求是多方面的，物质奖励只能满足职工物质方面的需要，过分强调物质刺激，会产生“一切向钱看”的错误观念，其作用必然有限。我们提倡物质奖励与其他奖励形式的配合，如精神鼓励（评先进、表扬、提干等）。对于惩罚来讲也是如此，可以罚款，亦可行政处分，甚至开除公职，这样奖惩制度才真正有效。

(四) 监督制度

贯彻采购制度必须坚持严格监督与考核，没有严格的监督，采购制度就会流于形式，严格的监督是以科学考核依据为基础的。在实际工作中监督的方法包括三种：一是由采购负责人对各部门组织和职工个人执行情况进行纵向检查；二是组织有关部门的负责人进行横向联合检查；三是个人自查。

在制定监督制度时，要注意把握两个方面：一是对权力的使用和监督，检查是否有滥用职权、借采购之机以权谋私的现象；二是对应负责任的监督与检查，检查责任是否落实到每个单位、每个人，或是否有职责不清、相互推诿的现象。

本章首先介绍采购管理组织的含义、特点和功能。采购管理组织的设置受三个因素影响：采购在企业中的重要程度、采购部门与其他部门的关系，采购决策的集权、分权。企业的性质和经营特点决定了采购管理组织在企业中的隶属关系，采购管理组织可分为分权式、集权式、混合式和跨职能式四种方式。

采购管理组织的内部设计有五种形式：职能结构式、产品结构式、地区结构式、顾客结构式和综合式。采购管理组织的任务可划分为战略、战术及业务三个层次。在具体的采购工作中，处于公司不同位置的采购管理组织和不同职务的采购人员，分别负有不同的职责与任务。

采购管理组织的人员可以按照采购流程中发挥的不同作用进行设置。采购人员应具备的基本素质包括四大方面：职业道德、观念、知识和能力，其中采购人员必备的知识包括政策法律知识、供应市场知识、采购业务知识等，其能力要求有市场分析能力、协作能力、语言表达能力、成本分析和价值分析能力及预测能力等。采购人员的培训首先要做需求分析，然后制订培训计划，选择培训方法。

采购管理制度是对采购管理组织工作与采购具体活动的具体规定，其内容包括采购领导制度、经济责任制度、奖惩制度和监督制度等。

1. 采购管理组织设置有哪些基本类型？各种类型分别适用于什么情况？有何优劣？
2. 采购管理组织的内部设计有几种方式？分别适用于什么情况？
3. 采购管理组织的职责分为几个层次？分别是什么？
4. 不同职位的采购管理人员各有哪些职责和任务？
5. 采购人员应具备哪些知识和能力？
6. 采购管理制度包括哪些内容？

A企业的采购组织架构的实施方案

2014年，随着公司的快速发展，A企业成立了专业的采购队伍，实现了采购的专业化，为公司的供应保障奠定了基础。但采购组织架构还没有形成，这不符合公司的整体发展要求。

为了培养和提升采购人员素质，完善和健全采购队伍建设，增强采购部的凝聚力，实现采购工作的专业化、标准化、制度化、透明化，需要对企业现行的采购体系进行改造，通过完整的采购组织架构建设，实现统一指挥、分工合理、权责匹配。企业的规模、性质和生产品类不同，采购部的组织架构也不一样，其采购岗位和职责的设置各有不同。对于企业而言，其采购的组织架构并无好坏之分，只有适合与否。针对A企业的行业特征和实际情况，提出以下两种备选方案。

方案一：按采购职能分工。

在采购部经理之下设置四个科室，各科室分工如下：开发科——负责供应商的开发和考核，为选择供应商提供决策依据，为采购员提供合格供应商的对象和数量，建立完善的合格供应商体系，定期和不定期对采购价格进行随机询价，对价格异动进行调查；供应科——负责执行采购部门的工作方针和目标，处理各类请购需求，经上级批准后，根据开发科提供的合格供应商名录执行下单、跟单和到货处理等工作；物流科——负责物料的运输和储存管理工作，对各类物资进行入库、保管、出库等工作，日常进行库存盘点，及时反映库存信息等；信息内审科——负责处理采购部信息工作及相关文件制度管理工作，接收相关部门采购计划，并对采购数据和信息进行统计和监督。如图2-14所示。

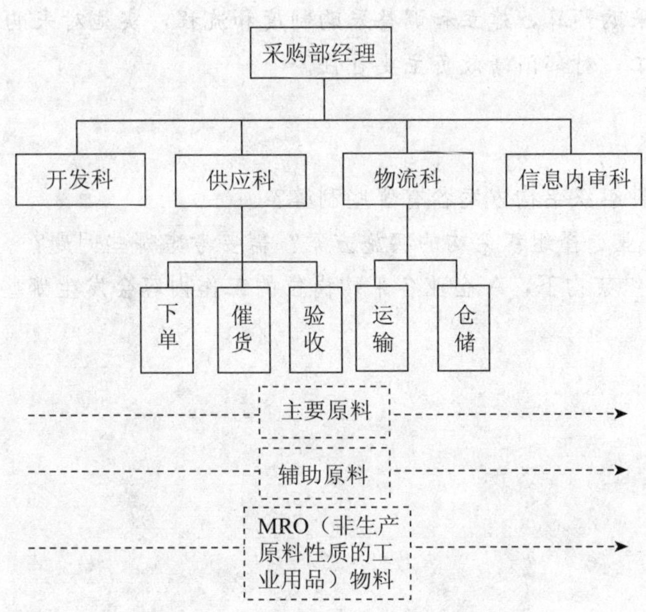

图2-14　方案一　按采购职能分工

方案二：按物料类别分工。

在采购部经理之下，按照物料的分类设置三个部门，各部门分别配备不同职能的人员，分工如下：主要原料部门负责A企业所有主要原料的供应商开发、日常采购供应等工作；辅助原料部门负责A企业所有辅助原料的采购相关工作；MRO物料部门负责A企业所有MRO物料的采购相关工作；单独设置物流科和信息内审科，分别负责整个企业所有物料的运输、保管和相关信息处理工作。如图2-15所示。

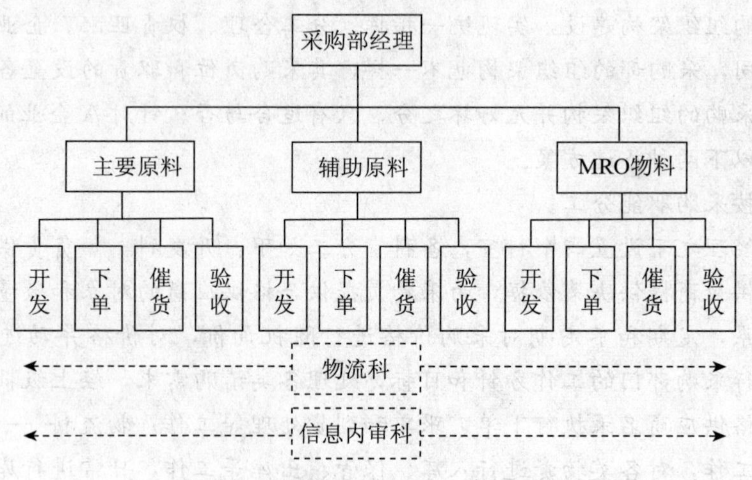

图 2-15 方案二 按物料类别分工

以上两种方案中，采购经理均对公司及主管领导负责，执行采购部门的工作方针，编制年度采购计划和采购预算，建立和调整采购制度和流程，实施对采购人员的整体管理工作，对人员进行分工，对部门绩效负主要责任。

问题：

1. A 企业的两种组织架构方案各有哪些利弊？
2. 如何为 A 企业选择组织架构的实施方案？需要考虑哪些问题？
3. 在不同的组织架构下，A 企业各采购岗位的工作内容会发生哪些变化？

第三章 采购流程管理

章节知识框架

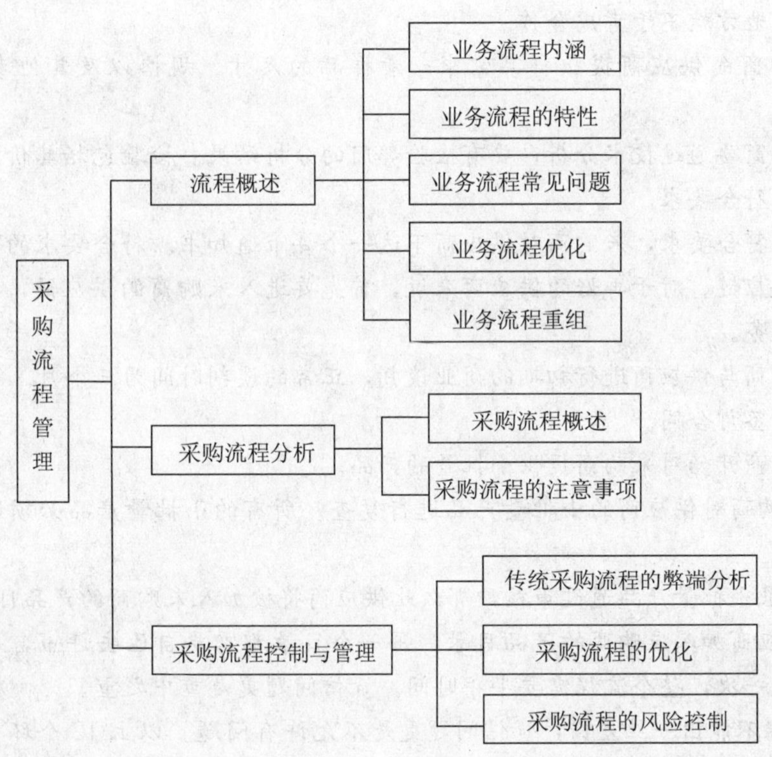

学习要求和目标

(1) 掌握业务流程的内涵、业务流程的特性；

(2) 了解企业业务流程常见的问题 ；

(3) 理解企业业务流程优化的方法；

(4) 理解业务流程重组的概念及步骤；

(5) 掌握企业的采购流程；

(6) 了解企业采购流程的注意事项；

(7) 理解企业采购流程的优化方法。

12 道采购流程细节指南

(1) 供应商要提供尽可能详细的资金、经营许可证、产品、生产规模、资信认证等相关报告。资料越详细越好。

(2) 采购商将对供应商提供的资料做一个详细的归类，把这些客户归入相应类别客户，并且给出是否值得扶持、资金是否值得肯定的内部分析。

(3) 采购商对供应商的工厂查看。视察厂家规模是否与他们提供的基础资料一致。如果有不一致的地方就不予考虑合作。

(4) 采购商向供应商提出样品需求。看样品的尺寸、规格以及其他参数是否符合需求。

(5) 采购商要通过技术分析，要有检验部门的分析结果。检验包括其价格、质量以及其他条件是否符合要求。

(6) 如果符合要求，采购商对供应商下达一个评审通知书。符合要求的供应商可以进入采购商的供应链。对于再好的供应商来说，首先要进入采购商的供应链，才能有资格为其提供产品服务。

(7) 采购商与供应商进行初期的商业谈判，正常的谈判时间为三个月。

(8) 双方签订合同。

(9) 供应商开始对采购商提供小批量的产品。

(10) 采购商对供应商的小批量产品进行复查。所有的小批量产品必须进行严格的实验检查。

(11) 如果小批量产品通过审核，那么此供应商将被加入采购商的产品目录。

(12) 供应商加入采购商的产品目录，每一个目录都需要自己去评审，每一个地方都需要重新评审一次，整个流程需要半年时间。资信问题更是重中之重。

12 道流程不能出一丝差错，资信问题更是不允许有问题。以上 12 个环节都成功通过以后，您就能成为此采购商的供应商，进入他们的全球供应链。

(资料来源：http：//www.chinawuliu.com.cn/xsyj/201406/27/291209.shtml.)

问题：

1. 请谈谈你对 12 道采购流程细节指南的理解。
2. 你认为一个完整的采购流程应包含哪些重要环节?

第一节　流程概述

随着产品的日益同质化，企业已经很难在性能、质量、价格等方面形成差异化的竞争优势。企业竞争表面上是产品与产品的竞争，实际上是产品背后的一系列流程之间的竞争，业务流程的重要性日益凸显，企业竞争的实质就是流程制胜。

一个客观、合理、优良的工作流程，能有效地限制员工的主观随意性、做事的隐蔽性，能够更好地加强企业各部门之间的相互监督与促进、避免工作漏洞、减少不必要的经济损失、实现企业经济效益的最大化。

一、业务流程内涵

目前，理论界基于各种角度对业务流程内涵的研究有很多。

国际标准化组织（ISO 9000）站在质量控制的角度将业务流程定义为："一组将输入转化为输出的相互关联或相互作用的活动。"

迈克尔·哈默（Michael Hammer）站在流程增值的角度对业务流程的经典定义："我们定义某一组活动为一个业务流程，这组活动有一个或多个输入，输出一个或多个结果，这些结果对客户来说是一种增值。简言之，业务流程是企业中一系列创造价值的活动的组合。"

达文波特站在顾客的角度将业务流程定义为："是一系列结构化的可测量的活动集合，并为特定的市场或特定的顾客产生特定的输出。"

从以上对业务流程的解释当中，我们得出业务流程是"为实现特定任务或目标而进行的一系列相互关联或相互作用的活动"。

二、业务流程的特性

流程无处不在。研发有研发的流程，生产有生产的流程，计划有计划的流程，销售有销售的流程，财务有财务的流程，不同的企业有不同的流程，同一个企业有许许多多的业务流程，它们形形色色，各式各样，然而这些形色各异的流程却包含着一些共同的特性。具体来说，业务流程的特性包括：目标性、整体性、层次性、结构性和效益性。

（一）目标性

企业的业务流程是为完成某一任务而设置的。任何任务都有一个明确的目标，当任务完成时目标也就实现了。对企业来说，流程的投入、转换、产出过程的结束就意味着目标的实现，如生产出某种有形产品或提高了某种无形服务。因而，流程的首要特性就是目标性，没有目标的流程是不存在的。反过来，不同的目标形成不同的流程。如果所处的位置不同，看问题的角度不同，即使是处理同一件事情，流程也可能不同，因为它们实现的是不同的目标，这也就给企业对流程进行优化和改进提供了空间。

（二）整体性

企业的业务流程是由活动构成的，单个的活动不能称为流程。活动间通过一定方式的结合，共同实现某一目的，就构成了流程的整体特性。流程的整体性说明流程是有边界的，有起点也有终点。边界以外定义为流程的环境，有输入和输出，流程的任务就是将输入转化为特定的输出。

一个流程至少是由两个活动组成的，并且这两个活动还要以一定的方式连接起来，随意放在一起是不起作用的，因此，整体性也意味着流程的结构性。流程的整体性对认识和理解流程有积极作用，特别是当我们对已经存在的流程进行优化和重组时，认识流程的整体性是非常有帮助的。

（三）层次性

企业的流程是通过多种活动的投入，从而产生出一定的结果，实现一定的目的，是一个投入—产出系统，具有系统的层次特性。这种层次体现在由上至下、由整体到部分、由宏观到微观、由抽象到具体的逻辑关系。

组成高层次流程的活动本身就是一个流程，有的往往还是一个复杂的流程。构成中间层次流程的活动，有的又是另一层次的流程，如此细分构成企业流程的多层次特性。业务流程之间的层次关系一定程度上也反映了企业部门之间的层次关系。不同层级的部门有着对业务流程不同的分级管理权限。决策层、管理者、使用者可以清晰地查看到下属和下属部门的业务流程。了解流程的层次性，可以使我们从宏观上把握流程，并逐步深化流程的分析。

（四）结构性

企业流程的结构指的是组成流程的各种活动之间的相互联系与相互作用方式，如流程的串联结构、并联结构、反馈结构和混联结构等，企业中的流程各式各样，但从活动间的关系来看，不外乎串联、并联和反馈这三种结构以及这三种结构的组合。通过这三种结构的种种组合，使企业中貌似杂乱的活动呈现出井然有序的规律。

（五）效益性

任何业务流程都是可以给组织或个人带来效益的，这体现了流程的效益性。从企业投资者的角度来讲，好的业务流程设计必然能够为企业带来高的利润。因此，在业务流程的设计阶段，我们要考虑流程的效益性和增值作用。业务流程的效益性是评价业务流程的一个重要方面，也是业务流程优化的关键点。

三、业务流程常见的问题

（1）有流程，无执行，流程形同虚设。企业制订的流程大多停留在书面上，但真正被用于实践中的很少。

（2）流程与实际运作脱节。由于外部环境的变化，企业的运作也应随之而变，但实际情况是指导业务运作的流程往往还停留在过去的状态，没有及时调整和完善，导致流程最终的实际输出和预期效果相去甚远。

（3）流程与流程之间的割裂。这种情况主要集中在跨部门和跨业务单元的流程上，由于流程之间的割裂，导致企业内部存在着大量的冲突，于是只好借助大量的会议、更多和更复杂的流程来试图解决。

（4）有了流程、管理僵化；没有流程、管理混乱。即“一管就死，一放就乱”，在效率和效果上难以找到最合理的解决方案，这一点对于大多数的企业来说一直是个头痛的问题。

(5) 流程业务的授权和监管不同步。业务流程的核心是业务，但由于流程业务的授权和监管不同步，当业务运作出现错误时，往往所导致的结果是责任不清，互相推脱。

(6) 流程繁多，层次不清。许多企业制订了大量的业务流程，但没有对流程进行体系化的分层和分级管理，以至于无法保证对业务战略和目标的实现。

四、业务流程优化

当前企业发展面临前所未有的不确定性，业务流程是否得当事关企业生死存亡。高效益、低成本的业务流程事关企业核心竞争力，优化业务流程成为企业升级的关键环节。

(一) 流程优化的概念

业务流程一般均是由一系列将输入转化为输出的活动组成。由于设计不完善、市场环境的变化、技术过时、管理僵化等原因，企业中的许多流程变得冗余、效率低下、增值能力差，使企业的竞争力大为降低。流程优化的目的就是为了解决这些问题的。

(二) 流程优化的作用

流程不在于“多”，而在于“清”，即各部门之间关联与界面清晰、责权分明；各级领导管理清晰、层次分明；新老程序变更清晰、时间分明；授权与监管同步，奖惩分明。优化业务流程的最终目标是提高企业的整体绩效。通过流程优化工作，企业可以获得以下几个方面的改善：

(1) 提高组织运作效率，降低整体运营成本，企业的核心业务、管理流程清晰、简捷，工作效率提高。

(2) 打破企业各部门间壁垒，增强横向协作，明确各部门责权范围，尽量避免界面冲突、责任不清、互相推诿现象。

(3) 减少不必要的流程环节，无效劳动减少，提高了企业效益。

(4) 管理层能够有效地监督和控制企业的整体运作，确保公司策略得以有效地执行，从而支撑战略的实现。

(5) 进行激励创新，优化企业资源使用效率，提高员工技术水平。

(6) 改善绩效评估体系，增强组织灵活性和绩效。

(7) 提高员工满意度。降低流程的无效复杂性意味着员工将被授予更多的权利来对自身的工作进行具体决策，这必然会加大员工的参与热情与工作干劲。

(三) 流程优化的方法

流程优化要从整体出发，优化的结果是使流程的全过程都得到改进，流程运行流畅、高效。在改进过程中最忌讳的是次优化行为，即流程中的部分优化。这种优化尽管花费巨大，但效果不明显。因此，我们要为彻底改革流程寻找创造性的方法。下面列出了流程优化的四种主要方法。

1. 时间导向的流程优化

这种流程优化法在降低产品周转期、节约流程占用时间方面运用得越来越广泛。其特点是注重对整个流程中各环节占用时间以及各环节间的协同时间进行深入的量化分析，其目标是缩短整个流程的时间消耗。

2. 成本导向的流程优化

作为最基本的流程优化方法，目的在于通过对特定流程进行的成本分析来识别并减少那些导致资源投入增加或成本上升的因素。该方法适用于对产品的价格或成本影响较大的那些活动，其操作前提是不能以损坏那些必要的或关键的确保客户需要满足的流程或活动为代价。其目标是降低整个流程的成本。

3. 系统化流程优化方法

系统化流程优化方法是基于流程整体性的特点，站在宏观角度来系统分析流程存在的问题，并提出一整套的解决方案。该方法的特点是以现有流程为基础，通过对现有流程的消除浪费、简化、整合以及自动化等活动来完成重新设计的工作。一般来说，外部经营环境相对稳定时，企业趋向于采取系统化改造法，以短期改进为主。从多数单位的具体情况来说，比较适宜的方法是采取系统化改造法。

4. 再造性流程优化方法

该方法的显著特点是立足长期流程能力大幅改进，而对整个业务流程进行根本性再设计。该方法强调在企业组织的现有业务流程、绩效及战略发展需要之间寻找差距与改进空间。其实施要求组织自上而下，制订跨部门的执行计划，资源投入相对于其他流程优化方式要大得多。在企业外部经营环境处于剧烈波动状况时，企业趋向于采取再造性流程优化，着眼于长远发展而进行比较大幅度的改进工作。

五、业务流程重组

（一）业务流程重组内涵

业务流程重组，也叫业务流程再造（Business Process Reengineering /Business Process Redesign，BPR），最早由美国的迈克尔·哈默（Michael Hammer）和詹姆斯·钱皮（James Champy）提出，其在20世纪90年代成为一种全盛的管理思想。“对于21世纪的企业来说，流程将非常关键。优秀的流程将使成功的企业与其他竞争者区分开来。”在哈默看来，企事业单位的成功来自于优异的流程运营，而不是哪个部分或者哪一个人。

简言之，业务流程重组就是对企业的业务流程进行根本性再思考和彻底性再设计，从而获得在成本、质量、服务和速度等方面业绩的改善。

业务流程重组是一种改进哲理，它既适用于一个单独流程，也适用于整个组织，它是在满足客户需求的前提下，充分利用信息技术对企业流程进行彻底的变革，使企业效益获得显著提高的一种管理方法。业务流程再造在本质上有一定的共性：以顾客为导向、以流程为核心、信息技术的运用。

业务流程重组被视为针对企业业务流程的“大刀阔斧式”变革，其重在针对现有的业务流程，利用先进的制造技术、信息技术以及现代的管理手段，最大限度地实现技术上的功能集成和管理上的职能集成，从而实现企业经营在成本、质量、服务和速度等方面的巨大改善。

(二) 业务流程重组的实施步骤

BPR 的实施主要有以下三步：第一，关键业务流程的选择。首先分析全部作业流程，选择存在问题最突出的环节或核心环节进行重建。如果企业的核心业务流程出了问题，企业的整体性能将迅速降低，因此，企业流程重组应围绕核心业务流程展开。第二，业务流程分析。对原有流程的认识不同，可能导出不同的方案。通过对原有流程进行全面的功能和效率分析，发现其存在的问题。企业不仅要对单项流程进行科学的整合，更应加强流程网络的总体规划，使流程之间彼此协调，减少摩擦和阻力，降低系统内耗。第三，流程设计。在完成以上两项工作之后，流程重组进入实质性阶段——流程设计。进行流程设计时应集思广益，充分考虑设定的目标以及流程设计所必须达到的输出要求。只有以流程改进为核心形成系统的企业再造方案，才能达到预期的目的。

浅析基于信息化的业务流程重组

一、引言

人们在实施 BPR 时发现，企业在优化业务流程时，如果离开信息化手段实施 BPR 往往是十分困难的。因此，企业的 BPR 项目改造必须依托合理、通畅的企业信息系统，BPR 和企业信息化的相互结合是实现企业现代优质管理的重要基础。

二、基于信息化的认知与探讨

企业信息化是指企业在生产、管理、经营等各个层次、各个环节和各个领域，采用计算机、通信和网络等现代信息技术，充分开发、广泛利用企业内外部的信息资源，不断提高生产经营管理决策的效率和水平，逐步实现企业办公的自动化，管理的科学化，决策的智能化，从而为企业在市场竞争中赢得优势。

三、企业信息化促使企业业务流程重组

20 世纪 90 年代以来，互联网技术的成熟和信息化手段的丰富，带来了企业外部环境众多因素的快速变化，给企业的发展和管理模式带来了冲击。传统企业的价值主要体现为注册资金、固定资产等有形资本，而在电子商务时代，现代企业的价值不仅与有形资本相关，在很大程度上还体现为知识资本、客户关系、协同商务等无形资本的占有率。商业模式的变化，必然带来企业管理方式的变革，如何消除原企业管理流程中的不增值环节，推动商业模式的转型，使企业能够快速适应以顾客满意需求为导向的市场环境，以适应客户不断变化的需求，这就要求企业对运作方式及管理过程等进行彻底的再设计——企业业务流程重组。因此信息技术的发展是促使企业进行业务流程重组的诱因，而信息手段已经成为企业流程重组的主要工具，更多地被用来搭建面向全程供应链的崭新商业模式。

四、基于信息化的业务流程重组实施步骤

1. 制订战略决策及战略分解

树立企业的愿景目标。在此阶段，要考虑客户的需求及企业所处的竞争环境。在竞争环境中除考虑竞争对手的业务模式之外，还要考虑企业自身的信息化发展水平、在行业中信息化水平所处的地位，以及其对企业竞争力造成的影响，基于此制订企业战略决策。接着在企业进行自上而下的思想动员，统一企业员工的思想认识，营造氛围。获取高级管理层的支持，成功的业务流程重组项目必须得到高级管理层的支持。在此基础之上，对目标战略根据客户需求进行有效分解，分解为业务模式，并选取需要重组的目标业务模式。

2. 选择核心业务流程

针对目标业务模式，选取此业务模式下的核心业务流程。企业进行业务流程重组，并不是对企业的全部流程进行再造，而是要选择一些核心流程进行再造。

3. 针对核心流程进行问题诊断

对照选定的核心业务流程，如果可能聘请外部专家参与，以内部流程再造团队为主，鼓励全体员工全面介入，诊断企业现有流程，进行流程效率和效能评估，判定问题症结所在，确定冗余流程和问题流程。

4. 核心业务流程重组

在新流程实施之前，对企业组织结构进行评审和必要的变革是非常必要的。组织结构的评价和变革包括管理体制、报酬和奖励制度、雇佣条款、人力资源管理、信息技术等方面内容。

5. 信息化规划实施

基于重新设计后的业务流程，确认哪些流程需要信息系统的支持，并确定企业信息系统规划。

6. 流程再造实施

在完成了流程的创新设计后，就开始对所选定的核心流程进行再造了。主要包括三个方面：第一，管理方面的改进。此方面主要是领导与员工的职责调整、业务单元的重新设计、岗位的转换、改进工作质量等。第二，信息技术的应用，通过新技术的应用改变原有的不合理或者有缺陷的信息系统，使改造后的信息系统能和新的流程相适应。第三，实施重组。即组织重建、生产、财务、营销、采购流程重建、人员裁减、组建团队、工作交替以及培训员工等。

7. 绩效评估和持续完善

业务流程重组结束后，紧接着就应该是对流程再造效果的好坏进行评估及后续的改进，以保持并不断改进已恢复活力的企业流程。效果评估，在流程再造以后，应同时启动新的绩效评估体系，并根据新的绩效评估体系，出台新的薪酬制度。持续改进，流程再造并不是一次性的，不是一劳永逸的，而是一个循环往复、逐级递进的过程。因此，在市场环境多变的条件下，企业应该坚持不断地改进企业流程，以提高企业的竞争能力。

五、总结

随着企业竞争的加剧，互联网技术的成熟和信息化手段的丰富，带来了企业外部环境

众多因素的快速变化，给企业的发展和管理模式带来了冲击。商业模式的变化，必然带来企业管理方式的变革，如何消除原企业管理流程中的不增值环节，推动商业模式的转型，使企业能够快速适应以顾客满意需求为导向的市场环境，以适应客户不断变化的需求，这就要求企业对运作方式及管理过程等进行重新彻底的再设计，即企业业务流程重组。而信息技术的发展是促使企业进行业务流程重组的诱因，进而成为企业流程再造的主要工具，更多地被用来搭建面向全程供应链的崭新商业模式。

（资料来源：http：//www. chinawuliu. com. cn/zhxw/201211/20/196590. shtml.）

第二节　采购流程分析

为了提高采购作业的科学性、合理性和有效性，保证采购作业的顺畅进行，有必要研究采购作业流程，并随着环境的变化，不断对现有流程进行改进和完善。

一、采购流程概述

采购流程是企业为了完成特定的采购业务而开展的一系列相关联活动的过程。现代采购要求企业按照一定的程序和步骤有条不紊地进行。对于企业采购来讲，各个企业之间的采购战略也许会有不同，但是，所有企业的采购活动基本都遵循一个共同的模式。

采购流程是详细论述采购部门职责或任务的运营指南，是采购管理中最重要的部分之一，是采购活动具体执行的标准。一个完善的采购作业流程应满足所需物料在价格、质量、数量、服务以及区域之间的综合平衡。

采购作业流程会因采购物品的来源——国内采购、国外采购；采购的方式——议价、比价、招标；采购的目的——消费采购、工业采购以及采购的组织形式——集中采购、分散采购与混合采购等不同而在作业细节上有所差异，但对于基本的流程而言，每个企业都大同小异。就一个完整的采购流程来讲，一般可以分为以下几个步骤，如图 3－1 所示。

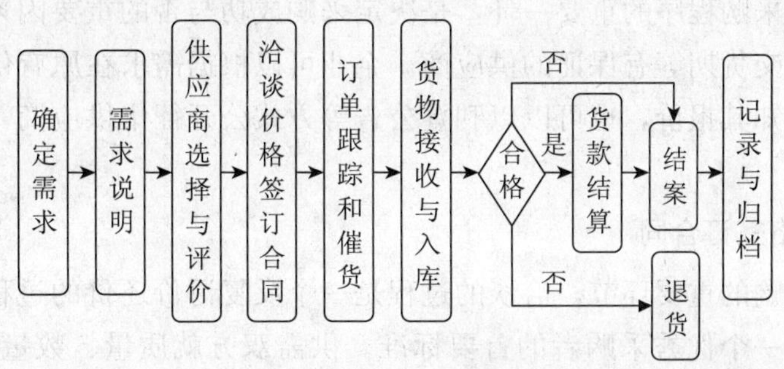

图 3－1　采购流程

（一）确定需求

确定需求是采购流程的初始环节。需求是采购的依据，采购什么，采购多少，什么时候采购，都要根据需求确定。

一般企业采购部门的需求来源于三个方面，即客户订单、请购单、预测等。

（1）客户订单。对于流通企业来说，客户订单是采购的重要需求来源。对于生产企业来说，客户订单决定产品的生产，生产决定物料需求，需求决定采购，因此客户订单是采购需求的重要来源。

（2）请购单。对于执行集中采购的组织来讲，各部门采购物品的需求往往是通过请购单来表现的，即各部门通过请购单的方式将需求提交给负责集中采购的部门。物料请购单如表 3-1 所示。

（3）预测。采购部门根据以往的需求数据及形势的发展变化情况，应用科学的方法，预测未来一段时间的需求情况，这也是需求的重要来源。

表 3-1　　物料请购单

请购单号：　　　　请购日期：

物料信息						生产信息		
序号	物料名称	规格	型号	请购数量	批准数量	生产用量	库存数量	备注

请购部门：　　　　请购人：　　　　批准人：

（二）需求说明

确定了企业需求后，为了使采购部门的工作能顺利进行，还需要对拟采购的物品或服务细节进行准确描述，如数量、品质、包装、售后服务、运输及检验方式等。企业在描述需求时应采用统一术语，以防止理解上的错误。

（三）供应商选择与评价

供应商选择是采购程序的重要一环，是决定采购成功与否的重要因素。企业应选择信誉好，产品质量、交货期等有保证的供应商。企业可以根据需求在原有供应商中选择成绩良好的供应商，通知其报价，也可以以刊登公告等方式公开征集供应商，甚至开发新的供应源。

（四）洽谈价格签订合同

洽谈价格是采购的重要环节，洽谈的过程是一个反复讨价还价的过程。是否具备良好的议价能力是衡量一个优秀采购者的首要标准。供需双方就质量、数量、价格、交货期、付款方式、违约责任等进行洽谈，在互利共赢的基础上签订采购合同，实现成交。合同和订单是具有法律效力的书面文件，规定了买卖双方的责任、权利和义务。是否签订合同或订单，是采购是否实现的标志。

洽谈价格的方法有很多，其中最为常见的是竞争报价和谈判。

1. 竞争报价

竞争报价是指采购企业向有意愿合作的供应商发出询价单让其报价，然后在报价的基础上进行比较并确定中标供应商价格的一种方法。

竞争报价与其他的报价方法相比，有以下明显的特点：

（1）邀请报价的供应商的数量至少是三个；

（2）只允许供应商提供一个报价，每一个供应商或承包商只许提出一个报价，而且不许改变其报价，不得同某一供应商就其报价进行谈判；

（3）邀请的供应商在价格、质量、信誉等方面要具有足够的可靠性；

（4）买方的采购量要足够大；

（5）买方没有优先考虑的供应商。

2. 谈判

这里的谈判是指采购企业与供应商采购的有关事项（如价格、质量、交货方式等）进行反复磋商，谋求达成协议。谈判是价格确定中最复杂也是成本最高的一种方法。

（五）订单跟踪和催货

合同签约后，为要求供应商按期、按质、按量交货，采购部门应该对订单进行跟踪和催货，督促供应商按规定交运。企业在发出订单时，同时会确定相应的跟踪接触日期，对于大型采购，应设专职的跟踪催货人员。通过跟踪，及时发现并解决问题，保证订单的正常履行。例如，质量或发运方面的问题，采购部门就需要对此尽早了解，以便及时采取相应的行动。

跟踪一般通过电话进行，跟踪的主要内容有采购品的设计情况、供应商备料情况、生产进度、关键环节的控制、检验问题直至商品包装入库等。在跟踪的过程中，如果发现供应商不能履行合约，应及时修改或取消订单，调整交易对象或数量，以免影响企业的供应。在货物匮乏的时候，跟踪催货更加具有重要意义。

（六）货物接收与入库

供应商按承诺发货后，采购部门应根据物品的检验体系，对物品进行严格检验，合格则入库，不合格则应按照合同的相关规定进行处理。通常，如果供应商所交货物与合约不符或验收不合格，应依据合约规定退货，并立即办理重购予以结案。货物的验收与入库一般由仓库管理部门负责。

（七）货款结算

供应商交货验收合格后，仓库管理部门会签发入库单（见表 3－2）并以此作为货款结算的依据。采购部门根据入库单核查供应商开具的发票，并通知财务部门按照合同规定向供应商支付货款。通常情况下以支票通过银行账户方式来进行货款支付。

表 3-2　　入库单

编号：　　　　入库日期：年　月　日

物资检验人				物资入库记录人					
物资名称	生产厂家	规格/型号	检验单号	入库单编号	入库数量	单价	总金额	储位	备注

（八）结案

凡验收合格付款，或验收不合格退货，均需办理结案手续，查清各项书面资料有无缺失、绩效好坏等，签报高级管理部门或权责部门核阅和批示。

（九）记录与归档

结案后，采购过程中的各种文件、资料均应列入档案，登记、编号、分类，予以保管，以备参阅或事后发生问题时备查。归档的文件应确定保管期限，一般为三年，具体视文件性质和公司实际情况决定。

二、采购流程的注意事项

企业经营规模越大，投入的人力、物力和财力也就越大，采购金额也就越高，采购对于企业来讲也就越发重要。企业在设计采购作业流程时，应注意以下几点。

（一）采购流程应与采购数量、种类、重要性和区域相匹配

一方面，过多的流程环节会增加组织运作的成本，降低采购工作效率；另一方面，流程过于简单、监控点设置不够等，将导致采购过程失控，加大采购风险，产生采购物资数量、质量、价格等方面的问题。

（二）先后顺序及时效控制

应当注意作业流程的流畅性与一致性，并考虑作业流程所需时限。例如，要避免同一主管对同一采购文件作多次签核；避免同一采购文件在不同的部门有不同的作业方式；避免一个采购文件经多部门签署，影响采购作业效率。

（三）关键点设置

为便于控制采购流程，企业应建立以采购申请、经济合同、结算凭证和入库单据为载体的控制系统，同时设置关键点及关键点的管理要领或办理时限，使各项采购作业环节在各阶段均能被追踪管理。例如，国外采购、询价、报价、申请输入许可证、出具信用证、装船、报关、提货等均有管理要领或办理时限。

（四）权责或任务的划分

采购作业中的各项作业手续及查核责任应有明确权责规定及查核办法。例如，请购、货物接收、入库、验收、付款等权责应予区分，并指定主办单位。另外要注意以下几种问题：①货物的采购人不能同时担任货物的验收工作；②货物审批人和付款执行人不能同时办理供应商选择和价格洽谈业务；③货物的采购、储存和使用人不能担任账目的记录工作等。

（五）配合作业方式的改善

例如，手工的作业方式改变为计算机管理系统辅助作业后，其流程与表格须作相应的调整或重新设计。

（六）避免作业过程中发生摩擦、重复与混乱

注意变化性或弹性范围以及偶发事件的处理规则。例如，在遇到“紧急采购”及“外部授权”时，应有应急的办法或流程来特别处理。

（七）价值与程序相适应

程序繁简或被重视的程度应与所处理业务或采购项目的重要性或价值的大小相适应。凡是涉及数量较大、价值较高或容易发生舞弊的作业，应设计比较严密的处理监督环节；反之，则可略微放宽，以求进一步提高采购工作效率。

（八）处理程序应适合现实环境

应注意程序的及时改进。早期设计的处理程序或流程，经过若干时间段以后，应加以审查，不断改进，以适应组织变更或作业上的实际需要。

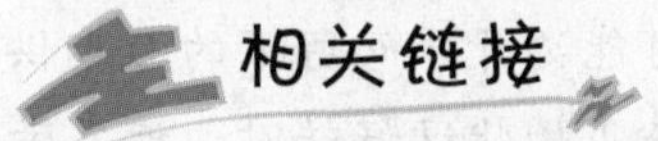

造纸业采购流程管理中存在的问题及改进建议

采购是企业的成本核心，又是企业发展伙伴关系的重要途径，当今采购不再是简单的物资购买活动，而应当上升为经营战略关系。企业采购流程管理的目的就是要选择合适的供应商（Right Supplier），在确保合适的品质下（Right Quality），于合适的时间（Right Time），以合适的价格（Right Price），购入合适数量的商品（Right Quantity），使企业能够以相对较低的成本生产优质的产品来满足市场需求。走出传统采购流程管理的认识误区，完善企业的采购流程管理体制、优化采购模式，提高采购质量，降低采购成本，是造纸企业在全球化、信息化市场经济竞争中赖以生存、谋求发展壮大的必然趋势。

一、造纸业采购流程管理中存在的问题

1. 采购人员的综合素质有待提高

采购人员缺乏对采购业务进行系统的学习和研究，不了解所需产品的型号和规格（如仪器或仪表、配品或配件等）及其技术参数，不熟悉采购计划的审核工作，不掌握采购供应链管理知识，不掌握供应商在市场细分、附加价值、前置时间以及对顾客需求的反应性

等，不了解市场资源和市场信息，不熟悉进货批量和进货时间，不知道采购流程管理方法等。有的采购人员机械地执行业务部门的采购需求报告，有些不该购的购了，该购少的购多了，产品规格不合格的也购了，严重影响到造纸业的采购成本和采购效率，给企业造成很大的浪费。

2. 采购程序及操作欠规范

采购过程不实行项目负责制度、责任追究制度，缺乏严谨的采购进程，对重要物资的采购活动缺乏采购评价过程，对采购人员、供应商等相关人员的激励约束机制不健全，因而导致误签合同，造成损失；有时甚至由于货不到位，影响生产，给企业造成更大损失。

3. 缺乏对供应商的采购评估

没有建立对供应商的采购评估体系，不能对供应商做出全面、具体、客观的评价，对供应商的管理只是主观臆测。

采购人员不对供应成本进行科学合理分析，在谈判过程中采取简单粗暴的方法随心所欲压价，或一律直接采取招标手段，当采购价格大大低于市价时，经常造成买方缺货，这种不择手段的做法虽然使企业获得了合同，但一味追求低价格可能使产品质量下降，导致经常的退货，造成各种管理费用增加。

而经常性的退货，会造成经常性的计划变更，增加生产装置成本影响交货期，成品品质不良率增加，客户投诉及退货增多，降低企业的信誉，产品缺乏竞争力。

有的传统型造纸企业现行的物资采购与供应商的关系是短期的、松散的竞争式的关系，双方重视的是短期的优势，缺乏长期的合作，缺乏彼此的互信关系。这造成一些伪劣产品的供应商进入企业的采购市场，增加了采购工作的风险，导致采购方不断地更换供应商，不但增加了采购成本，而且价格成为以牺牲价值为代价的谈判焦点，采购库存增加。当采购方强迫供应商接受不合理的价格时，一些优秀的供应商可能离开，而留下的短期供应商也有自己的打算，要么供应低质商品给采购企业，要么等待市场状况好转时，连本带利来向采购方要回，造成采购成本暴涨。

二、造纸企业采购流程管理改进建议

1. 加强业务学习、明确分工和职责

随着造纸企业科技产品的不断更新，其采购的项目和品种越来越多，供应商和采购技术越来越复杂，需要采购人员不断更新知识层次，以适应不断发展的采购工作需要，胜任更多更高的采购任务。因此，采购工作人员要加强日常业务学习和培训，采取专家指导、经验交流、自学等多种形式搞好业务学习，在工作中学习，在学习中工作，在实践中锻炼增长才干，不断更新知识结构，使采购工作人员的实际工作能力得到较快提高，能独当一面搞业务，从而提高采购的实施效能。

根据管理职能中的管理知识和专业知识，按商品分类分设各类商品的采购人员，将任务分配到具体的负责人并设定权限范围，确保任务的顺利进行并有效控制。采购人员应当进行适当的分工，业务员在自己负责采购的商品的权限范围内，在明确其责任的基础上不断地学习，不断地了解商品的性能作用，这样才能在市场中找到物美价廉的采购品，才能在采购中减少费用的开支。

2. 应用供应链管理思想进行流程重组

造纸企业应该推行流程管理，细化采购流程与管理流程。供应链管理是当今企业管理的重要改革之一，也是我国改制的造纸企业采购流程管理创新的一个重要的改革方向。

采购是供应物流与社会物流的衔接点。它是依据市场需要、企业生产计划所要求的供应计划制订采购计划，并进行原材料外购的作业层，需要承担市场资源、供货商家市场变化等信息的采集和反馈任务。采购决策内容除市场资源调查、市场变化信息的采集和反馈、供货商家选择等外，重要的是决定进货批量、进货时间，从而使企业的生产不受影响，有效降低生产成本。因此，对采购的质量、价格、收益和时间等因素的评价，必须根据供应商在市场细分、附加价值、前置时间及对顾客需求的反应性等方面制定战略和相互影响来进行。

在供应链管理的模式下，需方和供方是合作伙伴关系，供应商是经过资格认证的，质量和信用是可信的。采购作业通过电子商务，一次把需方的采购订单自动转换为供方的销售订单；质量标准经过双方协议，由供方完全负责保证不需两次检验。由于信息畅通和集成，可采用设在需方的供方管理仓库（Vendor Managed Inventory，VMI）的方式，把供方的产品库和需方的材料库合二为一，仅在需方生产需要时，才把供方的产品直接发货到需方的生产线，并进行支付结算，减少供需方各自分别入库的流程。新的流程与传统流程相比，减少了许多不增值的作业。这里的采购业务流程重组已经不仅局限于一个企业的内部，而且延伸到企业外部的合作伙伴，体现供应链管理合作竞争的特点。

3. 利用管理信息化系统，规范流程

信息技术的发展和应用，使当今企业的经营管理模式发生了根本的变化。信息化提供商结合现代采购流程管理新理论研发了一些采购流程管理信息化系统。现代造纸企业可以通过使用采购流程管理信息化系统将采购业务处理流程规范化，从而达到降低企业采购成本的目的。使用采购流程管理信息化系统可以：

（1）周密计划。采购流程管理信息化系统的计划可以延续到未来某个任意期，这样不但可以按需采购，而且可以保证有足够的采购提前期和采购预算，防止因突发性采购而增加额外的采购费用。

（2）设置目标成本。企业通过运行采购流程管理信息化系统的模拟成本，严格控制成本的限额。

（3）控制库存量。采购流程管理信息化系统规定了每一种物料的最大储存量和最长储存期限。超过最大值时，系统会发出提示信号，以便管理人员采取纠正措施。

（4）严格控制付款程序。付款前，系统将自动进行全面对账，如物料规格性能、合格数量，交货日期是否与采购单一致，报价单与发票金额是否一致。

只有全部相符才能执行付款程序，严格控制资金流出。

4. 加强供应商关系管理，建立供应商评估体系

可以说一个优秀的采购员，不但是能买到质量最好、价格最优的商品，找到最好的供应条件，同时还可以给供应商的产品提出改进的建议。采购流程管理信息化系统可以随时运行需要的报表，来反映某一时期采购业务的情况。这样就能从一定程度上对采购市场进

行调查和资讯收集，从而使采购部门对市场情况和价格的走势有充分的了解。同时也能比较出供应商的优劣，以建立供应商准入制度和评价体系，便于优化企业的供需关系。

造纸企业通过使用采购流程管理信息化系统中的产品结构和物料清单，定义了每种物料的测量标准，把企业的产、供、销三项主要业务信息集成起来，同步地将生产计划和采购计划一次生成。如果需求有了变化，半个小时内，就可以将上千种物料的计划重新编排。通过物料分类查询，对每一类物料，按需用的频率规定优选原则、简化物料的品种规格，保持一定批量，争取优惠。从而增加了与供应商合作期限的长度，加深彼此间的信任，使双方的合作从短期的、松散的转变成为长期的、固定的合作模式，进一步有效降低企业生产成本。

通过采购流程管理信息化系统还可以将每次采购的流程详细地记录下来。依靠系统的记录可以纵向了解到供应商的各项信息从而构造供应商库，将供应商的基本信息、采购信息、质量记录、价格记录等信息包含在内，从而对供应商进行评价，挑选出优秀的供应商，并且与其进行长期的固定的合作，有效地协调企业的供需关系。

5. 运用“事前控制、事中监督、事后分析”的管理理念，建立完备的控制体系

(1) 严格审批。虽然在传统模式下，也强调采购流程管理要按照一定的层次进行控制，但是在实际操作中要做到这点非常难。通过采购流程管理信息化系统建立采购单据的审批控制流程，控制不同职责的员工应该采购哪种物料，其采购金额上限是多少，超过一定的金额必须经主管领导审批，否则采购流程管理信息化系统将无法继续处理该单据。

(2) 严格监督。系统提供了多种查询途径，如根据采购单编码、物料号、供应商号、采购员代码、交货日期等进行查询，及时跟踪采购合同执行情况。如发现业务处理有问题，则可以终止或暂停业务处理，直到问题解决为止。如若发现某订单属于重复订单，可以将其暂停，查明原因，或取消该订单。

采购流程管理是企业提高经济效益和市场竞争能力的重要手段之一，它在企业管理中的战略性地位日益受到企业的关注。现代造纸企业要在竞争激烈的市场上站稳脚跟，就必须依据企业自身的发展现状和信息技术的更新状况，适时调整企业采购流程管理策略，合理利用社会和企业自身（包括无形和有形）的资源，适时、适地、适量地进行采购。不断提高企业的采购效率，使之成为企业获取高额利润的源泉。

（资料来源：http：//www. chinawuliu. com. cn/xsyj/201308/30/251624. shtml.）

第三节 采购流程控制与管理

随着经济社会的快速发展，传统的采购流程出于自身的一些不足已引起企业的重视，为了支持采购在市场的地位，获得具有竞争力的产品和服务，企业开始采取一些新方法对整个采购业务流程进行分析和优化。

一、传统采购流程的弊端分析

传统采购模式下，企业采购流程非常复杂，包括采购申请，信息查询发布，招标投标

评标，洽谈签约结算，物流配送交割等，消耗了大量的时间成本和人力成本，效率低下。传统采购流程的弊端主要表现在以下方面。

（1）采购时间过长，采购流程复杂，手工作业较多，消耗了大量时间和人力成本，同时对市场变化的反应速度慢，难以掌握最新的产品信息、供应商信息和市场行情。

（2）库存过多，资本利用率低，企业很难进行全面细致的数据分析和采购管理，为确保生产，必须保证足够的安全库存。

（3）采购和供应商之间的合作关系不稳定，传统的采购模式主要是以临时的或短期的合作模式为主，造成了竞争多于合作，进而导致了采购过程的不稳定。

（4）采购方式单一，企业难以利用适当的采购策略来获得更多的价格折扣，降低采购产品的价格。

（5）采购流程不合理，企业为了有效地管理和控制采购支出，采购订单需要多部门层层审批，导致采购效率低下。

（6）采购过程人为因素难以排除，透明度不高，导致不必要的资源流失。

（7）缺乏信息共享，传统采购模式由于部门之间的信息私有化，采购信息没有实现有效共享，包括采购与供应商之间、企业采购部门与相关部门之间以及管理者与实施者之间。

（8）采购计划与需求无法达到一致。传统采购作业模式不能有效地根据生产需要来组织采购作业，实现物料的供应计划与当前需求的平衡，并与企业的库存投资和策略相一致。

二、采购流程的优化

通过分析传统企业的采购流程，我们看到诸多缺陷，因此有必要提出更好的优化建议来完善企业的采购流程。

1. 不断改进采购流程

采购业务流程效率的高低对企业的竞争力有直接的影响。传统的采购流程是生产管理人员制订出生产计划后再由物资采购部门编制采购计划，还要经过层层审核，才能向供应商发出订货。由于流程较长，流经的部门较多，常常出现脱节、反复、效率低下的现象，导致一项业务要花费较多的时间才能完成。这种流程已经不能很好地适应现代企业高效率营运的要求，尤其是在今天供应链管理的环境下。企业要研究在满足自身整体战略要求的前提下，运用一定的信息技术作为支持平台，通过采购作业流程的重组来不断提高采购作业的效率。

2. 建立适应企业战略的采购组织

优秀的采购流程需要有相应的组织结构来支撑，这种组织结构应是扁平化的，并支持先进的采购模式。要想成功地建立采购组织，最关键的因素是获得高层管理者的支持。高层管理者要认识到，采购是企业的一项重要职能。建立有效的采购组织，对于提高企业采购竞争优势具有重要作用。企业应将采购组织视为企业战略的一个重要组成部分，为采购组织设定积极长远的发展目标。

3. 应用供应链管理思想实施准时化采购

目前世界上许多先进的企业正在采购领域研究和应用供应链管理来保持他们的竞争优势。我国企业也应加快供应链管理思想在采购管理中的研究与应用，来提高我国企业的竞争能力。

在实施供应链管理方面，准时化采购思想的应用将起到重要的促进作用。准时化采购的核心内容是选择合适的供应商和质量的持续改进，从而达到减少库存、缩短提前期、提高货物的质量、降低企业的采购总成本等目的。实施准时化采购的一个重要前提是观念的转变，特别是企业高层领导要转变观念，转变过去那种企业之间竞争多于合作的观念。要致力于与企业的重要供应商建立一种战略合作伙伴关系，建立“双赢”机制。

4. 协同采购

传统的采购模式不能适应现代企业发展的要求，必须用新的采购模式——协同采购取而代之。这种新型采购模式采取供应链管理策略，改进了与供应商之间的关系，强调协同的理念，而且，随着采购的品种、数量和频率的增加，协同的作用将越发明显，主要体现在以下四个方面。

（1）企业内部协同。企业要实施高效的采购行为，需要企业内部各业务部门的协同配合，包括设计开发部门、生产部门、销售部门、物流部门、财务部门等，并适时进行相关数据的维护，如物料、供应商、采购价格等，只有这样才能以合理的价格采购到所需的物料。

（2）企业与外部的协同。采购不仅需要企业内部的协同，更需要与外部的协同，即与供应商在库存、需求等方面信息的共享。企业可以根据供应链的供应情况调整计划及执行的过程。同时，供应商可以根据企业的库存、生产计划等信息调整物料供应计划。

（3）实现从“为库存采购”到“为订单采购”的转化。在供应链管理条件下，采购活动以订单驱动的方式进行，即“拉式”采购，这种方式可以准时响应客户的需求，降低库存水平，进而改变了传统的以库存补充为目的的采购模式。

（4）加强对外部资源的管理。有效的外部资源管理可以建立一种新的不同层次的供应网络，减少供应商数量，与供应商建立一种长期的、互惠的合作伙伴关系，进而摒弃传统采购管理的不足：缺乏合作、缺乏柔性和对需求的快速响应能力。

5. 消除非增值作业

将非增值的不必要作业环节减少到最低，并且尽可能压缩非增值必要作业的处理时间，同时，对企业组织结构按扁平化要求进行改造，加快信息传递速度和审批进行速度。

6. 提高企业信息化建设水平

现代企业的采购过程，越来越重视现代化的信息技术的应用，用快捷、高效、便利的信息化处理取代传统的手工处理，这样既可以提高工作效率，还可以解决由于信息传递失真而造成的采购计划不准确的问题。信息技术的应用已经成为当今采购管理的重要趋势。

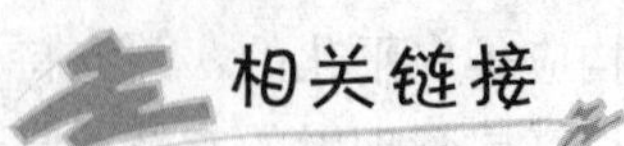

采购流程E化所面临的风险

对于企业采购管理来说，流程E化意味着采购周期的大幅缩短、数据的系统化、管理的精细化、采购成本的降低、工作效率的大幅提高。但是优势与风险从来都是并存的。采购流程E化伴随的种种风险，总是会让流程E化实施者深刻体会到“理想很丰满，现实很骨感”的含义。

1. 供应链思想与软件的适应性问题

采购流程E化的理论基础是供应链思想。采购作为供应链中的一个环节，涉及订单、计划、库存、供应商等各方面，因此在进行流程E化时必须要考虑供应链的流程性、系统性、环节化等特点。现实中，ERP系统一般都是以供应链思想为基础的，它面向整个供应链，展示了具体的工作流，因此很多企业在应用的过程中出现了水土不服的现象。产生这种现象的根本原因是国内企业管理体系还未健全，企业文化和采购管理的方式还无法与这类软件实现真正的融合。

2. 逻辑混乱的采购流程

现在很多企业的采购流程会整合到各类ERP系统中，希望通过这些软件来实现采购流程E化，最终实现采购流程的优化。这些ERP软件包含了详细的采购方面的计划，如生产计划、物料需求计划、采购计划等。但是在ERP系统上线之前，企业通常会遇到两个方面的问题：一是不清晰的采购流程，二是ERP系统提供商的选择。

对于第一个问题，很多企业在进行采购流程E化时，不太了解企业自身的采购流程现状，一个标准的采购流程是什么样，以及E化之后的采购流程应该包括哪几项，企业自身都是稀里糊涂的，不知所以然。对标准的采购流程没有自己的认识只会让企业陷入盲人摸象的境地，大大增加采购流程E化的风险。

第二个问题是第一个问题的延伸。如果企业购买ERP系统，ERP系统提供商提供的是一种打包的服务，他们的技术人员会根据企业的实际对ERP的基本流程进行相应改造。要是企业对自身采购流程E化的需求没有弄清楚，对标准的采购流程没有清晰的认识，往往就会盲目地购买许多不同用途的管理软件，盲目相信咨询人员所做出的业务流程重组将辅助企业实现E化这样的承诺，但是在对采购流程进行E化改造之后，却发现许多业务在系统中根本无法实现。

3. 流程无效

流程无效是另一个问题，主要表现在两个方面：一是流程E化流于纸上谈兵，没有现实的执行，为了E化而E化。出现这种现象的原因有很多，主要有两个，一是采购人员对于E化之后的流程不认同，认为机器太过死板，不如直接沟通来得直接；二是企业流程E化并不彻底，没有形成信息化气候。例如，有的企业就只对采购流程进行了E化，而销售、生产等环节还是采用传统的工作模式，采购流程无法与其他流程进行信息化对接，这样E化效果就会大打折扣。

另一个是流程执行的成本大于实际流程处理事件的价值，例如，用购买大型钻井设备的采购流程去购买普通的办公用品，E化之后的流程没有被用在刀刃上。

4. 数据的丢失或错误

采购流程E化弱化了人的职能，强化了数据的重要性。采购流程中的语言都是事先定义的，其中包括物料、供应商、客户、库存等信息，这些信息的编码都是唯一且标准化的，不能出现任何失误。同时系统还保存着采购产品在整个流程中所处的状态。所以，采购数据的丢失或错误导致的结果可能是致命性的。而数据系统的稳定性问题是任何一个E化过程都不得不面临的问题。

5. 流程的规范化与灵活性的矛盾

E化之后的采购流程是一个非常标准和规范化的系统，所有的编码、数据都是用一套相同的流程语言。就拿ERP来说，其中的采购流程十分复杂，包括采购入库流程、招议标采购流程、库存退库流程等。每一个流程都是一个严格规范化的过程，但是规范化的对立面就是灵活性差。

（资料来源：http：//www.chinawuliu.com.cn/xsyj/201203/28/180509.shtml.）

7. 加强对流程执行过程的动态监控

通过对过程信息进行跟踪，及时发现存在的问题，迅速采取有效措施实施干预，比如采用并行工程，这样，可以变事后控制为事中控制，以提高流程运行效率和运行质量。

三、采购流程的风险控制

1. 利用信息对企业采购决策风险进行控制

任何一个正确的决策都必须建立在充分信息的基础之上，信息的充分掌握可以提高决策方案的正确度，降低决策风险。但是信息资料常常分布在不同的时间和空间中，作为采购人员要有敏锐的洞察能力。

2. 完善企业内部管理制度

完善企业内部管理制度与程序，加强对员工尤其是采购业务人员的培训和警示教育，不断增强法律观念，重视职业道德建设，做到依法办事，培养企业团队精神，增强企业内部的风险防范能力，从根本上杜绝人为风险。

3. 加强对采购过程的管理和监督审查

加强对物料需求计划，物资采购计划的管理。要对物资采购计划的编制依据是否科学、调查预测是否存在偏离实际的情况和采购数量、目标、时间、运输计划、使用计划是否有保证等进行严格的监督和审查，保证做到计划准确，监管及时有效。

4. 加强采购合同管理

要对采购合同的签订和执行进行适时审查。通过审查，可以及时发现和纠正在合同订立过程中出现的不合理、不合法现象；需要时还要提请当事人对缺少的必备条款予以补充，对显失公平的内容予以修改，从而减少和避免经济合同纠纷的发生。对于在合同履行过程中发现的各种问题，必须及时按照规定程序进行处理，尽可能地降低合同风险。

5. 建立稳定的供应渠道

企业要控制采购风险，最关键的是与供应商建立并保持良好的合作关系。与供应商结成联盟可以降低供应成本，建立稳定的原材料供应渠道。建立良好的合作伙伴关系，首先要对供应商进行初步考察，在选择供应商时，应对供应商的品牌、信誉、规模、销售业绩、研发等进行详细调查，并做出科学评估。

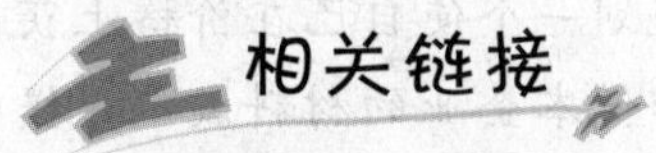

采购流程控制技巧

如果你知道供应商的成本，就能在谈判中压低其商品和服务的价格。如果你知道竞争对手的成本，就能建立并保持明确的竞争优势。

对于中国的经理人来说，有效的采购管理是一个比较紧迫的管理话题。如何用管理流程的观点来贯穿采购的各个环节，并和竞争对手的成本结构进行比较，从而改善成本结构，使企业在市场上保持竞争优势。只有这样去管理采购，企业的采购职能才能成为管理中的增值环节。从这一点上来说，你怎么花钱采购，往往能够决定你最终在市场竞争中怎样赚取利润。

如果企业能够估算供应商的产品和服务成本，就可以有力地洞察并控制采购流程。这样，他们就能够采取下一步行动：在谈判中压低采购价格，以尽量减少材料成本。材料和劳务成本占产品直接总成本的比重最大。因此，降低材料成本能对减少总成本，提高企业利润产生重大影响。

另外，企业在估算竞争对手的成本之后，可以根据竞争情况，将其与自己处于优势或劣势的成本领域相比较。通过确定竞争对手和你公司在产品或服务成本上的差异，你能利用标的成本建立成本目标。这就是战略成本核算的力量，即战略性地管理自己的成本，以尽可能地实现利润最大化。

战略成本核算流程由四个步骤组成：估计供应商的产品或服务成本；估计竞争对手的产品或服务成本；设定企业的标的成本并发现产品和流程需要改进的领域；确定做出这些流程和产品改变并持续改进对企业的价值。

使用这四个步骤有助于回答下面的问题：我的企业应该扩大生产能力吗？竞争对手的长处和弱点是什么？什么样的战略会让我的企业在竞争中先发制人？这个流程会对企业的底线收益和现金流产生什么影响？

1. 估计供应商的产品或服务成本

可以通过参观供应商的设施，观察并适当提问获得许多有用的数据，以估计供应商的成本。记住，要估计供应商的成本，必须了解产品的用料，制造该产品的操作人员数量，以及所有直接用于生产过程的设备的总投资额。

组队参观供应商的设施。该团队应至少有三人，其中包括来自工程部、采购部和生产部三个关键部门各一人。参观前，小组成员应先碰头，确定每人承担的角色以及参观重点。每个人分配一个成本动因，即物料、总投资和人工之一，并就该动因收集尽可能多的信息。

由于工程部人员可能对设备最为熟悉，通常指派他/她了解所用到的全部生产设备以及这些设备的供货商。采购人员的任务是深入了解用于制造的材料。而生产部人员则通常去“数人头”，他必须了解生产流程以及人员配置。

估计供应商成本并了解哪些地方最占成本之后，你就可以规划一个使自己在价格上获利的谈判。怎么做？跟供应商一起降低比重最大的成本，从而降低本企业的材料成本，提高底线收益。

要始终争取双赢的局面。这就是说，要尽量从谈判中获得对双方都有利的最佳结果。如果你试图与供应商建立长期的关系，就不能够在谈判中把供应商逼到赔钱的地步。与此同时，你也不能让自己过多地让步。

2. 计算竞争对手的产品和服务成本

对竞争对手的估测能提供必要的信息，使企业在市场中采取主动。这种先发制人的姿态使企业保持业界的领先地位，并最终使其保持营利性，长久地生存下来。

竞争力评估不仅仅是指瞄准业界同行的标杆。它指的是对竞争对手的业务、投资、成本、现金流做出细致的研究，并且预测它们的长处和弱点。这些信息可能不容易获得，但它们能使你做出可靠的商业决策，保持企业的竞争力，成为“群雄之首”。

专利中包含有丰富的信息。从专利资料中，你通常可以获得两条主要信息：所用的材料和制造流程。有了来自专利的信息，加上对制造流程的了解，企业的工程人员就能编写流程图，并对制造设备的重置投资作出估计。

细分市场概述、公司财务资料、管理人员简介以及企业历史也能向你提供有关竞争对手的丰富信息。通过查阅含有主要销售数据和市场等信息的商务杂志（尤其是其年刊），你能对市场有所了解。一旦你确信这些资料，就可以计算竞争对手产品和服务的成本。

3. 设定企业的标的成本并发现产品和流程需要改进的领域

在你着手发现需要注意的领域，并实施改善成本面貌前，你须先估计竞争对手的成本，将其与企业的实际成本相比较。

比如说，竞争对手的长处在于材料、劳务以及管理成本。在材料方面成本能够做到每公斤 70 元，在劳务方面做到每公斤 40 元，管理成本方面做到每公斤 30 元。则企业的最佳策略是制订计划来改善上述领域的状况。如果你的计划难以奏效，或者你不相信企业能大大降低这些成本，那么最佳策略也许是不在研究和发展上作任何投资。

如果竞争对手的弱点在于水电、维修、折旧、财产税和保险费方面，这对你又意味着什么？这些领域跟总投资直接相关。竞争对手肯定拥有比你更高的自动化程度或更流水线化的流程。

战略成本核算要求你发现需要改进的领域，分析实现这些目标（投资和时间）所需付出的努力，并计算实现这些改进给企业带来的价值。

4. 确定作出这些流程和产品改变并持续改进对企业的价值

企业考虑做出的任何改变都可从短期和长期效果两方面来看待。要发现你提议的改变对财务状况的长期影响，可以看现金流。现金流比单纯的净利润更能让你看到全局。

现金对企业，就像血液对人体那样重要。如果现金流出量大于流入量，企业就不会健康，甚至可能死亡。现金“缺血”在小企业当中尤为常见，它们一般没有大量的现金储备。可以运用现金流分析来确定一个企业的健康程度，并制订财务计划。

现金流是企业资金流入量减去流出量后的金额。现金流入的主要来源是销售收入。现金流出是指企业运营、购买新的固定设施或设备以及支付税款等一切必要的现金开支。现金开支也包括劳务、水电和维修费用。

通过计算年度实际或预测的现金流入和流出，你就可制订一个计划以保证企业的财务顺利运行。而且通过预测本企业和竞争对手的现金流，你可以了解到战略规划效果在财务上的反映。

这些规则适用于当今市场上的所有企业。企业只有在战略上走在成本控制的前列，降低成本，了解竞争对手情况，并在扩大乃至缩小规模方面作出明智的决策，才能赢得持久的繁荣。

（资料来源：http：//www.chinawuliu.com.cn/xsyj/201406/24/291069.shtml.）

业务流程是为实现特定任务或目标而进行的一系列相互关联或相互作用的活动。业务流程的特性包括：目标性、整体性、层次性、结构性和效益性。

流程优化的方法主要有：时间导向的流程优化、成本导向的流程优化、系统化流程优化方法以及再造性流程优化方法。

采购流程是企业为了完成特定的采购业务而开展的一系列相关联活动的过程。主要包括：确定需求、需求说明、供应商选择与评价、洽谈价格签订合同、订单跟踪和催货、货物接收与入库、货款结算、结案、记录与归档等步骤。

1. 业务流程的概念和特点?
2. 业务流程优化的方法有哪些?
3. 业务流程重组的含义及实施步骤?
4. 采购业务流程包含的内容?
5. 采购流程的优化方法有哪些?
6. 采购流程风险控制的方法有哪些?

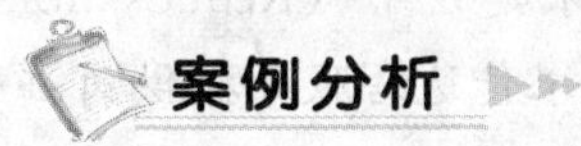

第三方物流服务采购流程

第三方物流服务采购流程的五个步骤分别是：界定物流服务需求；制定物流需求建议书；选择提供商；实施第三方物流服务；关系管理和绩效评估（见图 3-2）。

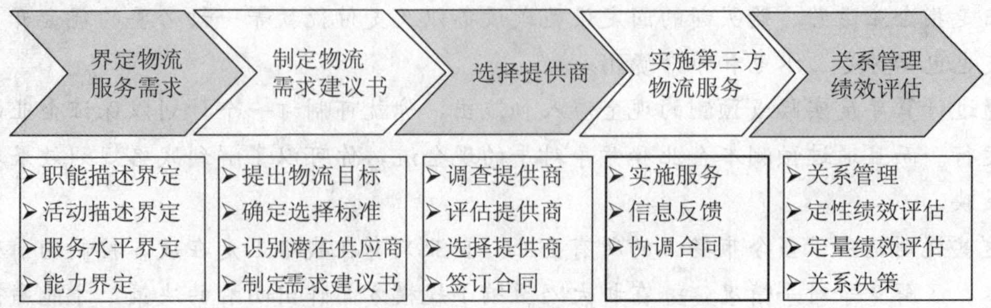

图 3－2　第三方物流服务采购流程

1. 界定物流服务需求

明确采购服务的范围和要求是第三方物流服务采购成功运作的前提条件。服务需求的界定主要包括以下四个方面的内容：

（1）职能描述界定。对需要采购的服务职能进行界定，如运输、仓储或增值服务等。

（2）活动描述界定。明确第三方物流服务供应流程，即怎样提供服务。

（3）服务水平界定。确定物流服务水平，如交付的一致性、订货提前期、货损货差等。

（4）能力界定。依据企业物流需求确定提供商的服务能力，即第三方物流企业是否具备提供运输、仓储以及增值服务等满足企业物流需求的能力。

通过对服务需求的界定，企业在选择提供商时才更具针对性。由于物流服务涉及公司的采购、生产、营销等众多部门，在职能上存在相互交叉，所以在界定需求时，需要公司各相关部门的共同参与，在企业高层领导的支持下，组成由各部门成员参加的采购决策团队。

2. 制定物流需求建议书

企业提出采购第三方物流服务要达到的目标，如绩效目标、成本目标等。根据目标，设立选择第三方物流服务提供商的标准，包括价格、响应时间、运作管理结构、高层管理的有效性、质量保护体系、信息技术系统、财务稳定性、对不可预见环境的反应等。通过制定标准，从而确立适合企业的第三方物流服务提供商的范围，一般可设置为前十名（Top10），即适合企业的前 10 家服务提供商，也可根据实际情况增加或减少可供选择的提供商数目。

根据界定的服务需求、设立的目标和选择标准，制定物流需求建议书（Request for Proposal，RFP）。该建议书是详细描述企业物流服务需求，并将需求传达给服务提供商征询解决方案的文档，最终它将成为物流服务合同的一部分，可以方便每个提供商完整地了解采购方的需求。物流需求建议书一般包括企业的基本介绍，如组织结构、顾客信息传递需求、项目描述、产品流程、交易信息以及电脑系统信息等；也包括企业对物流服务需求的建议要求，如仓库位置、运输路线、运输规模等。

3. 选择提供商

调查研究适合企业的前 10 家服务提供商，了解提供商的专长和特性，重点调查以下四个方面：①第三方物流企业是否具有与企业近似的价值观目标；②是否具有适时更新的信息技术系统；③是否具有稳定可靠的核心竞争力；④是否具有建立长期合作关系的共同意愿。其中，合作双方企业文化以及管理理念是否接近对物流提供商的选择尤其重要，相似的企业文化和管理理念有利于合作双方的沟通和学习，提高组织技能以及运作水平。通过公开招标及交互选择进一步筛选提供商，缩小目标至2～3家，企业将物流需求建议书递交给这些提供商，并要求各提供商提交物流解决方案；在比较各物流解决方案的基础上，选择最合适的第三方物流服务提供商。

由于第三方物流对采购方和提供方均涉及相当程度的经营风险，为了保护各自的利益，减少风险，双方必须认真协商合作过程中的权利和义务，详细描述服务的项目、服务水平、报酬、组织及过程，例如，绩效目标、奖惩机制以及风险分摊方式等，议定出对双方均有利的服务合同。

4. 实施第三方物流服务

在服务实施过程中，企业应和提供商联合监督核查合同的执行，提供商也应及时反馈服务实施过程中出现的问题。如果因一些未预期因素的影响而需修订原合同条款，例如，修订仓库布设、改变交付日期等，双方仍应充分沟通，协作解决问题，排除不利因素，否则在采购方看来无所谓的改变，可能会给提供方带来很大的损失；同样，提供方要求改变也会使采购方面临很大的困难。执行中的沟通可以成为联系采购企业与服务提供商的纽带，扩大双方的接触面，推进双方合作。

5. 关系管理和绩效评估

企业应用第三方物流服务，减轻了企业物流工作的负荷，但企业仍需谨慎监控提供商的工作，以确保及时发现和解决问题，并建立信息沟通机制，共享信息，保证服务的稳定性，提高服务的可靠性和服务质量，降低运作成本，使物流的持续改进流程得以达成，双方关系得以强化。在关系管理中，建立团队式联合任务小组是有效的管理方法。在企业与提供商之间经常进行有关成本、作业计划、质量控制信息的交流与沟通，双方的有关人员共同商讨解决供应过程中遇到的各种问题，建立良好的合作气氛，增加系统柔性和应变能力，维护和改善双方合作关系。

企业应设定绩效评估系统来评估第三方物流服务提供商的绩效。绩效评估系统一般由两部分组成：定性评估和定量评估。定性评估主要包括服务的可靠性、及时性、便利性、订货间隔期、柔性、财务稳定性等；定量评估主要包括服务的价格、响应时间等。企业制定程序化、标准化和规范化的提供商评价标准，对提供商进行多层次、多渠道和全方位的绩效评估，为提供商绩效评价和激励的实现提供依据。通过评估，如果第三方物流服务提供商不仅很好地满足了企业的需求，不断改进了服务质量和运作效率，而且与企业实现了密切的合作，并成为企业经营中不可分割的组成部分，则企业可考虑与之建立长期的合作伙伴关系。否则，在合同期满经过沟通后可以考虑是否更换合作伙伴的问题。

（资料来源：http：//csl. chinawuliu. com. cn/html/19883053. html.）

问题：

1. 请结合案例谈谈你对第三方物流服务采购流程的理解？
2. 请结合所学知识分析第三方物流服务采购流程的关键点。

第四章 采购计划管理

章节知识框架

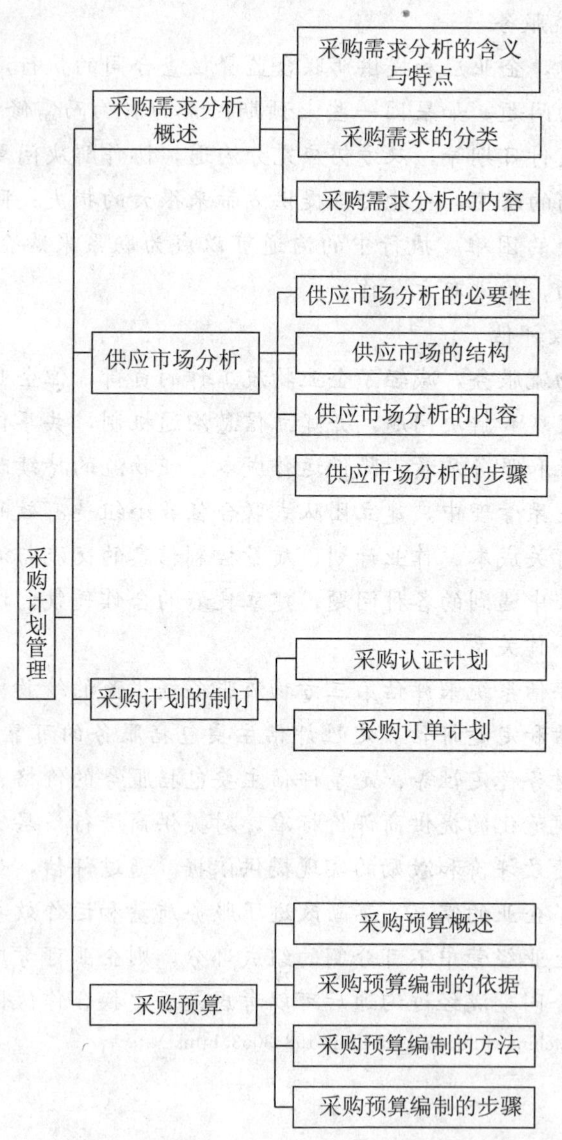

学习要求和目标

(1) 掌握采购需求的分类与采购需求分析的内容；

(2) 掌握供应市场的结构与供应市场分析的内容；

(3) 掌握采购认证计划与采购订单计划的计划方法；

(4) 了解采购预算的编制依据，掌握其编制方法。

导入案例

小 A 的困惑

小 A 与 B、C、D 是多年的至交好友，本周末小 B 生日，她准备在家中计划一场特别的聚会，庆祝小 B 生日的同时，纪念四人多年的情谊。

在环境布置方面，希望能够简约而不简单，为此她查阅了多种布置方案，最终敲定其中一种，而该方案所需要用到的材料在布置方案中也有了明确的标示。只不过，由于工作量比较大，需要提前两天开始布置，在聚会的前一天晚上之前完成。

在聚会所用食物方面，小 A 准备兼顾三名好友与自己的饮食喜好，她清楚地知道四人最为偏好的菜品。难点在于，这些菜品的制作工序相对比较复杂。为此小 A 经过一周的时间，查阅了各种菜品的食谱，并做了多次尝试。但是，需要注意的是，这些菜品所需的原材料需要在当天早晨准备好，太早，则有可能会不新鲜；太晚，则影响聚会安排。

现在，让小 A 最为困惑的就是，布置环境所需的原材料与食材原料的种类众多，时间要求也不同，且销售方式包括网上和实体两种，而两种方式各有利弊，市面上的货物质量与报价均有区别，她该如何顺利完成这次采购任务呢？

（资料来源：http：//www.ceconlinebbs.com.）

问题：

1. 如果你是小 A，你要如何确定采购何种原料？数量是多少？什么时间采购？
2. 如何在众多供应商中选择最合理的进行采购？
3. 你将如何做出采购的计划和预算？

第一节 采购需求分析概述

一、采购需求分析的含义与特点

（一）采购需求分析的含义

采购需求分析是指根据客户的需求历史或者生产计划等得出需求规律，然后预测客户下一阶段的需求品种和需求量，最后主动地组织采购订货、安排采购计划。

采购需求分析是采购工作的首要环节，是制订采购计划的基础与前提，其主要任务就是解决“做什么”的问题，即全面地理解需求者的各项要求，并准确地通过订单的形式表达所接受的需求者要求。所以，采购需求分析需要解决如下三大问题，即：

（1）需要什么？

（2）需要多少？

（3）什么时候需要？

正确的采购需求分析，不仅可以保证及时获得合格的生产物资，也是控制成本的一项重要工作。

（二）采购需求分析的特点

1. 采购需求分析涉及面广

采购需求分析涉及整个企业的各个部门、各道工序、各种材料、设备和工具以及办公用品等各种资料。其中，最重要的是生产所需的原材料。

2. 采购需求分析要求具备全面的知识

采购需求分析要求至少具备如下几个层面的知识：

（1）生产技术方面的知识，包括生产产品和加工工艺知识，并且要求会看图纸，会根据生产计划以及生产加工图纸与物料清单推算出物料需求量。

（2）数理、统计方面的知识，会进行物料性质、质量的分析以及会进行大量的统计分析。

（3）管理方面的知识。

3. 采购需求分析要求各个部门相互协作

需求分析要依靠企业各个部门协调配合，但是单纯依靠采购部下属部门的报表，难免会发生遗漏，并且这些报表很大程度上不能满足采购部门的需求分析要求，采购管理部门最好做至少一次彻底的采购需求分析。

二、采购需求的分类

采购需求按照其需求属性可以划分为独立需求与相关需求。这组概念是在 20 世纪 60 年代中期，由美国 IBM 公司的管理专家约瑟夫·奥利佛博士首先提出的。

1. 独立需求

独立需求（Independent Demand）是指需求变化独立于人们的主观控制能力之外，因而其数量与出现的概率是随机的、不确定的、模糊的。当对某项物料的需求与对其他物料的需求无关时，则称这种需求为独立需求。如在采购环节中采购的日常办公用品多数属于独立需求。

独立需求多表现为最终成品产品，其具备如下特点：

（1）需求的波动是不受其他物料需求影响的。

（2）需求的变动是独立的，不受主观控制的，任何与之相关因素的变动都有可能引起需求的波动，例如，促销策略变化引发的购买需求波动、企业某些相关业务量增加引起的采购需求波动等。

(3) 需求波动是随机的，不可能完全把握需求变化的趋势，只能通过一定的预测手段了解需求的大致走向，所以，独立需求是需要运用预测技术进行预测的。

2. 相关需求

相关需求（Dependent Demand）是指直接与其他项目或者最终产品的物料清单结构有关的需求。即相关需求是会受到其他项目或物料需求变动影响的需求，所以相关需求获取主要靠推导计算，而不是预测。

在采购项次中，相关需求多表现为零部件、原材料等，相关需求具备如下特点：

(1) 需要量与需要时间可以确定已知，根据企业各级计划关系，生产产成品的时间表是可以根据产成品的订单交货时间反推确定的，结合零部件的工艺路线、制造工时等信息，完全可以确定相关需求的需求量与需求时间。

(2) 需求成批且分时段，呈现一定的离散性，由于产成品加工过程的间断性，使得对零部件的需求呈现分批性与分时段性。

(3) 百分之百的保证供应，对相关需求的需要是从生产计划提出的，如果不能百分之百准时供应，将会对生产计划产生根本影响，进而影响后续的订单完成，所以对于相关需求采购的到货准时度要求是比较高的。

需要强调的是，独立需求与相关需求并不是绝对的，产品作为一个独立个体不依赖其他产品时是独立需求，如与其他产品产生配合关系则就会成为相关需求。如鼠标，作为电脑配套设备而言，它是相关需求；如果作为维修备件，则又是独立需求。

三、采购需求分析的内容

(一) 需求预测

针对独立需求，经常需要进行采购预测，常见的预测有两大类，分别是定性预测和定量预测。

1. 定性预测

定性预测的预测方法多以主观评价为主，通常是借鉴专家意见或者相关人员意见根据国家政策、过往趋势、经济导向等做出大致的判断。这种方法的好处在于灵活性高，可以适用于各种条件，但是在可靠性方面不如定量预测。但是，假如企业要采购一种全新的商品，并且该组织没有定量预测所需要的历史数据，在这种情况下，则只能用定性预测。还有些时候，即便有数据，也很难保证数据的准确性与及时性，在这种情况下做出的定量预测也是不完整的。

常见的定性预测有如下几种：

(1) 个人看法预测。个人看法预测是让一位熟悉情况的专家根据他自己的判断进行预测。这种方法完全基于一个人的主观判断，自然判断中也包括了个人的主观意见、偏见甚至无知、情绪等多方面的因素。个人看法预测有时候能够提供良好的预测结果，但是多数情况下，预测结果并不准确。

（2）团队共识预测。团队共识法就是集中多个专家，让他们互相之间通过自由交流直到达成共识形成预测结果。这种方法相对个人看法而言要更为可靠些，但是该方法依然存在缺陷。因为，任何人，即便是专家，也都会犯错误的。因此，他们所得出的结论也有可能是错的。

（3）市场调查法预测。市场调查法是通过从有代表性的抽样客户那里收集数据，分析他们的观点，然后推导出整体的情况。这种方法花费较多，而且颇为耗时，但是通常能够取得良好的效果。但是，需要注意的是，调查问卷设计的科学性，调查人群选择的合理性，被调查人群对调查的重视程度等都有可能影响调查结果。

（4）历史推论法。采购过程中，难免遇到新产品的采购需求，对于这类产品，不论进行个人、专家预测也好，还是采用市场调查也好，还包括定量预测在内都是不准确的。因为，没有足够充分的历史数据与规律作为预测支撑。对于类似需求，可以采用历史推论法进行预测。即从过往的采购记录中寻找与之类似的产品，参照类似产品的过往采购数据进行合理的推测。当然，这种方法应用的关键问题就在于能够找到一个与新产品足够接近的过往产品。

（5）德尔菲法。德尔菲法包括一套详细的步骤。首先，通过分发一套问卷的方法，征求若干专家的意见，这些答案都是不署名的，避免答题者顾虑到各自职务差别等原因对答案产生影响；其次，这些问卷的答案是经过分析和总结后，重新被交回专家手中；最后，专家们根据总结好的其他人的回答再重新考虑调整预测。如此重复直到专家意见趋同为止。

德尔菲法的主要问题在于如何设计合适的问题，选择出适合的专家团队组合，花费的时间以及确保这些专家参与预测的全过程，另外，这些专家也有可能根据他们自己的职责和意图而不是根据客观的分析给出答案，也会导致预测结果的不准确。

2. 定量预测

（1）简单平均法。

简单平均法的预测逻辑就是当期预测值等于之前所有实际发生值的算数平均值，用 F_t 表示当期预测值，用 Y_i，$i=1$，2，…，$t-1$，表示过往的需求实际值，即：

$$F_t = \frac{\sum_{i=1}^{t-1} Y_i}{t-1}$$

简单平均法易于使用，而且在需求稳定的情况下，预测结果很准确。然而，当需求模式改变时，它就不再适用了，因为新数据产生的变动会淹没在旧数据中，抹杀了需求的变化。因此，简单平均法只适用于需求长时间保持稳定的情况。在实际应用中，很少能有需求保持长期稳定，所以这种方法的应用有一定局限性。

（2）移动平均法。

移动平均法是在简单平均法基础上的改进方法，为了消除陈旧历史数据对需求波动的影响，引入平均步长 k，用前 k 个时间段的实际需求的平均值作为本期的预测值，即：

$$F_t=\frac{Y_{t-1}+Y_{t-2}+\cdots+Y_{t-k}}{k}$$

显然，移动平均法是可以对变化的需求波动做出反应的，需求的波动会相对完整的体现到预测曲线中。但是通过预测线与实际需求线的对比不难发现，移动平均法对于需求波动的体现是有一定滞后性的。需要明确的是，在移动平均法中，步长 k 是可以根据需求的波动情况进行调整的。

（3）指数平滑法。

移动平均法虽然对简单平均法做出了修正，弥补了一些不足，但是仍然存在一些不足，如所有历史数据的权重都相同、只适用于相对稳定的需求模式等。指数平滑法通过引入平滑系数 α 的方法可以解决这类问题，用平滑系数 α 表示最近一次实际需求在预测中的权重，预测值的计算方法如下：

$$F_t=\alpha Y_{t-1}+(1-\alpha)F_{t-1}$$

指数平滑法中平滑系数越大，预测曲线会越敏感，越接近实际需求波动；反之，预测结果越不敏感。具体设计平滑系数时，要根据需求变化的程度确定。

（4）线性回归法。

线性回归法的基本逻辑是先根据两个变量的变动趋势，假设两者之间存在线性相关关系；然后，拟合出线性回归方程；最终对线性相关关系进行检验，通过检验则假设成立，则可以借鉴回归方程进行预测，否则假设不成立，则预测方法不可用。线性回归方程如下：

$$y=ax+b$$

$$b=(n\sum xy-\sum x\sum y)\div[n\sum x^2-(\sum x)^2]$$

$$a=\frac{\sum y}{n}-\frac{b(\sum x)}{n}$$

回归分析可以借助 Excel、SPSS 等软件完成。

（5）季节性预测。

当需求呈现明显的季节性波动时，就可以用季节性预测的方法进行预测。季节性预测的基本思路就是：首先对原需求序列剔除季节性成为普通序列；然后对该普通序列采用上述的预测方法或其他预测方法进行预测；完成后再在该普通序列的预测序列上加入季节性因素，形成带有季节性特点的预测序列。

这里，用来代表需求的季节性波动程度的指标叫作季节指数。

季节指数＝单期平均需求÷全期平均需求

季节指数＝单期平均需求÷非季节性需求

去季节性变化的方法如下：

去季节性后的需求量＝季节性需求÷对应的季节指数

添加季节性变化的方法如下：

带有季节性变化的预测值＝非季节性预测值×季节指数

以上这几种预测方法各有优缺点，实际操作时需要根据需求曲线的趋势与波动特点进行选择。

（二）物料需求计划（MRP）

对于相关需求，可以用物料需求计划进行推导。

1. 物料需求计划与企业其他计划间的关系

物料需求计划与企业其他计划层间的关系如图 4－1 所示。

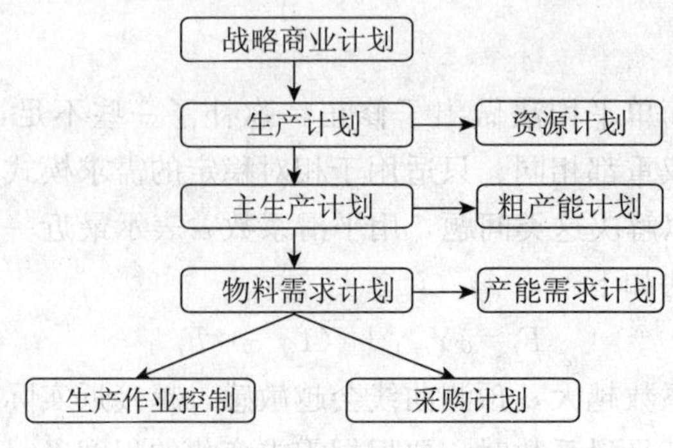

图 4－1　企业计划层的关系

物料需求计划用来反映生产企业为了完成主生产计划所需要采购的物料有哪些；何时安排采购，采购多少，以及何时完成交付的问题。所以物料需求计划的输出就是采购计划的输入。而由主生产计划明确完成这些产品的生产需要哪些物料，即主生产计划层向物料需求计划层的拆解，需要借助物料清单方能完成。

2. 物料清单（BOM）

物料清单是指用来列出构成母件装配所需的子部件、半成品、零件和原材料及每一项目所需数量的清单。物料清单有三个重要方面：

（1）物料清单列出生产一个产品所需要的所有部件；

（2）每个部件只有一个零件号，号码对部件是唯一的，不再分配给任何其他部件；

（3）零件通过形状、适用性和功能来定义。

物料清单结构的表现形式多种多样，其中，组装成的部件叫作母件，用来组装母件的物品叫作部件，但是不论哪种表现形式都是为了体现母件和子配件之间的关系。常见的物料清单结构如图 4－2 所示。

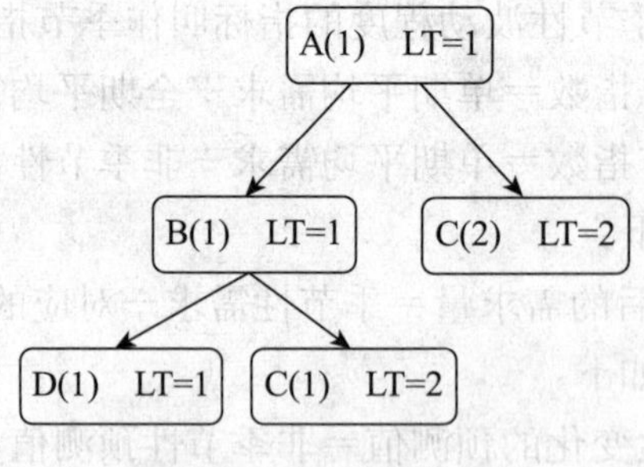

图 4－2　多层物料清单

其中，A 为母件，B、C、D 为部件，A 与 B 的数量比为 1∶1，LT=1 表示 A 部件的装配累积提前期为 1 个周期，以此类推。

3. 物料需求计划推导

有关物料需求计划的推导涉及如下概念。

(1) 提前期，所谓提前期是指流程需要的总时间。在生产领域包括订单的准备时间、等待时间、加工时间、搬运时间、收货和检验时间及任何可预期的延迟时间；在采购领域包括下达订单的时间，供应商接单备货的时间，供应商装车发货与在途运输的时间及必要的可预期的延迟时间。

(2) 需求展开，需求展开是将需求量乘以用量，并在整个物料清单中记录相应需求量的过程。

(3) 提前期补偿，提前期补偿是根据提前期将已展开的需求安排在适当的生产期的过程。

物料需求计划的推导方法通过例 4-1 进行说明。

[例 4-1] 已知产品 A 的物料清单如图 4-2 所示，该产品在第 5 期有 50 个客户订单，5 期内没有计划接收量（本次计划前期已经下达订单还未到货，预计在本期到货的货物数量）。各产品及配件的期初库存量如表 4-1 所示。试结合物料清单对物料需求计划进行需求展开与提前期补偿，从而确定采购需求。

第一步，确定物料低层码，低层码是指部件在物料清单中出现的最低层次，每个部件只有一个低层码，最高产成品层规定层级为 0，下一层为 1，以此类推。低层码代表在进行需求展开与提前期补偿计算中的顺序，按照低层码从小到大的顺序进行计算。确定的低层码值如表 4-1 所示。

第二步，对低层码为 0 的产品 A 进行需求展开与提前期补偿，其中涉及几个变量的计算方式如下：

预计可用库存=上一期预计可用库存余额-总需求，当前期预计可用库存余额>总需求时；

预计可用库存=本期计划订单接收量+上一期预计可用库存余额-总需求，当前期预计可用库存余额<总需求时；

净需求=总需求-上一期预计可用库存余额；

计划订单接收：该指标受到净需求与订购批量或生产批量的影响。逐批采购或生产时，计划订单接收量等于净需求量；当有订购批量时，计划订单接收量应当保证至少大于净需求，且是订购批量或生产批量的整数倍。

计划订单下达：计划订单下达受到计划订单接收与累计提前期的影响，例如，A 产品需要在第五期接收 30 单位，由于 A 的累积提前期为 1，所以 A 产品的计划订单下达最晚不能晚于第四期。

运算结果如表 4-1 所示。

第三步，对低层码为 1 的产品 B 进行需求展开与提前期补偿，结合物料清单可知 A 与 B 的数量比为 1∶1，A 产品在第四期的计划订单下达为 30，即在第四期需要开始生产

30 单位 A，才能保证在第五期能够产出。所以，必须在第四期准备好原材料 B，即 B 产品在第四期的总需求量为 30 单位。确定了 B 的总需求后，参照第二步计算其他指标，如表 4－1所示。

第四步，参照第二步与第三步的思路，完成低层码为 2 的产品 C 和 D 的需求展开与提前期补偿，如表4－1 所示。

表 4－1　　　　MRP 需求展开与提前期补偿

低层码	零件号	需求	周				
			1	2	3	4	5
0	A（逐批）	总需求					50
		计划接收量					
		预计可用库存余额 20	20	20	20	20	0
		净需求					30
		计划订单接收					30
		计划订单下达				30	
1	B（逐批）	总需求				30	
		计划接收量					
		预计可用库存余额 10	10	10	10	0	
		净需求				20	
		计划订单接收				20	
		计划订单下达			20		
2	C（逐批）	总需求			20	60	
		计划接收量					
		预计可用库存余额 10	10	10	0	0	
		净需求			10	60	
		计划订单接收			10	60	
		计划订单下达	10	60			
2	D（批量为 100）	总需求			20		
		计划接收量					
		预计可用库存余额	0	0	80		
		净需求			20		
		计划订单接收			100		
		计划订单下达		100			

从物料需求计划的结论可以得到为了完成当前的生产计划，需要最晚在何时、购置何

种相关需求件、购置多少。这一结论可以作为采购部门的直接需求，成为制订采购计划的最基本时间表。

（三）采购商品分析

采购商品分析有助于对主要采购的商品的物性、物流要求、采购要求等内容及未来长期及短期的采购环境做出预测。这些信息构成了制订正确决策及采购管理的基础，并且可以为最高管理部门提供有关这些货物未来的供应与价格的信息。

采购商品分析的内容包括以下几个层面。

（1）现在及未来的状况。现在及未来的状况包括对商品的描述、现有的用途及对未来需求的预测、供应商、价格、期限、年费用、交通运输方式及现有合同。

（2）生产工艺。生产工艺包括该商品是如何制造的、材料是如何使用的、这些材料的供应及价格情况、所需的劳动力、现在及将来的劳动力投入状况、替代品的生产工艺及制造此商品的可能性，包括成本可行性、时间因素及难点。

（3）商品的用途与商品的物性。商品的物性主要指商品的物理性质与化学性质，如腐蚀性、挥发性、易锈蚀性等。了解物性的主要目的在于避免采购过程中由于对物性了解不全面而导致的货损与污染。商品用途主要是指商品的主要用途、次要用途、可能的替代品及替代品的经济性。

（4）需求。需求主要包括企业现在及未来的需求、存货情况、未来信息的来源及提前期；行业、产成品的用途；各公司的当前及预计的竞争需求。

（5）供应。供应主要包括现有的供应商的地点、可靠性、质量、劳动力情况、生产能力、分销渠道以及每个供应商的长处与弱点；现有的及预测的总的供应情况；外部的因素，如进出口情况、政府的规定、技术更新的预测、政治及生态的趋势问题。

（6）价格。主要包括生产行业的经济结构、历史价格和未来预测、价格决定因素、生产及运输成本、关税和进口限制、质量影响和价格商业周期变化、估计每个供应商的利润空间、供应商的价格目标、潜在的最低价、同行中的价格变动等。

（7）削减成本的战略。考虑预测的供应量、用途、价格、效益、供应商的强项和弱势、自身在市场的位置、降低成本的计划；自制物料、短期合同或长期合同、寻找或开发供应商、发现替代品、进口、套期保值、价值工程及价值分析。

（8）物流信息与附录。物流信息主要包括采购件的运输方式、包装方法、物流要求、运费、运输成本、存货管理方法等内容。附录主要包括总的信息，如规格、质量要求、方法、历史价格、生产情况、采购趋势等内容。

第二节　供应市场分析

一、供应市场分析的必要性

企业的经营活动从来都不是隔绝环境真空运营的，所以在协调企业这个系统时，环境的影响与对环境的反馈作用是必须考虑的因素。所以，企业在制订采购相关计划与策略时，必须要首先对供应市场进行深入调查，发现并规避其中存在的风险，客观认识供应市场可能带来的优势。

目前，诸多大公司，诸如本田、飞利浦电子等公司已经引入了公司商品团队的概念，负责在全球范围内采购战略部件和材料，他们不断为所需要的材料和服务寻找第一流的供应商。最初由专业人员给予支持，然后公司商品采购人员自己逐渐承担起进行采购市场研究的活动。影响采购方进行主动的供应市场研究的主要因素有以下几个方面。

（1）供应环境的系统性要求。

供应商与采购方共同组成一个动态的大系统，在这个大系统中，各种环境因素时时刻刻发生着变化并产生相互作用、相互制约的关系。而参照系统论的思想，环境的变化最终会直接或者间接地反馈并影响系统各个组成要素的日常经营活动。所以，企业必须重视供应市场的调查分析，了解各种环境因素的变化趋势，以便及时对采购策略进行调整，从而更好地把握采购时机、降低采购成本。

（2）供应市场的不断变化。

国内、国际供应市场处在不断变化之中。国家政策会随着经济发展需求做出调整，国家间的政治协定会突然限制一些出口贸易，供应商会因为突然破产而消失，或被其竞争对手收购，价格水平和供应的持续性都会因此受影响。需求也会出现同样变化，对某一产品的需求会急剧上升，例如，20 世纪 90 年代中期对奔腾微处理器的需求，或因某些特殊事件而产生需求的大幅度波动，如福岛核电站事件后的相关产品的需求，这些变化都有可能导致紧缺状况的发生。买主必须预期某一产品供需状况的可能变化，并由此获得对自己的商品价格动态的更好理解。

（3）技术的不断创新。

无论是生产企业还是商业贸易，为保持竞争力必须致力于产品的创新和质量的改善。当出现新技术时，企业或公司在制订自制、外购决策中就需要对最终供应商的选择进行大量的研究。

（4）汇率的变动。

许多主要币种汇率的不断变化对国际化经营的买主施加了新的挑战。许多国家的高通货膨胀、巨额政府预算赤字、汇率的迅速变化都要求买主对其原料需求的重新分配做出快速反应。

（5）产品的生命周期及其产业转移。

产业转移、技术进步不仅改变了供应市场的分布格局，整体上降低制造成本，也给采购的战略制订、策略实施及采购管理提出了新的要求，带来了新的变化，主要体现在如下五个方面：

①在自制、外购的决策中，外购的份额在增加；

②采购呈现向购买组件、成品的方向发展；

③采购的全球化趋势日益增强，同时采购的本地化趋势也伴随着生产本地化的要求得以加强；

④供应市场及供应商的信息更加透明化；

⑤技术发展使得许多公司必须完全依赖于供应商的伙伴关系。

供应市场分析中，产业的生命周期及其产业转移是很重要的内容。总体上，传统制造业及相关产品已由原来的发达国家转移到发展中国家，新兴产业如信息技术产业等则主要为发达国家所控制。这种社会变迁反映了制造业的区域化调整，说明了不同产业的生命周期，供应市场结构也会随之发生变化。

二、供应市场的结构

通常的市场结构可以划分为完全竞争市场、垄断竞争市场、寡头垄断市场、完全垄断市场四大类。其中寡头垄断市场和完全垄断市场按照供应市场的特点可以分别拆分为卖方寡头垄断市场、买方寡头垄断市场和卖方完全垄断市场、买方完全垄断市场。

1. 完全竞争市场

完全竞争市场中有许多的买方和卖方，所有的卖方和买方具有同等的重要性。该市场具有高度的透明性，不同供应商的产品结构、质量、性能几乎没有差异，市场信息完备，产品的进入障碍小。大多数市场都不是完全竞争市场，但是可以像完全竞争市场那样高效地运作，价格的确定性是由分享该市场的所有采购商和供应商的共同影响决定的。

2. 垄断竞争市场

垄断竞争市场存在许多卖方，垄断竞争者在市场上竞争，生产有差异的产品，企业进入市场与退出市场完全自由。存在许多厂商，以及容易进入使这个市场看起来是竞争性的。这种市场中的厂商可以使它的产品具有独特属性的能力，这是这种市场区别于完全竞争市场的地方。每个企业通过使自己的商品有差异来产生它自己的个人垄断。如果它能使自己的商品足够与众不同，它就能成为唯一的卖方，并具有垄断者的市场能力。

3. 寡头垄断市场

寡头垄断市场可以拆分为卖方寡头垄断和买方寡头垄断。

（1）卖方寡头垄断。

这种市场同样是少量卖方和许多买方，但这类行业存在明显的规模经济，市场准入障碍明显，价格又受行业的领导者控制。一个企业给出一个价格后，行业内的其他企业通常就会快速地采纳这个价格。

（2）买方寡头垄断。

买方寡头垄断市场是指有许多卖方和少量买方的市场。这种市场中，买方对定价有很大影响，因为所有卖方都在为生意激烈竞争。

4. 完全垄断市场

完全垄断市场可以分为卖方完全垄断市场和买方完全垄断市场。

（1）卖方完全垄断市场。

卖方完全垄断市场是指市场上有一个供应商和多个购买者。为了保持价格的合理性，政府应当适当对垄断者进行管制。因为如果没有管制，作为卖方的垄断者就可以随心所欲地定价。按照完全垄断产生的原因，可以分为自然垄断、政府垄断和控制垄断。其中，自然垄断往往来源于显著的规模经济，如飞机发动机、供电等；政府垄断是基于政府给予的特许经营权，如铁路、邮政等公用设施；控制垄断包括因拥有专利权、专门的资源而产生的垄断。

（2）买方完全垄断市场。

买方完全垄断市场是指有许多卖方和一个买方的市场。这是和卖方完全垄断相反的情况，在这种市场中，买方控制价格。

几种供应市场结构的特点对比如表 4－2 所示。

表 4－2　　供应市场结构对比

市场类型	厂商数量	产品差异化程度	对价格的控制程度	进出市场难易程度	典型例子
完全竞争	很多	完全相同	无	很容易	部分期货市场
垄断竞争	多	有差别	有较小控制度	较容易	日用消费品市场
寡头垄断	有限几个	有差别或无差别	相当程度控制价格	有难度	钢铁、石油、汽车工业中部件市场等
完全垄断	唯一	唯一且不可替代	很大程度控制，但会受到管制	非常困难	供电、铁路机车采购市场等

市场结构的差异决定了采购企业在采购中的地位，进而影响应当选择的采购策略与方法。完全竞争市场情况下，应把供应商视为商业型的供应业务合作关系。对于垄断竞争市场，应当尽可能地合理选择少数几家供应商达成合作伙伴关系，在此过程中重点应当把握供应商的选择与考评；对于寡头垄断市场，应当尽可能地与供应商形成互惠互利关系，重点把握双方的深度合作与共赢；而在进行产品设计时就应当尽量避免使用处于完全垄断市场中的原材料，如确有需求，应当采用与供方达成战略联盟的方式进行采购。

三、供应市场分析的内容

供应市场分析的具体内容有：供应市场研究与供应市场风险分析。

（一）供应市场研究

供应市场研究需要解决的主要问题就是在明确供应市场的市场结构的基础上，对其所处的宏观、中观、微观经济进行调查与分析。

1. 宏观经济分析

宏观经济分析是指分析一般经济环境以及影响未来供需平衡的因素，例如，产业范围、经济增长率、产业政策及发展方向、行业设施利用率、货币汇率及利率、税收政策与税率、政府体制结构与政治环境、关税政策与进出口限制、人工成本、通货膨胀、消费价格指数、订购状况等。

2. 中观经济分析

中观经济分析集中研究特定的行业、部门。在这个层次，很多信息都可以从国家的中央统计部门和行业信息机构中获得。这个层次需要处理的信息主要有供求状况、行业效率、行业增长状态、行业生产与库存量、市场供应结构、供应商的数量与分布等。

3. 微观经济分析

微观经济分析集中于评估个别产业供应和产品的优势与劣势，如供应商财务审计、组织架构、质量体系与水平、产品开发能力、技术水平、生产能力与产量、交货周期及准时率、服务质量、成本结构与价格水平、作为供应商认证程序一部分的质量评审等。它的目标是透彻地了解供应商的特定能力及其长期市场地位。

(二) 供应市场风险分析

由于环境是瞬息万变的，所以供应市场的风险性不容忽略，如果供应风险能够降低的话，会给成本的降低带来很大的空间。因此，它是采购决策必须重点考虑与分析的内容。供应市场风险分析包括四个阶段：准备阶段、分析评价阶段、行动改进阶段、总结提高阶段。

1. 准备阶段

准备阶段包括供应市场风险分析评价之前的所有三大准备工作，分别是：第一，明确潜在的风险性和是否需要作风险分析；第二，确定风险分析的理由，制订风险分析的准则、方法，界定风险分析所涉及的供应商和采购物品范围；第三，明确参与风险分析的人员，提出进一步的工作计划。

2. 分析评价阶段

分析评价阶段可以采用检查表作为指导，由评价队伍通过对供应商进行提问、现场考察等方式进行。

（1）评价要素。评价内容主要包括如下八个方面：总体情况、管理对策与措施、质量保证体系、设计、工程能力、企划与供应商管理、市场及顾客服务、环境管理。

（2）评价要素使用过程中的四种状态。根据上述各评价检查要素，依据实际评价过程情况可以划分为四种状态：不适用、红、黄、绿，每种状态的处理办法如表 4－3 所示。

表 4－3　　评价要素适用状态与处理方法

适用情况状态	处理方法
不适用	该要素针对供应商来说不适用，实际评价时可跳过不管
红	在该要素对本企业来说存在较严重的潜在风险，不符合本企业的要求，必须立即采取纠正行动
黄	该要素的状态不是太好，不能完全满足本企业的评价要求，需要进一步改进
绿	该要素的状态良好或超过本企业的要求

3. 行动改进阶段

行动改进阶段主要根据评价分析调查结果，研究人员及评价小组应在企业采购人员的协调下，就供应商中存在的红色状态要素及黄色状态要素向供应商提出纠正及改进提高的建议。

4. 总结提高阶段

总结提高阶段与前一阶段紧密相关。如果供应商乐于改进并有能力改进，总结提高就有基础。

四、供应市场分析的步骤

供应市场分析可能是周期性的，也可能是以项目为基础进行的。供应市场分析可以是用于研究采购市场发展的趋势及定性分析，也可以是从综合统计和其他公共资源中获得大量数据的定量分析，大多数的供应市场分析包括这两个方面。供应市场分析既可以是短期分析，也可以是长期分析。进行供应市场分析并没有严格的步骤，有限的时间通常对分析过程会产生一定的影响，并且每个项目都有自己的方法，所以很难提供一种标准的方法。但是一般情况下，供应市场分析主要有以下步骤。

(1) 确定目标。供应市场涉及面广、因素复杂，所以在进行供应市场分析时首先要明确目标，通常是确定要解决什么问题，问题解决到什么程度，解决问题的时间多长，需要多少信息，信息准确到什么程度，如何获取信息，谁负责获取信息，如何处理信息等问题并进行简要说明。

(2) 成本效益分析。成本效益分析主要分析成本所包含的内容，进行分析所需要的时间，并分析获得的效益是否大于所付出的成本。

(3) 可行性分析。主要从如下几个角度进行分析：分析公司中的哪些信息是可用的；从公开出版物和统计资料中可以得到什么信息；是否需要从国际数据库及其专业代理商中获得信息，并以较低的成本从中获得产品和市场分析；是否需要从一些部门购买研究、分析服务，甚至进行外出调研。

(4) 制订分析计划的方案。分析计划方案包括：确定获取信息需要采取的具体行动，包括目标、工作内容、时间进度、负责人、所需资源等。除了案头分析之外，还要与供应商面谈，加上实地研究。案头分析是收集、分析及解释任务的数据，它们一般是别人已经收集好的，在采购中这类分析用得最多；实地研究是收集、分析和解释案头分析无法得出的细节，它设法追寻新信息，通过详细的项目计划为此类分析做好准备。

(5) 方案的实施。在实施阶段，主要任务是遵循分析方案的计划，同时还应当注意对实施过程进行控制与纠偏。

(6) 撰写总结报告及评估。供应市场分析及信息收集结束后，要对所获得的信息和情报进行归纳、总结、分析，在此基础上提出总结报告，并就不同的供应商选择方案进行比较。对分析结果的评估应该包括对预期问题的解决程度，对方法和结果是否满意等。

第三节　采购计划的制订

一、采购认证计划

采购认证计划的制订需要经过四个步骤，如图 4－3 所示。

图 4－3　采购认证计划的制订步骤

（一）准备认证计划

1. 熟悉认证的物资项目

采购人员在拟订采购计划，与供应商接触之前，要熟悉认证的物料项目，包括：第一，涉及的专业知识范围，如机械、电子、军用品、工业用品、软件、设备等；第二，认证的经验需求；第三，目前的供应状况。

采购人员在搞清采购项目属于哪个专业范围之后，就应尽快熟悉该领域专业知识，这样才能做到在进行认证工作时得心应手。

2. 熟悉采购批量要求

采购人员要想制订较为准确的认证计划，要做到以下两点：第一，必须对物料的需求进行分析，以确保熟知物料需求计划，因为物料需求计划确定了采购的规模、范围和时间，如表 4－4 所示；第二，熟悉采购环境，开发采购环境的需求通常有两种情形，一是在以前或者是目前的采购环境中就能够挖掘到的物料供应，可以从已有供应范围中找到企业需要的物料需求；二是企业需要采购的是新物料，在原来形成的采购环境中不能提供，需要企业的采购部门寻找新的物料供应商。

表 4－4　　物料需求分析汇总

物料名称	存量	各订单需求量预计			不足数量	上次订单余量	订购		预计入库日期	备注
		单 1	单 2	…			日期	数量		

审核：　　　　　　　　　　分析：　　　　　　　　　　填表：

3. 掌握余量需求

随着企业规模的扩大，市场需求也会变得越来越大，旧的采购环境容量不足以支持企业的物料需求，或者是因为采购环境有了下降的趋势从而导致物料的采购环境容量逐渐缩小，这样就无法满足采购的需求。以上这两种情况都会产生余量需求，这就产生了对采购环境进行扩容的要求，采购人员就要在市场调查的基础上选择新的采购环境。

4. 准备认证环境资料

采购环境的内容包括认证环境和订单环境两个部分。有些供应商的认证容量比较大，但是其订单容量比较小；有些供应商的情况恰恰相反，其认证容量比较小，但是订单容量比较大。产生这些情况的原因是认证过程本身是对供应商样件的小批量试制过程，这个过程需要强有力的技术力量支持，有时甚至需要与供应商一起开发，但是订单过程是供应商规模化的生产过程，其突出表现就是自动化及其流水作业及稳定的生产，技术工艺已经固化在生产流程之中，所以订单容量的技术支持难度比起认证容量的技术支持难度要小得多。

5. 制订认证计划说明书

制订认证计划说明书也就是把认证计划所需要的材料准备好，主要内容包括：第一，认证计划说明书，包括物料项目名称、需求数量、认证周期等；第二，开发需求计划；第三，余量需求计划；第四，认证环境资料等。

（二）评估认证需求

1. 分析开发批量需求

开发批量需求的方法各式各样：按照需求的环节，可以分为研发物料开发认证需求和生产批量物料认证需求；按照采购环境，可以分为环境内物料需求和环境外物料需求；按照供应情况，可以分为可直接供应物料和需要定做物料；按照国界，可分为国内供应物料和国外供应物料。

对于如此复杂的情况，计划人员应该对开发物料需求作详细的分析，必要时还应该与开发人员、认证人员一起研究开发物料的技术特征，按照已有的采购环境及认证计划经验进行分类。可见，认证计划人员需要具备计划知识、开发知识、认证知识等，兼有从战略高度分析问题的能力。

2. 分析余量需求

分析余量需求要求首先对余量需求进行分类，并且提出应对之策。余量认证的产生来源有两种，一是市场销售需求的扩大；二是采购环境订单容量的萎缩。这两种情况都导致了目前采购环境的订单容量难以满足用户的需求，因此需要增加采购环境容量。对于因市场需求原因造成的，采购人员可以通过市场及生产需求计划得到各种物料的需求量及时间；对于因供应商萎缩造成的，采购人员可以通过分析现实采购环境的总体订单容量与原订单容量之间的差别，这两种情况的余量相加即可得到总的需求容量。

3. 确定认证需求

认证需求是指通过认证手段，获得具有一定订单容量的采购环境。采购人员可以根据开发批量需求及余量需求的分析结果来确定认证需求。

（三）计算认证容量

1. 分析货源供应资料

企业需要采购的物料是多种多样的，如机械、电子、软件、设备、生活用品等物料科目，加工过程各种各样，非常复杂。作为采购主体的企业，需要认证的物料项目可能是上千种物料中的几种，熟练分析几种物料的认证资料是可能的，但是对于规模比较大的企业，分析上千种甚至上万种物料的难度则要大得多。所以，企业的采购人员要尽可能熟悉物料采购项目的认证资料。

2. 计算总体认证容量

企业在认证供应商时，应该要求供应商提供一定的资源用于支持认证操作，或者一些供应商只做认证项目。总之，在供应商认证合同中，应说明认证容量与订单容量的比例，防止供应商只做批量订单，而不愿意做样件认证。计算采购环境的总体认证容量的方法是把采购环境中所有供应商的认证容量叠加，对有些供应商的认证容量需要加以适当的系数。如表 4－5 所示。

表 4－5　　供应商总体订单容量统计

日期	供应商	可供给物品量			
		型号 1	型号 2	型号 3	型号 N
	A				
	B				
	C				
	…				
合计					

3. 计算承接认证量

承接认证量是指供应商正在履行认证的合同量。认证容量的计算是一个相当复杂的过程，各种各样的物料项目的认证周期也是不一样的，因而，通常只要求计算某一时间段内的承接认证量。最恰当、最及时的处理方法就是借助电子信息系统，模拟显示供应商已承接的认证量，以便认证计划决策使用。

4. 确定剩余认证容量

认证容量是指某一物料所有供应群体的剩余认证容量的总和，其计算方法如下：

物料认证容量＝物料供应商群体总体认证容量－承接认证量

［例 4－2］　已知某企业 A 物料的需求量预测值为 30 万件，两家主要供应商的生产能力分别为 40 万件和 30 万件，已经承接订单量分别为 20 万件和 5 万件，问主要供应商的剩余认证容量是多少？

解：

两家供应商的总体认证容量＝40＋30＝70（万件）；

两家供应商的承接认证量＝20＋5＝25（万件）；

物料认证容量＝物料供应商群体总体认证容量－承接认证量＝70－25＝45（万件）；

对比物料认证容量与需求发现，现有供应商群体可以满足采购需求的30万件。

(四) 制订认证计划

制订认证计划分为如下四个步骤。

1. 对比需求与容量

当认证需求与供应商对应的认证容量之间存在差异时，需要对其进行调整。当认证需求小于认证容量时，没有必要进行综合平衡，直接按照认证需求制订认证计划；当认证需求大于认证容量时，需要进行认证综合平衡，对于剩余认证需求需要制订采购环境之外的认证计划。

2. 综合平衡

所谓综合平衡，就是从全局出发，综合考虑市场和消费者的需求、认证容量、商品生命周期等要素，判断认证需求的可行性，通过调节认证计划来尽可能地满足需求，并计算认证容量不能满足的剩余认证需求。

3. 确定余量认证计划

对于采购环境下不能满足的剩余认证需求，采购人员应确定余量认证计划，并提交给采购认证人员分析并提出对策，并与之一起确认采购环境之外的供应商认证计划。对于采购环境之外的社会供应群体，如果他们没有与企业签订合同，那么企业在制订认证计划时要特别小心，一定要由具有丰富经验的认证计划人员和认证人员联合操作。

4. 制订认证计划

制订认证计划就是要确定认证物料数量及开始认证的时间。确定认证物料数量及开始认证时间的计算方法如下：

认证物料数量＝开发样件需求数量＋检验测试需求数量＋样品数量＋机动数量

开始认证时间＝需求认证结束时间－认证周期－缓冲时间

二、采购订单计划

(一) 准备物料采购订单计划

准备物料采购订单计划的工作主要包括以下几个方面。

1. 预测企业的市场需求

市场需求是采购的拉动力，采购人员要想制订较为准确的订单计划，首先必须熟知市场需求计划或销售计划，市场需求的进一步分解便得采购需求计划。企业的年度销售计划在上一年末制订，并报送至各个相关部门，下发至销售部门、计划部门、采购部门，以便指导全年的供应链运作，根据年度计划制订季度、月度的市场销售需求计划。

2. 确定企业的生产需求

物料需求的时间是根据生产计划而产生的，通常物料需求计划是订单计划的主要来源。采购计划人员需要熟知生产计划以及工艺常识，以利于理解物料需求。编制物料需求计划的主要步骤包括：决定毛需求、决定净需求、对订单下达日期及订单数量进行计划，参见本章第一部分采购需求分析的内容。物料需求明细表具体内容如表 4－6 所示。

表 4－6 物料需求明细

品名			订单总计数量			订单编号			
序号	物料名称	规格	计量单位	单位准用料量	总需求量	可用量	采购量、制造量	预定交货或完成日期	备注
1									
2									
3									
…									
核准：						制表：			

3. 准备订单环境资料

订单环境是在订单物料的认证计划完毕之后形成的。订单环境的资料主要包括：订单物料的供应商消息、订单比例信息、最小包装信息、订单周期。其中，订单比例信息是指对多家供应商的物料来说，每一个供应商分摊的下单比例，该比例由认证人员产生并给予维护。

4. 制订订单计划说明书

本步工作就是准备好订单计划所需要的资料，包括：订单计划说明书、市场需求计划、生产需求计划、订单环境资料等。其中，订单计划说明书包括物料名称、需求数量、到货日期等内容。

(二) 评估订单需求

只有准确地评估订单需求才能为计算订单容量提供参考依据，以便制订出好的订单计划。它主要包括以下内容：

1. 分析市场需求

制订订单计划需要分析市场要货计划的可信度。因此，必须仔细分析市场签订合同的数量、还没有签订合同的数量（包括没有及时交货的合同）等一系列数据。同时，还要兼顾市场战略、潜在的需求等，要保证远期发展与近期切实需求相结合。

2. 分析生产需求

分析生产需求首先需要研究生产需求的产生过程，然后再分析生产需求量和要货时间，这一过程的逻辑参见第一节物料需求计划的需求展开与提前期补偿。

3. 确定订单需求

根据对市场需求和对生产需求的分析结果，可以确定订单需求。订单需求的内容是指通过订单操作手段，在未来指定的时间内，将指定数量的合格物料采购入库。

(三) 计算订单容量

若不能准确地计算订单容量，就不能制订出正确的订单计划。计算订单容量主要有以下内容。

1. 分析物料供应资料

对于采购工作，在目前的采购环境中，所要采购物料的供应商信息是一项非常重要的资料。如果没有供应商供应物料，那么无论是生产需求还是紧急的市场需求，一切都无从谈起。可见，有供应商的物料供应是满足生产需求和紧急市场需求的必要条件。

2. 计算总体订单容量

总体订单容量是多方面内容的组合。一般包括两方面内容：一是可供给的物料数量，二是可供给物料的交货时间。

举一个例子，甲供应商在1月31日之前可供应4万个阻丝，其中，1型2万个，2型2万个。乙供应商1月31日之前可供应5万个阻丝，其中，1型2万个，2型3万个，那么1月31日之前两种阻丝的总体订单容量为9万个，1型阻丝的总体订单容量为4万个，2型阻丝的总体订单容量为5万个。

3. 计算承接订单容量

承接订单容量是指某供应商在指定的时间内已经签下的订单量。

其计算过程通过一个例子来说明。例如，供应商A在本月20日之前可以供给5万个阻丝，若是已经承接阻丝订单2万个，那么对该阻丝已承接的订单量为2万个。

4. 确定剩余订单容量

剩余订单容量是指某物料所有供应商群体的剩余订单容量的总和。计算方式如下：

物料剩余订单容量＝物料供应商群体总体订单容量－已承接订单量

在上例中，物料剩余订单容量为5－2＝3（万个）。

(四) 制订订单计划

制订订单计划是采购计划的最后一个环节，也是最重要的环节。主要包括对比需求与容量、综合平衡、根据综合平衡结果调整认证计划、制订订单计划。

1. 对比需求与容量

当需求小于容量时，即容量总能满足需求，则企业要根据物料需求来制订订单计划；当需求大于容量时，则应根据容量制订合适的物料需求计划，这样就产生了未被满足的物料需求，此时，就需要重新制订认证计划以满足当前采购环境无法满足的物料需求部分。

2. 综合平衡

综合平衡是指综合考虑市场、生产、订单容量等要素，分析物料订单需求的可行性，在必要的时候调整订单计划，计算容量不能满足的剩余订单需求。

3. 根据综合平衡结果调整认证计划

当容量小于需求时，产生未被满足的物料需求，即剩余需求。对于剩余需求，应当由采购人员将之提交给认证计划的制订者进行处理，并核实是否能够继续按照物料需求规定的时间及数量交货。

而认证计划人员接到处理请求后，应当通过简化的认证程序进行认证计划的调整。

4. 制订订单计划

订单计划做好之后就可以按照计划进行采购工作。一份订单包含的内容有下单数量和下单时间两个方面，两者的计算方式如下：

下单数量＝生产需要量－计划入库量－现有库存量＋安全库存量

下单时间＝要求到货时间－认证周期－订单周期－缓冲时间

订单采购计划如表 4－7 所示。

表 4－7　　订单采购计划

填表日期：　　编号：

物料编码	规格	适用产品	上旬		中旬		下旬		库存量	订单量	下单日期
			生产单号	用量	生产单号	用量	生产单号	用量			

第四节　采购预算

一、采购预算概述

采购预算是指采购部门在一定计划期间编制的材料采购的用款计划。该计划期间可以是年度、季度或者月度等。

编制采购预算的主要目的在于采购预算可以用来控制采购用款支出，并使财务部门据此筹措和安排所需资金，协调采购与财务部门之间的关系。

采购预算的主要内容涉及各种材料的采购数量和金额，以企业进行生产和经营维修所需的原材料、零部件、备件等为主。设备更新和基本建设所需的机器设备和工程材料，则应另编单项采购预算，不包括在计划期间的采购预算内。

为了使预算更具有灵活性和适应性，以应对意料之外的可能发生的不可控事件，企业在预算过程中应当尽量做到以下几个方面：采取合理的预算形式；建立趋势模型；尽量采用滚动预算的方法，以减少预算的失误及由此带来的损失。

二、采购预算编制的依据

采购预算的编制主要依据以下几个方面。

（1）计划期间生产和经营维修所需材料的计划需用量。由生产计划管理部门在销售计划的基础上根据所编制的生产计划，以及前期材料消耗资料和材料清单计算确定。

（2）预计本期期末库存量 。预计本期期末库存量，加上由编制预算之日起至本期期末止这一期间的预计收入量再减去同期预计发出量来确定，预计本期期末库存量即为计划期期初库存量。

（3）计划期期末结转库存量。由仓管和采购部门根据各种材料的安全储备量和提前订购期共同决定。

（4）材料计划价格。由采购部门根据材料的当前市场价格，以及其他各种影响因素，如国际政治经济因素、国家调控政策等因素来决定。

三、采购预算编制的方法

编制预算的方法很多，这里主要介绍概率预算、零基预算、弹性预算和滚动预算。

1. 概率预算

在编制预算过程中，涉及的变量很多，如业务量、价格、成本等。企业管理者在编制预算时，不可能十分精确地预见到这些因素的变动情况，只能大体估计它们发生变化的可能概率，从而近似地判断出各种因素的变化趋势、范围与结果，然后对各种变量进行调整，计算出可能值的大小，这种利用概率来编制的预算即为概率预算（Probabilistic Budgeting）。

概率预算的编制步骤如下。

（1）对变量可能出现的结果估计一个概率 P_i，取值范围是 $0\leqslant P_i\leqslant 1$，$\sum P_i=1$。

（2）根据各个变量（X_i）及其估计概率（P_i），计算其数学期望值 E。$E=\sum X_i P_i$。

（3）根据各变量数学期望值编制预算。

举个简单的例子，假设在编制采购预算时，某物料的预期价格可能出现波动，上涨到 5 元的可能性为 0.2，保持现价 4 元的可能性为 0.5，下跌至 3 元的可能性为 0.3，则按照概率预算的编制逻辑，在预算环节，该物料的预算价格为价格期望值 3.9 元。

2. 零基预算

零基预算（Zero - base Budgeting）是指在编制成本费用预算时，不考虑以往会计期间所发生的费用项目或费用数额，而是以所有的预算支出为零作为出发点，一切从实际需要与可能出发，逐项审议预算期内各项费用的内容及其开支标准是否合理，在综合平衡的基础上编制费用预算的一种方法。

零基预算的编制步骤如下。

（1）拟定预算目标。各相关部门根据企业的目标和本部门的具体任务，对可能发生的费用项目逐一考证其支出的必要性和需要额，编写各项费用项目的方案。

（2）进行成本一效益分析。主要是指对所提出的每一个预算项目所需要的经费和所能获得的收益，进行计算和对比，利用对比的结果来衡量和评价各项预算项目的经济效益，然后权衡其重要性，列出各项目的先后次序。

（3）按照所确定的结果，结合计划期内可动用的资金来分配资金，落实预算。

3. 弹性预算

弹性预算（Flexible Budget）又称变动预算，是指以预算期间可能发生的多种业务量水平为基础，分别确定与之相应的费用数额而编制的、能适应多种业务量水平的费用预算，以便分别反映在各业务量的情况下所应开支的费用水平。

弹性预算的编制步骤如下。

(1) 预测和确定计划期内业务量可能的变化范围。一般而言变化范围为正常经营活动水平的70%～120%，间隔取5%～10%，也可取计划期内预计的最低业务量和最高业务量为其下限和上限，然后再在其中划分若干等级，这样编出的弹性预算较为实用。

(2) 根据成本性态和业务量之间的依存关系，将企业生产成本划分为变动和固定两个类别，并逐项确定各项费用与业务量之间的关系。注意固定费用不随业务量变动，因此不需要对固定费用进行调整

(3) 计算各种业务量水平下的预测数据，并用一定的方式表示，形成某一项的弹性预算。

4. 滚动预算

滚动预算又称为连续预算，其主要特点是预算期随着时间的推移而自行延伸，始终保持一定的期限，该期限可以是年、季度甚至月度。当预算中某一期限内的预算执行完毕后，就根据新的情况进行调整和修改之后几个期限内的预算。

滚动预算的好处就在于：企业的生产经营活动是延续不断的，滚动预算恰巧可以全面地反映这一延续不断的过程；其次，滚动预算也可以应对由于现代企业生产经营复杂性带来的各种变动；最后，滚动预算在执行过程中可以结合新的信息，对其不断进行调整和修正，使预算与实际情况能更好地相适应，有利于充分发挥预算的指导和控制作用。

四、采购预算编制的步骤

企业长期的计划与目标可以拆分为企业年度计划及目标，再细化则得到整体收入与利润目标。而对收入利润目标拆解过程中就会涉及整体的成本与费用预算，其中生产计划的相关预算占很大比重。而生产计划预算又包括采购预算、直接人工预算、制造费用预算等。所以，必须认识到的是：采购预算是采购部门为了配合企业实现长期目标与计划，而对需求的原料、物料、零件等的数量与成本做出的科学估计。所以，采购预算的编制不是闭门造车，而是应当以企业整体预算制度为前提，与其他业务相辅相成共同编制的。

具体编制采购预算的步骤如下：

(1) 审查企业以及部门的战略目标；

(2) 制订明确的工作计划；

(3) 确定所需的资源；

(4) 提出标准的预算数字；

(5) 汇总；

(6) 提交预算。

编制好的采购预算样表如表4-8所示。

表 4-8　　　　　　　　　　某类辅助材料采购预算

<table>
<tr><th rowspan="3">物品编码</th><th rowspan="3">单位</th><th rowspan="3">单价</th><th rowspan="3">生产需求量</th><th rowspan="3">本月末计划库存量</th><th rowspan="3">上月末存量</th><th rowspan="3">预计采购量</th><th rowspan="3">预计采购金额</th><th colspan="6">预计本期支付采购资金</th></tr>
<tr><th rowspan="2">预计支付前欠货款</th><th rowspan="2">预计支付本期货款</th><th rowspan="2">合计</th><th colspan="3">其中</th></tr>
<tr><th>上旬</th><th>中旬</th><th>下旬</th></tr>
<tr><td></td><td></td><td></td><td></td><td></td><td></td><td></td><td></td><td></td><td></td><td></td><td></td><td></td><td></td></tr>
<tr><td></td><td></td><td></td><td></td><td></td><td></td><td></td><td></td><td></td><td></td><td></td><td></td><td></td><td></td></tr>
<tr><td></td><td></td><td></td><td></td><td></td><td></td><td></td><td></td><td></td><td></td><td></td><td></td><td></td><td></td></tr>
<tr><td>合计：</td><td></td><td></td><td></td><td></td><td></td><td></td><td></td><td></td><td></td><td></td><td></td><td></td><td></td></tr>
</table>

审批：　　　　　　　　　　　　　　　　　　　　制表人：

本章小结

本章首先介绍了采购需求的分析方法，包括采购需求的分类、采购需求分析的内容等；第二部分介绍了供应市场分析的内容；第三部分与第四部分分别介绍了采购计划的制订方法与采购预算的制订方法。其中，采购需求分析与供应需求分析是采购计划与采购预算的基础。只有采购需求与供应需求明确了，才能制订出合理的采购计划，才能更加准确地按照采购预算控制实际采购成本。

习　题

1. 采购需求的分类有哪些？
2. 供应市场结构有哪几种？
3. 供应市场的风险有哪些？
4. 采购认证计划应当如何制订？
5. 什么是滚动预算？
6. 用以下 BOM 制订部件的物料需求计划，表 4－9 是目前的有效订单、现有可用库存余额和提前期。

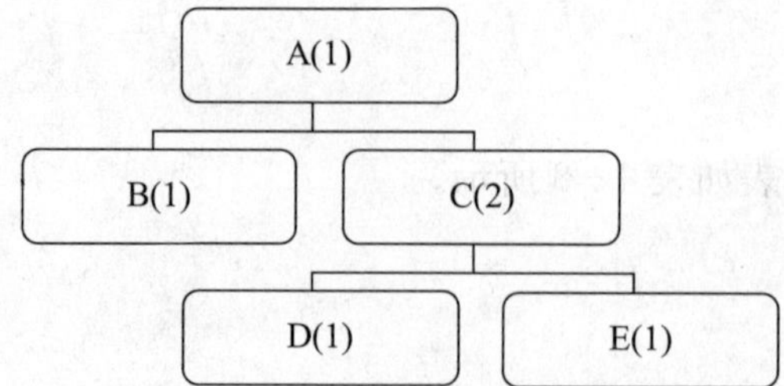

表 4-9　　目前的有效订单、现有可用库存余额和提前期

低层码	零件号	需求	周				
			1	2	3	4	5
	部件 A 提前期 1 周 逐批订购	总需求			80		
		计划接收量					
		预计可用库存余额					100
		净需求					
		计划订单接收					
		计划订单下达					
	部件 B 提前期 2 周 批量：200	总需求					
		计划接收量					
		预计可用库存余额 100					
		净需求					
		计划订单接收					
		计划订单下达					
	部件 C 提前期 2 周 逐批订购	总需求					
		计划接收量		120			
		预计可用库存余额 100					
		净需求					
		计划订单接收					
		计划订单下达					
	部件 D 提前期 2 周 批量：200	总需求					
		计划接收量	300				
		预计可用库存余额					
		净需求					
		计划订单接收					
		计划订单下达					

续表

低层码	零件号	需求	周				
			1	2	3	4	5
	部件 E 提前期 1 周 批量：100	总需求 计划接收量 预计可用库存余额 100 净需求 计划订单接收 计划订单下达					

原材料采购的蝴蝶效应

1. 背景

曾经的世界手机市场三巨头诺基亚、摩托罗拉和爱立信当中有两家是北欧邻国。手机市场的龙头老大诺基亚诞生于 1865 年的芬兰，当时是造纸厂，一直到 20 世纪 90 年代才集中制造以手机为主的通信设备。在芬兰的邻国瑞典，爱立信先生早在 1876 年就开了一家修理电话的店铺，然后就开始制造电话。进入 20 世纪 90 年代，手机开始普及，诺基亚和爱立信在手机市场展开了激烈的竞争。

2. 事故

2000 年 3 月 17 日星期五，晚上 8 点，美国新墨西哥州大雨滂沱，电闪雷鸣。雷电引起电压陡然增高，不知从哪里迸出的火花点燃了飞利浦公司第 22 号芯片厂的车间，工人们虽然奋力扑灭了大火，但火灾仍然造成了巨大的损失：塑料晶体格被扔得满地都是；足够生产数千个手机的 8 排晶元被烧得粘在电炉上动弹不得，车间里烟雾弥漫；烟尘落到了要求非常严格的净化间，破坏了正在准备生产的数百万个芯片。芯片是移动电话中的核心部件，突然间的一场大火使处理无线电信号的 RPC 芯片一下子失去了来源。面对如此重大的变故，飞利浦需要花几周才能使工厂恢复到正常生产水平。为了满足供应客户的芯片需要，恢复生产的速度是关键。飞利浦的主管决定最先满足大客户诺基亚和爱立信的需求。诺基亚和爱立信一起购买的芯片占这家工厂总芯片的 40%，此外还有 30 多家小厂也从这家芯片厂订货。

就是这场持续了 10 分钟的火灾居然影响到了远在万里之外的位于欧洲的世界上两个最大的移动电话生产商。

3. 反应

在火灾发生后的几天内，诺基亚的官员在芬兰就发现订货数量上不去，似乎感到事情有一点不对。3 月 20 日诺基亚公司接到来自飞利浦方面的通知，飞利浦方面尽量把事情淡化，只是简单地说火灾引起某些晶元出了问题，只要一个星期就能恢复生产。这个信息传到高亨（负责诺基亚零部件供应的管理者）那里，高亨决定派两位诺基亚工程师到飞利浦的工厂去看看。但是飞利浦公司怕造成误会，婉言拒绝了诺基亚的要求。高亨随即就把飞利浦公司供应的这几种芯片列在了特别需要监控的名单上，这种情况在诺基亚公司每年会出现十几次，当时也没有人太在意。在随后的一个星期里，诺基亚开始每天询问飞利浦公司工厂恢复的情况，而得到的答复都含糊其辞。此情况迅速反映到了诺基亚公司高层，诺基亚手机分部总裁马蒂·奥拉库塔在赫尔辛基会见飞利浦方面有关管理者的时候，把原来的议题抛在一边，专门谈火灾问题。他还特别强调一句话："现在是我们需要下很大的决心来处理这个问题的时候了。"一位曾经在场的飞利浦公司管理者回忆说，可以很明显地看出来，诺基亚方面非常生气，这种感觉就好像是在"生死之间做选择一样"。

3月31日，也就是火灾两个星期以后，飞利浦公司正式通知诺基亚公司，可能需要更多的时间才能恢复生产。高亨听到这个消息后，就不停地用计算器算来算去：他发现这可能影响到诺基亚400万部手机的生产，这个数字足以影响整个诺基亚公司5%的销售额，而且当时手机市场的需求非常旺盛。高亨发现由飞利浦公司生产的5种芯片当中，有一种在世界各地都能找到供应商，但是其他4种芯片只有飞利浦公司和飞利浦的一家承包商生产。在得到这个坏消息几小时之后，高亨召集了中国、芬兰和美国诺基亚分公司负责采购的服务工程师、芯片设计师和高层经理共同商讨怎样处理这个棘手的问题。高亨专门飞到飞利浦公司总部，十分激动地对飞利浦公司的CEO科尔·本斯特说："诺基亚非常非常需要那些芯片，诺基亚公司不能接受目前的这种状况，即使是掘地三尺也要找出一个方案来。"经过高亨的不懈努力，他们找到了日本和美国的供应商，承担生产几百万个芯片的任务，从接单到生产只有5天准备时间。诺基亚还要求飞利浦公司把工厂的生产计划全部拿出来，尽一切努力寻找可以挖掘的潜力，并要求飞利浦公司改变生产计划。飞利浦公司迅速见缝插针，安排了1000万个Asic芯片，生产芯片的飞利浦工厂一家在荷兰，另一家在上海。为了应急，诺基亚还迅速改变了芯片的设计，以便寻找其他的芯片制造厂生产。诺基亚公司还专门设计了一个快速生产方案，准备一旦飞利浦新墨西哥州的工厂恢复正常以后，就可快速地生产芯片，把火灾造成的200万个芯片的损失补回来。

与诺基亚形成鲜明对照的是，爱立信反应要迟缓得多，表现出对问题的发生准备不足。爱立信公司几乎是和诺基亚公司同时收到火灾消息，但是爱立信公司投资关系部门的经理说，当时对爱立信来说，火灾就是火灾，没有人想到它会带来这么大的危害。当火灾发生的时候，很多高级经理们刚刚坐上新的位置，还不熟悉火灾会造成多大的影响，也没有什么应急措施。

2000年7月，爱立信第一次公布火灾带来的损失时，股价在几小时内便跌了14%。此后，股价继续下跌不止。这时，爱立信公司才开始全面调整了零部件的采购方式，包括确保关键零部件由多家供应商提供。

爱立信公司突然发现，生产跟不上了，几个非常重要的零件一下子断了来源。火灾后遗症在2001年1月26日达到了高潮，飞利浦公司的官员说：实在没有办法生产爱立信所急需的芯片，"已经尽了最大努力"。而在20世纪90年代中期，爱立信公司为了节省成本简化了供应链，基本上排除了后备供应商。当时，爱立信只有飞利浦一家供应商提供这种无线电频率晶片，没有其他公司生产可替代的芯片。在市场需求最旺盛的时候，爱立信公司由于短缺数百万个芯片，一种非常重要的新型手机无法推出，眼睁睁地失去了市场。面对如此局面，爱立信公司只得宣布退出移动电话生产市场。

诺基亚的努力没有白费，手机生产赶上了市场需求的高潮，生产按期完成。利用火灾给爱立信公司带来的困难，诺基亚公司奠定了在欧洲市场的主导地位，扩大了在全球手机市场的市场份额。当时，诺基亚的市场份额已经达到 30%，而一年以前还只是 27%，爱立信的市场份额为 9%，一年以前则是 17%。从一定意义上讲，正是这场危机使诺基亚从爱立信的手中抢夺了 3%的市场份额。

2001 年 4 月 1 日，爱立信公司宣布将停止生产手机，并将手机业务外包给了一家新加坡的制造公司 Flextronics（伟创力）的旗下。消息传出，全世界为之震惊。一家生产了 100 多年电话机的企业，终于不再制造任何手机了。

据分析，爱立信公司之所以选择退出，原因很多，诸如火灾引起的损失、市场营销不力和产品设计等多方面的问题。其中飞利浦芯片厂遭受火灾之后，企业没有迅速做出反应，引发手机生产上的深层危机，是导致其和诺基亚公司拉开距离的主要原因。据统计，爱立信公司在 2000 年未能生产出 700 万部手机，爱立信手机在全球的市场占有率从 15% 降到年末的 10%左右，致使其手机部门的经营亏损达到 17 亿美元。

4. 评价

诺基亚公司和爱立信公司都是这家飞利浦公司晶片生产厂的客户，面对移动电话销售火爆的情况，核心元件的缺位无疑是致命的。面对这场危机，诺基亚和爱立信两家公司的反应形成了鲜明的对照，其结果也有天壤之别。火灾成全了诺基亚，害苦了爱立信。这场持续了 10 分钟的火灾居然改变了这两家知名的移动电话生产公司的实力。

（资料来源：http：//www.doc88.com/p—1488573505966.html.）

问题：

1. 通过诺基亚与爱立信的案例说明原材料采购对企业的重要意义有哪些？

2. 结合诺基亚与爱立信在事故后的反应，谈谈当原材料供应出现问题时，应当如何进行采购计划的应急调整。

第五章　供应商选择与管理

章节知识框架

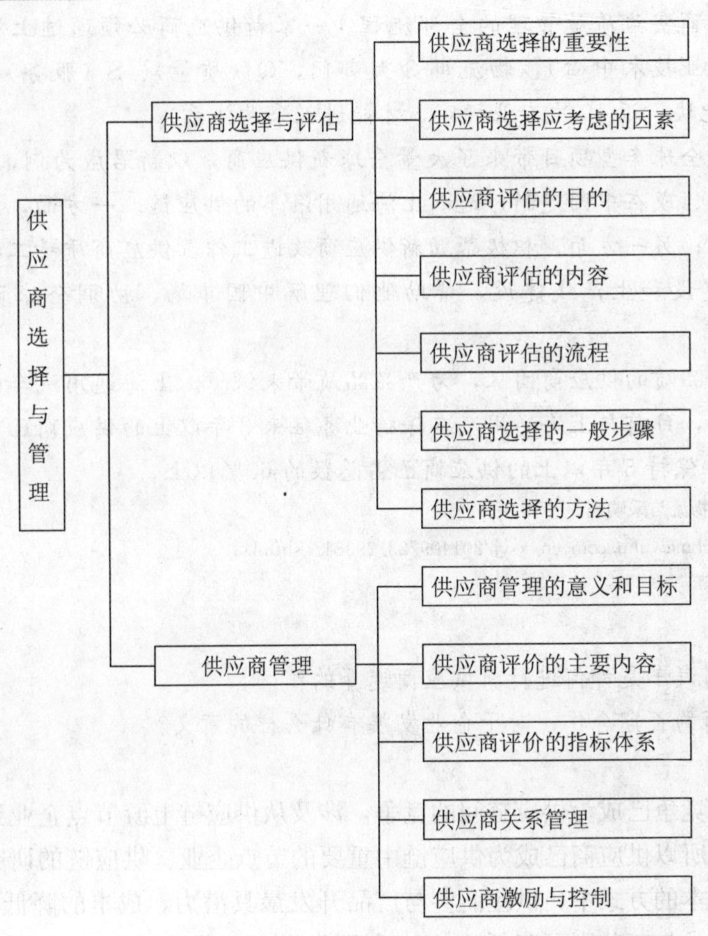

学习要求和目标

(1) 理解供应商选择在企业中的重要性；
(2) 掌握供应商选择时考虑的因素和评估的内容；
(3) 理解供应商评估的流程和供应商选择的步骤；
(4) 掌握供应商选择的方法；
(5) 理解供应商管理的意义和目标；

(6) 掌握供应商评价的主要内容和评价指标体系;

(7) 理解并掌握供应商关系类别和供应商激励的模式。

上海通用汽车"16步"原则严选供应商

上海通用汽车对供应商的选择、能力开发和质量管理有一整套严密的体系，严格遵循通用全球供应商开发的"16步"原则，覆盖从新品立项时的潜在供应商评审，到整个生产周期中对供应商实施质量管理的全部流程。一家新供应商必须通过上海通用汽车采购部、工程部（泛亚技术中心）、物流部3大部门，Q（质量）、S（服务）、T（技术）、P（价格）4大功能块，近10次专业评审，才能进入采购体系。

越来越多的全球车型项目带来了大量全球新供应商，以新君威为例，有92家供应商或通过全球供货、或在中国建新厂进入上海通用汽车的供应链。一方面，上海通用汽车严把供应商质量关；另一方面，积极帮助新供应商改进工作，供应商质量工程师主动跟踪新供应商的基础建设和生产线建设，帮助他们理解中国市场、协调全球资源、培训管理团队。

稳定的、高品质的供应商团队，为产品品质带来保障。上海通用汽车的长期合作供应商数量迅速增长，目前与上海通用汽车保持业务往来3年以上的供应商已占国内供应商总数的80%以上，保持5年以上的供应商已占总数的60%以上。

资料来源：中国物流与采购网。

（http://www.chinawuliu.com.cn/xsyj/201409/23/293847.shtml.）

问题：

1. 上海通用汽车是如何进行新供应商选择的?
2. 与供应商的长期合作，对于企业发展有什么样的意义?

当今企业的竞争已成为供应链间的竞争，涉及从供应链上游节点企业到企业内部直至下游客户企业，所以供应商已成为供应链中重要的节点企业。供应链的研究结果表明，在所有降低采购成本的方式中，供应商参与产品开发最具潜力，成本的降低幅度可达42%，利用供应商的技术与工艺则可降低40%，利用供应商开展及时生产可降低成本20%，供应商改进质量可降低14%的成本，而通过采购过程以及价格谈判最多只能降低11%的成本。因此，降低成本就是在产品的开发过程中充分有效地利用与管理供应商。本章主要从供应商的选择、评估、考核及关系管理方面来阐述在采购管理中如何进行供应商的选择与管理的问题。

第一节　供应商选择与评估

随着社会分工的不断细化，当今各个行业的各种产品，如食品、机械、汽车、软件等，都要通过供应商采购来实现生产和销售。供应商对企业的物资供应起着非常重要的作用，企业要维持正常生产，就必须有一批可靠的供应商为企业提供各种各样的物资供应。而随着生产和销售的不断扩大，采购产品金额占产品销售总成本的比例也越来越大，使各个企业对其供应商的管理越来越全面，供应商选择的重要性也逐渐体现出来。

一、供应商选择的重要性

1. 供应商的评价选择是供应链合作关系运行的基础

供应商的业绩对制造企业的影响越来越大，在交货、产品质量、提前期、库存水平、产品设计等方面都影响着制造商的效益。传统的供应关系已不再适应全球竞争加剧、产品需求日新月异的环境，企业为了实现低成本、高质量、柔性生产、快速反应，就必须重视供应商的评价选择。供应商的评价、选择对于企业来说是多目标的，包含许多可见和不可见的多层次因素。

2. 选择好的供应商是供应链管理的关键环节

对于生产企业而言，供应商的数量较多，层次参差不齐，如果供应商选择失误，会对其生产带来不利影响，造成生产计划中断、存货成本增加、零件或原料延迟运送、出现缺货或残次物品、引发成品的交货延迟等不良后果。如果企业建立完整的供应商选择与评价体系，就可以掌握供应商的生产情况和产品价格信息，获取合理的采购价格、最优的服务，确保采购物资的质量和按时交货，可以对供应商进行综合、动态的评估，甚至把供应商结合到生产流程中，与供应商建立长期的合作伙伴关系，以达到效益最优化。

3. 好的供应商将成为企业的战略合作伙伴

选择好的供应商不仅是为了保障日常物资的供应，更多的是从战略角度考虑企业和供应商的关系。供应链管理思想的发展和越来越多的物流业务外包，使采购的地位日益突出，促使企业将供应商管理水平作为企业的竞争优势，因此，在选择供应商时应考虑的因素也随之增加。

在传统关系模式中，供应商和生产企业是一种简单的买卖关系，其模式是价格驱动。采购策略是：买方同时向若干供应商购货，通过供应商之间的竞争获得利益，同时也保证了供应商的连续性；买方通过在供应商之间分配采购数量对供应商加以控制；买方和供应商保持的是一种短期合同关系。现在很多企业都采纳了将供应商作为合作伙伴的观点，就是与少数可靠供应商保持稳定关系，建立起一种战略伙伴关系，即双赢关系模式。这种模式强调合作中的供应商和生产商之间共享信息，通过合作协调相互的行为。生产商对供应商给予协助，帮助供应商降低成本，改进质量，加快产品开发进程。通过建立相互信任的关系提高效率，降低交易和管理成本，以长期的信任代替短期的合同，双方有比较多的信息交流。可见，保持好的供应商关系已经成为维持竞争优势的重要因素。

二、供应商选择应考虑的因素

企业选择供应商，首先是对市场上供应商提供的产品进行选择。由于满足一定产品功能要求的材料并不是唯一的，它有多种替代方案，因此，在众多方案的比较中，根据功能成本分析，一定可以取得一种既可以满足功能要求，又能达到费用最小的方案。当然，为确保选择真正适合自己需要的供应商，建立相对稳定的供求关系，选择供应商还要考虑其他方面的因素，如产品质量、供货能力、价格、交货时间、信誉、供应商实力、售后服务等，只有综合考虑，才能确保企业利益的最大化。

1. 产品质量

供应商提供的原材料质量及其相应的技术水平，是采购企业进行采购时首要考虑的因素。质量太低，不能满足企业的要求；质量太高，远远超过了生产要求的质量，对于企业也是一种浪费，因而必须选择能提供与本企业要求相符合的、质量稳定的产品。作为原材料供应商，必须具有良好和稳定的货物生产过程和标准，并配置质量控制体系以保证其连续性，比如供应商是否通过了 ISO 9000 认证，能否提供相应的质量文件，如过程质量检验报告、出货质量检验报告、产品成分性能测试报告等。

2. 供货能力

供应能力，即潜在供应商的设备和生产能力、技术力量、内部管理与组织能力以及运行控制等。这些因素是在考虑供应商提供所需物资的质量与数目的能力，以及供应商能否持续、稳定地提供相关服务的能力。

3. 交付时间

产品准时制管理（Just in Time，JIT）是供应商交付时间的有效表现，主要考查供应商是否按时交货及交货数量的稳定性。

4. 响应能力

在市场经济条件下，市场竞争越来越激烈，客户对企业的要求越来越高，交货周期越来越短，企业要求供应商能有较高的响应能力，能及时满足企业的需要。

5. 价格标准

主要考查以下几方面：①价格的表现力度（稳定）；②产品价格标准差异比；③价格的开放度，如透明度、半透明、没有开放的透明机制。

6. 成本构成

对供应商的产品进行原材料、生产成本、运输等方面的成本分析，其成本构成情况最终会影响需求方的采购价格。

7. 技术力量

供应商的技术力量也是要考虑的因素。如果原材料供应商能够将产品技术更新、新技术开发应用好的话，采购方也会因此受益无穷。同时，对于那些愿意并且能够回应需求改变、接受设计改变的供应商，应予以重点考虑。

8. 信誉及历来表现

在选择供应商时，应该选择有较高声誉的、经营稳定、内部组织与管理良好、财务状况好的供应商，以免给企业造成不应有的损失。

9. 结算条件

在选择供应商时，若其可给予价格折扣或延期付款等条件，便可以适当考虑，以充分利用资金的时间价值。

10. 售后服务

售后服务是采购工作的延续环节，是保证采购连续性的重要方面。一般的售后服务包括提供零部件、技术咨询、保养修理、技术讲座、培训等内容，如果售后服务只流于形式，那么被选择的供应商只能是短时间的配合与协作，不能发展成为战略合作伙伴关系。

在选择供应商时，供应商的地理位置、财务状况、交货准确率、配合度、提供商品的规格种类是否齐全、同行对供应商的评价等也是需要考虑的因素。

三、供应商评估的目的

对供应商进行评估有利于企业更好地选择供应商，其评估的目的主要有：

（1）对供应商进行评估考核和选择，以期找到最佳供应商。有效地对公司所需购置产品中的材料、过程、成本、服务进行持续的质量改进，建立和维护良性的原材料采购机制，并依据其评估考核，寻求最佳供应商并进行部分供应商的持续改进。

（2）保证供应商具有提供满足采购公司规定要求的产品的能力，促使公司产品的品质得到稳定发展与提高。

（3）建立配套的信息共享系统，对供应商在产品质量、交付时间、成本等方面的合理供应进行有效的管理，杜绝部分供应商以次充好交货的情况发生。

（4）降低采购成本，提高产品竞争力。

四、供应商评估的内容

依据对供应商的选择标准，企业应该对供应商的评估建立一个综合的评价体系，以帮助采购部门对供应商能力的评估（包括现场考查供应商履约能力、财务状况、供应商成本质量系统，以及供应商管理和人力资源状况）进行分析。供应商综合能力评估体系主要包括的内容如表 5-1 所示。

表 5-1　　供应商综合能力评估体系

综合能力	具体能力指标
供应商的履约能力	订单的频率和数量、处理订单的时间、交付质量、产品、服务专业技术、订单储备、供应商的“外包”计划、生产能力、灵活性、信息处理能力、生产设备、供应基地

续 表

综合能力	具体能力指标
供应商的财务状况	损益表、资产负债表、流动率、周转率、历史及现在的负债与产权比率、资产与销售额比率
供应商成本	根据生产任务分离成本的能力、一致处理成本、遵守成本核算标准、供应商采取什么样的步骤来降低成本
供应商质量管理	内部作业、持续流程改进、履约能力考核和跟踪、解决问题的能力、员工参与、程序改进、接受、拒绝历史记录、检验能力、流程控制、质量系统的组织和管理
供应商的组织和管理	销售人员的培训水平如何、提供的销售人员和对顾客进行技术支持的员工数量是多少、员工对你们之间的交易态度是什么样的、企业的历史情况和经营稳定性如何、关键职员的背景如何、高层管理者的职权范围如何
供应商企业的员工地位	一线生产者和管理员工的人数及比例、人力资源的利用情况、管理层人员的经验、是否拥有完整的管理和行政人员的培训方案、团队精神和权力下放的激励程度、企业员工的流动数量、员工对企业的态度、对满足客户需求的关心程度
其他因素	第三方评估、物流问题、环境方面的能力

1. 供应商的履约能力

供应商的履约能力主要表现在以下几方面：

（1）订单的频率和数量。向供应商订货的订单频率越高和数量越多，越能考查供应商的供货能力。在一定条件下，假定供应商能够及时供货，两者指标值越高，则供应商的履约能力越强。

（2）处理订单的时间。订单处理时间主要涉及对消费者的响应能力，所以供应商订单处理时间越短，则供应商的履约能力越强。

（3）交付。交付的及时性和便利性能为企业节约成本。

（4）质量。产品的可靠性越高，则供应商的履约能力越强。

（5）产品、服务专业技术。专业化在一定程度上反映了供应商的生产和经营能力，所以专业化程度越高则履约能力越强。

（6）订单储备。库存越高则履约能力越强。

（7）供应商的“外包”计划。主要考查供应商的外协能力，当供应商在短时间内无法满足订单的需求时，可以通过外包来解决生产环节生产能力的暂时不足，所以外协能够提高供应商的履约能力，但是外协有时也会影响产品质量等。

（8）生产能力。生产能力是指在指定时间内完成一个单位生产量的有限能力，通常以每单位时间输出的单位产量来表达。能力是一个模糊的概念，因为它必须和生产部门如何使用这个概念相联系。例如，有些厂的生产能力是以每周 5 天、每天一个班次来体现的，或以每个月最高 2000 单位产量来体现。生产能力通常可以通过加班和增添新设备来提高，在采购管理中供应商应该注意考虑以下几个方面内容：①一个正常工作周期的最高生产能力；②现有生产能力超载或欠载的程度，源源不断的订单会导致对供应商生产能力能否进一步满足订货要求提出疑问；也会对生产能力是否被合理利用产生疑问；③如何增加现有生产能力以满足不断增长的需求；④用在主要客户的有效生产能力的百分比；⑤如果买方与潜在供应商达成了供货协议，那么这项货物在供应商生产能力中所占的百分比是多少，这个数值也可以用年产量来计。需注意的是，应该避免供应商过分依赖一个或两个客户；⑥供应商使用什么系统来安排生产计划。

(9) 灵活性。灵活性主要考查供应商产品生产供应的柔性，供应商生产经营柔性越高，则履约能力越强。

(10) 信息处理能力。信息处理能力主要反映供应商与采购企业信息的收集、处理以及共享能力。信息处理能力高，则供应商能够时时掌握市场信息，能够及时地调整生产计划，更好地为采购企业服务。

(11) 生产设备。生产设备的评估取决于评估的目的。例如，要评估生产机械，取决于生产什么产品。总之，应该注意以下几个方面：①供应商是否拥有制造所需产品的全套机械设备；②若有设备上的短缺，将如何克服；③设备是否先进，是否妥善保养维护；④工厂设备的布置是否合理；⑤是否有明确迹象显示有较高的厂房管理水平；⑥供应商是否应用了诸如计算机辅助设计（CAD）、计算机辅助制造（CAM）或柔性制造系统（FMS）等软件；⑦是否有健康和安全措施的规定。

2. 供应商的财务状况

财务指标是评估供应商的重要指标。尤其在采购管理中，如何控制采购成本，需要根据财务指标来确定。通过选取相关的财务指标可以有效地降低选取财务状况不稳定的供应商的风险，也可以反映供应商自身的成长性。主要通过损益表、资产负债表、流动性、周转率、历史及现在的负债与产权比率、资产与销售额比率等指标来评价财务状况。

通常，公司内部的财务人员可以通过研究供应商过去三年或四年内的年度财务报告和分类账目来对其财务状况进行评估。具体包括：①企业过去三年或三年以上的年营业额；②超过三年的利润率以及毛利和净利之间的关系；③固定资产值以及固定资产回报和固定资产利用回报率；④借贷尺度以及资产负债率；⑤企业有无财务资助者或类似的保证方；⑥是否有影响供应能力的收购或合并的可能性；⑦该企业所拥有的大客户数量是否少，如果一个客户不再下订单，那么企业是否就可能陷入财务困境；⑧供应商的信用报告也可以从银行提供的信用参考或者委托第三方机构获取相关财务状况评估。

3. 供应商成本

(1) 根据生产任务分离成本的能力。

(2) 一致处理成本。

(3) 遵守成本核算标准。

(4) 供应商采取什么样的步骤来降低成本。

4. 供应商质量管理

（1）内部作业。是否有质量管理方面的领导；质量承诺的范围有多大；在所有流程中是否有可识别的质量控制点；是否所有的员工都能够将他们的工作与顾客的需求联系起来。

（2）持续流程改进。质量改进过程中是否产生了特别结果；方法和流程中是否能记录改进结果；是否记录有未来的质量改进要求以及是否有适当的方法保证改进的实现。

（3）履约能力考核和跟踪。是否能收集到数据以支持以下考核标准，包括及时交货、装运差异、发票精确性、条款履行率；是否对所有的合作伙伴协议使用统一的履约能力指标。

（4）解决问题的能力。是否对问题有预防性的行动而不是临时解决问题；解决问题是否及时彻底；是不是各个级别的员工都参与到问题的识别和解决中来。

（5）员工参与。是否所有的员工都能够积极参与到质量控制过程中来；是否授权员工采取质量控制行动。

（6）程序改进。所有的流程是否都有一个程序；所有的程序是否具有一致性。

（7）接受、拒绝历史记录。

（8）检验能力。

（9）流程控制。

（10）质量系统的组织和管理。

5. 供应商的组织和管理

（1）销售人员的培训水平如何。

（2）提供的销售人员和对顾客进行技术支持的员工数量是多少。

（3）员工对你们之间的交易的态度是什么样的。

（4）企业的历史情况和经营稳定性如何。

（5）关键职员的背景如何。

（6）高层管理者的职权范围如何。

6. 供应商企业的员工地位

一个企业人力资源的状态，对企业的当前状态以及未来状态有很大的影响，所以，应该从供应商那里获得以下的信息：①一线生产者和管理员工的人数及比例；②人力资源的利用情况：每个员工都有效利用，还是有多余人员无所事事；③管理层人员的姓名、职称、学历、资格和经验；④是否拥有完整的对管理和行政人员的培训方案；⑤团队精神和权力下放的激励程度；⑥企业员工的流动数量；⑦员工对企业的态度，对满足客户需求的关心程度；⑧企业文化的主旨是什么，员工们是否知道。

7. 其他因素

（1）第三方评估。供应商的整体运作情况是否通过专业的第三方评估机构进行过评估，其评估结果或建议如何。

（2）物流问题。分析供应商在物流方面的运作情况如何。

（3）环境方面的能力。对经济环境和市场的变化，供应商的反应和适应能力如何。

五、供应商评估的流程

供应商评估考核流程主要从市场竞争性分析入手，如图 5－1 所示。

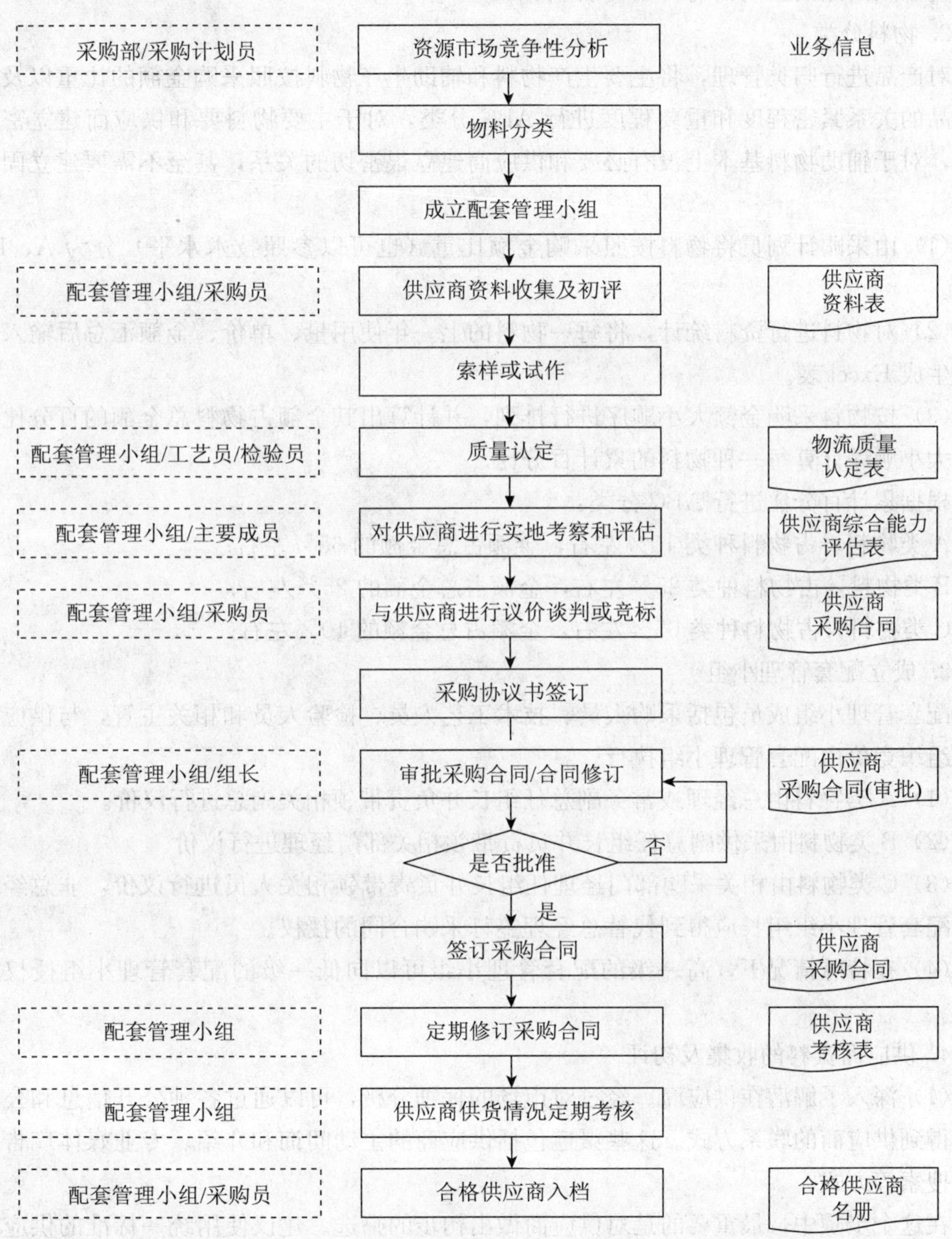

图 5－1　供应商评估考核流程

1. 资源市场竞争性分析

在对供应商评估考核的流程中，首要的是对资源市场进行竞争性分析，通过相关资料查出近几年（一般是10年）该资源的市场需求数据，运用统计方法分析得出近几年的同比或环比系数以便对资源市场有较为充分的了解，明确目前市场的供求关系以及未来的发展趋势，对于该资源的市场竞争能力以及现有供应商要有充分的了解，对潜在供应商的市场位置以及产品的市场占有率要有所认识。

2. 物料分类

对产品进行归类管理，将主要生产物料和辅助生产物料按照采购金额的比重以及与自身产品的关系紧密程度和重要程度进行ABC分类，对于主要物料要和供应商建立密切的关系，对于辅助物料基本上没有必要和供应商建立很密切的关系，甚至不需要建立固定的关系。

（1）由采购计划员将物料按照采购金额比重（也可以参照技术水平）分为A、B、C三类。

（2）对物料进行资料统计，将每一物料的上一年使用量、单价、金额汇总后输入计算机，生成Excel表。

（3）按物料采购金额大小顺序进行排列，并计算出其金额占物料总金额的百分比。按金额大小顺序计算每一种物料的累计百分比。

根据累计百分比进行ABC分类：

A类物料，占物料种类10%左右，金额占总金额的65%左右；

B类物料，占物料种类25%左右，金额占总金额的25%左右；

C类物料，占物料种类65%左右，金额占总金额的10%左右。

3. 成立配套管理小组

配套管理小组成员包括采购人员、技术工艺人员、检验人员和相关主管，与供应商议价或组织竞价由配套管理小组执行。

（1）A类物料由总经理或常务副总任组长并负责带领相关副总进行议价。

（2）B类物料由采供副总任组长并负责带领相关部门经理进行议价。

（3）C类物料由相关采购部门经理任组长并负责带领相关人员进行议价，非总经理兼任的配套管理小组组长应得到代替总经理签订采购合同的授权。

（4）在特殊情况下，高一级的配套管理小组可以向低一级的配套管理小组授权进行谈判。

4. 供应商资料的收集及初评

（1）深入了解潜在供应商。经过对市场的仔细分析，可以通过各种公开信息和公开的渠道得到供应商的联系方式。这些渠道包括供应商的主动问询和介绍、专业媒体广告、互联网搜索等方式。

在这个步骤中，最重要的是对供应商做出初步的筛选。建议使用统一标准的供应商情况登记表，来管理供应商提供的信息。这些信息应包括供应商的注册地、注册资金、主要股东结构、生产场地、设备、人员、主要产品、主要客户、生产能力等。通过分析这些信息，可以评估其工艺能力、供应的稳定性、资源的可靠性以及综合竞争能力。在这些供应商中，剔除明显不适合进一步合作的供应商后，可以得出一个供应商的考察名录。

（2）安排对供应商的实地考察。这一步骤至关重要，必要时在审核团队方面，可以邀请质量部门和工艺工程师一起参与，他们不仅会带来专业的知识与经验，共同审核的经历也将有助于公司内部的沟通和协调。

在实地考察中，应该使用统一的评分卡进行评估，并着重对其管理体系进行审核，如作业指导书、质量记录等文件，要求面面俱到，不能遗漏。比较重要的有以下项目：①合同的完备性和合理性，要求销售部门对每个合同进行评估，并确认是否可按时完成；②建立客户明细单，要求建立合格供应商名录，并要有有效的控制程序；③人力资源培训机制，对关键岗位人员有完善的培训考核制度，并有详细的记录；④设备的维护和保养，对设备的维护调整，有完善的控制制度，并有完整记录；⑤计量工具管理，仪器的计量要有完整的传递体系，这也是非常重要的。

在考察中要及时与团队成员沟通，在结束会议中，总结供应商的优点和不足之处，并听取供应商的解释。如果供应商有改进意向，可要求供应商提供改进措施报告，做进一步评估。

（3）在供应商审核完成后，对合格供应商发出询价文件，一般包括图纸和规格、样品、数量、大致采购周期、要求交付日期等细节，并要求供应商在指定的日期内完成报价。在收到报价后，要对其条款仔细分析，对其中的疑问要彻底弄清，而且要求用书面方式作为记录，包括传真、电子邮件等。主要包括两个方面：①收集和建立具有合作潜力的厂商的相关资料，包含原有供应商。资料内容包含公司简介/组织架构、主要产品生产流程图、各类产品标准认证书复印件、产品质检报告、营业执照、税务登记证复印件、供应厂商调查表，并将供应商依据不同产品生产特性进行五金、织造、塑胶、印刷等分类。②采购部依据供应商资料表内容对新供应商的加工或接单能力进行评估，并参考其厂商以往的业绩及业界口碑，作为评定是否可列为开发或交易对象的依据，不合格者予以淘汰。

5. 索样或试作

经由采购部发出的产品与供应商进行样品试制，并初步确定合格后（样品指标测试和厂商报价分析与此同时进行），由采购主管确定其接单能力，并由采购人员依据各项目的需求数据进行订单数量调整，然后开具“采购通知单”给予供应商，并及时通知 IQC（来料质量控制）部门和仓库人员。

6. 质量认定

（1）由采购部通知供应商提交一定数量的产品后，由 IQC 部门根据其产品使用特性进行相应的使用性能、物理指标的测试，并对其产品测试结果进行记录；依据相关测试结果进行供应商批量样品入库的检验。

（2）品质不合格的样品由 IQC 部门出具相应的测试结果和标准要求，并通知采购部门，同时提交结果至采购部和供应商，由采购部要求重新制样并提交样品重新确认其品质，若仍不合格者，将予以淘汰。

（3）样品批量入库后，由 IQC 部门依据产品标准要求进行样品的检测、验收工作，并对其检验结果进行登记。对不合格品发出拒收通告，并将各项检验报告提交 IQC 主管和采购部门。

7. 供应商实地考查和评估

(1) 样品确认后，由采购人员至供应商生产工厂进行现场调查，对其品质保证能力、实际生产规模、现场5S管理、产品生产程序、部分工序外包情况进行了解。对其生产能力及现场管理进行全面调查，以确定其接单能力和成本能得到有效控制，并依据事实记录在供应商调查表中。

(2) 对部分扶持型供应商在生产规模、现场5S管理、人员配备方面的不足给予明确指出，并提出相关建议。同时要求供应商限时进行整改，以达到公司所期望的合格供应商的目标。

(3) 现场调查结果将作为供应商前期样品开发的主要安排依据，对没有能力进行产品试样以及只能进行小量订单生产的供应商给予通告，并对其供应资格进行下调。

8. 产品询价、议价或组织竞标

建立科学的供应商考核体系并与供应商进行价格谈判。对潜在供应商进行实地考察和深入了解之后，可以按照事前建立的供应商考评体系对其进行考核，对于不符合考核标准的供应商可以进行淘汰，对于符合考核标准、满足需求的供应商可以继续谈判，期待最终和供应商建立稳定的友好合作关系，以保证生产的正常运营。

确定满足考评的潜在供应商后，可以进行最后的环节，即报价和价格谈判，以最终确定合格供应商。供应商的报价中包含大量的信息，如果可能的话，要求供应商提供产品结构表以及价格构成表，要求其列出原材料成本、人工、管理费用以及其他费用等，并将利润率明示。比较不同供应商的报价，对其合理性有初步的了解。

在价格谈判之前，一定要有充分的准备，设定合理的目标价格。对小批量产品，其谈判的核心是交货期，要求其提供快速的反应能力；对流水线、连续生产的产品，核心是价格。但也要保证供应商有合理的利润空间。

同时，价格谈判是一个持续的过程，每个供应商都有其对应的学习曲线，在供货一段时间后，其成本会持续下降。与表现优秀的供应商达成策略联盟，促进供应商提出改进方案，以最大限度节约成本。

实际上，每个供应商都是所在领域的专家，多听取供应商的建议往往会有意外的收获。曾有供应商主动推荐替代的原材料，如用日本的钢材代替瑞士的钢材，其成本节约高达50%，而且性能完全满足要求，这是单纯依靠谈判所无法达到的降价幅度。通过策略联盟、参与设计，供应商可以帮助采购方有效降低成本。通过最终的价格谈判以及综合考虑后，便可以最终选择合格供应商进行后续合作。

9. 签订采购协议书

产品品质评估、接单能力评估、产品交货期评估合格及价格评估合理者，由采购部门与供应商拟订采购协议书，此供应商将作为公司合格供应商，提交主管部门审核后对各产品开发人员、生产项目人员、协作工厂进行公布。

10. 修订采购合同

依据供应商生产、技术改进情况和物料市场行情，配套管理小组应及时修订物料供货价格和技术标准。

11. 合格供应商入档

经过配套管理小组评估合格者，列入合格供应商名册。

在选择供应商时是一次性地对其进行考评，但在后续的合作过程中，可以分阶段进行考核，并且建立供应商激励体系，即对于可持续合作的供应商我们对其进行嘉奖且在一定程度上给予优惠政策，对于不可持续合作的供应商，可以对其进行鼓励以及提供帮助，最终和供应商建立友好合作、双赢互利的良好关系。

六、供应商选择的一般步骤

供应商选择就是从众多的供应商中，选择出几家可以长期打交道的供应商，并与之建立长期的合作伙伴关系。其评价选择可以归纳为以下几个步骤，如图 5-2 所示。在实际选择过程中，企业必须确定各个步骤的开始时间，每一个步骤对企业来说都是动态的，是一次改善企业业务的过程。

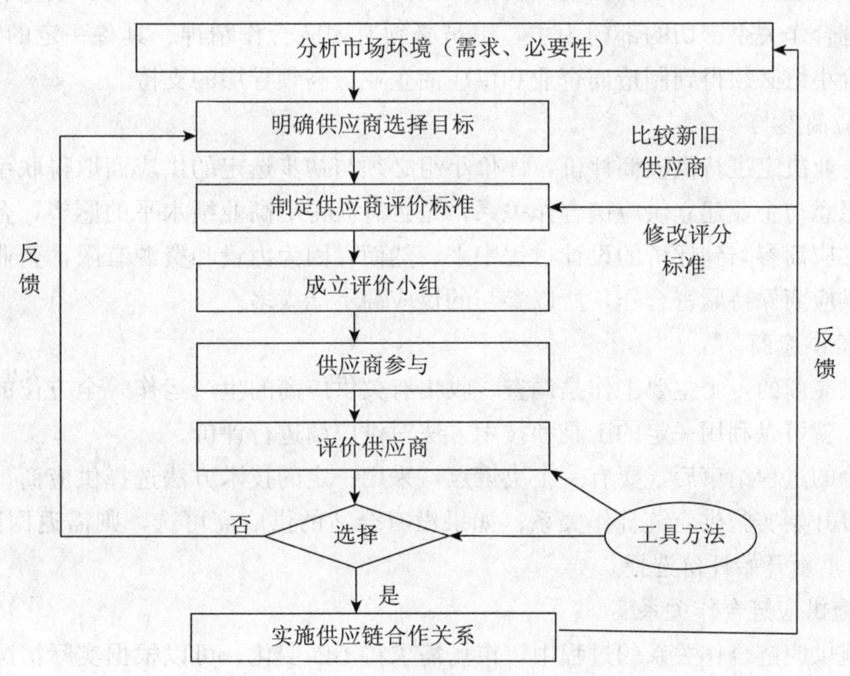

图 5-2 供应商选择的一般步骤

1. 分析市场竞争环境（需求、必要性）

市场需求是企业一切活动的驱动源，建立基于信任、合作、开放性交流的供应链长期合作关系，必须首先分析市场竞争环境，其目的在于找到针对哪些产品市场开发供应链合作关系才有效。还必须知道现在的产品需求是什么，产品的类型和特征是什么，以确认用户的需求，确认是否有建立供应链合作关系的必要。如果已建立供应链合作关系，则根据需求的变化确认供应链合作关系变化的必要性，从而确认供应商评价选择的必要性。同时，分析现有供应商的现状，分析、总结企业存在的问题。

2. 确定供应商选择的目标

企业必须确定供应商评价程序如何实施、信息流程如何运作、由谁负责，而且必须建立实质性、实际的目标，其中降低成本是主要目标之一。供应商评价、选择不仅是一个简单的供应商确定过程，也是企业自身和企业与企业之间的一次业务流程重构过程，实施得好，它本身就可以带来一系列的利益。

3. 制定供应商评价标准

供应商综合评价指标体系是企业对供应商进行综合评价的依据和标准，是反映企业本身和环境所构成的复杂系统不同属性的指标，是按隶属关系、层次结构有序组成的集合。不同行业、企业、产品需求、不同环境下的供应商评价是不一样的，但都涉及供应商的业绩、设备管理、人力资源开发、质量控制、成本控制、技术开发、用户满意度、交货协议等可能影响供应链合作关系的方面。

4. 成立评价小组

企业必须建立一个小组以控制和实施供应商评价。组员以来自采购、质量、生产、工程等供应链合作关系密切的部门为主，组员必须有团队合作精神、具备一定的专业技能。同时，评价小组必须得到制造商企业和供应商企业最高领导层的支持。

5. 供应商参与

一旦企业决定进行供应商评价，评价小组必须与初步选定的供应商取得联系，以确认他们是否愿意与企业建立供应链合作关系，是否有获得更高业绩水平的愿望，企业应尽可能早地让供应商参与到评价的设计过程中来。然而，因为力量和资源有限，企业只能与少数关键的供应商保持紧密合作，所以参与的供应商不能太多。

6. 评价供应商

评价供应商的一个主要工作是调查、收集有关供应商的生产运作等全方位的信息，在此基础上，就可以利用一定的工具和技术方法对供应商进行评价。

在评价的过程结束后，要有一个决策点，采用一定的技术方法选择供应商。如果选择成功，则可开始实施供应链合作关系；如果没有合适的供应商可选，则需返回图 5－2 中的步骤 2，重新开始评价选择。

7. 实施供应链合作关系

在实施供应链合作关系的过程中，市场需求将不断变化，可以根据实际情况的需要及时修改供应商评价标准，或重新开始供应商评价选择。在重新选择供应商的时候，应给予旧供应商足够的时间适应变化。

七、供应商选择的方法

选择符合要求的供应商，需要采用一些科学的方法，并要根据具体的情况采用合适的方法。常用的方法主要有定量分析法和定性分析法。其中，定性分析法包括直观判断法、招标选择法和协商选择法，而定量分析法主要有采购成本比较法、ABC 成本法和层次分析法。

1. 直观判断法

直观判断法是指通过调查、征询意见、综合分析和判断来选择供应商的一种方法，是一种主观性较强的判断方法，主要是倾听和采纳有经验的采购人员的意见，或者直接由采购人员凭经验做出判断。这种方法的质量取决于对供应商资料掌握的是否正确、齐全，以及决策者的分析判断能力与经验，运作方式简单、快速、方便，但是缺乏科学性，受掌握信息的详尽程度限制，常用于选择企业非主要原材料的供应商。

2. 线性加权法

线性加权法是一种最简单也是最基本的评价函数法。这个方法的指导思想是：根据各个目标在问题中的重要程度，分别赋予它们一个权重系数，然后把这些带系数的目标相加来构造评价函数。极小化由该评价函数所构成的数值函数，其最优解即作为原多目标极小化问题的解。这种选择方法可以获得最优选择的供应商，但一般情况下，相关的各要素之间的关系比较难确定，其目标函数也比较难建立。

3. 招标选择法

当采购物资数量大、供应市场竞争激烈时，可以采用招标选择法来选择供应商。招标选择法是采购企业采用招标的方式，吸引多个有实力的供应商来投标竞争，然后经过投票小组分析、评比，选择出最优供应商的方法。

招标方法竞争性强，企业能在更广泛的范围内选择适当的合作伙伴，以获得对供应条件有利的、便宜而适用的物资。但招标法手续较繁杂，时间长，不能适应紧急订购的需要；订购机动性差，有时订购者对投标者了解不够，双方未能充分协商，造成货不对路或不能按时到货，不适用于选择战略供应商。

4. 协商选择法

在供应商数量较多、企业难以抉择时，可以采用协商选择的方法，即由企业先选出供应条件较为有利的几个供应商，分别同他们进行协商，再确定合适的供应商。与招标选择法相比，协商方法能使供需双方充分协商，在物流质量、交货日期和售后服务等方面较有保障。但由于选择范围有限，不一定能得到价格最合理、供应条件最有利的供应来源。当采购时间紧迫、投标单位少、竞争程度低、订购物资规格和技术条件复杂时，协商选择法比招标选择法更为适用和有效。

5. 采购成本比较法

对质量和交货期都能满足要求的合作伙伴，则需要通过计算采购成本来进行比较分析。采购成本一般包括售价、采购费用、运输费用等各项支出。采购成本比较法是通过计算分析各个不同供应商的采购成本，选择采购成本较低的供应商，作为最优供应商的方法。这种方法单纯从采购成本的角度来进行选择，有很大的局限性，往往与企业的战略目标相违背。

6. 层次分析法

美国运筹学家萨第（A. L. Saaty）于 20 世纪 70 年代提出的层次分析法（Analytical Hierarchy Process，AHP），是一种定性与定量相结合的决策分析方法。它是一种将决策者对复杂系统的决策思维过程模型化、数量化的方法。应用这种方法，决策者通过将复杂问题分解为若干层次和若干因素，在各因素之间进行简单的比较和计算，就可以得出不同方案的权重，为最佳方案的选择提供依据。

层次分析法基本原理是，根据具有层次结构的目标、子目标、约束条件等来评价方案，采用两两比较的方法确定判断矩阵，然后把判断矩阵的最大特征值所对应的特征向量作为相应的系数，最后综合给出各个方案的权重（优先程度）和供应商各自的权重（优先程度），通过对优先程度的比较来实现对供应商的选择。

7. 综合评分法

综合评分法用于评价指标无法用统一的量纲进行定量分析，而用无量纲的分数进行综合评价的情况。

综合评分法是先分别按不同指标的评价标准对各评价指标进行评分，然后采用加权相加，求得总分。其顺序如下。

（1）确定评价项目，即哪些指标采取此方法进行评价。

（2）制定出评价等级和标准。先制定出各项评价指标统一的评价等级或分值范围，然后制定出每项评价指标每个等级的标准，以便打分时掌握。这项标准，一般是定性与定量相结合，也可能是定量为主，或是定性为主，根据具体情况而定。

（3）制定评分表。评分表内容包括所有的评价指标及其等级区分和打分，格式如表 5-2 所示。

表 5-2　　供应商综合能力评分

综合能力指标	评分标准	分数栏	得分
组织管理	供应商的管理团队优秀，管理水平高；企业组织结构比较合理，各岗位职责明确	10	
	供应商的管理团队一般，管理水平一般；企业组织结构不十分明确，各岗位职责不太清楚	6	
	供应商的管理团队一般，管理水平一般；企业组织结构不十分明确，各岗位职责不太清楚	2	
质量管理体系	有文件化的质量管理体系，结构比较完善，体系能够有效运行，质量手册和程序文件的规定能够认真执行	10	
	有文件化的质量管理体系，但不太完善，体系基本上能够运行，质量手册和程序文件的规定不太严格	6	
	无文件化的质量管理体系，只有一些习惯性做法或者口头程序在实施	2	
技术能力	有自行设计、开发主要产品的能力，有一套完善的产品设计开发控制制度	10	
	仅能开发较简单的产品，或者产品中的部分零件，设计控制制度不太规范和严肃	6	
	无产品设计和开发能力，仅能按照本公司提供的图样或样品进行制造	2	

续　表

综合能力指标	评分标准	分数栏	得分
生产现场管理	有一套正规的现场管理办法，如自检、互检、巡检制度，有下一道工序是客户的观念	10	
	现场管理有一些规定，但执行不严或实施不力，或产能偏差较大，或出现漏检等情况	6	
	无正规管理办法，凭组长、领班口头盲目指挥生产，质量难以得到控制	2	
生产工艺	主要工序均有简捷而实效的作业指导书，现场文件均受到控制	10	
	特殊工序才有指导书，且指导书不太科学实效，工人有时不按文件进行操作，有时文件不是最新有效版本	6	
	无工艺性的文件，全凭组长、领班口头指示操作，或凭工人自己的经验操作	2	
生产设备维护与保养	有一套完整的设备管理办法，从采购、操作、维护和保养均受到有效控制，不同设备进行不同级别的保养，设备经常处于完好状态	10	
	有一些维修办法，对重要设备才有保养计划，不能经常保证设备处于完好状态，不时有因设备损坏而停工的现象	6	
	无设备维修和保养制度，小问题不重视不预防，出了大问题才进行维修，经常影响生产	2	
检验过程控制	主要检验过程得到严格控制，如每批测试前检查仪器设备，检验员严格按文件操作，检验结果有专人校核等	10	
	关键检验过程受控，但有时未能严格按文件操作，检验结果由检验员一人填写	6	
	检验过程包括关键过程均受控不严	2	
产品交付	能按合同要求的期限、交付条件交货	10	
	基本上能按合同要求的期限和交付条件交货	6	
	经常拖延交货期，交付条件也常变化	2	
售后服务	对客户有良好的服务，主动调查客户的服务需求，并主动尽力实施；客户有抱怨能及时解决，并能将信息及时反馈给客户，客户投诉非常少	10	
	对客户服务较好，但不太主动，客户偶有投诉，会解决，但不太及时	6	
	对客户的投诉经常推卸责任，或拖很长时间才予以解决，且类似问题时有发生	2	

续 表

综合能力指标	评分标准	分数栏	得分
成本与价格	重视改善流程、提高效率、开源节流、降低成本，因此产品售价能稳中有降	10	
	对降低成本有认识，但措施不力或方法不到位，产品售价偶有小幅波动	6	
	没有什么具体降低成本的措施，最多压低原材料的价格，降低原材料质量，因此产品质量不稳定，价格也时常波动	2	
总　计			

(4) 根据指标和等级评出分数值。评价者收集和指标相关的资料，给评价对象打分，填入表格。打分的方法，一般是先对某项指标达到的成绩做出等级判断，然后进一步细化，在这个等级的分数范围内打上一个具体分。这往往要对不同评价对象进行横向比较。

(5) 数据处理和评价。具体做法：①确定各单项评价指标得分；②计算各组的综合评分和评价对象的总评分；③评价结果的运用。将各评价对象的综合评分，按原先确定的评价目的，予以运用。

根据上文所述供应商综合能力评估体系，可以依据综合评分法来对供应商的综合能力进行评估，举例如表 5－3 所示。

表 5－3　　供应商评估结果计算的例子

评估指标	权数	评估数值		
		甲	乙	丙
质量	0.5	0.5×80＝40	0.5×75＝37.5	0.5×87＝43.5
价格	0.4	0.4×87＝34.8	0.4×84＝33.6	0.4×84＝33.6
服务	0.1	0.1×76＝7.6	0.1×86＝8.6	0.1×76＝7.6
合计	1.0	82.4	79.7	84.7

得到各供应商的综合能力评估结果，即可比较、选择出最优供应商。

第二节　供应商管理

一、供应商管理的意义和目标

供应商管理是供应链管理中一个极其重要的问题，它的重要性早在 20 世纪 40 年代就被发达国家所认识，随着经济环境的变化，不断地出现新的内容，现在供应商管理也已经有了很多优秀的理论和实践成果。企业在供应链管理环境下，与供应商的关系是一种战略性合作关系，提倡一种双赢（Win-Win）机制。在采购过程中，企业要想有效地实施采购策略，充分发挥供应商的作用就显得非常重要。采购策略的一个重要方面就是要搞好供应商的关系管理，逐步建立起与供应商的合作伙伴关系。

所谓供应商管理，就是对供应商的了解、选择、开发、使用和控制等综合性管理工作的总称。其中，考察了解是基础，选择、开发、控制是手段，使用是目的。供应商管理的目的，就是要建立起一支稳定可靠的供应商队伍，为企业生产提供可靠的物资供应。

供应商管理的具体目标，可以设定为以下 5 点：

（1）获得符合企业质量和数量要求的产品或服务，尽可能提升企业的核心竞争力。每一个采购方企业都会有一整套的战略规划和方针，在选择供应商时，必须充分考虑该供应商与本企业的发展方向是否一致，它所提供的产品和服务能否满足本企业的质量及数量的要求。

（2）以合适的成本获得产品或服务。企业总是以追求最大利润为根本目标，因此，在供需关系发生后，采购方也会采取多种措施来控制自己取得最优产品和服务的成本，能够提供最大供应价值的供应商是所有采购方都希望与之合作的。

（3）确保供应商提供最优的产品、服务和最及时的供货。企业在选择供应商并确立双方的供需关系后，供应产品和服务的质量、供货的及时性，对采购方的生产和运作带来最重要的影响，也要将其作为评价供应商的最重要方面。

（4）根据所采购产品的特点，和不同的供应商发展并维持良好的供应商关系。越来越多的企业意识到，同供应商发展战略伙伴关系更有利于自身的发展，这是经过市场检验的基本规律，采购方谋求的应该是同供应商的长期伙伴关系。

（5）开发潜在的供应商。采购方与供应商之间并非从一而终的既定关系，双方都会不断地衡量自身利益是否在和对方的合作中得以实现，不符合自身利益的合作伙伴最终会被摒弃，并寻找新的合作供应商。

二、供应商评价的主要内容

供应商评价的基础是确定评价的内容和方法，基于供应商在企业供应链中的地位和作用，可以从以下方面对此问题加以考虑。

1. 供应商对行为准则的遵守情况

供应商行为准则是企业对供应商最基本的行为约束，也是两者保持合作关系的基本保障，这是进行供应商评价的首要内容。

2. 供应商基本的职业道德

主要表现在以下六个方面：

（1）是否遵守企业制定的保密协议；

（2）是否通过不正当手段获得采购人员的信任；

（3）是否通过不正当手段邀请采购人员娱乐；

(4) 是否串联相关其他企业哄抬物料价格；

(5) 提供物料是否以次充好，能否达到合同约定的品质；

(6) 是否让采购人员持有供应企业股份，以达到对其进行贿赂的目的。

3. 供应商的售后服务意识

采购物料在装配、使用和运输过程中，可能因为质量问题或使用方式不当等原因而导致损坏。在发生这种情况时，供应商应及时修理，提供相关的售后服务支持，而不应借故拖延，或者让采购企业蒙受损失。

4. 供应商的质量改进和开拓创新意识

随着市场竞争的加剧，企业的技术创新、产品创新层出不穷，尤其是在高新技术企业中，产品更新换代的速度已以日计。企业的创新意识，离不开供应商的支持、原材料品质和技术的进度，有时供应商的创新甚至是推动企业创新的原动力之一，它为企业提供了更大的利润空间。

5. 供应商的企业管理制度

管理混乱、行为规则不健全的供应商是很难在激烈的竞争中维持生存和发展的，因为这些问题的存在，将不利于和采购方建立长期稳定的合作关系。

6. 供应商的沟通和协调能力

企业之间的合作要建立在双方良好的沟通和协调之上。在生产和管理中，企业可能因为多种原因需要得到供应商的配合和帮助，如计算机制造企业和汽车制造企业，因为技术具有专用性，就需要在专业人员的操作指导下进行组装和生产。

7. 供应商的企业风险意识和风险管理能力

有些物料未来的市场需求很难确定，可能有大量需求，也可能仅具有研发阶段的供应。具有良好风险管理能力的供应商，有能力在不确定的市场环境中，以合适的价格提供企业所需要的物料和产品，保证采购企业生产活动的正常进行。

8. 供应商的交货能力

这是企业评价供应商的最低标准。无论是具有长期合作关系的供应商还是短期的供货合同，这一点都是至关重要的。

对供应商进行评价的内容涉及许多方面，不同企业对此有各自的具体要求和期望。对于大型企业尤其是跨国集团来说，供应商选择的成功与否关系到企业整个系统的正常运作，因此，它们对供应商进行评价时有更多、更严格的标准和内容，而中小企业对供应商的要求则相对宽松一些。另外，就评价内容而言，有些方面是可以量化的，有些则只能从企业在长期的运作中观察得到。许多企业根据自身规模和运作，根据实际情况形成了对供应商进行考评的指标体系。

三、供应商评价的指标体系

在供应商日常管理中，为了科学、客观地反映供应商供应活动的运作情况，应该建立与之相适应的供应商绩效考评指标体系。在制订考核指标体系时，应该突出重点，对关键指标进行重点分析，尽可能地采用实时分析与考核的方法，要把绩效度量范围扩大到能反映供应活动的信息上去，因为这要比进行事后分析有价值得多。选择供应商绩效的指标主要有质量、交货时间、价格、服务水平等。

1. 质量指标

供应商质量指标是供应商考评的最基本指标，包括来料批次合格率、来料抽检缺陷率、来料在线报废率、来料免检率等，其中，来料批次合格率是最为常用的质量考核指标之一。这些指标的计算方法如下：

$$来料批次合格率=\frac{合格来料批次}{来料总批次}\times 100\%$$

$$来料抽检缺陷率=\frac{抽检缺陷总数}{抽检样品总数}\times 100\%$$

$$来料在线报废率=\frac{来料总报废数（含在线生产时发现的）}{来料总数}\times 100\%$$

$$来料免检率=\frac{来料免检的种类数}{该供应商供应的产品总种类数}\times 100\%$$

此外，也可以将供应商质量体系、质量信息等纳入考核，比如供应商是否通过了 ISO 9000 认证或供应商的质量体系审核是否达到一定的水平。采购方还可以要求供应商在提供产品的同时，提供相应的质量文件，如过程质量检验报告、出货质量检验报告、产品成分性能测试报告等。

2. 交货期指标

交货期也是一个很重要的考核指标参数，考察交货期主要是考察供应商的准时交货率、交货周期、订单变化接受率等，交货周期是自订单开出之日到收货之时的时间长度，常以天为单位。具体计算公式如下：

$$准时交货率=\frac{按时按量交货的实际批次}{订单确认的交货总批次}\times 100\%$$

$$订单变化接受率=\frac{订单增加或减少的交货数量}{订单原定的交货数量}\times 100\%$$

订单变化接受率是衡量供应商对订单变化灵活性反应的一个指标，指在双方确认的交货周期中可接受的订单增加或减少的比率。供应商能够接受的订单增加接受率与订单减少接受率往往不同，前者取决于供应商生产能力的弹性、生产计划安排与反应快慢以及库存大小与状态；后者主要取决于供应商的反应以及对减单可能造成损失的承受力。

3. 交货量指标

考察交货量主要是考核按时交货量，按时交货量可以用按时交货量比率来评价。按时交货量比率是指给定交货期内的实际交货量与期内应完成交货量的比率。

$$按时交货量比率=\frac{期内实际完成交货量}{期内应完成交货量}\times 100\%$$

也可以用未按时交货量比率来描述：

$$\begin{aligned}未按时交货量比率&=\frac{期内实际未完成交货量}{期内应完成交货量}\times 100\%\\&=1-按时交货量比率\end{aligned}$$

如果每期的交货量比率不同，则可以求出各个交货期的平均按时交货量比率：

$$平均按时交货量比率 = \sum 按时交货量比率 / N$$

考核总的供货满足率可以用总供货满足率或者总缺货率来描述：

$$总供货满足率 = \frac{期内实际完成供货量}{期内应当完成供货总量} \times 100\%$$

$$总缺货率 = \frac{期内实际未完成供货量}{期内应当完成供货总量} \times 100\%$$

$$= 1 - 总供货满足率$$

4. 工作质量指标

考核工作质量，可以用交货差错率和交货破损率来描述：

$$交货差错率 = \frac{期内交货差错量}{期内交货总量} \times 100\%$$

$$交货破损率 = \frac{期内交货破损量}{期内交货总量} \times 100\%$$

5. 价格指标

价格就是供货的价格水平。考核供应商的价格水平，可以和市场同档次产品的平均价格和最低价格进行比较，分别用市场平均价格比率和市场最低价格比率来表示：

$$市场平均价格比率 = \frac{(供应商的供货价格 - 市场平均价)}{市场平均价} \times 100\%$$

$$市场最低价格比率 = \frac{(供应商的供货价格 - 市场最低价)}{最低平均价} \times 100\%$$

6. 进货费用指标

考虑供应商的进货费用水平，可以用进货费用节约率来描述：

$$进货费用节约率 = \frac{(本期进货费用 - 上期进货费用)}{上期进货费用} \times 100\%$$

7. 信用度指标

信用度主要考核供应商履行自己的承诺、以诚待人、不故意拖账、欠账的程度。信用度可以用公式描述为：

$$信用度 = \frac{期内失信的次数}{期内交往总次数} \times 100\%$$

8. 配合度指标

配合度主要考核供应商的协作精神。在和供应商相处过程中，常常因为环境的变化或具体情况的变化，需要把工作任务进行调整变更，这种变更可能会导致供应商的工作方式变更，甚至导致供应商要做出一点牺牲，这时可以考察供应商在这些方面积极配合的程度。另外，如工作出现了困难或者发生了问题，可能也需要供应商配合才能解决，在这样的情况下，都可以看出供应商的配合程度。

供应商的配合程度，主要依靠主观评分来考核。主要找与供应商接触的有关人员，让他们根据这方面的体验对供应商评分。特别典型的，可能会有上报或投诉的情况，这时可以把上报或投诉的情况也作为评分依据之一。

根据如上所述，可以建立企业的供应商考核表，如表 5－4 所示，并且依据综合评分法对供应商进行考核。

表 5－4　　供应商考核

项目	配分	考核内容及方法	得分	考核人
价格	最高分为 40 分，标准分为 20 分	(1) 根据市场最高价、最低价、平均价、自行估价制订标准价格，标准价格对应分数为 20 分； (2) 每高于标准价格 1%，标准分扣 2 分，每低于标准价格 1%，标准分加 2 分； (3) 同一供应商供应几种物料，得分按平均值计算； (4) 扣分时，扣完 20 分为止，不出现负值		
质量	30 分	(1) 以交货批退率进行考核； (2) 批退率＝退货批数÷交货总批数； (3) 得分＝30×（1－批退率）		
逾期率	20 分	(1) 逾期率＝逾期批数÷交货总批数； (2) 得分＝20×（1－逾期率）； (3) 若逾期造成停工待料 1 次，在逾期率总得分上再扣 2 分，限扣 8 分，总得分不出现负值		
配合度	10 分	(1) 出现问题，不太配合解决，相关部门进行投诉，每次扣 1 分； (2) 公司会议正式批评或抱怨 1 次扣 2 分； (3) 三包服务期内，用户投诉 1 次扣 2 分； (4) 扣完 10 分为止，不出现负值		
总计				
备注	(1) 得分在 85～100 分为 A 级，A 级为优秀供应商，可加大采购量或给予一定的奖励；质量、逾期率为满分，且经配套管理小组进一步考查，认定特别优秀的供应商，其物料可享受免检待遇； (2) 得分在 70～84 分为 B 级，B 级为合格供应商，可正常采购； (3) 得分在 60～69 分为 C 级，C 级为应辅导供应商，需进行辅导，减量采购或暂停采购； (4) 得分在 59 分以下为 D 级，D 级为不合格供应商，应予以淘汰			

总而言之，供应商的评价管理是一个公司所有部门参与的结果，不单单是某一个人或一个部门的职责，必须把供应商的日常管理纳入到公司战略层面上来。

四、供应商关系管理

目前，全球经济一体化、企业经营全球化，以及激烈竞争造成的高度个性化与迅速改变的客户需求，使企业在提高产品质量、降低产品成本、快速响应全球市场需求变化方面，面临来自市场层面持续不断的压力。而大多数企业由于相当依赖于对外采购产品与服务，所以其对供应商的依赖性非常之大。这样一来，如何全面地管理与供应商之间的关系，以此减少成本、增加利润便成为企业相当重要的一个环节。

正如当今流行的客户关系管理（Customer Relationship Management，CRM）是用来改善与客户的关系一样，供应商关系管理（Supplier Relationship Management，SRM）是用来改善与供应链上游供应商的关系的，它是一种致力于实现与供应商建立和维持长久、紧密伙伴关系的管理思想和软件技术解决方案，旨在改善企业与供应商之间关系的新型管理机制。它通过对双方资源和竞争优势的整合来共同开拓市场，扩大市场需求和份额，降低产品前期开发的高额成本，实现双赢；同时它又是以多种信息技术为支持和手段的一套先进的管理软件和技术，它将先进的电子商务、数据挖掘、协同技术等信息技术紧密集成在一起，为企业产品的策略性设计、资源的策略性获取、合同的有效洽谈、产品内容的统一管理等过程提供了一个优化的解决方案。实际上，它是一种以“扩展协作互助的伙伴关系、共同开拓和扩大市场份额、实现双赢”为导向的企业资源获取管理的系统工程。

（一）供应商关系管理的价值

供应商关系管理需要企业内部和外部的协作。在企业内部，SRM 有助于打破企业对待供应商常出现的排队处理方式。最终，SRM 将增加企业优化供应商关系的能力，以此让企业推出好的客户解决方案，并促进利润的大幅增长。根据 Gartner（高德纳）公司的调查显示，目前企业已经明显地向 SRM 方法论靠近，否则其利润将有可能下降 2%。

根据 Gartner 的观点，企业采用供应商关系管理能带来如下好处：

（1）优化供应商关系。企业可以依据供应商的性质及其对企业的战略价值，对不同供应商采取不同的对待方式。

（2）建立竞争优势。通过合作，并快速地引入更新、更好、以顾客为中心的解决方案，来增加营业额。

（3）扩展、加强与重要供应商的关系。把供应商集成到企业流程中来。

（4）在维持产品质量的前提下，通过降低供应链与运营成本来促进利润提升。

（5）降低流程成本。

（6）降低单位价格。

（二）供应商关系分类

在建立与供应商的长期协作伙伴关系的基础上，实现供应商的分类管理，可以提高企业的生产效率和经济效益。从理论角度出发，一个成功的企业与供应商的战略伙伴关系对企业产生的影响，与企业间的纵向整合类似。也就是说，通过上、下游企业间的合作或合并，使企业在生产、销售、采购、控制等各个领域里都获得经济效益或提高生产效率。长期的伙伴关系通过把完全的市场交易行为转变为两个企业组成的统一体系的内部交易，有助于双方通过内部控制和内部协调，提高企业运营的经济效益。从企业出发，所需的产品在供货的及时性和质量方面具有一定的保证；从供应商出发，其产品销售也具备了相当的稳定性；从整个供应链的角度，降低了整个供应链中的不确定性。

供应商关系从不同的角度可以做如下分类。

1. 从供应商关系发展史进行分类

（1）交易性竞争关系。

传统观点总是认为，供应商之间的竞争对于采购方是有利的，因为这样可以从供应商处获得更低的价格，所以供应商数量越多对采购方来说就越有利。同时，和多个供应商保持往来，不仅能获得低价的好处，也能保证供应的持续性。这其中唯一的控制因素就是一份产品规格说明书，这也就使供应商之间的竞争最大化。在这种思想的指导下，供应商与采购方之间的关系只能是交易关系。这种关系是一种对立的关系，就同一产品而言，有多个供应商供货，他们在采购方的采购总量中所占的份额也就完全取决于他们的价格高低。

如果一个大公司进行采购，那么拥有上千家的供应商不足为奇。然而，在这种情况下，供货的质量很容易参差不齐。因为不同的供应商之间的供货可能不是完全兼容的，而且买卖双方都很少关注质量，将质量控制作为一个主要管理内容。其实，由于保持多家供应商，并管理这种复杂的关系，公司的采购成本肯定会增加，也会导致质量的下降。

（2）合作性适应关系。

在20世纪80年代初期，采购管理的工作重心已逐渐转向质量和顾客满意，质量标准也从最终顾客的角度来制定。采购企业对订货制定了更为复杂的标准，不仅包括产品本身，而且也包括交货、技术服务、售后支持等。采购企业开始依靠更少的供应商，但是对供应商提出了更高的要求，他们要求供应商在最短的时间里，在合适的地点，以合适的方式去为他们做某件合适的事情。然而，在某种程度上，供应商与采购方之间的这种关系仍然是对立的，各个供应商之间也是对立的关系。采购方所制订的产品规格、标准越来越复杂，但是供应商却少有介入其制定过程的。

（3）战略伙伴型关系。

在20世纪80年代，战略伙伴型的供应商关系，也称为“实时供应”关系，被迅速发展起来。少数的，甚至唯一的供应商与采购方进行合作，合作的领域可能会涉及经济活动的很多方面，如生产、工程技术、设计、采购、营销。供应商积极参与了采购方的产品设计和规格的制定过程，这种合作的形式也是在不断更新变化的，一揽子采购协议或者是其他更加非正式化的一些订购协议都日益普遍。

2. 按ABC分类管理分类

在供应商管理中，并不是每个供应商都需要同等的关注。在资源有限的情况下，企业的注意力应该放在起关键作用的因素上，加强管理的针对性，提高管理效率。在管理思想“二八原则”的指导下，可以对供应商的重要性进行分类，找出关键的少数供应商，进行重点管理。企业可以依据表5－5对供应商进行ABC的类别划分。

表 5-5　　供应商分类依据标准

供应商类别	占总供应商数量的比例	占总采购物资价值的比例
A类	10%	60%～70%
B类	20%	20%
C类	70%	10%～20%

资料来源：伍蓓，王姗姗．采购与供应链管理［M］．杭州：浙江大学出版社，2010.

在保证供应方面，对这三类供应商的要求是一致的。但A类供应商，为企业提供了重要的物资供应且数量少，对其加强管理是降低采购成本的潜力所在，所以要投入主要精力进行重点管理。而B、C类供应商，因其所提供的物资比重小、数量多，不是降低采购成本的重点，可以做一般管理。

需要强调的是，ABC分类管理无法真正反映供应商提供物资的重要性和物资市场的复杂程度，还可进行细化分类。例如，某些C类供应商，提供的是市场上短缺物资，就要对其进行重点管理；而某些A类供应商提供价值高但为买方市场的物资，则可采取简单管理的方法，以节省成本。在应用ABC分类管理法的同时，要综合考虑这些因素，切实做好供应商的管理工作。

3. 从信息网络角度进行划分

（1）公开竞价型。公开竞价型是指采购方将所需采购的物品公开地向若干供应商提出采购计划，各个供应商根据自身的情况进行竞价，采购方依据供应商竞价的情况，选择其中价格低、质量好的供应商作为该项采购计划的供应商，这类供应商就称为公开竞价型供应商。在供大于求的市场中，采购方处于有利地位，采用公开竞价选择供应商，使产品质量和价格有较大的选择余地，是企业降低成本的途径之一。

（2）网络型。网络型供应商是指采购方在与供应商长期的选择与交易过程中，将与在价格、质量、售后服务、综合实力等方面比较优秀的供应商组成供应商网络，企业某些物品的采购只限于在供应商网络中进行。供应商网络的实质就是采购方的资源市场，采购方可以针对不同的物资组建不同的供应商网络。供应商网络型的特点是采购方与供应商之间的交易是一种长期性的合作关系，但在这个网络中应采取优胜劣汰的机制，以便长期共存、定期评估、筛选、适当淘汰，同时吸收更为优秀的供应商进入。

（3）供应链管理型。供应链管理型是以供应链管理为指导思想的供应商管理，采购方与供应商之间的关系更为密切，采购方与供应商之间通过信息共享，适时传递自己的需求信息，而供应商根据实时的信息，将采购方所需的物资按时、按质、按量地送交采购方。

4. 从战略角度划分

（1）短期目标型。短期目标型供应商关系是指采购方与供应商之间的关系是交易关系，即一般的买卖关系。双方的交易仅停留在短期的交易合同上，各自所关注的是如何谈判、如何提高自己的谈判技巧使自己不吃亏，而不是如何改善自己的工作，使双方都获利。供应商根据交易的要求提供标准化的产品或服务，以保证每一笔交易的信誉，当交易完成后，双方关系也就终止了，双方只有供销人员有联系，而其他部门的人员一般不参加双方之间的业务活动，也很少有什么业务活动。

（2）长期目标型。长期目标型供应商关系是指采购方与供应商保持长期的关系，双方有可能为了共同的利益对改进各自的工作感兴趣，并在此基础上建立起超越买卖关系的合作。长期目标型的特征是建立一种合作伙伴关系，双方工作的重点是从长远利益出发，相互配合，不断改进产品质量与服务质量，共同降低成本，提高共同的竞争力。合作的范围遍及各公司内部的多个部门。例如，采购方对供应商提出新的技术要求，而供应商目前还没有能力，在这种情况下，采购方可以对供应商提供技术资金等方面的支持；同时，供应商的技术创新也会促进企业产品改进，所以对供应商进行技术支持与鼓励有利于企业长期发展。

（3）渗透型。渗透型供应商关系是在长期目标型基础上发展起来的，其指导思想是把对方公司看成自己的公司，是自己的一部分，因此对对方的关心程度会大大提高。为了能够参与对方活动，有时会在产权关系上采取适当措施，如互相投资、参股等，以保证双方利益的共享与一致性。同时，在组织上也采取相应的措施，保证双方派员加入到对方的有关业务活动之中。这样做的优点是可以更好地了解对方的情况，供应商可以了解自己的产品是如何起作用的，容易发现改进方向；而采购方可以知道供应商是如何制造的，也可以提出改进的要求。

（4）联盟型。联盟型供应商关系是从供应链角度提出的，其特点是在更长的纵向链条上管理成员之间的关系，双方维持关系的难度提高，要求也更高。由于成员增加，往往需要一个处于供应链核心地位的企业出面协调各成员之间的关系，因而它也被称为供应链核心企业。

（5）纵向集成型。纵向集成型供应商关系是最复杂的关系类型，即把供应链上的成员整合起来，像一个企业一样，但各成员是完全独立的企业，决策权属于自己。在这种关系中，要求每个企业在充分了解供应链的目标、要求，以及掌握信息的条件下，能自觉做出有利于供应链整体利益的决策。

5. 供应商关系谱

供应商关系谱是将供应商分为可接受的供应商、不可接受的潜在供应商以及五级不同层次的已配套的供应商，如表 5－6 所示。

表 5－6　　供应商关系谱

层次	类型	特征	适合范围
5	自我发展型的伙伴供应商	优化协作	态度、表现好的供应商
4	共担风险的供应商	强化合作	
3	运作相互联系的供应商	公开、依赖	
2	需持续接触的供应商	竞争游戏	表现好的供应商

续 表

层次	类型	特征	适合范围
1	已认可的供应商	现货买进关系	方便、合理的供应商
	可考虑的供应商		潜在供应商
	不可接受的供应商		不合适

资料来源：伍蓓，王姗姗．采购与供应链管理［M］．杭州：浙江大学出版社，2010.

第一层次的供应商为“触手可及”的关系，因采购价值低，它们对本单位显得不很重要，因而无须与供应商或供应市场靠得太紧密，只要供应商能提供合理的交易即可。处理这类供应商的关系可采取现货买进方式。

第二层次的供应商要求企业对供应市场有一定的把握，如了解价格发展趋势等，采购的主要着力点是对供应市场保持持续接触，在市场竞争中买到价格最低的商品。

第三层次的供应商关系必须做到双方运作相互联系，其特征是公开、互相信赖。一旦这类供应商选定，双方就以坦诚的态度在合作过程中改进供应、降低成本。通常这类供应商提供的零部件对本单位来说属于战略品，但供应商并不是唯一的，因而本单位有替代的供应商。这类供应商可以考虑长期合作。

第四层次的供应商关系是一种共担风险的长期合作关系，其重要的特征是双方都力求强化合作，通过合同等方式将长期关系固定下来。

第五层次是互相配合形成的自我发展型的伙伴供应商关系。这种关系意味着双方有着共同的目标，必须协同作战，其特征是为了长期的合作，双方要不断地优化协作，最具代表性的活动就是供应商主动参与到本单位的产品开发业务中来，而本单位亦依赖供应商在其产品领域内的优势来提高自己产品开发的竞争力。

6. 按供应商的规模和经营品种进行分类

按供应商的规模和经营品种进行供应商细分的方法，可用矩阵图来表示。通常，以经营品种作为横坐标，供应商的规模作为纵坐标进行矩阵分析，如图 5－3 所示。

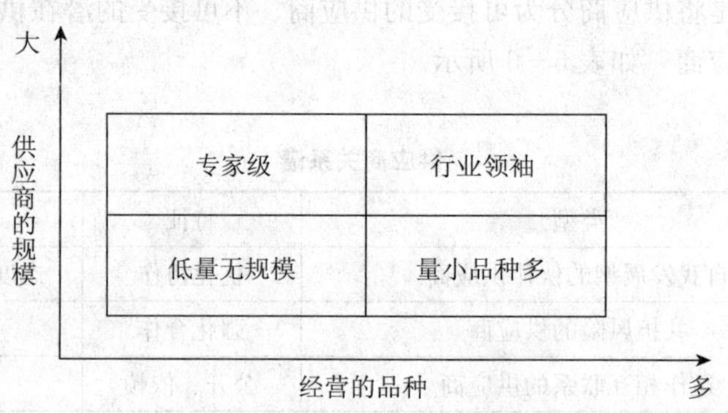

图 5－3　按供应商的规模和经营品种分类

在这种分类方法中，“专家级”供应商是指生产规模大、经验丰富、技术成熟，但经营品种相对少的供应商，这类供应商的目标是通过竞争来占领广大市场。“低量无规模”的供应商是指经营规模小、经营品种少的供应商，这类供应商生产经营比较灵活，但增长潜力有限，其目标仅是定位于本地市场。“行业领袖”供应商是指生产规模大、经营品种也多的供应商，这类供应商财务状况比较好，立足于本地市场，并且积极拓展国际市场。“量小品种多”的供应商虽然生产规模小，但是其经营品种丰富，这类供应商的财务状况一般不是很好，但是其潜力可挖掘。

（三）供应商关系管理的内容

供应商关系管理是供应链体系中重要的一部分，主要包括四个方面的内容。

1. 供应商目录管理

这是对企业的供应商进行管理，可以通过增加和删除供应商以及与其对应的采购物品，录入和维护供应商基本信息，及时定义和细化企业采购范围，实现对企业供应商群体的动态管理。供应商目录与企业的 B2B 电子商务系统结合，可以实现对企业供应商会员的统一管理。

2. 采购价格管理

这是制订和管理企业采购物品的价格体系，对采购价格的执行范围、方式进行规范和限制。通过对采购市场价格的跟踪、历史数据的分析和预测，进行采购询价、比价、价格合理性分析和判断等，帮助企业实现科学准确的低成本采购；同时，可以为企业 B2B 电子商务系统提供采购价格数据，实现快速、准确、合理的在线采购。

3. 采购合同管理

这是对企业物品、劳务等多种采购合同进行管理。企业不仅要对根据采购订单签订的多种合同进行详尽的多层次管理，而且要对签订合同的执行状态进行跟踪，为采购管理提供准确和详细的统计、分析信息，实现对合同履行的全程控制和管理。

4. 供应商评估

供应商评估是供应商关系管理中的一个核心应用模块。根据企业和供应商之间的商务交往，对供应商在一段时期内的供货质量、价格、交货期、服务、可持续性的改进等各方面进行综合、全面的统计和衡量，为企业选择供应商、进行采购交易提供量化的、准确的依据，提高采购质量和效率。

（四）供应商关系管理注意事项

供应商关系管理是用来改善与供应链上游供应商的关系的，它是一种致力于实现与供应商建立和维持长久的紧密伙伴关系的管理思想和软件技术的解决方案，旨在改善企业与供应商之间关系的新型管理机制，实施于围绕企业采购业务相关的领域，目标是通过与供应商建立长期、紧密的业务关系，并通过对双方资源和竞争优势的整合来共同开拓市场，扩大市场需求和份额，降低产品前期的高额成本，实现双赢的企业管理模式；同时，它又是以多种信息技术为支持和手段的一套先进的管理软件和技术，它将先进的电子商务、数据挖掘、协同技术等信息技术紧密集成在一起，为企业产品的策略性设计、资源的策略性获取、合同的有效洽谈、产品内容的统一管理等过程提供了一个优化的解决方案。实际上，它是一种以“扩展协作互助的伙伴关系、共同开拓和扩大市场份额、实现双赢”为导向的企业资源获取管理的系统工程。

要做好供应商的管理，应注意以下方面的问题。

1. 建立准入制度

“供应商准入”制度实质上是加强对供应商的资格管理。这种资格范围很广，具体包括法人资格、注册资金大小、生产产品的能力、社会信誉、售后服务体系等。涉及资质要求的供应商应当提供由有关行政主管部门颁发的资质证书，涉及业绩情况的供应商应当提供以前在相关领域的业绩，包括项目名称、效果级用户意见等。应该说，建立“供应商准入”制度是与国际规则接轨，是提高国内企业采购效率的必然趋势。

对企业的正式供应商要建立档案，供应商档案除有编号、详细联系方式和地址外，还应有付款条款、交货条款、交货期限、品质评级、银行账号等，每一个供应商档案应经严格的审核后才能归档。企业的采购必须在已归档的供应商中进行，供应商的档案应定期或不定期地更新，并由专人管理。建立供应商准入制度，重点材料的供应商必须经质检、物流、财务等部门联合考核后才能进入，如有可能要实地到供应商生产地考核。企业要制定严格的考核程序和指标，达到标准者才能成为归档供应商。

2. 合理使用供应商

供应商经过考核成为企业的正式供应商之后，就要开始进入日常的物资供应阶段。使用供应商的第一个工作，就是要签订一份合同。这份合同既是宣告双方合作关系的开始，又是一份双方承担责任与义务的责任状，更是将来双方合作关系的规范书，所以双方应该认真把这份合同条款协商好，然后双方签字盖章。协议生效后，它就成为直接约束双方的法律性文件，双方都必须遵守。

在供应商使用的初期，企业的采购部门应当和供应商协商，建立起供应运作机制，相互在业务衔接、作业规范等方面建立起一个合作框架。在这个框架的基础上，供应商应当尽职尽责，完成企业规定的物资供应工作。采购企业的采购管理部门应当按合同的规定，严格考核和检验供应商执行合同、完成物资供应任务的情况，既充分使用、发挥供应商的积极性，又要进行科学的激励和控制，保证供应商的物资供应工作顺利健康地进行。

采购企业在供应商的使用管理上，应当摒弃唯我主义，建立共赢思想，不能只顾自己降低成本，获取利润。供应商也是一个企业，也要生存与发展，也要适当赢利。因此，合作宗旨应当尽量使双方都能获得好处，共存共荣。从这个宗旨出发，妥善处理合作期间的各种事务，建立起一种相互信任、相互支持的友好合作关系，并把这一宗旨和思想落实到供应商使用的激励和控制的各个环节中去。

3. 建立战略性的双赢合作关系

双赢关系已经成为供应链企业之间合作的基础，因此，要在采购管理中体现供应链的思想，对供应商的管理集中在如何与供应商建立双赢关系以及维护上，并保持双赢关系。

五、供应商激励与控制

激励是管理者为了使被管理者按照自己设定的程序或要求进行操作，以便取得预定的绩效而对被管理者实施的物质或精神上的奖励或惩罚措施。

在现代物料管理理论中，企业的物流管理范围被扩大，向两端延伸到供应商和客户，以供应链一体化为主的物料管理模式成为当今物流管理的突出特征。企业与供应商之间已不单纯是买卖关系，而形成了双方共同努力、谋求共赢的战略合作伙伴关系。在这种前提下，企业对供应商的关注程度不断提高，甚至将供应商纳入了企业日常的管理，而对供应商的激励就是对其实施有效管理的手段之一。

对供应商实施有效的激励，有利于增强供应商之间的适度竞争，保持对供应商的动态管理，提高供应商的服务水平，降低公司采购的风险。

（一）供应商激励的模式

1. 价格激励

在供应链环境下，各个企业在战略上是相互合作的关系，但是各个企业的利益不能被忽视。供应链的各个企业间的利益分配主要体现在价格上，价格包含供应链利润在所有企业间的分配、供应链优化而产生的额外收益或损失在所有企业间的均衡。价格对企业的激励是显然的，高的价格能增强企业的积极性，不合理的低价会挫伤企业的积极性。供应链利润的合理分配，有利于供应链企业间合作的稳定和运行的顺畅。

2. 订单激励

供应商获得更多的订单是一种极大的激励，在供应链内的企业也需要更多的订单激励。一般来说，一个制造商拥有多个供应商，多个供应商竞争来自制造商的订单，订购量大的订单对供应商是一种激励。

3. 商誉激励

商誉是一个企业的无形资产，对于企业极其重要。商誉来自供应链内其他企业的评价和其在公众中的声誉，它反映了企业的社会地位，包括经济地位、政治地位和文化地位。

委托—代理理论认为：在激烈的竞争市场上，代理人的代理量（决定其收入）决定于其过去的代理质量与合作水平。从长期来看，代理人必须对自己的行为负完全的责任。因此，即使没有显性激励合同，代理人也要积极地努力工作，因为这样做可以改进自己在代理人市场上的声誉，从而提高未来收入。因此，在一定场合，给予供应商一定范围的商誉宣传，将影响供应商参与供应的积极性。

4. 信息激励

在信息时代里，信息对企业意味着生存。企业获得更多的信息，意味着企业拥有更多的机会、更多的资源，从而获得激励。信息对供应链的激励，实质上属于一种间接的激励模式，但是它的激励作用不可低估。如果能够很快捷地获得合作企业的需求信息，供应商能够主动采取措施提供优质服务，必然使采购方的满意度大为提高，对在采购方建立起信任有着非常重要的作用。因此，也达到了对供应商企业激励的目的。

信息激励机制的提出，也在某种程度上克服了由于信息不对称而使供应链中的企业相互猜忌的弊端，消除了由此带来的风险。

5. 淘汰激励

淘汰激励是一种负激励。为了使供应链的整体竞争力保持在一个较高的水平，供应链必须建立对成员企业的淘汰机制，同时，供应链自身也面临淘汰。淘汰弱者是市场规律之一，保持淘汰对企业或整个供应链都是一种激励。对于优秀企业或供应链来讲，淘汰弱者使其获得更优秀的业绩；对于业绩较差者，为避免淘汰的危险，它更需要上进。

淘汰激励是在供应链系统内形成一种危机激励机制，让所有合作企业都有一种危机感。这样，企业为了能在供应链管理体系中获得群体优势的同时，自己也获得发展，就必须承担一定的责任和义务，对自己承担的供货任务，从成本、质量、交货期等方面负有全方位的责任。这对短期行为和“一锤子买卖”可能给供应链群体带来的风险，起到了一定的预防作用。所以，危机感可以从另一个角度激励企业发展。

6. 新产品/新技术的共同开发和投资

新产品或新技术的共同开发和投资也是一种激励机制，它可以让供应商全面掌握新产品的开发信息，有利于新技术在供应链企业中的推广和开拓供应商的市场。将供应商、经销商甚至用户集合到产品的研发工作中来，按照团队的工作方式展开全面合作。在这种环境下，合作企业也成为整个产品开发中的一分子，其成败不仅影响制造商，而且也影响供应商及经销商。因此，每个人都会关心产品的开发工作，这就形成一种激励机制，对供应链上的企业起到激励作用。

7. 组织激励

在一个较好的供应链环境中，企业之间的合作愉快，供应链的运作也通畅，少有争执。也就是说，一个良好的供应链组织对供应链内的企业都是一种激励。减少供应商的数量，并与主要的供应商和经销商保持长期稳定的合作关系，是企业使用组织激励的主要措施。

(二) 供应商控制

供应商控制主要是防止供应商的独家供应，使企业对供应商过分依赖而产生供应风险。

1. 独家供应

随着供应商伙伴关系的发展，供应商体系的优化，许多企业的某些零部件出现了独家供应（Single Source）的局面。独家供应的主要优点是采购成本低、效率高；缺点是全部依赖于某一家供应商。

(1) 独家供应常发生在以下几种情况：①按客户要求专门制造的高科技、小批量产品，由于产品的技术含量高，又系专门小批量配套，往往不可能要求两家以上的供应商同时供应；②某些企业的产品及其零部件对工艺技术要求高，且由于保密的原因，不愿意让更多的供应商知道；③工艺性外协（如电镀、表面处理等），因企业周围工业基础等条件所限，有可能只固定在一家供应；④产品的开发周期很短，必须通过伙伴型供应商的全力、密切配合才能实现。

（2）独家供应除了客观上的条件局限以外，主观方面也具有优势，主要体现在：①节省时间和精力，有助于企业与供应商之间加强交流、发展伙伴关系；②双方更容易实施在产品开发、质量控制、计划交货、降低成本等方面的改进，并取得积极成效。

（3）独家供应会造成供需双方的相互依赖，进而可能导致以下风险：①供应商有了可靠顾客，会失去其竞争的原动力及应变、革新的主动力；②供应商可能会疏远市场，以致不能完全掌握市场的真正需求；③企业本身不容易更换供应商。

2. 防止供应商控制的方法

许多企业对某些重要材料过于依赖同一家供应商，这种情况导致供应商常常能左右采购价格，对采购方施加极大的压力。这时采购方已落入供应商垄断供货的控制之中，企业只有唯一的一家供应商；或者该供应商受到强有力的专利保护，任何其他商家都不能生产同类产品；或者采购方已被“套住”，处在进退维谷的两难境地，因为更换供应商的转换成本太高。例如，若要更换计算机系统，使用的相应软件就必定要发生重大变动。

在这种情况下，采购方仍可以找到如下一些行之有效的反垄断措施。

（1）全球采购。

全球采购由于提供了更广阔的选择范围，往往可以打破供应商的垄断行为。

（2）再找一家供应商。

独家供应有两种情况：一种为 Single Source（单源供应商），即供应商不止一家，但仅向其中一家采购；另一种为 Sole Source（唯一供应商），即仅此一家别无其他供应商。通常 Single Source 多半是买方造成的，例如，企业将原来许多家供应商削减到只剩下最佳的一家；Sole Source 则是卖方造成的，例如，独占性产品的供应者或独家代理商等。

在 Single Source 的情况下，只要“化整为零”，变成多家供应（Multiple Sources），造成卖方的竞争，供应商自然不会任意抬高价格。西门子公司的一项重要的采购政策就是：除非技术上不可能，每个产品会由两个或更多供应商供货，规避供应风险，保持供应商之间的良性竞争。

在 Sole Source 的情况下，破解之道在于开发新来源，包括新的供应商或替代品。当然这并非一蹴而就，必须假以时日。因此，在短期内必须保持低姿态，不主动找供货商洽谈价格，避免卖方借机涨价。

另外，在 Sole source 的情况下，由于市场信息缺乏，讨价还价的结果是买方依然吃亏；此时，若能与供货商建立良好的人际关系，签订长期合约，也可以避免买方在缺货时必须支付很高的现货价。

（3）增强相互依赖性。

多给供应商一点业务，这样就提高了供应商对采购方的依赖性，增加采购方的主动。

（4）更好地掌握信息。

要清楚了解供应商对采购方的依赖程度。例如，有家公司所需的元件只有一家货源，但它发现自己在供应商仅有的三家客户中是采购量最大的一家，供应商离不开这家公司，结果在要求降价时，供应商做出了相当大的让步。

(5) 利用供应商的垄断形象。

一些供应商为自己所处的垄断地位而惴惴不安。在受到指责利用垄断地位时，他们都会极力辩白，即使一点不利宣传的暗示也会让他们坐卧不宁。

(6) 注意业务经营的总成本。

当供应商知道采购方没有其他货源时，可能会咬定一个价，但采购方可以说服供应商在其他非价格条件上做出让步。采购方应注意交易中的每个环节，全都加以利用。总成本中的每个因素都可能使采购方节约成本，而且结果往往令采购方大吃一惊。以下是一些潜在的节约成本的机会：①送货：洽谈适合采购方的送货数量和次数，可以降低仓储和货运成本；②延长保修期：保修期不要从发货日期开始计算，而从首次使用产品的时间算起；③付款条件：只要放宽正常的付款条件，都会带来节约。立即付款则给予折扣，也是一种可行的方式。

(7) 让最终客户参与。

如果采购方能与最终用户合作并给予他们信息，摆脱垄断供应商的机会也会随之而来。例如，工程师往往只认准一个商标，因为他们不了解其他选择，向他们解释只有一家货源的难处，他们往往就可以让采购方采购其他的元件。

(8) 一次性采购。

如果采购方预计所采购产品的价格可能要上涨时，这种做法方可行。根据相关的支出和库存成本，权衡一下将来价格上涨的幅度，与营销部门紧密合作，获得准确的需求数量，进行一次性采购。

(9) 协商长期合同。

长期需要某种产品时，可以考虑订立长期合同。一定要保证持续供应和价格的控制，采取措施预先确定产品的最大需求量以及需求增加的时机。

(10) 与其他用户联手。

与其他具有同样产品需求的公司联合采购，由一方代表所有用户采购会惠及各方。只有那些产出不高、效率低下的独家供应商，才是采购方应该痛下杀手的对象。

(11) 未雨绸缪，化解垄断。

如果采购方的供应商在市场上享有垄断地位，仗势压人，而采购方又不具备有效的手段与其讨价还价，最终结果势必是采购方在无奈中俯首称臣，轻则接受对方苛刻的价格和信用条款，重则自己的竞争策略备受掣肘，错失商机。其实，明智的企业主管完全可以未雨绸缪，化解供应商的垄断力量。具体做法如下：

①虚实相间的采购策略。可以考虑通过一些策略性的举措，向垄断的供应商传递信息，使它意识到似乎采购方可以从别的渠道获取商品。如采购方可以和海外厂商联系，扶植弱小的供应商使其能与垄断的供应商一争高低，或促成外商在垄断厂商的领域投资。注意，在这里重要的是使垄断厂商注意到采购方的举措，从而在施加垄断力量时有所顾忌。

②多层接触，培养代言人。必须和供应商决策链的各个层次加强接触，包括它的高层主管以及生产、质量管理和财务等职能部门，这样可以掌握供应商更为全面的信息；

同时由于采购方享有直达其最高层的沟通渠道，供应商的直接决策人以势压人的做法，多多少少会有所收敛。在此，重要的一点是，垄断供应商由于其独特的垄断地位，轻而易举就能在市场上呼风唤雨，所以一般在内部沟通上不会尽力。而一旦采购方握有供应商较为完备的信息，在谈判和催货时便能游刃有余。另外，通过人际关系的打通和企业形象的渗透，可以在供应商内部培养对采购方深怀好感的“代言人”，无意识中为采购方的利益游说。

③营建一流的专业采购队伍。要想不为供应商的垄断力量所伤，必须委用富有才干的专业人士担当采购重任。

3. 友好结束供应商关系

当合作伙伴关系失败而决定终止时，企业常常会对对方怀有讽刺乃至敌意，而不是采用恰当的应有的态度。当今世界已越来越小，说不定哪天又会需要用到那个供应商，或者供应商中的一个CEO跳到了其他公司，而这家公司正是企业目前所依靠的。所以企业要将转换供应商这一过程尽量做得天衣无缝，既不影响客户满意度，又不影响公司的利润及声誉。这里首先要了解什么情况会导致与供应商拆伙。

（1）拆伙种类。

从采购方来讲，可分自愿拆伙与非自愿拆伙两种。自愿拆伙的原因中，最常见的是对供应商表现不满。比如，当企业连续向对方派出质量小组以帮助对方解决重复性的问题，对方却没有做出相应的改变，且退货还在持续发生时，最终只能放弃它转而去寻找一家能做出积极响应或更有能力的供应商。非自愿拆伙往往来自供应商的破产或无法预测的风险，这种拆伙也可能是供应商被别的企业收购导致企业所依靠的工厂即将关闭，而不得不做出的反应。

除了上述原因外，另一导致供应商伙伴关系破裂的普遍原因是相互之间失去了信任。尽管双方都是无意的，但与供应商失败的沟通仍会直接损害双方的信任。因此，为了公司的利益，使破坏程度最小化，需要尽可能地减小与供应商的敌意，这样在转换供应商的过程中才能得到他们的协作。

（2）策略。

有的企业会在没有事先通知对方的前提下突然向供应商提出结束合作，或以一些含糊的指责，如“你做得不好”或“你欠我们的”，甚至是不光彩的手段来结束与供应商的合作。所有这些都会使供应商充满敌意，同时也会让新的供应商觉得自己以后是否也会被同样对待，而企业的声誉也会遭到破坏。

什么是友好地结束与供应商关系的最佳途径呢？简单地说，企业可以在供应商的表现、管理或者成本接近“危险区”时，坦率而直接地发出警告信号，而不是隐瞒不满，这样供应商就不会感到不合理。这里有三个“P”可以帮企业在与供应商拆伙时减小对方的敌对情绪。

①positive attitude（积极的态度）：与其面对延续的挫折，不如现在先结束合作，等以后双方情况改变后再寻求合作机会。

②pleasant tone（平和的语调）：不要从专业的或个人的角度去侮辱对方。双方都会有

种失落感，都不要过多地相互指责。

③professional justification（专业的理由）：采购员要告诉供应商，这不是个人的问题，其职责是为公司创造价值，吸引和留住客户。

(3) 转换过程。

采购方应先向供应商解释，这次拆伙对双方可能都有好处，然后再寻求迅速公平的转换方法以使“痛苦”降到最小，接着采购方应清楚地列出供应商该做什么，比如对方需按指示停止相关工作、同意终止合同、马上结束其分包合约、送回属于我方的资产、对方依据的有关法律事项，以及双方如何以最低的成本处理现有库存。

采购方同样也要认可供应商对企业的要求，比如围绕拆伙事实的合理解释、对已发生的费用如何结算、协助处理现有库存等。采购方和供应商要共同确立转换过程的合理时间表，最后拟订一份“出清存货合同清单”，正规地对所有细节加以回顾，写明双方的职责和结束日期。

对这一转换过程期望的结果应是：①有秩序地退出；②对客户没有损害；③最少的浪费和开支；④有双方签字的清楚的结算记录；⑤对这次拆伙原因有清醒认识。

本章小结

本章首先介绍了供应商选择的重要性，然后针对供应商选择时应考虑的因素、评估内容及流程、供应商选择的步骤、供应商选择的方法、供应商评价的内容和指标体系、供应商关系管理、供应商的激励和控制等方面进行了详细的论述。通过学习供应商选择和管理的内容，学生应该学会在明确了供应目标的基础上，如何综合考虑并正确选择供应商、管理供应商。

习 题

1. 供应商选择的重要性体现在哪些方面?
2. 选择供应商需要考虑哪些因素?
3. 简述供应商评估的目的及内容。
4. 简述供应商选择的一般步骤。
5. 供应商选择的方法有哪些?
6. 供应商评价的指标体系由哪些方面的指标构成?
7. 供应商关系有哪些不同的分类?
8. 供应商的激励模式有哪些?
9. 如何防止供应商控制?

强化供应商管理

兖州煤业股份有限公司是国有特大型企业集团——兖矿集团有限公司的控股上市公司，主要从事煤炭生产、洗选和加工、煤炭销售以及铁路运输业务，年煤炭生产能力在4000万吨左右，销售收入达180亿元左右。在生产经营活动中，每年消耗的材料、设备和备品备件达15亿元，常年使用的物资品种达4万多个，有上千家供应商为公司供应物资。因此，如何管理好供应商，对企业成本和效益、安全与发展有着重要的影响。

1. 对供应商的评价和认证

兖州煤业历来重视供应商管理工作，一直实行动态管理、过程优化、优胜劣汰的管理方法，每年进行一次供应商的认证和评价工作，对符合条件的供应商作为合格供方，否则进行淘汰，取消供应资格。对符合条件要求加入的新供应商实行准入制度，根据需要按程序审批。兖州煤业在对供应商的评价过程中，主要参考六项指标，即供应商资质、产品质量、交付能力、服务水平、管理水平和成本。

2. 与供应商的合作技巧

按照供应商评价的六项指标，兖州煤业股份有限公司在每年进行一次评估的基础上，合理优化，明确分类，便于在采购活动中，因人制宜，区别对待，实现效率和效益的最大化。目前，兖州煤业股份有限公司将所有供应商分为战略性供应商、竞争性供应商（普通供应商）、技术性供应商、待选供应商及淘汰供应商五大类。

（1）对战略性供应商建立战略联盟，形成供应链关系，实行供应互保，达成保证供应和享受优惠价格的共识，并定期交流沟通，经常走访客户，了解信息，把握市场动态，对需求物资及时做出反应。这样不但做到了货找源头，直达供货，减少了中间环节，而且保证了物料质量。2007年，公司采购额为23.3亿元，其中战略性供应商采购8亿多元，占总额的30%。这类供应商主要集中在钢材、木材、水泥、胶带等大宗材料和主要设备上，如济钢石横钢厂采购7940万元，全年78%的物资实现了从生产厂家直接采购。

（2）对竞争性供应商采取招标议标，比价采购。对于小批量、多频率使用的物资，利用批量和买方市场的优势，集中批量进行比价和招议标。并严格规范比价和议标程序，按照公开、公平、公正的原则，组织尽可能多的供应商参与竞标，避免暗箱操作，使发布公告、投标、开标、评标和授标的工作程序规范、完整。与此同时，改变了设备、配件分别招标的办法，实行关联搭配，捆绑议标，让相关业务科室合作采购，从而减少招标次数，提高单次订货金额，获得更大的价格空间。近年来，每年通过比价采购节约资金都在3000万元左右。

（3）对普通供应商实行超市采购，二次比价。兖州煤业股份有限公司借鉴商业超市经营模式，在矿井生产一线建设了“物资井口超市”，将阀门、开关、工具等零星使用、多频率使用的小型物资及二三类物资、工矿配件等物资置于其中，让使用单位在超市内自主选择，形成第二次比价。为保证超市规范运作，制定了科学合理的运作流程，细致规定了供应商选择、进货验收、补货、退货等环节的操作规范。目前兖州煤业股份有限公司已开办了6处井口物资超市，品种多达22529个，年经营额达20505万元。

(4) 对技术性供应商实行供需见面，公开竞标。因国家专控、技术专利、单一来源等原因不具备比价条件的，在确保产品质量前提下，实行一批一议、专家评定、现场报价、面对面谈判、当场确定供货商的全过程公开议标方式，增加议标透明度。

资料来源：中国物流与采购网。

(http：//www.chinawuliu.com.cn/xsyj/201005/17/142513.shtml)

问题：

1. 兖州煤业进行供应商评价时，评价指标体系包括哪些方面？
2. 兖州煤业是如何进行供应商的分类管理的？

第六章　采购谈判与合同管理

章节知识框架

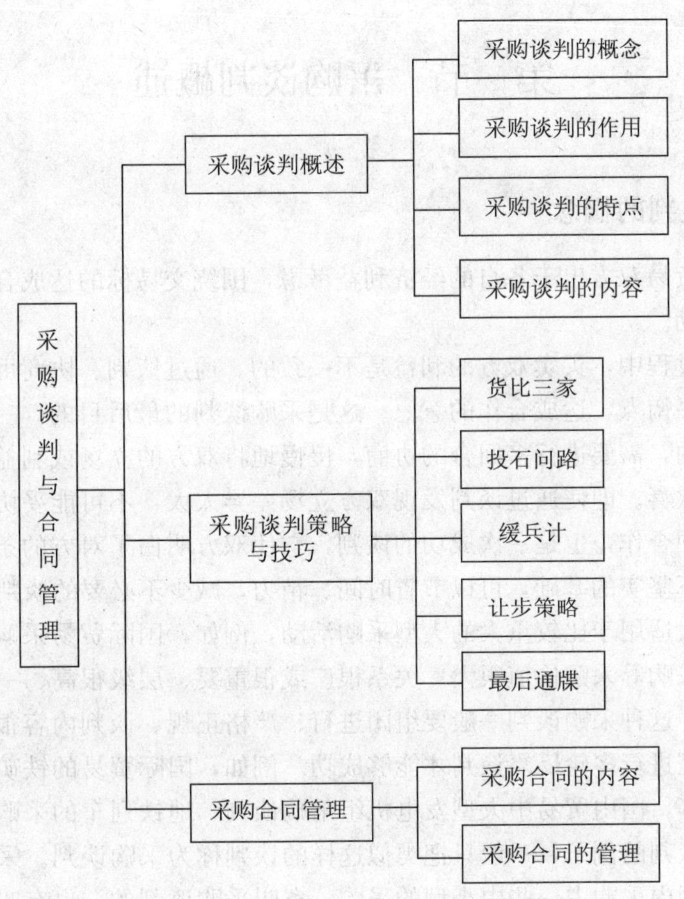

导入案例

日常生活中的谈判

“妈妈，今天我在学校里看到有人穿一种夹克皮装，看上去非常帅，你也给我买一件好吗？”孩子向母亲提出要求。

“可以，但是你必须要读好书，这次考试如果每门课都在80分以上，我就给你买。”母亲也向孩子提出要求。

“妈妈，现在天气正好适宜穿皮装！考试以后天气变了，今年就没法穿了。”

“啊呀！孩子，你知道这皮装有多贵吗?”

“我知道，妈妈，你会给我买的，我读书一直很用功，这次一定考好，让你满意!”

最后，母亲同意星期天带他上街去买。

问题：

1. 日常生活中的谈判语言是如何的？谈判的议题是如何变化的？
2. 如何表达自己的谈判意图？

第一节 采购谈判概述

一、采购谈判的概念

采购谈判是贸易双方出于各自的经济利益考虑，围绕交易标的达成合作的条件而进行的一系列洽商活动。

在商品采购过程中，买卖双方的利益是不一致的。通过谈判、协商可以找到双方均认可的条件或利益平衡点，达成合作的意愿。这是采购谈判的最后目的。一般而言，采购谈判不是一蹴而就的，需要进行多回合的协商，慢慢地将双方的立场或利益靠拢，最终交易成功，双方皆大欢喜。即使通过谈判发现双方立场差异太大，不可能妥协接受对方的条件或要求，无法共同合作，也是一次成功的谈判，它使双方明白了对方的条件和态度，为以后可能的合作打下坚实的基础，可以节省时间、精力，减少不必要的谈判次数。

采购谈判一般适用于比较重大的大型采购活动，例如，国际贸易采购，国内贸易中的大型采购，集团采购等采购价值很大、关系很广或很重要、层级很高、一般要经过集体权威决策的采购等。这种采购谈判一般要组团进行、严格正规、谈判内容很多、谈判过程复杂、时间长，甚至进行多轮反复谈判才能够成功。例如，国际贸易的铁矿石进口谈判、空客飞机进口谈判等，国内贸易中大型发电机组采购谈判、地铁列车的采购谈判、企业并购谈判等都是采购谈判的例子，一般只把类似这样的谈判称为采购谈判。采购谈判一般有正规的仪式程序。国内采购中一些中小型的采购，有叫采购谈判的，也有叫采购洽谈的，无论是哪种情况，我们统一称之为采购谈判。

二、采购谈判的作用

采购谈判的好坏，会直接影响贸易双方的最终经济利益，因此，必须高度重视采购谈判，使采购谈判的最后结局对自身的利益保护最大。从现实来看，采购谈判的作用如下。

1. 可以争取降低采购成本

通过采购谈判，可以以比较低的价格获取供应商的产品，降低购买费用；可以以比较低的进货费用获取供应商的送货，降低采购进货的费用；这样就可以降低采购成本。

2. 可以争取保证产品质量

在进行采购谈判时，产品质量肯定是一个重要的内容，通过谈判可以让供应商对产品提供质量保证，使购买方能够获得质量可靠的产品。

3. 可以争取采购物资及时送货

通过谈判，可以促使供应商保证交货期、按时送货、及时满足采购方物资需要，并且可以降低采购方的库存量、提高其经济效益。

4. 可以争取获得比较优惠的服务项目

伴随产品购买，有一系列的服务内容，例如，准时交货、提供送货服务、提供技术咨询服务、售后安装、调试、使用指导、运行维护以及售后保障等。这些服务项目，供应商都需要花费成本，供应商希望越少越好，而购买方希望越多越好，这就需要谈判。

5. 可以争取降低采购风险

采购进货过程风险大，途中可能发生事故，造成货损、货差甚至人身、车辆、货物的重大损失，而通过谈判，可以让供应商分担更多风险、承担更多风险损失，这样采购方就可以减少甚至避免采购风险，减少或者消除风险损失。

6. 可以处理纠纷

可以妥善处理纠纷，维护双方的利益、保持双方的正常关系，为以后的继续合作创造条件。

7. 可以维护双方的长期合作利益

通过采购谈判，可以加深双方的了解与合作，能够避免或者排除其他可能存在的竞争者的干扰，形成具有一定排他性质的合作条款，以保证自己的长远利益在合同有效期内不受损害。

总之，通过谈判，可以争取降低采购成本和采购风险、及时满足企业物资需要、保证物资质量、获取优惠服务、降低库存水平、提高采购的效益。

三、采购谈判的特点

采购谈判属于商务谈判的范畴，它具有商务谈判的基本特点，但同时也具有自己的特殊性。

（1）采购谈判是为了最终获取本单位或部门所需物资，保障本单位或部门及时持续的外部供应。

（2）采购谈判讲求经济效益。在谈判中，买卖双方争议最激烈的问题往往是商品的价格问题。对采购者来说，当然是希望以最低的价格获得所需商品。

（3）采购谈判是一个买卖双方通过不断调整各自的需要和利益而相互接近，最终争取在某些方面达成共识的过程。

（4）采购谈判蕴含了买卖双方“合作”与“冲突”的对立统一关系。双方都希望最终能够达成协议，这是合作的一面；但双方同时又希望通过协议能够获得尽可能多的利益，这是冲突的一面。正是由于买卖双方的这种对立统一关系，才体现出了采购谈判的重要性，以及在谈判中选用适当策略和技巧的必要性。

(5) 在采购谈判中，最终达成的协议所体现的利益主要取决于买卖双方的实力和当时的客观形势。另外，谈判结果还在一定程度上受主观条件的制约，例如，谈判人员的素质、能力、经验和心理状态，以及在谈判中双方所运用的谈判策略技巧。

(6) 采购谈判既是一门科学，又是一门艺术。掌握谈判的基本知识和一些常用策略技巧能使谈判者有效地驾驭谈判的全过程，为己方赢得最大的利益。

在采购谈判的实际组织实施中，要综合考虑采购谈判的上述特点，并结合实际情况，制订合适的谈判计划、方案和策略等。

四、采购谈判的内容

在采购谈判过程中，采购方想以自己认为比较理想的价格、产品质量和供应商服务条件等来获取供应商的产品，而供应商则想以自己希望的质量、价格和服务条件向购买方提供产品。另外，在采购过程中，如果业务操作失误发生了货损、货差、货物质量数量问题，其赔偿问题等也要进行谈判。其他如商品的品种、规格、技术标准、质量保证、订购数量、包装要求、售后服务、价格、交货日期与地点、运输方式、付款条件、风险分担等都需要进行谈判，谋求达成协议，建立双方都满意的采购结果。

完整的国内采购谈判的内容一般可以概括为以下三个方面。

1. 品种

(1) 品种规格；

(2) 性能质量；

(3) 包装；

(4) 生产厂的资质、能力和管理水平；

(5) 产品的市场占有率和市场地位。

2. 价格

(1) 价格公平；

(2) 价格构成合理；

(3) 性价比高；

(4) 相对价格水平；

(5) 优惠率、折扣水平等。

3. 服务

服务主要包括售前、售中和售后服务状况。

售前：信息披露、企业形象、顾客接待和服务；

售中：洽谈友好真诚，信息披露充分真实、展示性强，手续明快简捷，价格公平；

售后：送货及时，保证安全，损坏赔偿，安装调试、使用指导，运行维护、包退包修、付款友好，不可抗风险处置等。

但是并不是所有的采购谈判都要把这三个方面的所有内容一一谈到，达成协议。一般越是大型的采购需要谈判的内容越多、越详尽，越小型的采购谈判的内容越少、越简单。

第二节　采购谈判策略与技巧

采购谈判的策略和技巧有很多。两者之间的界限不是十分清晰，没有形成统一的认识。一般认为策略是谋略或计策；技巧是手段或方法。好的技巧可以使策略或谋略成功实现，差的技巧可能导致满盘皆输。

为了达成谈判的目标，谈判人员可以选择使用各种谈判策略与技巧，但是在采购谈判中要贯彻一个最基本的思想就是谋求买卖双方的“皆大欢喜”。这个指导思想被一些学者和企业家称为“双赢”的原则。其含义是采购谈判应兼顾买卖双方的利益，将谈判成功的希望放置于双方需要的基础上，并在此基础上追求对各方都有利的结果。

贯彻“双赢”的指导思想，就要在谈判过程中努力去寻求满足共同利益的谈判选择方案。在制订谈判目标、计划、策略时，应当从双方的需要出发考虑问题。以这样的思想去指导谈判活动，才能提高成功率。反之，如果在谈判中只顾自身利益，不顾对方利益，最后就很可能以谈判失败告终。

采购谈判的策略与技巧有以下几种。

一、货比三家

站在买家的立场，可以理直气壮、光明正大地使用这一策略或技巧，逼迫卖家在价格、服务、质量、交货时间等方面做出一定的让步。

如果买家在谈判前做了充分的准备工作，谈判过程中遇到对方不愿意让步时，把己方了解到的其他条件类似的卖方的交易情况或条件，披露给谈判对方时，可以打压对手的谈判气势，逼迫对方做出一定的让步。反过来，当卖方在交易中处在比买方有更多的选择时，也可以公开地使用这一策略。

二、投石问路

贸易双方在谈判过程中，不能轻易披露己方的谈判底线，应该逐步地放出一些经过包装的信息或不重要的真实信息，观察对方的反应，摸清对方底细，争取对自己有利的条件。

运用该策略时，关键在于买方应给予卖方足够的时间并设法引导买方对所提出的问题作尽可能详细的正面回答。为此，买方在提问时应注意：问题要简明扼要、有针对性；尽量避免暴露提问的真实目的或意图。在一般情况下，买方可以提出以下问题：如果我们订货的数量增加或者减少？如果我们让你方作为我们固定的供应商？如果我们有临时采购需求？如果我们分期付款？等等。

三、缓兵计

在谈判过程中，观察对方对谈判顺利达成的耐心程度。如果己方的谈判时间期限比较紧迫，不要表露出来，在对方愿意达成合作意愿时，以合作条款还需领导批准为由，停下部分谈判条款，使对方产生焦虑，为求谈判达成而做出某些让步。

在使用缓兵计时，一定要对使用的时间点、条件做出正确判断，提早或延后使用都有可能带来不利于自己的形势。

四、让步策略

在谈判开始前，贸易双方的利益不一致是绝对的。因而谈判的过程就是一个双方逐步让步的过程，最终形成双方均可以接受的合作条款。

让步是有原则的，不能过度牺牲己方的利益。明智的让步不仅能使对方感受到己方的诚意，往往也能换取对方的让步，使谈判朝成功的方向发展，所以，必须讲究让步的策略与方法。让步开始往往出现在对己方而言不是十分重要的条款上，在关键利益点上让步非常困难。因此，谈判前就必须考虑让步的方式、条件等，切忌一让到底。

五、最后通牒

这是一种带有压迫对方性质的谋略。不到最后一刻必须使用时，不要轻易使用。用退出谈判或无法达成协议作为要求对方让步的手段。例如，“这是最后的让步了，如果你们不接受，我们只好退出谈判了。”“我们的方案是合情合理的，这个问题只能这样解决，否则就无法继续谈下去了。”

采用最后通牒策略的态度往往比较强硬，这一策略如能成功，将使己方在谈判中转危为安。其风险在于，万一对方不让步，则谈判不是无法挽回，就是自已陷入被动的境地。因此，在采用这一策略之前，一定要对谈判形势、谈判对方的情况、己方的利益有正确的、清醒的认识和权衡。

当然，所谓最后通牒、诚恳摊底，仅仅是一种策略，有时具有一定的欺骗性，最后通牒并不一定是最后的，诚恳摊底并不一定是底。因此，最后通牒并不可怕，只要掌握确切的情报和资料是能够击破的。

除以上介绍的谈判策略和方法以外，在实际谈判活动中，还有许多策略可以采用，限于篇幅，就不作更多的论述了。在谈判过程中，我们一定要耐心倾听，虚心表述，会心示意，注意反馈，真诚谦虚，善于总结，善于观察，灵活使用各种策略与技巧。对谈判策略及方法感兴趣的读者应该阅读商务谈判的专业书籍。

第三节　采购合同管理

采购合同是供应方与需求方，经过双方谈判协商一致同意而签订的供需关系的法律性文件。采购合同是双方谈判结束的标志，是规范双方以后行为的重要文件。采购合同是双方都应遵守和履行，并且是双方联系的共同语言基础。签订合同的双方都有各自的经济目的，采购合同是经济合同，双方受“经济合同法”保护，并承担责任。

一、采购合同的内容

采购合同的内容，应当在力求具体明确，便于执行，避免不必要纠纷的前提下，具备以下主要条款。

1. 商品的品种、规格和数量

商品的品种应具体，避免使用综合品名；商品的规格应具体规定颜色、式样、尺码和牌号等；商品的数量多少应按国家统一的计量单位标出。必要时，可附上商品品种、规格、数量明细表。

2. 商品的质量和包装

合同中应规定商品所应符合的质量标准，注明是国家或部颁标准；无国家和部颁标准的应由双方协商凭样订（交）货；对于副、次品应规定出一定的比例，并注明其标准；对实行保换、保修、保退办法的商品，应写明具体条款；对商品包装的办法，使用的包装材料、包装式样、规格、体积、重量、标志及包装物的处理等，均应有详细规定。

3. 商品的价格和结算方式

合同中对商品的价格要作具体的规定，规定作价的办法和变价处理等，以及规定对副品、次品的扣价办法；规定结算方式和结算程序。

4. 交货期限、地点和发送方式

交（提）货期限（日期）要按照有关规定，并考虑双方的实际情况、商品特点和交通运输条件等确定。同时，应明确商品的发送方式是送货、代运，还是自提。

5. 商品验收办法

合同中要具体规定在数量上验收和在质量上验收商品的办法、期限和地点。

6. 违约责任

签约一方不履行合同，必将影响另一方经济活动的进行，因此违约方应负物质责任，赔偿对方遭受的损失。在签订合同时，应明确规定，供应者有以下三种情况时应付违约金或赔偿金：

(1) 不按合同规定的商品数量、品种、规格供应商品；

(2) 不按合同中规定的商品质量标准交货；

(3) 逾期发送商品。

购买者有逾期结算货款或提货，临时更改到货地点等行为，应付违约金或赔偿金。

7. 合同的变更和解除条件

合同中应规定，在什么情况下可变更或解除合同，什么情况下不可变更或解除合同，通过什么手续来变更或解除合同等。

此外，采购合同应视实际情况，增加若干具体的补充规定，使签订的合同更切合实际，行之有效。

采购合同签订的原则：

(1) 合同的当事人必须具备法人资格。这里所指的法人是有一定的组织机构和独立支配财产，能够独立从事商品流通活动或其他经济活动，享有权利和承担义务，依照法定程序成立的企业。

（2）合同必须合法。也就是必须遵照国家的法律、法令、方针和政策签订合同，其内容和手续应符合有关合同管理的具体条例和实施细则的规定。

（3）签订合同必须坚持平等互利、充分协商的原则。

（4）签订合同必须坚持等价、有偿的原则。

（5）当事人应当以自己的名义签订经济合同。委托别人代签，必须要有委托证明。

（6）采购合同应当采用书面形式。

二、采购合同的管理

采购合同的管理应当做好以下几方面的工作。

1. 加强对公司采购合同签订的管理

加强对采购合同签订的管理，一方面要对签订合同的准备工作加强管理，在签订合同之前，应当认真研究市场需要和货源情况，掌握企业的经营情况、库存情况和合同对方单位的情况，依据企业的购销任务收集各方面的信息，为签订合同、确定合同条款提供信息依据。另一方面要对签订合同过程加强管理，在签订合同时，要按照有关的合同法规规定的要求，严格审查，使签订的合同合理合法。

2. 建立合同管理机构和管理制度

为保证合同的履行，企业应当设置专门机构或专职人员，建立合同登记、汇报检查制度，以统一保管合同、统一监督和检查合同的执行情况，及时发现问题，采取措施，处理违约，提出索赔，解决纠纷，保证合同的履行。同时，可以加强与合同对方的联系，密切双方的协作，以利于合同的实现。

3. 处理好合同纠纷

当企业的经济合同发生纠纷时，双方当事人可协商解决。协商不成时，企业可以向国家工商行政管理部门申请调解或仲裁，也可以直接向法院起诉。

4. 信守合同，树立企业良好形象

合同的履行情况好坏，不仅关系到企业经营活动的顺利进行，而且也关系到企业的声誉和形象。因此，加强合同管理，有利于树立良好的企业形象。

本章小结

本章介绍了采购谈判的概念，总结了采购谈判的作用与特点，以及采购谈判的内容。采购谈判过程中双方均会使用各类谈判策略及方法，以求谈判的结果对自己最为有利。谈判过程中的谈判策略和方法有很多，如何使用谈判策略及方法必须灵活掌握，没有固定的模式及程序。采购合同是谈判结束非常重要的书面性文件，是规范双方合作行为的基础性文件，具有神圣的法律地位。因此，对采购合同的内容、责任、义务、权利等各方面必须严格审核，层层把关，认真控制与管理，以维护企业利益最大化及不受损害。

1. 什么是采购谈判?
2. 采购谈判的作用及特点是什么?
3. 模拟一次采购谈判，在谈判中如何利用各种谈判策略。
4. 写出你印象最深的一次谈判案例。

我国与日本的一次汽车索赔谈判

1985年9月，我国家经委因进口的5800辆日本三菱汽车质量问题向日方三菱汽车公司索赔。

谈判开始，首先是质量确认，当我方代表提出三菱汽车的一系列质量问题后，日方代表从发生的数量和毛病的程度两方面进行了辩解。他尽量把问题缩小，把轮胎炸裂说成是有的轮胎炸裂；把电路故障说成是有点故障；把铆钉断裂说成是有的被震断；把车架裂缝说成是偶有裂纹。

我方代表当即反驳："第一，上述质量问题曾由贵公司代表亲临现场查看过；第二，产生上述质量问题的数量，不能用'有的'或'偶有'来说明；第三，根据检测，上述质量问题的性质是严重的。如铆钉不是震断，而是剪断！车架不是一般的裂纹，而是断裂裂缝！"我方出示了统计数据和汽车质量检测证据。

日方辩驳说："你们的质量检测不能作准。"

这是我方意料之中的事。我方当即出示汽车质量复检证据，而这些复检正是使用了刚刚从日本进口的最先进的检车设备作出的结论。

日方除了惊叹我方提供的精确计算和正确的资料外无话可说。

接着，我方提出全批质量索赔，并赔偿我方用户间接的经济损失。我方代表以事实为依据积极进攻，日方代表虽然被动却仍不断负隅顽抗。我方又将因汽车质量问题而引起的汽车再加工费用详细开列出来，日方不得不同意支付7600万日元作为全批质量赔偿。

争议最大也是最难以确定的是间接经济损失赔偿。日方代表吸取前面谈判的教训，经过周密的策划，抢先对这部分损失做出分析，通过逐项计算，逐项报出预计赔偿金额，提出总计支付30亿日元，企图一锤定音。表面上看来既顺理成章又合情合理，实则日方把许多损失掩藏在泛泛的故意出错的计算中。

针对日方的说法，我方逐条反驳，提出我方的测算依据、计算方法和索赔金额，每一项都有根有据，总计间接经济损失赔偿金额为70亿日元。

日方代表一听，大惊失色，连声叫道："太高了！太高了！"在我方的积极进攻下，日方代表禁不住诉起苦来："这么高的索赔额，如果不降下来，我们回去一定会被老板解雇的，请多多关照。"

我方代表马上指出："损失的是我们，你公司的低劣产品已经给我方造成巨大的经济损失，根据确凿的计算，现在的索赔金额并不能完全补偿这些损失，如果你们有为难之处，可以请你们公司决策人员直接与我方谈判。"

我方据理力争、寸步不让，谈判出现僵局。日方提议休会，我方同意休息一天。于是，日方首席代表将电话挂到日本三菱汽车公司总部，与最高决策层进行了长时间的紧急磋商。

复会以后，日方仍坚持原来立场，由于没有什么适当的理由，所以，日方始终保持沉默，以对抗中方的进攻。

中方以今后的贸易前景启发他们："中日贸易前景广阔，贵公司与我们的贸易正在拓展，相信你们绝对不会放弃中国这个最大的贸易伙伴和有巨大潜力的汽车市场。我们的数据是正确的，金额是合理的，如果你们对双方贸易有诚意的话，应该做些让步。从长远的观点看，这对你们是极其有利的。"

在中方的劝说下，日方代表以摊底的态度说："我们愿付40亿日元，这是最高的数目了。"

然而，中方不接受这个"底"，"希望日方至少支付60亿日元。"

现在，日方面临僵持到底就会失去中国市场的风险，这个压力是相当大的。经过又一番唇枪舌剑，最终日方同意赔偿50亿日元，并以承担另外几项责任作为补偿。至此，一场旷日持久的谈判胜利结束。

中方在这场谈判中，利用精确的计算和正确的证据资料，采用以攻为主的策略，取得了满意的结果。

我国一汽公司与美国克莱斯勒公司的汽车合作谈判

20世纪80年代我国准备开拓轿车生产，以赶上世界轿车技术的发展。1986年，国家批准第一汽车制造厂（以下简称"一汽"）生产轿车的计划。厂领导经过研究认为首先要解决发动机制造技术，在这方面比较领先的是美国克莱斯勒公司，于是决定由耿昭杰带领一个考察团去美国考察。

考察团到达美国底特律以后立即去克莱斯勒公司参观。克莱斯勒公司的有关人员非常热情。他们早已获悉"一汽"要生产轿车的信息，因此，总裁艾柯卡亲自带领一大批高级技术人员向中方详尽解释各种发动机的性能与造型。经过比较和讨论，考察团选中了一种轻轿结合的发动机与克莱斯勒公司谈判。由于双方都非常希望能做成这笔交易，因此谈判比较顺利，很快签署了从克莱斯勒公司引进这种发动机技术和生产线的协议。在考察中，考察团对克莱斯勒公司的轿车车身也很感兴趣，因为那种车身比较长，比较气派，跑起来相当稳当，坐在里面很舒适。考察团表示回去商讨后再来谈判引进车身问题，克莱斯勒公司承诺给予优惠。

不久，"一汽"即开始克莱斯勒汽车发动机的试生产。这种发动机功率大，耗油相对较小，技术上使人相当满意。耿昭杰决定尽快引进克莱斯勒的轿车车身，他委派总经济师吕福源率团再去底特律。

然而克莱斯勒公司的接待人员虽然仍很热情，但谈判桌上的态度却完全不同于上次，他们提出的输出条件非常苛刻，要价也异乎寻常的高昂。克莱斯勒公司知道，他们的发动机与他们的车身是适配的，“一汽”既已用上了他们的发动机，就不可能不使用他们的车身。因此，他们有恃无恐，想在这次交易中大捞一把。自然，这次谈判双方僵持不下，很不愉快。无可奈何下吕福源在征得耿昭杰同意后率团回国。克莱斯勒公司认为，“一汽”要搞轿车，迟早还会来找他们。

“一汽”真的进退两难：进吧，美国人卡着，没有合适的车身；退吧，克莱斯勒的发动机已经在生产，损失将是很大的。正当山重水复疑无路的时候，德国大众汽车公司闻讯以参观的名义前来寻求机会。董事长哈恩博士在参观中对“一汽”所具备的生产条件颇为赞叹，与“一汽”人的自豪感十分吻合。在融洽的气氛中，耿昭杰试探性地提出轿车车身生产问题，哈恩立刻接过话头，表示愿意为克莱斯勒发动机量身定制一个合适的车身。

哈恩回去后不到 1 个月就打电话给耿昭杰，车身已经完成，并装上了克莱斯勒的发动机。大众公司的认真和效率显示其与“一汽”合作的诚意，耿昭杰立刻让吕福源飞赴德国朗堡大众汽车公司。

此时，美国方面也得到了消息，赶紧放下姿态，向“一汽”提议和解。于是，美方大大降低了要价和各项交易条件，企图把“一汽”拉回到美方一边来。

根据吕福源去朗堡的汇报和克莱斯勒公司的最新提案，耿昭杰会同领导班子其他成员，对美、德两方的技术、交易条件、合作诚意等方面进行了综合分析与评估，最后决定选择德国大众汽车公司为合作伙伴，并把“一汽”生产的这种轿车正式定名为“奥迪”。

两年以后，奥迪轿车走上市场，随即风靡中国。

（资料来源：夏圣亭．商务谈判技术［M］．2 版．北京：高等教育出版社，2007.）

问题：

收集、了解以上两次谈判的背景资料，分析、理解谈判双方各自采取了哪些谈判策略和方法，以保证自己的利益最大。

第七章　采购价格与成本管理

章节知识框架

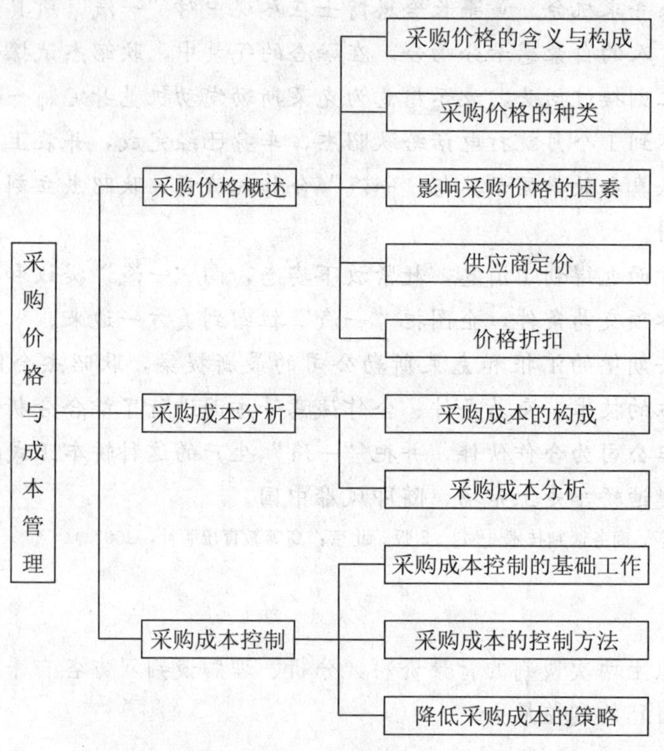

学习要求和目标

（1）了解采购价格及其构成、影响采购价格的因素；
（2）掌握采购价格的种类和供应商的定价方法；
（3）理解采购价格折扣的不同种类；
（4）掌握采购成本的构成和采购成本分析的不同方法；
（5）了解采购成本控制的基础工作；
（6）掌握采购成本的不同控制方法；
（7）理解降低采购成本的不同策略。

供需联手降成本

歧化松香酸钾皂是齐鲁石化生产丁苯橡胶的重要助剂，由齐鲁石化公司某改制企业供货，采用计价公式法确定价格，主要原材料松香的价格是影响采购价格的主要因素。

自 2010 年以来，齐鲁石化物装中心采购人员通过对比分析发现，随着松香价格的上涨，钾皂价格与同行业的价格差增大，这说明原来的计价公式已不准确。发现问题后，业务人员多次到供应商处实地调查，了解掌握钾皂的生产过程，并督促供应商技术革新、降低单耗。从 2010 年 9 月到 2012 年，经过与供应商的艰苦谈判，两年间，历经四次调整，钾皂的松香单位消耗降低 32 千克，大幅度降低了钾皂采购成本。

在歧化松香酸钾皂计价公式趋于合理的情况下，2012 年，物装中心又向上延伸，要求供应商控制原材料采购价格来实现降本增效。一是通过改变以往凭供应商采购原料发票价格核定成本的做法，实施了采购价格与市场交易价格联动的调价机制，激发了供应商降低原料采购成本的动力，也使歧化松香酸钾皂的采购价格更贴近市场，2012 年采购歧化松香酸钾皂 4.34 万吨，同比节约采购成本 7719 万元；二是帮助供应商进行技术改造。

2012 年 4 月，物装中心与橡胶厂在对广西梧州一家生产钾皂的企业（非中石化资源市场）进行调研时发现，该企业生产钾皂所消耗的催化剂氯化钯的单位消耗远低于齐鲁供应商的氯化钯单位消耗，通过对生产工艺和关键设备的对比分析，发现齐鲁供应商的生产工艺和关键设备在催化剂回收环节上存在严重缺陷，造成催化剂氯化钯单耗高。物装中心积极牵线搭桥，促成广西梧州企业与齐鲁供应商进行技术交流，帮助供应商引进关键设备，改进生产工艺。2012 年 12 月，该项目工艺改造完成并顺利投产，实现了催化剂氯化钯单位消耗降低 2 克的目标。氯化钯单耗降低后，钾皂的生产成本自然也就降低了，经过商谈，2013 年歧化松香钾皂每吨又降价 180 元，按全年 37900 吨的需求量核算，预计可再节约采购成本 682 万元。

资料来源：中国物流与采购网。

（http：//www.chinawuliu.com.cn/xsyj/201302/27/210630.shtml.）

问题：

1. 齐鲁石化是如何对进购的主要原材料定价的？
2. 齐鲁石化是如何控制原材料采购价格，进而实现降本增效的？

第一节 采购价格概述

商品的价格是商品价值的货币表现，它综合反映了商品的质量、款式、服务、性能、货款结算、运输等条件，是买卖双方关心的焦点。在传统的采购中，买卖双方成交的价格，既是供应商的供应价格，也是采购方的采购价格。卖方想尽可能地提高商品售价，以便取得较高的利润；买方想尽可能地压低价格，以减少采购费用的支出，降低采购成本。所以，价格一直是采购过程中最主要的要素之一。

一、采购价格的含义与构成

采购价格是指企业进行采购作业时，通过某种方式与供应商之间确定的所需采购物品和服务的价格。

商品价格构成是指构成价格的各个要素及其在价格中的组成情况。价格构成以价值构成为基础，而商品的价值构成包括在生产过程中已耗费掉的生产资料的转移价值与劳动者新创造的价值。与上述价值构成相适应，商品价值的各个组成部分在货币形态上分别转化为商品价格构成的有关部分，即生产成本、流通费用、税金和利润四个部分。与企业物资供应部门紧密相关的价格是物料的采购价格，采购价格其实就是市场上存在的商品价格。

1. 生产成本

生产成本是指企业为生产一定数量的某种商品所支出的生产费用总和，即商品价值中的转移价值和劳动者为自己劳动所创造价值的货币表现。商品的生产成本包括原材料、辅助材料、燃料、动力等消耗以及固定资产折旧、生产工人工资及提取的福利基金、管理人员的工资及提取的福利基金、其他同生产相关的开支等。生产成本在商品价格中居主要地位，是商品价格构成的重要部分，也是制定商品价格的最低经济界限。

2. 流通费用

流通费用是指商品从生产领域向消费领域转移过程中所发生的一切物化劳动和活劳动的货币表现。它是构成商品价格的重要因素。商品流通费用通常包括运输费、仓储费、广告费、销售人员的工资及销售管理费等。商品流通费用按其发生的环节不同，成为各相关价格的组成部分。生产单位支出和工业品生产成本构成产品的完成成本，包括在商品的出厂价格之中；在供应环节发生的流通费用形成供应价格的构成因素；在零售环节所发生的流通费用形成零售价格的构成因素。因此，正确核算商品流通费用，是合理制定商品价格的基础。

3. 税金

税金是指生产和经营单位按照国家税法规定应计入商品价格或服务收费标准中的纳税金额，其实质是生产劳动者为社会劳动新创造的价值中的一部分的货币表现。税金是国家财政收入的主要来源，也是商品价格构成的重要因素，其水平高低直接影响商品价格。

4. 利润

利润是指劳动者为社会劳动新创造的那部分价值的货币表现，它是企业销售产品后，减去生产成本、流通费用和应纳税金后的余额。税金和利润是生产劳动者为社会劳动新创造价值的货币表现，即价格超过生产成本和流通费用的差额。利润也是构成价格的重要因素，其水平高低，不仅是考核企业经济效益高低的重要因素，而且也直接影响商品价格。

二、采购价格的种类

采购价格一般由成本、需求以及交易条件决定，依据不同的交易条件，采购价格会有不同的种类。

1. 送达价与出厂价

送达价是指供应商的报价中包含负责将物品送达采购方的工厂或指定地点的费用，即由供应商到采购方的物资运送过程中所发生的各项费用均由供应商承担。以国际而言，即到岸价（Free on Board，FOB）加上运费（包括从出口厂商所在地至港口的运费）和货物抵达买方之前的一切运输保险费，其他有进口关税、银行费用、利息以及报关费等。这种送达价通常由国内的代理商以人民币报价方式（形同国内采购），向外国原厂进口货品后，再售与采购方，一切进口手续皆由代理商办理。

出厂价指供应商的报价中不包括运送责任，即由采购方雇用运输工具，前往供应商所在地提货。这种情形通常出现在采购方拥有运输工具或供应商加计的运费偏高时，或当所购物资处于卖方市场的环境时，供应商不再提供免费的运送服务。

2. 现金价与期票价

现金价指以现金或相等的方式支付货款时所确定的价格。但是“一手交钱，一手交货”的方式并不多见。按零售行业的习惯，月初送货、月中付款，或者月底送货、下月中付款，即视为现金交易，并不加计延迟付款的利息。现金价可使供应商免除交易风险，采购方也可享受现金折扣。例如，在美国零售业的交易条件若为2/10、n/30，即表示十天内付款可享受2%的折扣，否则30天内必须付款。

期票价指企业以期票或延期付款的方式来采购商品时所确定的价格。通常企业会加计迟延付款期间的利息于售价中。如果供应商希望取得现金周转，会将加计的利息超过银行现行的利率，以迫使采购方舍弃期票价而取现金价，另外，从现金价加计利息变成期票价，有的用贴现的方式计算价格。

3. 净价与毛价

净价指供应商实际收到的货款，采购方不再支付任何货款以外的交易费用。一般在供应商的报价单条款中，通常会写明。

毛价指供应商的报价，可以因为某些因素加以折让。通常，供应商会因为企业采购金额较大，而给予采购方某一百分率的折扣。例如，采购空调设备时，商家的报价已包含货物税，只要采购方能提供工业用途的证明，即可减免增值税50%。

4. 现货价与合约价

现货价指每次交易时，由供需双方重新议定价格，若有签订买卖合约，也以完成交易后即告终止。在企业众多的采购项目中，采用现货交易的方式最频繁；买卖双方按交易当时的行情进行，不必承担预立约后价格可能发生的巨幅波动的风险或困扰。

合约价指买卖双方按照事先议定的价格进行交易，合约价格涵盖的期间依契约而定，短的几个月，长的一两年。由于价格议定在先，经常造成与时价或现货价的差异，使买卖时发生利害冲突。因此，合约价必须有客观的计价方式或定期修订，才能维持公平、长久的买卖关系。

5. 定价与实价

定价是指物品标示的价格。如某些商场的习惯是不二价，自然牌价（定价）就是实际出售的价格，但有些商场仍然流行“讨价还价”的习惯。当然，使用牌价在某些行业确有正常的理由。例如，钢管、水泥、铝皮等价格容易波动的物品，供应商经常提供一份牌价给买方，表中价格均偏高且维持不变。当采购方要货时，供应商则以调整折扣率来反映时价，无须提供新的报价单给采购方。所以，牌价只是名目价格，而非真实价格。

实价指采购方实际上所支付的价格。特别是供应商为了达到促销的目的，经常会提供各种优惠的条件给采购方，例如，数量折扣、免息延期付款、免费运送与安装等，这些优待都会使采购方真实的采购总价格降低。

三、影响采购价格的因素

采购价格的高低受各种因素的影响，对于国内采购来说，尽管地区、商业环境、时间与人际关系等方面有所不同，但其价格变动还是易于预测与控制的；而对于涉外采购来说，世界各地市场的供应关系情况比较复杂，如政策、运输、保险、汇率、气候等因素对价格有很大的影响，不易预测和控制。

1. 供应商成本的高低

供应商成本的高低是影响采购价格的最根本、最直接的因素。供应商进行生产，其目的是获得一定利润，否则生产无法继续。因此，采购价格通常在供应商的成本之上，两者之差即为供应商的利润，供应商的成本是采购价格的底线。

2. 规格与品质

采购企业对采购品的规格要求越复杂，采购价格就越高。价格的高低与采购品质也有很大关系。如果采购品的品质一般或质量低下，供应商会主动降低价格，有时甚至会贿赂采购人员，以求赶快脱手。采购人员应首先确保采购物品的规格能满足本企业需求，质量能满足产品的设计要求，千万不要只追求价格最低，而忽略了质量。

3. 采购物品的供需关系

当企业需采购的物品供不应求时，则供应商处于主动地位，便会趁机抬高价格；当企业所采购的物品供过于求时，则采购企业处于主动地位，可以获得最优的价格。

4. 生产季节与采购时机

当企业处于生产的旺季时，对原材料需求紧急，因此不得不承受更高的价格。避免这种情况的最好办法是提前做好生产计划，并根据生产计划制订出相应的采购计划，为生产旺季的到来提前做好准备。

5. 采购数量

如果采购数量大，采购企业就会享受供应商的数量折扣，从而降低采购的价格。因此，大批量、集中采购是降低采购价格的有效途径。采购数量不但要考虑采购方的经济批量，而且应考虑供应商的经济生产量，因为采购数量的多少，往往影响采购价格的高低。

6. 交货条件

交货条件也是影响采购价格的非常重要的因素，交货条件主要包括运输方式、交货期的缓急等。如果货物由采购方来承运，则供应商就会降低价格，反之就会提高价格。有时为了争取提前获得所需货物，采购方会适当提高价格。

7. 付款条件

一次性付款或分期付款，供应商给出的优惠条件是不同的。在付款条件下，供应商一般规定有现金折扣、期限折扣，以刺激采购方能提前支付货款。

8. 议价能力

采购方与供应商之间的竞争手法通常是压低价格，并要求较高的产品质量或索取更多的服务项目，常常置供应商于彼此对立的状态，所有这些都是以利润作为代价的。每个采购方的议价能力的强弱取决于众多市场情况的特点，也与采购物品在采购企业整个业务运作中的重要性有关。通常，供应商可能以提价或降低采购方所购买产品的质量、服务相威胁，向采购方施加压力。供应商施加的压力，可以使采购方的成本增加，而产品售价未能同步增加导致失去利润。供应商施压的强弱是与采购方施压的大小相互消长的。

9. 供应市场的竞争状况

供应商毫无例外地会参考竞争对手的价位，来确定自己的产品价格，除非是处于垄断地位。一般情况下，供应市场的供应商数量越多，竞争越激烈，供应商的供货价格会有所下降。

10. 企业与供应商的关系

采购企业与供应商的关系较好，通常能获得比较好的价格。

此外，采购价格还与市场经济环境、供应商的定价策略、供应地区的差异以及包装情况有关。

四、供应商定价

采购部门弄清楚供应商依据什么来报价，对分析报价的合理性以及在价格谈判时会有很大的帮助，但一般情况下供应商都不会告诉采购方他的报价是如何做出来的。通常，采购部门都有一套较为严密的方法，甚至设立专门的成本核算小组来为报价提供可靠的依据，但也有些采购部门凭直觉和经验来估算价格，给价格谈判带来一定的难度。

（一）供应商定价的目标

定价目标（Pricing Objectives）是企业在对其生产或经营的产品制定价格时的目的和标准。定价目标是指导企业进行价格决策的主要因素，其取决于企业的总体目标。不同行业的企业、同一行业的不同企业以及同一企业在不同的时期，在不同的市场条件下，都可能有不同的定价目标。定价目标大致有以下几种。

1. 以获取利润为目标

获取利润是企业从事生产经营活动的最终目标，具体可通过产品定价来实现。获取利润目标一般有三种具体形式：投资收益、合理利润、最大利润。

（1）以获取投资收益为定价目标。

投资收益定价目标是指使企业实现在一定时期内能够收回投资并能获取预期的投资报酬的一种定价目标。采用这种定价目标的企业，一般是根据规定的投资收益率，计算出单位产品的利润额，再加上产品成本作为销售价格。但必须注意两个问题：第一，要确定适度的投资收益率。一般来说，投资收益率应该高于同期的银行存款利息率。但也不可过高，否则消费者难以接受。第二，企业生产经营的必须是畅销产品，且与竞争对手相比，产品具有明显的优势。

（2）以获取合理利润为定价目标。

合理利润定价目标是指企业为避免不必要的价格竞争，以适中、稳定的价格获得长期利润的一种定价目标。采用这种定价目标的企业，往往是为了减少风险、保护自己，或限于力量不足，只能在补偿正常情况下的平均成本的基础上，加上适度利润作为产品价格。定价条件是企业必须拥有充分的后备资源，并打算长期经营。临时性的企业一般不宜采用这种定价目标。

（3）以获取最大利润为定价目标。

最大利润定价目标是指企业追求在一定时期内获得最高利润额的一种定价目标。利润额最大化取决于合理价格所推动的销售规模，因而追求最大化利润的定价目标并不意味着企业要制定最高单价。最大利润既有长期和短期之分，又有企业全部产品和单个产品之别。有远见的企业经营者，都着眼于追求长期利润的最大化。当然并不排除在某种特定时期及情况下，对其产品制定高价以获取短期最大利润。还有一些多品种经营的企业，经常使用组合定价策略，即有些产品的价格定得比较低，有时甚至低于成本以招徕顾客，借以带动其他产品的销售，从而使企业利润最大化。

2. 以提高市场占有率为目标

市场占有率目标也称为市场份额目标，是指企业的销售额占整个行业销售额的百分比，或者是指某企业的某产品在某市场上的销量占同类产品在该市场销售总量的比重。市场占有率是一个企业经营状况和企业产品在市场上竞争能力的直接反映，关系到企业的兴衰存亡。作为定价目标，市场占有率与利润的相关性较强，从长期来看，较高的市场占有率可以保证企业产品的销路，巩固企业的市场地位，从而使企业的利润稳步增长。

在许多情况下，市场占有率的高低比投资收益率更能说明企业的营销状况。有时，由于市场的不断扩大，一个企业可能获得客观的利润，但相对于整个市场来看，所占比例可能很小，或本企业市场占有率正在下降，也会影响企业的长期发展。因此，所有企业都希望用较长时间的低价策略来扩充目标市场，尽量提高企业的市场占有率。

美国市场营销战略影响利润系统的分析指出，当市场占有率在10%以下时，投资收益率大约为8%；市场占有率在10%～20%时，投资收益率在14%以上；市场占有率在20%～30%时，投资收益率约为22%；市场占有率在30%～40%时，投资收益率约为24%；市场占有率在40%以上时，投资收益率约为29%。因此，以市场占有率为定价目标，具有获取长期较好利润的可能性。

3. 以应付和防范竞争为目标

(1) 稳定价格目标。

稳定价格目标是指以保持价格相对稳定、避免下面价格竞争为目标的定价，当企业准备在一个行业中长期经营时，或某市场供求变化与价格波动需要有一个稳定的价格来稳定市场时，该行业中的大企业或占主导地位的企业率先制定一个长期的稳定价格，其他企业的价格与之保持一定的比例，这样，对大企业是稳妥的，中小企业也避免遭受由于大企业的随时随意提价而带来的打击。

(2) 追随定价目标。

企业有意识地通过给产品定价主动应对和避免市场过度竞争。追随定价是指企业价格的制定，主要以对市场价格有影响的竞争者的价格为依据，根据具体产品的情况稍高或稍低于竞争者。竞争者的价格不变，实行此目标的企业也维持原价，竞争者的价格或涨或落，此类企业也相应地参照调整价格。一般情况下，中小企业的产品价格定的略低于行业中占主导地位的企业的价格。

(3) 挑战定价目标。

如果企业具备强大的实力和特殊优越的条件，可以主动出击，挑战竞争对手，获取更大的市场份额。

(二) 供应商的定价方法

定价方法是企业在特定的定价目标指导下，依据对成本、需求及竞争等状况的研究，运用价格决策理论，对产品价格进行计算的具体方法。对采购商而言，掌握供应商对商品的定价方法有利于正确分析供应商所报价格的构成，以便采取适当的价格谈判策略和降低采购价格的方法。目前常使用的定价方法有成本导向定价法、市场需求导向定价法和竞争导向定价法三种类型。

1. 成本导向定价法

成本导向定价法是指以供应商成本为依据确定价格的方法，其核心是谋求对成本的补偿和最大赢利的获得。以成本作为定价的底线，价格必须在成本之上，将各种定价因素通过成本类型和赢利率的选择反映出来。以产品单位成本为基本依据，再加上预期利润来确定价格的成本导向定价法，是中外企业最常用、最基本的定价依法。成本导向定价法又衍生出了成本加成定价法、目标加成定价法、目标收益定价法、边际成本定价法、盈亏平衡定价法等具体的定价方法。

(1) 成本加成定价法。

成本加成定价法是以全部成本作为定价基础，把所有为生产某种产品而发生的耗费均计入成本的范围，计算单位产品的变动成本，合理分摊相应的固定成本，再按一定的目标利润率来决定价格。其计算公式为：单位产品价格＝单位产品总成本×（1＋目标利润率）。这种方法适用于下列情况：市场上缺乏竞争对手，产品销路好，或正处于卖方市场。缺点在于忽视当前采购方需求特点、市场供求关系和竞争状况。

[例 7-1]　某电视机厂生产 2000 台彩色电视机，总固定成本 600 万元，每台彩电的

变动成本为1000元，确定目标利润率为25%。则采用总成本加成定价法确定价格的过程如下：

单位产品固定成本＝6000000÷2000＝3000（元/台）

单位产品总成本＝单位产品固定成本＋单位产品变动成本

＝3000＋1000＝4000（元/台）

单位产品价格＝4000×（1＋25%）＝5000（元/台）

（2）目标收益定价法。

目标收益定价法又称投资收益率定价法，是指以利润为依据制定销售价格的方法。按目标利润测算预期销售价格及销售数量。该定价方法以企业期望达到的利润目标为制定价格的基础。

［例7-2］ 假设上例中建设电视机厂的总投资额为800万元，投资回收期为5年，则采用目标收益定价法确定价格的基本步骤为：

①确定目标收益率：

目标收益率＝1/投资回收期×100%＝1/5×100%＝20%

②确定单位产品目标利润额：

单位产品目标利润额＝总投资额×目标收益率÷预期销量

＝8000000×20%÷2000＝800（元/台）

③计算单位产品价格：

单位产品价格＝企业固定成本÷预期销量＋单位变动成本＋单位产品目标利润额＝6000000÷2000＋1000＋800＝4800（元/台）

（3）边际成本定价法。

边际成本是指每增加或减少单位产品所引起的总成本的变化量。由于边际成本与变动成本比较接近，而变动成本的计算更容易一些，所以在实务中多用变动成本代替边际成本，而将边际成本定价法称为变动成本定价法。

采用边际成本定价法是以单位产品变动成本作为定价依据和可接受价格的最低界限。在价格高于变动成本的情况下，企业出售产品的收入除完成补偿变动成本外，尚可用来补偿一部分固定成本，甚至可能提供利润。

［例7-3］ 某制鞋厂在一定时期内发生固定成本80000元，单位变动成本0.7元，预计销售为100000双。在当时市场条件下，同类产品的价格为1元/双。那么，企业是否应该继续生产呢？其决策过程如下：

固定成本＝80000（元）

变动成本＝0.7×100000＝70000（元）

销售收入＝1×100000＝100000（元）

企业盈亏＝100000－70000－80000＝－50000（元）

按照变动成本定价，企业出现了50000元的亏损，但是作为已经发生的固定成本，在不生产的情况下，已支出了80000元，这说明按变动成本定价时可减少30000元固定成本的损失，并补偿了全部变动成本70000元。若低于变动成本定价，如市场价格降为0.7元/双以下，则企业应该停产，因为此时的销售收入不仅不能补偿固定成本，连变动成本也不能补偿，生产得越多，亏损便越多，企业的生产活动便变得毫无意义。

(4) 盈亏平衡定价法。

在销量既定的条件下，企业产品的价格必须达到一定的水平才能做到盈亏平衡、收支相抵。既定的销量就称为盈亏平衡点，这种制定价格的方法就称为盈亏定价法。科学地预测销量和已知固定成本、变动成本是盈亏平衡定价的前提。

在此方法下，为了确定价格可利用如下公式：

[**例 7-4**] 某企业年固定成本为 10000 元，单位产品变动成本为 30 元/件，年产量为 2000 件，则该企业盈亏平衡点价格＝100000÷2000＋30＝80（元）。

以盈亏平衡点确定价格只能使企业的生产耗费得以补偿，而不能得到收益。因此，在实际中均将盈亏平衡点价格作为价格的最低限度，通常再加上单位产品目标利润后才作为最终市场价格。有时，为了开展价格竞争或应付供过于求的市场格局，企业采用这种定价方式以取得市场竞争的主动权。

2. 市场需求导向定价法

市场需求导向定价法又称为顾客导向定价法，是指以市场实际需求状况和消费者对产品的感觉差异为依据确定价格的方法。现代市场营销观念要求，企业的一切生产经营必须以消费者需求为中心，并在产品、价格、分销和促销等方面予以充分体现，只考虑产品成本，而不考虑竞争状况及顾客需求的定价，不符合现代营销观念。其特点是灵活有效地运用价格差异，对平均成本相同的同一产品，价格随市场需求的变化而变化，不与成本因素发生直接关系。需求导向定价法主要包括理解价值定价法和差别定价法。

(1) 理解价值定价法。

理解价值定价法是指以市场的承受力及采购者对产品价值的理解程度作为定价的依据，适用于大多数消费品市场。定价的关键是购买者的接受性，而不是企业的成本，购买者的接受性表现为对产品价值的主观判断。

理解价值定价法的关键和难点，是获得消费者对有关商品价值理解的准确资料。企业如果过高估计消费者的理解价值，其价格就可能过高，难以达到应有的销量；反之，若企业低估了消费者的理解价值，其定价就可能低于应有水平，使企业收入减少。因此，企业必须通过广泛的市场调研，了解消费者的需求偏好，根据产品的性能、用途、质量、品牌、服务等要素，判定消费者对商品的理解价值，制定商品的初始价格。然后，在初始价格条件下，预测可能的销量，分析目标成本和销售收入，在比较成本与收入、销量与价格的基础上，确定该定价方案的可行性，并制定最终价格。

(2) 差别定价法。

差别定价法是指将同种产品以不同的价格销售给同一市场上的不同客户，供应商根据采购商的需求特征实行差别定价。其好处是可以使企业定价最大限度地符合市场需求，促进商品销售，有利于企业获取最佳的经济效益。

根据需求特性的不同，差异定价法通常有以下六种形式。

①以用户为基础的差别定价。它指对同一产品针对不同的用户或顾客，制定不同的价

格。例如，对老客户和新客户、长期客户和短期客户、女性和男性、儿童和成人、残疾人和健康人、工业用户和居民用户等，分别采用不同的价格。

②以地点为基础的差别定价。它随着地点的不同而收取不同的价格，比较典型的例子是影剧院、体育场、飞机等，其座位不同，票价也不一样。例如，体育场的前排可能收费较高，旅馆客房因楼层、朝向、方位的不同而收取不同的费用。这样做的目的是调节客户对不同地点的需求和偏好，平衡市场供求。

③以时间为基础的差别定价。同一种产品，成本相同，而价格随季节、日期甚至钟点的不同而变化。例如，供电局在用电高峰期和闲暇期制定不同的电缆标准；电影院在白天和晚上的票价有别。对于某种时令商品，在销售旺季，人们愿意以稍高的价格购买；而一到淡季，则购买意愿明显减弱，所以这类商品在定价之初就应考虑到淡、旺季的价格差别。

④以产品为基础的差别定价。不同外观、花色、型号、规格、用途的产品，也许成本有所不同，但它们在价格上的差异并不完全反映成本之间的差异，而主要区别在于需求的不同。例如，棉纺织品卖给纺织厂和卖给医院的价格不一样，工业用水、灌溉用水和居民用水的收费往往有别，对于同一型号而仅仅是颜色不同的产品，由于消费者偏好的不同，也可以制定不同的价格。

⑤以流通环节为基础的差别定价。企业产品出售给批发商、零售商和用户的价格往往不同，通过经销商、代销商和经纪人销售产品，因责任、义务和风险不同，佣金、折扣及价格等都不一样。

⑥以交易条件为基础的差别定价。交易条件主要指交易量大小、交易方式、购买频率、支付手段等。交易条件不同，企业可能对产品制定不同的价格。比如，交易批量大的价格低，零星购买价格高；现金交易价格可适当降低，支票交易、分期付款、以物易物的价格适当提高；预付定金、连续购买的价格一般低于偶尔购买的价格。

3. 竞争导向定价法

在竞争十分激烈的市场上，企业通过研究竞争对手的生产条件、服务状况、价格水平等因素，依据自身的竞争实力，参考成本和供求状况来确定商品价格，这种定价方法就是竞争导向定价法。

(1) 市价法。

在垄断竞争和完全竞争的市场结构条件下，任何一家企业都无法凭借自己的实力而在市场上取得绝对的优势，为了避免竞争特别是价格竞争带来的损失，大多数企业都采用市价法，即将本企业某产品价格保持在市场平均价格水平上，利用这样的价格来获得平均报酬。此外，采用市价法，企业就不必去全面了解消费者对不同价差的反应，从而为营销、定价人员节约了很多时间。

(2) 投标定价法。

在国内外，许多大宗商品、原材料、成套设备和建筑工程项目的买卖和承包，以及征招经营协作单位、出租出售小型企业等，往往采用发包人招标、承包人投标的方式来选择承包者，确定最终承包价格。一般说来，招标方只有一个，处于相对垄断地位，而投标方有多个，处于相互竞争地位。标的物的价格由参与投标的各个企业在相互独立的条件下来确定。在买方招标的所有投标者中，报价最低的投标者通常中标，它的报价就是承包价格。这样一种竞争性的定价方法就称为投标定价法。

五、价格折扣

供应商在定价时可能还会根据采购商是否提出特殊要求、具体采购数量、支付及时情况、采购商的地位，以及其他一些特殊情况提供折扣。如果采购商对产品或服务提出特殊规格要求的话，供应商可能会提出较高报价，这也是采购商应该尽量选用行业认可的标准零部件的原因。当然，如果定制产品能够提升产品竞争优势或有利于获得市场上有利的产品差异时，则可以选用定制产品。

1. 数量折扣

数量折扣是指企业根据购买者购买数控或金额的多少，订货量超过一定数量后，供应商给予采购商的价格优惠。例如，顾客购买某种商品 100 单位以下时，每单位商品 10 元，当购买 100 单位以上时，每单位商品 9 元。这种折扣被用来鼓励大批量采购，采购商采用集中采购或联合采购，其目的是为了获得供应商提供的数量折扣。但大批量采购是有风险的，容易产生浪费、提高库存成本以及融资成本。因此，采购商使用数量折扣时，一定要加以权衡。

2. 现金折扣

供应商有时会对在一定时期内提前支付的采购商提供现金折扣，以鼓励其及时付款。现金折扣是指根据购买者在规定付款时间内所付清的款项的一种减价。例如，顾客在 30 天内必须付清货款，如果 10 天内付清货款，则给予 2%的折扣。利用还是放弃供应商的现金折扣，与放弃现金折扣的成本有关。通常，现金折扣是值得采购商加以利用的，放弃现金折扣的机会成本一般会高于利用现金折扣的机会成本，因为一般情况下采购商很难在 10 天内赚到与现金折扣等值的收入。

3. 地位折扣

地位折扣是供应商根据采购单位的状况提供的不同价格折扣。例如，供应商对零售商、代理商或其他中介组织，与对最终用户提供的价格往往是有区别的，因为前者是在帮助供应商销售商品。同时，供应商可能出于这些考虑，如互惠互利、同属某一集团、长期客户等，对优先客户提供地位折扣。

4. 季节折扣

季节折扣是指供应商给那些购买过季商品或服务的顾客给予的一种减价，使企业的生产和销售在一年四季保持相对稳定。例如，一辆小汽车标价为 10 万元，顾客以旧车折价 1 万元，买方只需支付 9 万元，这叫作以旧换新折让。

5. 推广折扣

许多供应商为了推销产品、刺激消费、扩大市场份额或推广新产品、降低市场进入门槛，往往采取各种推广手段在一定的时期内降价促销。如果采购商同意参加供应商的促销活动，则采购商就可以享受供应商的促销折扣。策略性地利用推广折扣是降低采购成本的一种手段。

第二节　采购成本分析

一、采购成本的构成

采购作为物流的第一个环节，它的成本高低对于整个生产的总成本有着十分重要的影响。采购成本分析是一个手段，真正的目的在于通过对成本的分析，找到控制和降低成本的途径，从而提高企业整体经济效益。

采购成本是指企业经营中因采购物料而发生的费用，也就是在采购物料过程中的购买、包装、装卸、运输、存储等环节所支出的人力、物力和财力的总和。采购成本主要包括以下几个方面：采购人员的工资、奖金及各种补贴；采购过程中的各种物质损耗，如包装材料、电力的消耗、固定资产的折旧等；物料在运输、保管等过程中的合理损耗；再分配项目支出，如银行贷款利息等；采购管理过程中发生的其他费用，如办公、差旅费等。

根据成本分析的方法，可以将采购成本分成三个部分：材料成本、采购管理成本和存储成本。因此，采购成本的计算公式为：

采购成本＝物料成本＋采购管理成本＋存储成本

1. 物料成本

物料成本就是被采购物料的价格成本。它的计算公式为：

物料的价格成本＝单价×数量＋运输费＋相关手续费和税金

在物料的价格成本中，最主要的是采购物料的购入价格。因此，采购成本控制的核心之一是采购价格的控制，降低采购成本的关键也是控制采购价格。

2. 采购管理成本

采购管理成本是指组织采购过程中发生的费用。它的计算公式为：

采购管理成本＝人力成本＋办公费用＋差旅费用＋信息通信费用

其中，人力成本是指采购部门人员的工资、辅助性工资、奖金和补贴等支出，采购人员的招聘、培训、轮岗等发生的费用均计入人力成本，这些费用支出以固定成本的形式分摊计入采购成本。此外，采购管理中的办公费、差旅费、搜集信息及传递信息的费用都是必要组成部分。有效降低采购管理成本的途径之一就是要加强对采购业务人员的管理，优秀的有经验的采购人员可以有效降低采购管理成本，进而降低采购成本。

3. 储存成本

储存成本是指存货在仓库保管过程中的各种费用和有形或无形的损耗，如仓库保管人员的工资、仓库折旧费用、存货正常损耗、存货占用资金的机会成本等。储存成本按其与存货平均储存量之间的关系，可以划分为固定储存成本和变动储存成本。固定储存成本是指那些与存货平均储存量无关的成本，如仓管人员的基本工资、仓库的折旧费等。变动储存成本是指那些与存货平均储存量成正相关关系的费用，如存货占用资金的机会成本即利息、存货的损耗和保险费用等。

存储成本的构成为：

存储成本＝贷款利息＋仓库保管费用＋存货损坏费用＋其他费用

仓库保管费包括仓管人员工资、仓库折旧费等；存货损坏费用包括存货正常损耗、贬值或削价损失等；其他费用包括劳动保护费、物料损失费、罚金、搬运费和运输费等。

当采购企业为获得批量采购的折扣或价格优惠时，不可避免地要增加企业的库存，而储存成本必然随库存量的增加而增加，由此引起的采购成本的增加将在一定程度上抵消批量采购的价格优惠。因此，采购人员应准确核算和比较因批量采购而获得的价格优惠与库存增加而增加的储存成本之间的差额，从而达到降低采购成本的目的。

二、采购成本分析

采购商需要对采购成本进行较为准确的核算与分析，这样可以让采购商识别主要成本因素，有利于评价潜在供应商的产品与生产能力以及他们的采购报价。同时，对成本的识别与管理可能会帮助供应商获得降低成本的机会，有些机会在仅仅专注于价格时是不可能得到的。对于成本的分析需要借助很多分析方法和技术。通常来说，可以采用定性与定量的分析方法。

定性分析主要由企业的采购决策者、采购员等相关人员提出若干问题来确定采购成本中是否存在改进的可能性，可能的问题主要有：①对客户来讲，该产品有什么用？该产品有附加用途吗？②顾客的购买成本与该产品对顾客的用处成比例吗？划算吗？产品设计和质量说明是否遵循了客户的要求？③产品的现有功能和特性是否必要？零部件是否都必要？④还有更好的生产方法吗？对部分部件购买是否比自己生产更为有利呢？⑤有无更低的成本标准？存在效用相同但成本更低的替代物料吗？在包装和运输方面是否还可以降低成本？⑥在采购和需求数量方面，现有方案有改善的可能吗？⑦有其他适合的供应商吗？

定量的成本分析比较复杂，通常需要借助一些分析技术。成本分析技术多种多样，如倒推价格分析、学习曲线分析、作业活动成本分析、生产成本计划表、收支平衡分析等，这里着重介绍一下前面三种。

1. 倒推价格分析

采购商进行成本分析时，可以使用倒推价格分析法来估计供应商成本，这种分析法也称为应有成本分析法，即如果供应商以适当的方法分摊成本，依据供应商成本分摊方法来估计成本应该是多少。采购商使用这种方法时，通常假设使用的是成本加成定价法。根据成本加成定价法，供应商制定价格的标准是补偿全部可变生产成本和部分的固定成本，并产生一定的利润。

供应商的成本结构会影响价格。因为在长期，供应商必须把价格定在这样的水平上，即能补偿全部可变生产成本、部分固定成本，并产生一定利润。通常，供应商不大愿意与采购方分享内部成本数据，但是这些信息对采购方来说非常珍贵，特别是当其评价供应商价格的时候。因此在缺乏明确的成本数据的条件下，必须估计供应商的总成本结构。

特定产品或生产线的信息通常难以辨认，采购方不得不使用内部技术来估计产品生产的花费，依靠历史经验与判断来估计成本，或者通过考察公开的财务资料确认供应商的主要成本数据。当公开的只是有限生产线的小供应商数据时，后者效果更好，利用财务资料可以估计供应商的总成本结构。缺点是这些资料不能提供关于产品或生产线明确的成本分析所需的详细信息。此外，如果供应商是私有企业，就很难获取或估计成本数据。

在倒推价格分析中，采购商有时不得不使用内部技术来估计，或依靠历史经验与判断来估计，或依靠公开的财务资料来分析供应商的主要成本数据。这些财务资料包括损益表、现金流量表和公司年报等，这些财务资料往往也是整个企业的财务情况，因此，对于其某一产品或生产线的成本信息仍需进行分析。采购商需要把价格分解成物料、劳动、营业费用和利润等不同成本科目。

2. 学习曲线分析

学习曲线也称为经验曲线，是随着产品累计产量的增加，单位产品的成本会以一定的比例下降。学习曲线（Learning Curve）是表示单位产品生产时间与所生产的产品总数量之间的关系的一条曲线。熟能生巧是人人都知道的道理，学习曲线正是提供了使这个道理得到科学分析的框架。学习曲线是在第二次世界大战时期的飞机制造业中首先发现的，利用数据和资料为企业经营管理工作提供预测和决策依据的一种方法，是引起非线性成本的一个重要原因。美国康奈尔大学的商特博士总结飞机制造经验而得出了学习曲线规律，认为每当飞机的产量积累增加1倍时，平均单位工时就下降约20%，即下降到产量加倍前的80%。商特则将累积平均工时与产量的函数称为“学习曲线”。

学习曲线是分析采购成本、实施采购降价的一个重要工具和手段。一个人随着经验的积累会越来越熟练，学习曲线提供了使这个原理定量化的分析框架。学习带来成本的降低，其原因可以归结为以下因素：

（1）随着生产经验的丰富，提高了操作人员的操作速度；

（2）降低报废率和更正率；

（3）改进了操作程序；

（4）因生产经验带来模具设计的改进；

（5）价值工程和价值分析的应用。

学习曲线的三个假设是：①每次完成给定任务或者单位产品后，下一次完成该任务或单位产品的时间将减少；②单位产品完成时间将以一种递减的速度下降；③单位产品完成时间的减少将循环一个可以预测的模式。

学习曲线方程的一般形式是：$y_x=kx^n$

式中：x 是单位数量；y_x 是生产第 x 个产品所需的直接劳动小时数；k 是生产第一个产品所需的直接劳动小时数；$n=\log b/\log x$，其中 b 是学习比率。

如果一件新产品是按特定规格生产的，那么当生产出100件和200件时，成本情况是不同的。显然，费用不断减少，就需要通过学习曲线得到答案。只要在图中将数字一一对应，就可以知道成本减少了多少。以一条90%的学习曲线为例，每当产量翻一番时，单位产品所需的劳动时间下降到原先的90%。假设生产1件产品需要100小时的劳动时间，数据参考见表7-1所示。

表 7-1　　学习效率为 90%的学习曲线数据

产品件数（件）	该件产品所需劳动时间（小时）	累计劳动时间（小时）	单位产品劳动时间（小时）
1	100	100	100
2	80	180	90
3	74	254	84.7
4	70	324	81

随着产量从 1 件到 2 件，平均单位劳动时间从 100 小时下降到 90 小时；从 2 件到 4 件时，平均单位产品劳动时间从 90 小时下降到 81 小时，其下降幅度均为 10%。虽然新产品的产量不断增加，但学习效率是不变的，每次产量成倍变化时，所有产品的平均单位劳动时间都以 10%的幅度递减，这就是拥有 90%学习效率的学习曲线。

学习曲线反映了劳动者从事劳动次数越多，就会变得越加高效，这同时体现在速度和技能上，使得单位产品劳动时间大大缩短，大大降低单位人工成本，同时，产品不合格率也会降低，所以单位新产品的成本就会随着总产品数量增加而大幅下降。学习曲线如图 7-1所示。

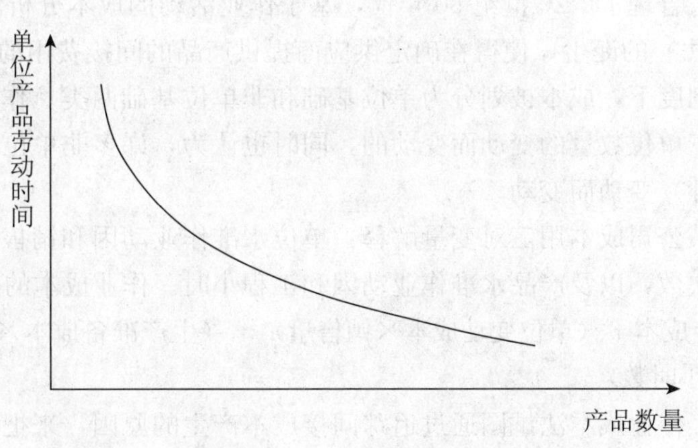

图 7-1　学习曲线

对于新产品或相对较短的周期，需要最初的重要时期的实际生产数据，从理论上讲，确定学习曲线只需要两个点（在双对数图上），然后就是确定使用的学习效率。如果已经开始生产了一段时间，通过以前的生产记录能够很容易地得到学习率。一般来说，生产时间越长，评估就越准确，因为生产的初期可能发生很多情况，所以大部分的生产公司直到生产了一些产品后才收集用于学习曲线分析的数据。一般对于简单的生产作业采用 95%的学习曲线，中等复杂的采用 80%～90%的学习曲线，高复杂的为 70%～80%。一般电子和机电部件的学习效率在 70%～90%。

对采购人员来说，通过使用学习曲线，可以得到累计折扣和估算供应商交付时间，并结合运用到目标定价中。但在应用学习曲线之前，采购经理要确保学习效用是按固定比率发生的，因为许多生产过程不一定产生学习效用，如果生硬使用，只会适得其反。这里列出不适用的条件：①学习效率不一致：如果数据和直线不能很吻合，就说明学习效率不固定。②非劳动密集型产品：如果产品由机器完成，那么产出效率完全取决于机器性能，所以学习效率只存在于人工劳动中，一般多存在于装配作业中。③已有生产历史的产品：供应商曾经有过该产品的制造经验，此时即使采购商认为该产品非标准化或是新的，也不能使用学习曲线，因为再要减少成本已经不太明显了。

采购人员要考虑到使用学习曲线的每个条件，如果光是获取数据就费时费力，那么就不值得去做，因为研究学习曲线就是为了节约成本，但如果它本身花费的成本远大于节省下来的资金就得不偿失了。另外，采购人员也要确定数据的实际作用，很多时候成本的节约是由于规模生产分摊了金额较大的固定成本，而并不是学习曲线的功劳。

还需要注意的是，随着产量的不断增加，曲线将变得越来越平缓，这也是学习曲线对新产品最有价值的原因。毫无疑问，学习曲线也给我们另一种暗示，那就是无论产量增加到多大，效率的改进都不会停止。应该注意到，随着产量的不断增加而使供应商单位成本不断下降，除了学习效应还有规模效应等原因。

3. 作业活动成本分析

随着直接成本在企业制造总成本中占据的比例越来越小，根据直接成本按比例分配间接费用就显得不太合理了。20 世纪 80 年代，基于作业活动的成本分析法（Activity Based Cost，ABC 分析法）的诞生，使得在确定供应商提供产品的间接费用的分摊上更为合理。

在作业成本制度下，成本被划分为单位基础和非单位基础两类。作业成本法认为，一些成本是随着生产单位数量的变动而变动的，同时也认为，许多非单位基础成本会随其他作业（除生产量外）变动而变动。

例如，假设某公司成本用三对变量解释：单位水准作业动因和销售量，批量水准作业动因和生产准备次数，以及产品水准作业动因和工程小时。作业成本的公式表示如下：

总成本＝固定成本＋（单位变动成本×销售量）＋（生产准备成本×生产准备次数）＋（工程成本×工程小时数）

要明确的是，作业成本法试图通过追踪间接成本产生的原因，来把间接成本转变为直接成本。它通过对间接成本的动因确认，将间接成本分摊到产品中。成本动因可能包括订单的数目、安装设备的时间、规格、工艺改进等。这个确认的过程，可以使管理人员能够识别并把握时机、节省开支，并且能帮助经理人做出更好的设计决策。

对采购人员来说，利用作业成本分析有助于消除不产生价值增值的作业，从而减少诱发成本的作业次数来降低供应商成本。为了实现这些目标，采购人员必须从供应商那里收集信息，这些信息包括特定作业、成本动因和动因频率。采购人员必须清楚供应商在多大程度上了解他们自己的成本结构，如果他们控制不好成本，采购商也必须去帮助他们改善对间接费用的分摊情况。

在成本分析中，采购商往往要求供应商在报价时提供详细的产品分类数据，同时采购商自己也进行成本分析，然后逐个考察供应商提供的信息与自己公司进行的成本分析之间谋求一致。这里有两大难点：①有些供应商不愿意遵守规定，在报价中提供包含详尽成本细目的信息，但是对于这个问题，如果有一个供应商提供了符合条件的报价单，那其他供应商由于受到压力也就不得不遵守约定而提供成本细目；②有些成本分析可能比较复杂、耗时耗力。当需要进行大量的计算和分析时，就需要雇用专职的成本分析人员，这些人员需要像供应商按成本定价时那样分析成本与价格，因此，他们需要具备和供应商同样的生产资格、经验、专业知识以及相关的估价能力。

第三节　采购成本控制

采购成本控制对一个企业的经营业绩起到非常重要的作用，采购成本能直接体现出产品成本的下降、利润的增减，以及企业竞争力的大小。因此，有效控制采购成本并使之不断下降，是一个企业不断降低产品成本、增加利润的重要和直接手段之一。

一、采购成本控制的基础工作

1. 建立严格的采购制度

企业应根据自身情况建立严格、完善的采购制度，既能规范企业的采购活动、提高采购工作效率，还能杜绝采购人员的不良行为。采购制度应规定物料采购的申请、授权人的批准权限、采购的流程、相关部门的责任和关系、各种材料采购的规定和方式、报价和价格审批等。比如，可在采购制度中规定采购的物品要向供应商询价、列表比价，然后选择供应商，并把所选的供应商及其报价填在请购单上；还可规定超过一定金额的采购须附上三个以上的书面报价等，以供财务部门或内部审计部门稽核。

2. 建立供应商档案和准入制度

企业应对其所有的供应商建立档案资料数据库，不仅对供应商进行编号归档、详细记录其联系方式和地址，还应对付款条件、交货条款、品质评级、银行账号等进行详细记载，每一个供应商档案需经过严格地审核才能归档，资料应定期或不定期地更新，并有专人管理。同时，要建立供应商评级和分级管理制度，定期或不定期地对供应商的表现进行考核，确定供应商准入和淘汰制度，确保采购质量并降低采购成本。重点材料的供应商必须经质检、物料、财务等部门联合考核后才能进入，如有可能要实地到供应商生产地考核。企业要制定严格的考核程序和指标，要对考核的问题逐一评分，只有达到或超过评分标准者才能成为归档供应商。

3. 建立价格档案和价格评价体系

采购企业特别要对所有采购物料建立详细和完善的价格档案，对每一批采购物资的报价，首先与归档的物资价格进行比较，分析价格差异的原因。如无特殊原因，原则上采购的价格不能超过档案中的采购价格水平，否则要做出详细的说明。对于重点物料的价格，要建立价格评价体系，由企业相关部门组成价格评价组，定期收集供应价格信息，分析和评价现有的价格水平，并对归档的价格档案进行评价和更新。

4. 建立物料的标准采购价格，对采购人员进行业绩评价

财务部门对企业采购的重点物料，应根据市场的变化和产品标准成本定期确定标准采购价格，促使采购人员依据该标准采购价格积极寻找和比较不同供应商，从而降低采购价格。企业同样可以将标准采购价格与采购价格评价体系结合起来，对采购人员的工作绩效进行考核，并依据奖惩措施对完成企业采购成本降低目标的采购人员进行奖励。

二、采购成本的控制方法

采购成本控制的方法有很多种，常见的有 ABC 控制法、定量采购控制法、定期采购控制法、数量折扣的应用和准时制采购法等。

1. ABC 控制法

(1) ABC 控制法的原理。

ABC 管理法的指导思想是“20/80”原则，它是一个统计规律，即 20%的少量因素带来 80%的大量结果。当然，20%和 80%不是绝对的，它只是指出：不同的因素在同一活动中起着不同的作用。在资源有限的情况下，应当注意起关键作用的因素，加强管理工作的针对性，提高效率，取得事半功倍的效果。

ABC 分类法是由意大利经济学家维尔弗雷多·帕累托首创的。1879 年，帕累托在研究个人收入的分布状态时，发现少数人的收入占全部人收入的大部分，而多数人的收入却只占一小部分，他将这一关系用图表示出来，就是著名的帕累托图。该分析方法的核心思想是在决定一个事物的众多因素中分清主次，识别出少数的但对事物起决定作用的关键因素和多数的但对事物影响较少的次要因素。后来，帕累托法被不断应用于管理的各个方面。1951 年，管理学家戴克（H. F. Dickie）将其应用于库存管理，命名为 ABC 法。1951—1956 年，约瑟夫·朱兰将 ABC 法引入质量管理，用于质量问题的分析，被称为排列图。1963 年，彼得·德鲁克（P. F. Drucker）将这一方法推广到全部社会现象，使 ABC 法成为企业提高效益的普遍应用的管理方法。

一般来说，企业所采购的物料种类繁多，每个品种的价格不同，且采购数量也不等。有的物料品种不多但价值很高，而有的物料品种很多但价值不高。由于企业的资源有限，对所有采购品种给予相同程度的重视和管理是不可能的，也是不切实际的。为了使有限的时间、资金、人力、物力等企业资源能得到更有效的利用，应对采购物料进行分类，将成本控制的重点放在重要的物料上，进行分类控制，即依据物料重要程度的不同，分别进行不同的成本控制，这就是 ABC 分类控制法。

ABC 控制法的标准是每种物料每年采购的金额，即该品种的年采购量乘上它的单价。将年采购金额最高的划归为 A 类，次高的划归为 B 类，低的划归为 C 类。具体划分标准及各种物料在总采购金额中应占的比重并没有统一的规定，要根据各企业、各车间物料的具体情况和企业经营者的意图来确定。但是，根据众多企业多年运用 ABC 分类的经验，一般可按各类物料在总采购金额中所占的比重来划分，参考数据如表 7-2 所示。

表 7－2　　采购物料 ABC 分类比重

类别	年采购金额百分比（%）	品种数百分比（%）
A	60～80	10～20
B	20～30	20～30
C	5～15	50～70

（2）ABC 物料的分类步骤。

①先统计出所有采购物料在一定期间（如一年）内的数量及其单价，计算每种物料的采购金额，其计算方法是单价乘以采购数量。

②按采购金额的大小顺序，排出其品种序列。采购金额最大的品种为顺序的第一位，以此类推；然后，再计算各品种的采购金额占总采购金额的百分比。

③按采购金额大小的品种序列，计算采购金额的累计百分比和数量百分比。把占采购金额累计 70%左右的物料作为 A 类，占余下累计 20%左右的各种物料归为 B 类，除了以上两种，余下的物料归为 C 类。

（3）ABC 分类控制的基本法则。

①控制程度：对 A 类物品应尽可能地严加控制，包括最完备、准确的记录，最高层监督下的经常评审，供应商按订单频繁交货，对车间紧密跟踪去压缩前置时间等。对 B 类物品作正常控制，包括良好的记录与常规的关注。对 C 类物品应尽可能使用最简便的控制，诸如定期目视检查库存实物、简化记录，或只用最简单的标志法来表明补充存货已经订货，采用大库存量与订货量以避免缺货。

②采购记录：对 A 类物品要尽量准确、完整与明细地记录，要频繁甚至是实时地更新记录，对事务文件、报废损失、收货与发货的严密控制是不可能缺少的。对 B 类物品只需正常的记录处理、成批更新等。对 C 类物品不用（或只用最简单的）记录，成批更新。

③优先级：在一切活动中，给 A 类物品以高优先级，以压缩其前置时间与库存。对 B 类物品只要进行正常的处理，仅在关键时给以高优先级。给 C 类物品以最低的优先级。

④订货过程：对 A 类物品，提供仔细、准确的订货量。对 B 类物品，每季度或当发生主要变化时评审一次经济批量（EOQ）与订货点。对 C 类物品不要求作准确的 EOQ 或订货点计算，存货还较多时就可以订购下一个批量的物品。

2. 定量采购控制法

所谓定量采购控制法，是指当库存量下降到预定的最低库存数量（采购点）时，按规定数量（一般以 EOQ 为标准）进行采购补充的一种方式。当库存量下降到订货点（也称为再订货点）时马上按预先确定的订货量（Q）发出货物订单，经过交纳周期（LT），收到订货，库存水平上升。采用定量采购控制法必须预先确定订货点和订货量。

通常，订购点的确定主要取决于需求率和订货、到货间隔时间这两个要素。在需要固定均匀和订货、到货间隔时间不变的情况下，不需要设定安全库存，订货点由下式确定。

$$R=LT\times D/365$$

其中，D 代表每年的需要量。

当需要发生波动或订货、到货间隔时间是变化的情况时，订货点的确定方法较为复杂，且往往需要安全库存。

订货量通常依据经济批量方法来确定，即以总库存成本最低时的经济批量（EOQ）为每次订货时的订货数量。

定量采购的作业程序如图 7－2 所示。

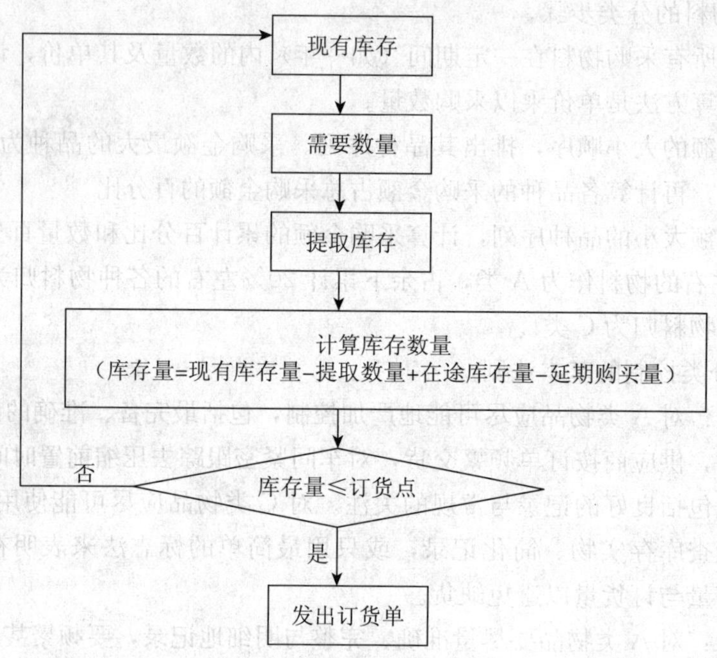

图 7－2　定量采购的作业程序

定量订货方式的优点是：每次订货之前都要详细检查和盘点库存（看是否降低到订货点），能及时了解和掌握商品库存的动态；每次订货数量固定，且是预先确定好了的经济批量，方法简便。这种订货方式的缺点是：经常对商品进行详细检查和盘点，工作量大且需花费大量时间，从而增加了库存保管维持成本；该方式要求对每个品种单独进行订货作业，这样会增加订货成本和运输成本。

定量订货方式适用于品种数目少但占用资金大的商品。

3. 定期采购控制法

定期采购是指按预先确定的订货间隔期间进行采购以补充库存的一种方式。企业根据过去的经验或经营目标预先确定一个订货间隔期间，每经过一个订货间隔期间就进行订货，每次订货数量都不同。在定期采购时，库存只在特定的时间进行盘点，例如，每周一次或每月一次。当供应商走访顾客并与其签订合同或某些顾客为了节约运输费用而将他们的订单合在一起的情况下，必须定期进行库存盘点和订购。另外，也有一些公司采用定期采购是为了促进库存盘点。

在定期采购时，不同时期的订购量不尽相同，订购量的大小主要取决于各个时期的使用率，它一般比定量采购要求更高的安全库存。定量采购是对库存连续盘点，一旦库存水平到达再订购点，立即进行订购。相反地，标准的定期采购模型是仅在盘点期进行库存盘点，这就有可能在刚订完货时由于大批量的需求而使库存降至零，这种情况只有在下一个盘点期才被发现，而新的订货需要一段时间才能到达。这样，有可能在整个盘点期和提前期会发生缺货，所以安全库存应当保证在盘点期和提前期内不发生缺货。

定期采购方式中，订货量的确定方法如下：

订货量＝最高库存量－现有库存量－订货未到量＋顾客延迟购买量

定期采购的作业程序如图 7－3 所示。

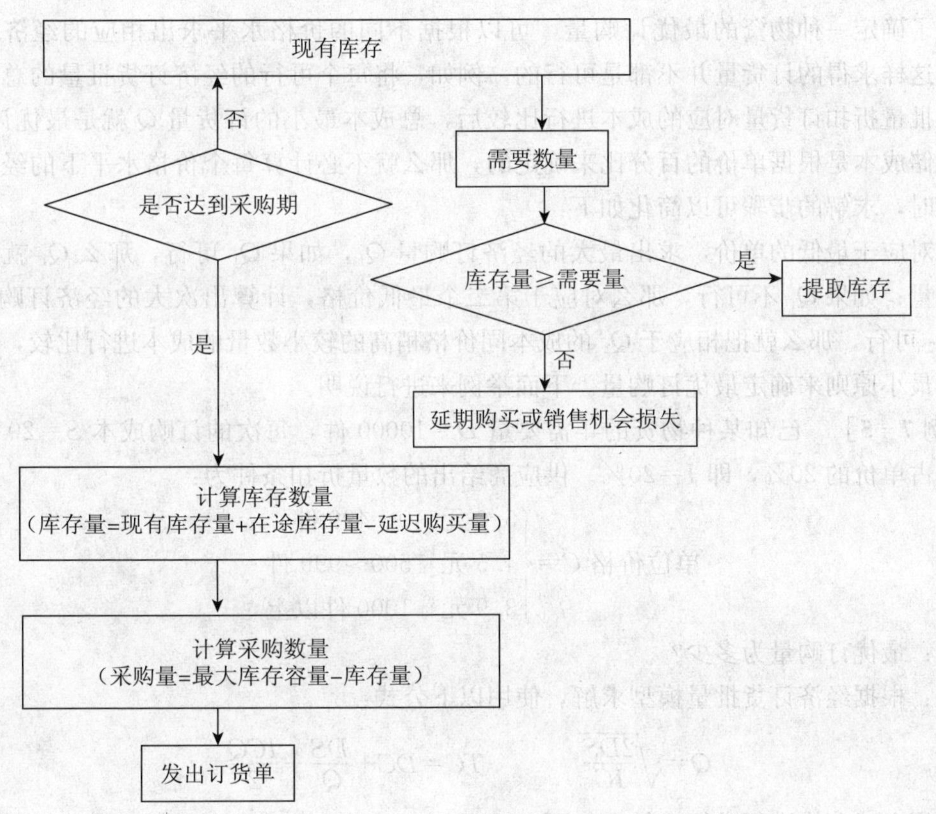

图 7－3 定期采购的作业程序

定期采购控制法是从时间上控制采购周期，从而达到控制库存量的目的。只要订货周期控制得当，既可以不造成缺货，又可以控制最高库存量，从而达到成本控制的目的，使采购成本最少。

定期采购控制法的优点是：由于订货间隔期间确定，因而多种货物可同时进行采购，这样不仅可以降低订单处理成本，还可降低运输成本；这种方式不需要经常检查和盘点库存，可节省这方面的费用。缺点是：由于不经常检查和盘点库存，对商品的库存动态不能及时掌握，遇到突发性的大量需要，容易造成缺货现象带来的损失，因而企业为了应对订货间隔期间内需要的突然变动，往往库存水平较高。

定期采购控制法适用于品种数量大、占用资金较少的C类商品采购成本的控制。实际上，订货周期也可以根据具体情况进行调整。例如，根据自然日历习惯，以月、季、年等确定周期，根据供应商的生产周期或供应周期进行调整等。

4. 数量折扣的应用

在实际的采购过程中，产品的售价往往随着采购批量大小的变化而变化，这种变化往往是不连续的。例如，螺丝钉的采购量在1～99只时，可能每只售价为0.02元，而每100只的销售总价为1.8元，每千只的销售总价为15元。当某种物资的采购存在数量折扣的情况下，单纯以经济订货批量模型计算出来的订购量，不一定是最优的。只有充分考虑了折扣的优惠条件，才能使采购的总成本最小。

为了确定一种物资的最优订购量，可以根据不同的价格水平求出相应的经济订购批量，但这样求得的订货量并不都是可行的。例如，将每个可行的经济订货批量的总成本和相应的批量折扣订货量对应的成本进行比较后，总成本最小的订货量Q就是最优订购量。如果存储成本是根据单价的百分比来确定的，那么就不必计算每个价格水平下的经济订购量。此时，求解的步骤可以简化如下：

先对应于最低的单价，求出最大的经济订购量Q_1，如果Q_1可行，那么Q_1就是最优的订购量；如果Q_1不可行，那么对应于第二个最低价格，计算出次大的经济订购量Q_2。如果Q_2可行，那么就把相应于Q_2的成本同价格稍高的较小数量的成本进行比较，然后根据成本最小原则来确定最优订购量。下面举例来进行说明。

[例7-5]　已知某种物资的年需要量$D=10000$件，每次的订购成本$S=20$元，存储成本占单价的20%，即$I=20\%$。供应商给出的数量折扣条件为：

$$\text{单位价格 } C=\begin{cases}5.0\text{ 元} & 0\sim499\text{ 件}\\ 4.5\text{ 元} & 500\sim999\text{ 件}\\ 3.9\text{ 元} & 1000\text{ 件以上}\end{cases}$$

问：最优订购量为多少？

解：根据经济订货批量模型求解，使用以下公式：

$$Q=\sqrt{\frac{2DS}{IC}}\qquad TC=DC+\frac{DS}{Q}+\frac{ICQ}{2}$$

利用上述公式进行求解，结果如下：

（1）当$C=3.9$时，$Q=716$，不可行；

（2）当$C=3.9$时，$Q=1000$，可行，总成本$TC=39590$元；

（3）当$C=4.5$时，$Q=666$，可行，总成本$TC=45599.70$元；

（4）当$C=4.5$时，$Q=500$，可行，总成本$TC=45625$元；

（5）当$C=5.0$时，$Q=633$，不可行。

将可行的方案进行比较，总成本最小的为最优。所以，$C=3.9$，$Q=1000$是最优解，也就是说，最优订购量为1000。

在现实的采购过程中，往往随着订购批量的增大，价格折扣会越多，因此表面上来看，订购批量大于最优订购批量时似乎更为有利。但是，在利用数量折扣的采购模型进行分析时，应该特别注意对产品过时风险以及仓储成本的增加进行合理估计。也就是说，考虑到未来的不确定性，订购超出一年的供应量就会存在较大的风险，而如果订购超过两年的供应量，则绝大部分是不安全的。

5. 准时制采购法

准时制采购法也称为 JIT 采购法，是一种基于供应链管理思想的先进的采购管理模式，是准时制管理方式在采购中的应用和反映。按照 JIT 管理原理，一个企业中的所有活动只有当需要进行的时候才进行，即只有在需要的时候，按照所需要的数量、质量，提供所需要的产品和服务。因此，企业按照 JIT 采购就是只在需要的时候（既不提前，也不延迟），按需要的数量，将企业生产所需要的合格的原材料和外购件采购回来。

实施准时制采购不但取决于企业内部，也取决于外部供应商的管理水平、取决于全社会的管理水平。因此，在实施过程中，必须慎重而全面地考虑各种因素，才能做出正确的决策。实施准时制采购的优点在于：可以大幅减少原材料与外购件的库存；可以保证原材料与外购件的质量；降低原材料与外购件的价格。

三、降低采购成本的策略

1. 集中采购，扩大采购规模优势

通过采购量的集中，来提高议价能力，降低单位采购成本，这是一种基本的战略采购方式。许多国内企业纷纷建立集中采购部门或货源事业部，对公司的生产性原料或非生产性物品进行集中采购规划和管理，这在一定程度上减少了采购物品的差异性，提高了采购服务的标准化，减少了后期管理的工作量。但是，集中采购也增加了采购部门与业务部门之间的沟通和协调难度，增加了后期调配难度，因此，集中采购需要采购部门和其他部门的通力合作。

2. 寻求替代，合理优化资源配置

当采购的批量障碍难以突破，采购代价较高，而采购元器件又是同类产品的通用元器件时，企业可以考虑向同类生产厂家寻求采购替代，从同类生产厂家购买少量的替代品。事实上，每个生产企业正常采购的每种原材料或元器件，在数量上要想达到刚好用完的准确程度是件很难的事情，所以，在生产企业的原材料仓库，各种原材料或元器件经常会有少量剩余。因此，对于那些在同类生产厂家可能存在替代品的零部件或原材料的小批量采购，寻求采购替代有时可以大幅度地降低采购成本，因为一个厂家急需的物品，或许正是其他同类生产厂家放在仓库急于处理的多余材料。

3. 第三方采购

第三方采购是企业将产品或服务采购外包给第三方公司。国外的经验表明，与企业自己进行采购比较，第三方采购往往可以提供更多的价值和购买经验，可以帮助企业更专注于核心竞争力的挖掘。现在美国各行业都有这样的采购联盟，美国地方政府采购联盟是一个第三方采购组织，有 7000 多个政府机构加入了这个采购组织，直接采购成本降低了 15%以上。Amerinet 是美国最大的医院和诊所的采购组织，平均能为其客户降低近 20%

的采购成本。然而，国内企业对通过第三方采购来降低成本的前景并不乐观，因为采购外包会将公司的采购利益和经验交给其他公司，这会损害企业的竞争优势，而且各个企业通过第三方机构来进行联合采购，只能构成机会型联盟，彼此之间的利益很难长时间维持。

4. 与供应商结成战略联盟

如果生产企业与供应商结成战略联盟，两者之间的关系就不再是简单的采购关系，而是一种长期合作、互惠互利的战略伙伴关系，双方不需要在一次交易中就急于收回成本，而是通过长期的交易来实现权利和义务的平衡。在这种合作关系下的采购，供应商不会因为批量太小或其他短期市场原因而不生产或要求很高的价格，反而会想办法节约成本，为长期的合作尽到自己的义务。

5. 通过付款条款的选择降低采购成本

如果企业资金充裕，或者银行利率较低，可采用现金交易或货到付款的方式，这样往往能带来较大的价格折扣。此外，对于进口材料，外汇币种的选择和汇率走势也是要格外注意的。

6. 以竞争招标的方式来牵制供应商

对于大宗物料采购，一个有效的方法是实行竞争招标，往往能通过供应商的相互比价，最终得到底线的价格。此外，对同一种材料，应多找几个供应商，通过对不同供应商的选择和比较使其相互牵制，从而使公司在谈判中处于有利的地位。

7. 注意价格变动，把握好采购时机

价格会经常随着季节、市场供求情况而变动，因此，采购人员应注意价格变动的规律，把握好采购时机。如果采购部门能把握好时机和采购数量，会给企业带来很大的经济效益。

8. 向制造商直接采购或结成同盟联合订购

向制造商直接采购，可以减少中间环节，降低采购成本，同时制造商的技术服务、售后服务会更好。另外，有条件的几个同类公司可结成同盟进行联合采购，以克服单个公司订购数量小而得不到更多优惠的弊端。

9. 充分进行采购市场的调查和信息收集

一个企业的采购管理要达到一定水平，应充分注意对采购市场的调查和信息的收集、整理，只有这样，才能充分了解市场的状况和价格的走势，使自己处于有利地位。如有条件，企业可设专人从事这方面的工作，定期形成调研报告。

10. 估算供应商的产品或服务成本，最终达到互惠互利

可以通过参观供应商的设施，观察并适当提问以获得更多有用的数据，甚至为了合作，明确要求供应商如实提供有关资料，以估算供应商的成本。在估计供应商成本并了解哪些材料占成本比重较大之后，可安排一些使自己在价格上有利的谈判，并尽可能加强沟通和联系，即与供应商一起寻求降低大宗材料成本的途径，从而降低资金企业的材料成本。进行这种谈判，要始终争取双赢的局面。

本章小结

本章简要介绍了采购价格的基本知识，分析了供应商定价的目标和方法，并阐述了采购价格折扣的不同情况；说明了采购成本的构成和不同的分析方法，指出了进行采购成本控制的基础性工作，着重阐述了采购成本的控制方法，包括 ABC 控制法、定量采购控制法、定期采购控制法、数量折扣的应用等内容，还介绍了降低采购成本的策略。通过学习采购价格与成本管理的内容，学生应该在明确采购价格和采购成本基础知识的情况下，掌握采购成本的分析和控制方法，理解降低采购成本的策略。

习　题

1. 采购价格由哪几部分构成？
2. 采购价格有哪些不同的种类？
3. 供应商定价的方法有哪些？
4. 采购成本是由哪几个部分构成的？
5. ABC 控制法的原理、分类步骤和基本法则分别是什么？
6. 学习曲线的含义和表达式分别是什么？
7. 简述数量折扣在采购中的应用。
8. 说明降低采购成本的策略有哪些？

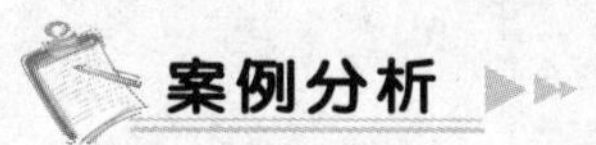

案例分析

洛阳石化优化物资采购价格成效显著

洛阳石化以企业自采物资为重点，紧盯关键环节，严控采购价格，持续实施优化，取得了良好成效。2014 年 1—10 月，仅自采物资一项，就节约采购资金达 2726 万元。

物资采购价格高低直接关系到企业的生产建设成本和经济效益。洛阳石化为了做好价格优化，及时修订完善采购价格管理制度。他们组织修订并发布了《洛阳分公司物资装备部物资采购价格管理规定》，推进物资采购价格管理的制度化、规范化。

他们实施了灵活多变的采购方式和定价机制。对于招标采购，他们根据物资特点采用综合评价法，确定供应商和最终中标价格，对于市场供应充足、竞争充分、技术含量低的物资采取低价评标法；对于非招标物资，采取网上定向询比价或网上动态竞价方式采购，按照供应商最低报价确定供应商。

他们加强供应商管理，以生产商为主，实现厂家直供，控制减少中间流通环节。1—10 月，厂家直供率 94%，同比提高 4 个百分点。对于少数流通商供应的物资，采购人员除进行市场价格分析外，还分析流通商的进货凭证，在充分发挥流通商供货方便灵活的同时，控制流通商的利润不超过 5%。

他们建立了价格异常考核机制。每周进行一次物资采购集中会审，抽查核实历史成交价，若发现异常情况，对责任科室追究考核。对于违规供应商，进行约谈、暂停报价资格、停止服务关系直至开除等处罚。同时，加大力度优化框架协议执行价格。针对总部组织集中采购、组织授权集中采购、区域协同采购框架协议确定的价格，他们在执行时结合市场，结合兄弟企业采购价格，发现价格异议及时向总部汇报，确保采购价格与市场接轨、吻合。

他们优化物资成本构成分析和全生命周期总成本分析，综合考虑原料成本、辅料成本、人工成本、制造成本、应缴税费、维修费用、安全环保、使用寿命等因素，深入开展成本构成分析，并以市场为导向，不断优化控制价格，进一步实现生产建设物资的经济供应。

此外，洛阳石化还充分利用信息化系统，开发价格比对模型，提高工作效率，严控价格风险。他们每月将中石化兄弟企业采购的物资价格导入价格比对系统，签订合同前，将拟签约价格与兄弟企业采购价格进行比对，确保采购价格在合理范围内。

资料来源：中国物流与采购网。

（http：//www.chinawuliu.com.cn/xsyj/201412/04/296307.shtml.）

问题：

1. 洛阳石化是通过哪些途径进行采购价格控制的?
2. 洛阳石化是如何将供应商管理与降低采购成本结合在一起的?

第八章　采购风险管理与绩效评估

章节知识框架

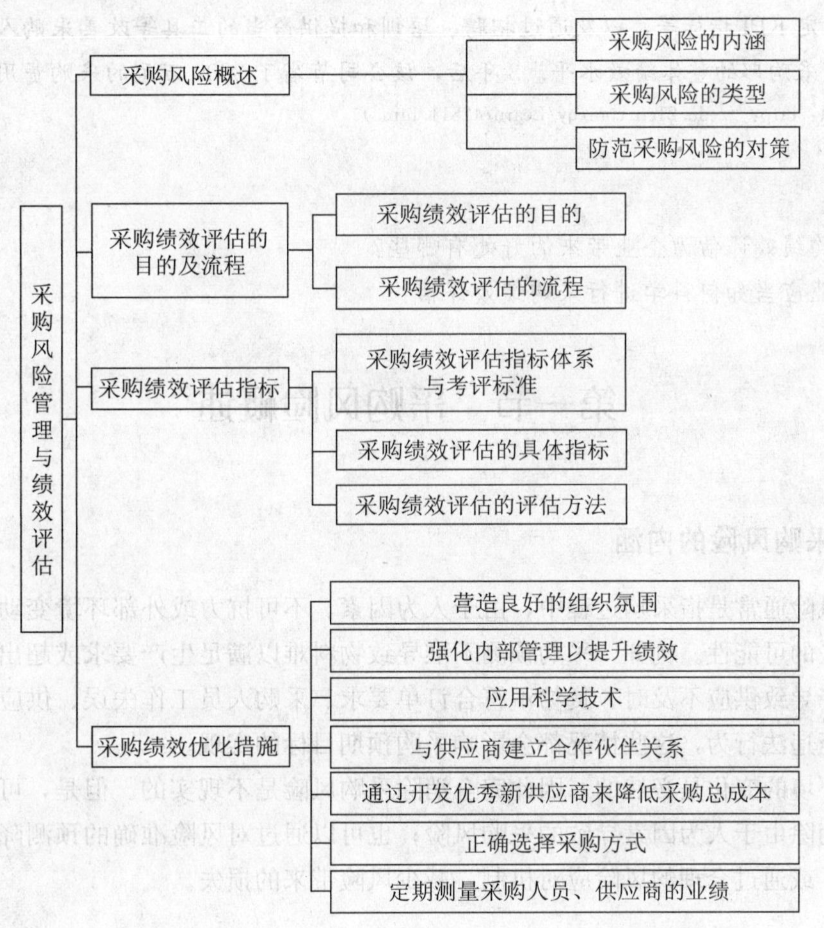

学习要求和目标

(1) 理解采购的风险类别与应对策略；

(2) 理解采购绩效评估的目的与流程；

(3) 掌握采购绩效评估的指标；

(4) 掌握采购绩效改进的方法。

采购绩效考核的成效

某礼品公司是一家专门生产贺卡和其他礼仪产品的公司。其下属机构一直是各自独立运作，缺乏统一采购的功能。在公司总经理的领导下，公司制定了采购管理的远景目标和改变采购能力的规划，并深化采购管理绩效改革，开发并实施采购绩效评估。新的采购机制注意平衡全球战略和本地实施，提高配合优秀供应商和执行战略采购合同的质量，确定聘雇的绩效类型、制定 KPI 指标等，以及通过招聘、培训和提供恰当的工具等改善采购人员的工作绩效，提高了采购部的整体绩效水平。3 年后，该公司节省了 3200 万元的采购费用。

（资料来源：http：//edu. 21cn. com/qy/Learn/42811. htm.）

问题：

1. 采购绩效评估为企业带来的好处有哪些？
2. 企业应当如何科学进行采购绩效评估？

第一节　采购风险概述

一、采购风险的内涵

采购风险通常是指采购过程中，由于人为因素、不可抗力或外部环境变动引起的采购环节的损失的可能性。例如，采购预测不准导致物料难以满足生产要求或超出预算、供应商产能下降导致供应不及时、货物不符合订单要求、采购人员工作失误、供应商之间存在不诚实甚至违法行为，这些情况都会影响采购预期目标的实现。

由于环境的变化是必然的，因此完全消除采购风险是不现实的。但是，可以通过风险控制尽量消除由于人为因素导致的采购风险；也可以通过对风险准确的预测降低风险发生的可能性，或通过合理的风险应对机制，减少风险带来的损失。

二、采购风险的类型

采购风险按照发生的动因可以分为外因型风险和内因型风险。

（一）外因型风险

外因风险主要包括意外风险、价格风险、采购质量风险、技术进步风险和合同欺诈风险。

（1）意外风险。意外风险是指在采购过程中，由于自然、经济、政策、价格等因素的意外变动而造成的风险。

（2）价格风险。价格风险出现的可能性主要有两种，一是由于供应商操纵价格，如在投标前相互串通，有意抬高价格，使企业采购蒙受损失；二是当企业在价格合理情况下，批量采购，但该种物资可能出现跌价而引起采购风险。

（3）采购质量风险。采购质量风险的类型有两种，一是由于提供商提供的物资质量不符合要求，而导致加工产品未达到质量标准，或给用户造成经济、技术、人身安全、企业信誉等方面的损害；二是由于产品质量不合格直接影响企业的加工进程、交货期，也有可能降低企业信誉和产品竞争力。

（4）技术进步风险。技术进步风险常见的有两种，一是企业制造的产品由于社会技术进步引起贬值，无形损耗甚至被淘汰，已采购原材料积压或者因质量不符合要求而造成损失；二是采购物资由于新项目开发周期缩短而发生的贬值。

（5）合同欺诈风险。合同欺诈风险主要有四种：一是以虚假的合同主体身份与他人订立合同，以伪造、假冒、作废的票据或其他虚假的产权证明作为合同担保；二是接受对方当事人给付的货款、预付款、担保财产后逃之夭夭；三是签订空头合同，而供货方本身是"皮包公司"，将骗来的合同转手倒卖，从中谋利，而采购物资则无法保证；四是供应商设置的合同陷阱，如供应商无故中止合同，违反合同规定等可能造成损失。

（二）内因型风险

内因型风险主要有计划风险、合同风险、验收风险、存量风险和责任风险五类。

（1）计划风险。计划风险发生的可能性有两种：一是因市场需求发生变动，影响到采购计划的准确性；二是采购计划的方式不尽科学，使得与目标发生较大偏离，导致采购计划风险。

（2）合同风险。此处的合同风险与外因风险中的合同欺诈风险不同，主要指的是由于自身在签订合同过程中的某些行为导致的风险。例如，合同条款不清楚，盲目签约；违约责任约束不明确，口头承诺；采购人员受贿，提前泄露采购标底；合同日常管理混乱等。

（3）验收风险。验收风险主要指在验收过程中发生的风险，常见的有如下几种：在数量上缺斤短两；在质量上鱼目混珠，以次充好；在品种规格上货不对路，不合规定要求；在价格上发生变形等。

（4）存量风险。存量风险主要是指由于对采购价格或采购量控制不准确导致的风险，主要有三种：一是采购量不能及时供应生产之需要，生产中断造成缺货损失而引发的风险；二是物资过多，造成积压，大量资金沉淀于库存中，失去了资金的机会利润，形成存储损耗风险；三是物资采购时对市场行情估计不准，盲目进货，造成价格风险。

（5）责任风险。责任风险是一种人为风险，主要是指由于工作人员责任心不强而导致的风险，如合同审核不完全带来的合同纠纷。

三、防范采购风险对策

（1）建立完善的企业内控制度，加强员工教育，提高员工素质。

应建立与完善内部控制制度与程序，加强对采购人员的培训和教育，不断增强法律意识，重视职业道德建设，做到依法办事，培养企业团队意识，增强企业内部的风险防范能力，从根本上杜绝风险。

(2) 加强对物资采购招标过程与签约监督。

对招标过程与规范进行反复检查，避免违反规定的行为发生。在签约过程中，要检查合同条款是否有悖于政策、法律，避免合同因内容违法、当事人主体不合格或超越经营范围而无效；检查供应商是否具备履约能力，并检查其手续是否齐全。

(3) 加强对物资采购全过程的监督。

全过程监督主要指计划、审批、供应商选择、认证、签约、验收、核算、付款、领用等所有环节的监督。具体的实施方法有：

①加强对物料需求计划、采购计划的审计。主要工作在于审计计划编制方法是否科学，计划能否实现实际要求，计划是否有保证措施等。

②做好合同鉴证审计。审计内容包括合同当事人是否具有主体资格、合同当事人意思表示是否真实、经济合同的主要条款是否符合国家的法律法规、审查经济合同主要条款是否完备、文字表述是否准确等内容。

③做好合同信息反馈工作。建立合同台账、做好合同汇总，运用先进管理手段，向相关部门提供及时准确、真实的反馈信息。

④加强对采购合同执行过程中的审计。审计内容包括：合同的内容和交货期执行情况、是否严格按合同规定付款、验收工作的执行情况、对不合格品控制执行情况、对合同履行违约纠纷的处理方式、采购绩效考核的方式与效果等。

第二节 采购绩效评估目的及流程

一、采购绩效评估的目的

采购绩效是指采购效益和采购业绩。采购绩效是通过采购流程的运作各个环节的工作实现预定目标的程度。绩效评估就是采取科学的态度和方法，对绩效进行质和量的价值判断。

采购绩效评估的目的主要表现在以下六个方面。

(1) 确保采购目标的实现。各企业的采购目标互有不同，如政府机关在采购环节中的重点是防舞弊，其采购作业以“如期”“如质”“如量”为目标，而企业的采购单位则注重“低成本高收益”，采购工作除了维持正常的产销活动外，非常注意产销成本的降低，因此，各个企业可以针对采购单位所应追求的主要目标加以评估，并督促它的实现。

(2) 提供改进绩效的依据。绩效评估制度可以提供客观的标准，以衡量采购目标是否达成，也可以确定采购部门目前的工作表现如何；正确的绩效评估可以指出采购作业的缺失，可以指导采购作业根据评估结果拟定改善措施。

(3) 作为个人或部门奖惩的参考。良好的绩效评估方法能将采购部门采购人员的个人表现，作为各种人事考核的参考资料；依据客观的绩效评估，达成公正的奖惩，才能鼓舞采购人员积极配合提升部门效能。需要强调的是，采购绩效评估是隶属于企业绩效考核体系的，应当一定程度上服从企业整体绩效体系的调配。

（4）协助人员甄选与训练。根据绩效评估的结果，可以针对现有采购人员的工作能力，拟订培养计划，有针对性地进行专业性的教育训练，有的放矢地招募人才，建立一支优秀的采购队伍。

（5）促进部门关系。采购部门的绩效受其他部门能否配合的影响很大，所以采购部门的职权是否明确、表单和流程是否简单合理、付款条件及交货方式是否符合公司管理制度、各部门的目标是否一致等，均可通过绩效评估而予以判定，并可以改善部门间的合作关系，增进企业整体的运作效率。

（6）提高人员士气。有效且公平的绩效评估制度，能够使得采购人员的努力成果获得恰当的回馈与认可，采购人员通过绩效评估，与企业内财务人员、业务人员一样，对公司的利润贡献有客观的衡量尺度，成为受到肯定的工作伙伴，对其工作士气有一定的激励作用。

二、采购绩效评估的流程

采购绩效评估工作的主要流程如图 8－1 所示。

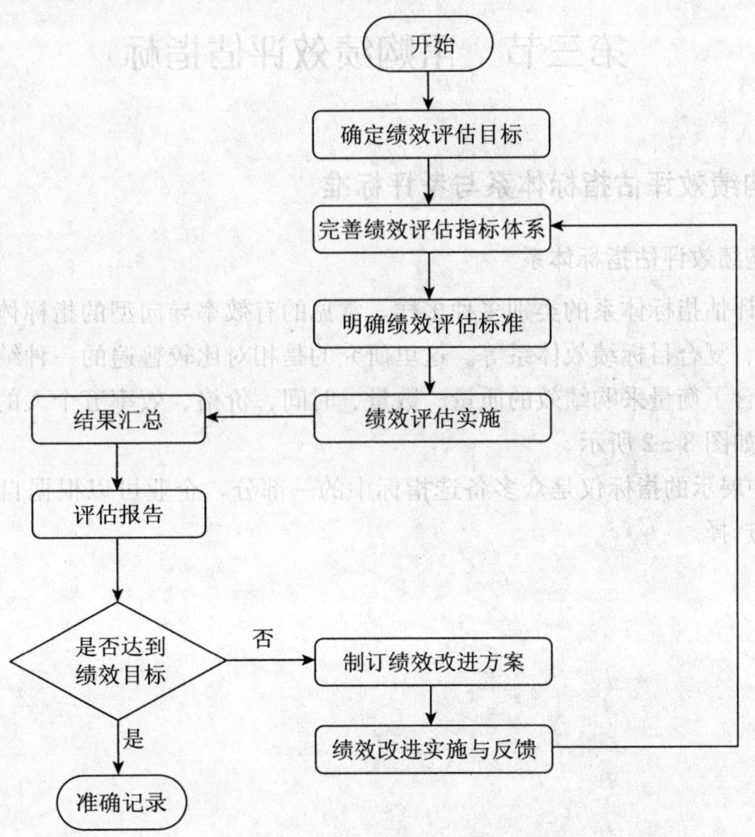

图 8－1　采购绩效评估流程

（1）明确绩效评估目标。采购绩效评估目标采购绩效评估的总纲领，用于明确采购绩效评估希望达到什么样的效果，该目标会直接影响后续的指标体系的设计。

（2）完善绩效评估指标体系。该步骤是在明确了绩效评估目标的基础上，结合要考核的范围制订具体的考核指标及指标间逻辑关系的过程。

（3）明确绩效评估标准。在对采购过程与结果进行绩效考评前，需要明确采购工作绩效评估的具体标准和方法，即明确当指标值确定时是合格的还是不合格的。

（4）绩效评估实施。绩效评估的实施过程就是将实际采购环节运作后得到的指标值与目标值进行对比的过程。对比后对结果进行汇总形成评估报告。实施结果可能有两类，符合考评标准的结束本次绩效考核；不符合考评标准的，进入绩效改进阶段。

（5）制订绩效改进方案。结合绩效考核中暴露的问题，针对个别不合格环节的问题，量身制订绩效改进方案，具体改进方法参见本章第四节。

（6）绩效改进实施与反馈。落实改进建议并予以实施，同时需要将改进过程与实施效果反馈到新一轮的绩效考评过程中。

从采购绩效考评的流程中不难发现，采购的绩效考评是一个循环的过程，它同样遵循系统的一般规律，也符合质量环（PDCA）方法的一般逻辑。而采购绩效就是在这种不断的循环中逐步提升的。

第三节　采购绩效评估指标

一、采购绩效评估指标体系与考评标准

（一）采购绩效评估指标体系

采购绩效评估指标体系的类别多种多样，常见的有效率导向型的指标体系、实效导向型的指标体系、复合目标绩效体系等。这里研究的是相对比较普遍的一种绩效评估指标体系。其中，包含了衡量采购绩效的质量、数量、时间、价格、效率五个大的方向。具体的指标体系关系如图 8－2 所示。

图 8－2 中展示的指标仅是众多备选指标中的一部分，企业可以根据自身的采购绩效评估需求进行选择。

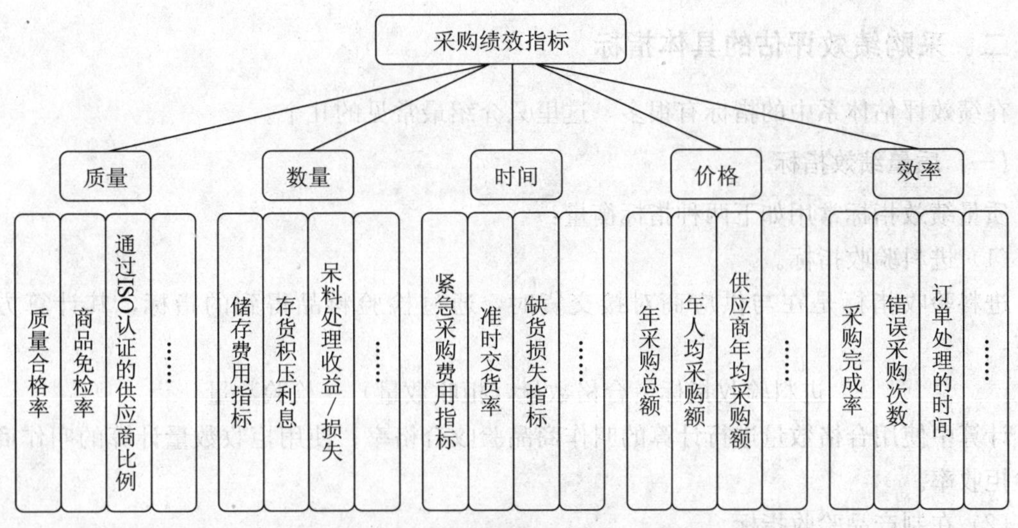

图 8-2　采购绩效评估指标体系

（二）采购绩效考评标准

确定了绩效评估的指标后，必须要制定指标参照的标准，作为与目前实际绩效比较的基础。一般常见的标准有如下四种。

1. 历史绩效标准

选择公司以往的绩效，作为评估目前绩效的基础，是相当正确、有效的做法。通过与以往采购绩效的比较可以看出公司现在的采购水平是提高了还是降低了；如果对重复性采购工作的前后绩效进行对比可以发现企业需要改进的环节与值得借鉴的环节。但是，需要注意的是该标准仅适用于公司采购部门没有重大变动的情况才具有可比性。

2. 预算或标准绩效标准

若过去的绩效难以取得或采购业务变化甚大，则可以预算或标准绩效作为衡量基础。标准绩效的设定有下列三种：一是固定的标准，即评估的标准一旦建立，则不再作改动；二是理想的标准，即在完美的工作条件下，应有的绩效；三是可达成的标准，即现在应该可以做到的水平，通常是根据当前的绩效加以衡量设定的。

3. 行业平均绩效标准

如果行业内其他公司在采购组织、职责及人员等方面相似，则可与其进行绩效比较，以辨别彼此在采购工作成效上的优势。若个别公司的绩效资料无法得到，则可以整个行业绩效的平均水准来比较。

4. 目标绩效标准

预算或标准绩效代表在当前情况下“应该”可以达成的工作绩效；而目标绩效则是在当前情况下，非经过一番特别的努力，否则无法完成的较高境界。目标绩效代表公司管理当局，对工作人员追求最佳绩效的“期望值”。

二、采购绩效评估的具体指标

在绩效评估体系中的指标有很多，这里只介绍最常见的几个。

（一）质量绩效指标

质量绩效指标常用如下两种指标衡量：

（1）进料验收指标。

进料验收指标是在与供应商对接交货时，通过检验料品得到的指标，其计算方法如下：

进料验收指标＝合格数量（拒收数量）÷检验数量

计算中使用合格数量进行计算的叫作商品验收合格率；使用拒收数量计算的叫作商品检验拒收率。

（2）在制产品验收指标。

在制产品验收指标是指在商品经过入库前的验收进入仓库后，在生产使用过程中发现的问题商品的比率（或可用商品的比率）。其计算方法如下：

在制产品验收指标＝可用（或拒用）数量÷使用数量

如用可用数量进行计算，则该指标越高越好；如用拒用数量进行计算，则该指标越低表明商品品质越好。

（二）数量绩效指标

采购与库存之间存在一定的矛盾关系，单次采购数量越大，可能获得的供应商价格折扣越大，相应的采购成本越低；但是，必然引起库存量的增加，进而增加库存成本，因此相关的库存指标也应当列入采购绩效考核的范畴。常见指标如下。

（1）储存费用指标。

储存费用指标＝现有存货利息及保管费用－正常存货水准利息及保管费用

（2）呆料、废料处理损失指标。

呆料、废料处理损失指标＝处理呆料、废料收入－处理呆料、废料损失

原则上希望呆料、废料量越少越好，因此应当保证处理呆料、废料数量尽量少，如果确实存在呆料废料，则处理呆料、废料的收入与损失差额越大越好，以尽可能挽回企业损失。

（三）时间绩效指标

该指标用来衡量采购环节的订单处理效率及对供应商交货时间的控制程度。理论上讲，应当要求供应商恰巧在交货时点交货，才能保证既不产生使用前的存货成本，又不产生交货延迟带来的缺货成本。常见指标如下。

（1）紧急采购费用指标。

紧急采购费用指标＝紧急运输方式的费用－正常运输方式的费用

（2）原料缺货损失指标。

原料缺货损失指标主要包括停工期间作业人员的薪资损失。事实上，缺货还会带来一

系列的隐性成本，如客户流失、企业信誉损失、恢复生产所需的准备成本、应急采购成本以及资金的取得成本与机会成本等。

（四）价格绩效指标

通过价格指标，可以衡量采购人员的议价能力以及供需双方势力消长的情形。常见的采购价格指标有如下几类。

（1）年采购额。

年采购额包括原材料采购总额、零部件采购总额、非生产性采购总额等。其中原材料采购总额又可以按照不同的划分方式进行分类。例如，按照材料不同细分为包装材料、电子类零部件、塑胶件、五金件等；或按照采购付款的币种分为人民币采购额、美元采购额等。另外，年采购额还可以分解到各个采购员及供应商，算出每个采购人员的年采购额、年人均采购额、各供应商年采购额、供应商年平均采购额等。

（2）采购价格。

采购价格指标包括各类原材料的年度基价、所有原材料的年平均采购基价、各原材料的目标价格、所有原材料的年平均目标价格、各原材料的降价幅度及平均降价幅度、降价总金额、各供应商的降价目标、本地化目标、与伙伴企业联合采购额及比例、联合采购的降价幅度等。

此外，采购价格指标还包括某些价差指标，如实际价格与标准成本差额、实际价格与过去移动平均价格差额、当期采购价格与基期采购价格的比率和当期物价指数与基期物价指数的比率的比较等。价差对比时，可参照下表。

某公司采购价格绩效对比　　单位：元

采购总金额	1月进料金额	2月进料金额	3月进料金额	平均进料金额
采购员个别金额	1月进料金额	2月进料金额	3月进料金额	平均进料金额
采购员 1				
采购员 2				
……				

（3）付款方式。

常见的付款方式相关指标包括：平均付款周期、目标付款期等。

（五）采购效率指标

采购工作效率的衡量可以采用采购效率指标，常见的采购效率指标如下：

（1）采购金额。

（2）采购金额占销售收入的百分比。

（3）订购单的件数。

(4) 采购人员的数量。

(5) 采购部门的费用。

(6) 开发新供应商的数目。该指标用于衡量采购人员在固定期限内考评扩充供应商数量的情况。该考核目的也可以通过监控唯一来源的材料占所有同类材料的百分比来衡量。

(7) 采购完成率。

(8) 错误采购次数。

(9) 订单处理的时间。

三、采购绩效评估的评估方法

越来越多的企业管理者认识到一个采购部门在整个企业中发挥的巨大作用，尤其是一个配备了有能力的雇员和恰当组织的采购部门。合理地评价采购部门的绩效可以节省费用，直接增加利润。采购绩效的评估方式，可以分为定期和不定期两种评估方式。

(一) 定期评估

定期评估是配合公司年度人事考核制度进行的，而且主要以采购人员工作态度、学习能力、协调能力、忠诚程度等为评估的主要内容的激励效果并不明显。一般而言，如果能以目标管理的方式，也就是从各种工作绩效指标中选择年度重要性比较高的项目中的几个定位绩效目标，年终按实际达到的程度加以考核，那么一定能够提升个人或部门的采购绩效。并且，这种方法因为摒除了“人”的抽象因素，以“事”的具体成就为考核重点，也比较客观、公正。

(二) 不定期评估

不定期绩效评估，是以专案的方式进行的。比如公司要求某项特定产品的采购成本降低5个百分点。当设定期限一到，评估实际的成果是否高于或低于5%，并就此成果给予采购人员适当的奖励或处分。此种评估方法对采购人员的士气有巨大的提升作用，此种不定期的绩效评估方式，特别适用于新产品开发计划、资本支出预算、成本降低的项目等。

第四节　采购绩效优化措施

一、营造良好的组织氛围

组织内部存在冲突时，采购人员的日常工作会由于这种冲突而变得小心谨慎，很大程度上会分散采购人员的注意力。此外，内部组织不稳定也会影响与供应商的关系，导致合作程度不够，进而影响采购质量。

因此，任何采购组织，包括供应商，融洽、和谐的工作氛围是做好各项工作的基础。采购组织的管理职能部门，应定期将采购人员的业绩进行评估，并进行排名，再配以相应的奖惩制度，使采购业务不断改进。

二、强化内部管理以提升绩效

采购管理依然属于管理范畴，而管理的根本都是人管人，尤其采购部门更是涉及与部门间的沟通以及与供应商的接触，所以更需要投入关注。具体的措施有如下几个方面：

（1）制定采购管理手册。

（2）建立合格的采购团队，提供必需的资源。

（3）选聘合格人员担任采购人员并培训，使其掌握采购知识、提升技术能力、提高风险管理能力、具有协作精神、具有供应链全局观和国际视野、具有良好的道德素养。

（4）设立可行的有挑战性的工作指标、激励采购人员。

（5）对表现突出的采购人员或团队，给予恰当的相对公平的物质与心理激励。

三、应用科学技术

1. 建立企业内部网（Intranet）

内部网络的建立使众多部门之间无须见面就能快速沟通，尤其是当信息的交流是一对多的情况时，内网更能发挥效率。而且内网免去了频繁召开会议的辛苦，同时也方便需获得信息的人；对外部而言，用电子邮件传送文件给供方同样精确迅速。

2. 使用国际互联网（Internet）

国际互联网为采购人员提供了一个更大的信息交互平台，合理利用该平台能够有效地提升采购绩效。其优势主要体现在如下几个方面：

（1）节约采购成本，一般而言可节约2%～25%的采购成本及与采购相关的多项开支；

（2）缩短采购周期，通常可使采购周期缩短10%～50%；

（3）增加采购流程透明度，剔除不良因素，提升与供应商的议价能力；

（4）增加有效供应商，借助互联网可以在选择供应商过程中不受行政区、地域限制，对于难以获取的采购件或服务，可能会获得更广的供应渠道；

（5）促进企业现代化。用电子商务的手段改造企业内及企业间的每个沟通环节是信息技术发展的必然趋势；

（6）知已知彼，百战百胜。互联网上根据近万种产品的分类，保存了几百万家供方的资料，为企业会员的决策提供更为准确有效的信息支撑。

3. 推行MRP系统

MRP系统中的数据不仅全面，而且实时性好，许多采购人员所需的数据，如采购历史数据如采购量、历史价格、供应商信息等、一种物资有几个合格供应商、供应商的基本情况（地址、联系方式）、采购前置时间、采购申请单、收货状态、库存量、供应商的货款支付状况等均可查询。

总之，MRP系统的推行对于提升采购绩效有重要意义。采购人员不需要再花费大量精力分析该不该进货、何时进货、何时付款等问题。同时，该系统还提供了与其他部门协调的平台，不再需要纸质单据，降低了当面沟通的频次。

4. 使用条码技术

条码技术已经广泛应用于生产、采购、物流、销售的各个环节。条码上包含了物料名称、物料编号、价格、制造商信息。这些信息用读码器扫描直接输入电脑中，迅速准确，避免了手工输入工作量大容易出错。

5. 与供应商进行电子数据交换（EDI）

电子数据交换系统可以极大程度上缩小采购方与供应方的时空距离，从而更容易将企业内部的优秀管理延伸到供应商，将供应商视为企业的一个部门来管理。

四、与供应商建立合作伙伴关系

供应商与采购方的合作深度很大程度上影响着采购绩效，最理想的方法就是让供应商与企业建立长期的合作伙伴关系，形成一个整体的系统，有共同的利益。具体的实现方法有如下几种。

（1）与供应商共同制订可行的成本降低计划。与供应商共同制订可行的成本降低计划，并且与供应商一起去寻找可行的途径，比如与供应商一道开发更便宜的原材料、互相检讨对方的生产设备及工艺、同意供应商采用便宜的包装材料等。

（2）与供应商签订长期的采购协议。长期的采购协议能够很大程度上调动供应商的积极性，但是需要注意的是，在供应商的选择上应当投入更多的精力。另外，一旦采购方由于某些变动导致不能再购买这些原材料时，对供应商产生的影响与损失应当由双方共同承担。

（3）供应商参与到产品设计中去。由于供应商对企业要购买的物料可能有数年甚至几十年的经验，如果供应商能更早地参与到产品设计中去，就有可能提出一些合理的建议，比如简化产品结构，使用便宜的原材料等。

五、通过开发优秀新供应商来降低采购总成本

成立供应商开发小组，聘请具有好的业务素质和好的职业道德、熟悉相应法律法规，掌据业务理论知识，胜任采购评审工作；熟悉产品并在其专业领域享有盛誉，接受审计监督的人员采购评审家。采购物料要坚持就近和本地化原则。

六、正确选择采购方式

根据实际的采购需求特点合理选择采购方式，可供选择的采购方式包括：招标采购、竞争性谈判采购、询价采购、定点采购、集中采购、分散采购、现货采购、远期合同采购、直接采购、间接采购等。

七、定期测量采购人员、供应商的业绩

采购人员、供应商的业绩一定程度上可以从上述绩效指标中衡量，也可以利用如下几个方面的补充指标进行衡量：

（1）采购质量。

衡量采购质量的指标是质量合格率，其计算方法如下。

$$质量合格率=\frac{合格数}{总来料数}\times 100\%$$

具体的监控办法如下：

①根据质量合格率的情况对供应商进行排序，挑选指标最差的供应商，限定时间令其整改，否则予以一定处理，如降级、弃用等；

②对指标表现中等的供应商，可以同供应商一起进行质量改造，如向供应商派出咨询团队进行改进等；

③助力供应商推行我国的相关质量管理体系。

（2）采购成本。

采购成本可以用价格差额比率衡量：

$$价格差额比率=\frac{（合同价格-行业平均价格）}{行业平均价格}\times 100\%$$

控制方法如下：

①按照价格差额比率对供应商进行排名，找出指标表现最差的供应商，帮助其寻找原因，并令其限期整改；

②对指标表现好的供应商，可以适当与其加深合作深度，同时，可以考虑供需双方互相参与产品设计过程，共同改进加工工艺进一步降低成本；

③对确无成本压缩空间的供应商，可以考虑重新评估采购环境，尝试引入新的供方。

（3）供应。

供应绩效用及时供应率来衡量：

$$及时供应率=\frac{生产物料及时供应率}{生产物料需求总数}\times 100\%$$

改进过程如下：

①对于指标表现最差的供应商，究其原因是否由供方造成，如由供方造成，令其限期整改；

②若由于内部计划原因造成指标偏低的，则需与计划部门共同进行计划制订方法的讨论，争取确定更为合理的计划；

③在选取供应商时，也应当尽可能地优先选择地理位置相对较近的供应商。

（4）采购柔性。

采购柔性的计算方法如下：

采购柔性＝［1－（生产高峰供应及时率－生产低峰供应及时率）/平均供应及时率］×100％

控制方法如下：

①向一个供应商的订单下达量不宜大于供应商群体订单容量的60％；

②重点物料保证至少三家供应商，尽可能地避免独家供应商垄断供应的情况；

③加强对供应商的调查研究，认证适量的新供应商备用。

（5）采购工作效率。

$$采购工作效率=\frac{期间物料成本总额}{期间工作总人数}\times 100\%$$

控制方法：

①调查行业平均水平和最高水平，分析研究，寻找差距；

②大多采购工作效率数值正常度与采购流程设置的合理性有关，所以必要时需要对流程进行优化。

（6）人员流动比率。

$$人员流动比率=\frac{（年流入人数-流出人数）}{总人数}\times 100\%$$

①采购人员流动比率取值应当介于 7%～15%；

②若流动比率低于最低值，则可能发生严重的采购人员舞弊或僵化，进而影响采购质量、成本与供货及时性；

③若流动比率高于最高值，可能发生采购业务不连贯、不熟练的问题。

（7）供应商流动比率。

$$供应商流动比率=\frac{（年流入供应商数-流出供应商数）}{供应商总数}\times 100\%$$

供应商流动比率也应当保持在一个相对稳定的水平。

（8）独家供应比率。

$$独家供应比率=\frac{独家供应商供应物料种类数}{物料种类总数}\times 100\%$$

独家供应比率最理想的值为 0，正常范围应当在 20%之下。优化指标的方法在于对生产工艺进行重新设计，尽量保证能够找到更多的供应商。

（9）订单周期。

订单周期应当在采购合同中予以体现。该指标是指采购人员与供应商签订采购合同时所确定的物料从下订单到完成入库的时间差额。

（10）紧急订单完成率。

$$紧急订单完成率=\frac{紧急订单及时完成数}{紧急订单数}\times 100\%$$

该指标用于反映供应商的响应能力与技术水平。提升设备先进性和作业流程直接性能够有效提升供应商的响应能力。

（11）库存周转率。

$$库存周转率=\frac{年销售额}{年平均库存值}\times 100\%$$

①根据市场预测和采购市场的供应行情，及时抢占采购资源，以支持生产、销售计划，减少库存堆积；

②掌握产品的生命周期，对需求不大的衰退期产品，提前做出采购计划的调整。

本章小结

本章首先介绍了采购风险的类别及相关对策，明确了消除风险是不可能的，但是可以通过科学管理降低风险带来的损失；其次，介绍了采购绩效评估的相关内容。主要包括：第一，采购绩效评估的目的与流程，为绩效评估提出明确的工作顺序；第二，采购绩效评估指标体系与评估方法，明确了绩效评估常用的指标与指标间关系，并且介绍了常见的绩效评估方法；第三，针对绩效考核的可能结果，提出绩效改进的方法，包括相对宏观的方法与微观的衡量指标两种。通过本章内容的学习，可以了解到采购风险与控制及采购绩效评估的基本方法。

习　题

1. 什么是采购风险，采购风险有哪几类？
2. 采购绩效评估的目的是什么？
3. 采购绩效评估的基本步骤是什么？
4. 采购绩效评估指标分为哪几类？代表性的指标是什么？如何计算？
5. 已知年销售额为 10000 万元，年平均库存量为 25 万 SKU（库存量单位），则库存周转率是多少？库存周转率的高低体现了企业采购领域的哪些问题？

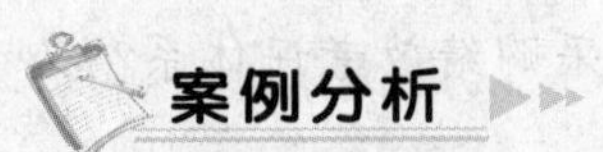

案例分析

艾德西点的困境

艾德是艾德西点连锁公司的业主。公司从一家面包店起家，逐步发展到遍布全国的连锁企业，发展势头良好，现拥有 97 家店面和 10 个烘焙中心。鉴于公司良好的发展势头，艾德决定进驻更为高档的闹市街区，扩展业务范围，增开咖啡店和外卖服务，从而使营业额和利润稳步增长。

1. 配餐供应

咖啡店配套产品的供应源搜寻与供应比较复杂，范围大大超出原有西点烘焙的采购。西点烘焙的采购主要是面粉、油脂和调味品；而咖啡店的采购范围更大，包括易腐坏物品和不易变质的物品。这些物品通常有大型厂家和批发商以大包装的形式批量供货。有些易腐品需要冷藏，且都有保质期限。咖啡店的灌装产品是用 24 听/捆的塑料薄膜包装，又笨又重。部分产品诸如鸡蛋和火腿从就近的小规模专业农户和其他供应商处采购。公司希望它对当地小型厂家的支持能广为人知，以提高公司在企业社会责任方面的声誉。

2. 公司总部

公司总部设有一个仓库，批量货物在运往各个门店之前被运送到这个仓库进行储存。艾德西点连锁有两辆喷有公司标志的货车，并聘用了两名司机，在工作日期间隔日轮流送货（工作日为周一至周六）。总部同时也负责履行集中管理职能。

3. 门面的当地采购

艾德西点的部分采购由门店经理和首席烘焙师在本地进行，他们有时从自己选择的供应商中购买，有时向中央仓库订购。各门店之间通过电话和电子邮件进行联系，但是没有将各店的销售额、订单与库存数据库等信息相联结的系统。其他本地的日常采购包括管理和后勤方面需要的小商品，比如纸袋、文具等。

4. 存在的问题

艾德巡查各个门店后发现，烘焙师们在与咖啡相关的订货和催货方面花费了太多时间，这会导致客人等待的时间较长，并对质量和品种短缺产生不满；艾德还发现，在一些门店里很畅销的产品并非每个门店都提供；另外，同一个供应商提供的同一种货品，各个门店的采纳价格却有高有低。

5. 新采购主管

艾德认为公司需要一个新的采购主管，并正在积极寻找一个合格的专业人员来担任这个职务。艾德正在起草招聘广告的职位描述；他很明白，他需要这个新主管能从根本上改进公司的采购绩效，从而很快为公司带来收益。

（资料来源：2009年中英合作采购与供应管理职业资格证书考试（中级）《采购绩效管理》真题）

问题：

1. 艾德公司在采购环节遇到的问题是什么？

2. 假设你是新上任的采购主管，你决定如何完善艾德公司的采购绩效考评体系？又如何改进其采购绩效？

第九章　招标采购

章节知识框架

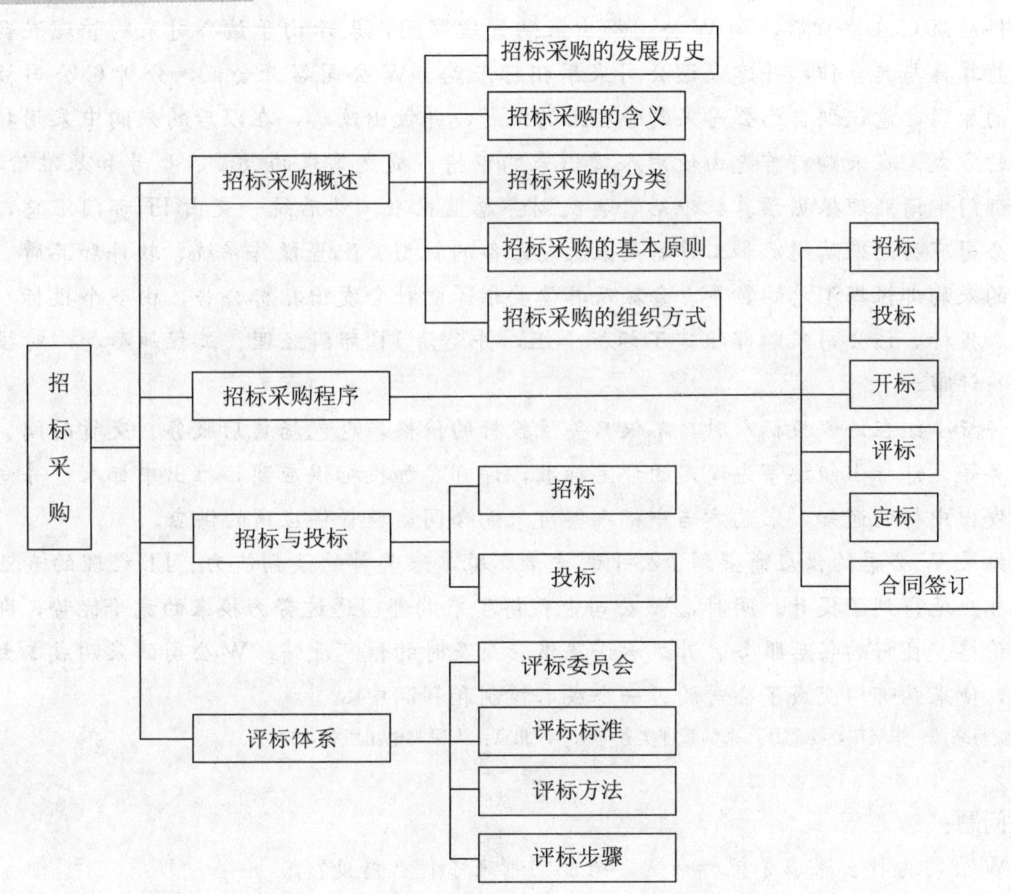

学习要求和目标

（1）了解招标采购的含义；
（2）掌握招标采购的分类；
（3）了解招标采购的基本程序；
（4）了解评标的构成体系；
（5）掌握评标的过程和方法。

导入案例

某供应商C接到W公司打来电话，说要购买10台笔记本电脑。不久又接到W公司总部电话询问100台电脑的价格，其中10台笔记本电脑，于是他们分别咨询了型号和配置的详细情况，供应商了解到这家公司2009年有大的采购项目，频频添置新设备，于是就立即派人员到W公司总部视察。

后来，供应商C感觉到W公司整体采购毫无章法、权利浪费、价格五花八门、没有任何优势，决定这次供货后放弃以后的合作。

供应商C在供货后，向W公司提出采购管理疑问，表示由于该公司采购管理混乱以后不打算再与其合作，并建议该公司采用招标采购。W公司召开会议，分析C公司放弃合作的原因，意识到自己公司采购管理上的问题，并做出改善，在以后的采购中采用招标采购的方式。在采购前首先由使用人提出采购申请，提交需求的数量、型号和基准价格。所有部门申请经理根据预算批准后，再交财务总监批准。然后统一交由IT部门汇总，再根据公司有关的采购规定和工作需要来决定配备的机型、配置操作系统、软件和品牌。W公司的采购部根据汇总的数量、金额及具体要求等向社会发出招标公告，由多个投标人竞争参加投标，该公司采购部组建了评标小组，并邀请IT部门经理、工程师参加，对投标人进行评审。

评标小组在评议投标人时，不仅只关注投标的价格，也包括售后服务、交货时间、升级服务等。评标小组按事先商定的评定标准，评判参加投标供应商，推出中标人，并向中标人发出中标的通知，采购方与中标人签订采购合同，监督供应商的供应。

结果W公司的供应商得到了公平的竞争环境，采购员的谈判能力、IT经理的专业能力也相应地得到了提升。同时，W公司也获得了采购部门通过努力换来的竞争优势，即较低的价格、良好的售后服务、升级承诺及供应商及时的信息反馈。W公司的采购成本大大降低，使采购部门变成了公司的另一个成本控制和利润中心。

（资料来源：张晓芹，黄金万．采购管理实务［M］．北京：人民邮电出版社，2015.）

问题：

W公司为什么采取了招标采购，给他们带来了什么好处？

第一节　招标采购概述

如案例所示，该单位在进行商品采购时采用了公开采购信息，并通过供货商竞争投标的方式确定了商品的最终供货商，这个过程就是招标采购，它同前章所讲的询价采购、比价采购、磋商、单一来源采购一样同为采购的一种方式。

一、招标采购的发展历史

招标采购制度起源于欧洲，其中英国、丹麦、瑞士等国的招标采购制度发展距今已有200多年的历史，是世界上较早具有完善的招标采购制度体系的国家。自20世纪50年代起，招标的影响力不断扩大，招标采购作为一种成熟的交易方式在全球经济活动中所起的作用日益明显，它是有组织地开展择优成交的一种交易行为，已成为各国政府采购的主要方式，成为一种采购方式选择上的国际惯例。

我国最早运用招标采购方式采购的项目是1902年张之洞在湖北创办的湖北皮革厂。当时有5家制造商参加了投标，最终张同升以1270.1两白银中标，并且签订了合同，合同的主要内容有质量要求、工期要求以及付款方法等。1918年，武汉汉阳铁厂的两项扩建工程通过公开刊登招标公告，公开选择扩建工程建造者。但是这个时期由于我国特殊的封建和半封建的社会形态，招标制度在我国并未像资本主义社会那样以一种法律制度的形式得到确定和发展。

从新中国成立到改革开放初期，由于我国实行的高度集中的计划经济体制的限制，招标制度作为一种竞争性的市场交易方式，难以得到生存和发展。党的十一届三中全会后，我国实行了改革开放政策，招标制度才得以重新发展。此后我国的招标采购制度以工程招标采购发展为主线，其发展过程可以划分为以下三个阶段。

（一）初步探索创立阶段

1980年国务院在《关于开展和保护社会主义竞争的暂行规定》中提出“对一些适应承包的生产建设项目和经营项目，可以试行招标投标的办法”，这一规定翻开了中国招投标制度的新的一页。1981年，我国将吉林省吉林市和深圳经济特区作为试点，试行招标投标制度，效果显著；1984年，国务院出台《关于改革建筑业和基本建设管理体制若干问题的暂行规定》，大力推行工程招标承包制度。此后，众多国家部委制定了有关招标投标制度的规定，使有关招标投标方面的法律法规不断增多。

这一时期招投标制度的特点主要有：基本原则初步确立，但未得到有效落实，由于受到当时计划和市场关系认识的限制招标投标的市场交易属性尚未得到充分体现；招标领域逐步扩大，但进展很不平衡，不同行业之间招标投标活动开展很不平衡；相关规定涉及面广，但并未齐头并进，比如在招标方式的选择上规定过于简略，在评标方面缺乏具体的评标标准。

（二）快速发展阶段

这一阶段从确立社会主义市场经济体制改革目标到《中华人民共和国招标投标法》（以下简称《招标投标法》）颁布（1990—1999年）。1992年我国提出建立社会主义市场经济体制改革目标，开始实行社会主义市场经济体制，进一步解除了束缚招标投标制度发展的体制障碍，各行各业开始招标投标工作的转轨变形。20世纪90年代初期到中后期，全国各省市加强了对招标采购的管理和规范，成立了招标投标监督管理机构，同时也颁布了一系列法规和规章。1994年6月，原国家计委牵头启动《招标投标法》起草工作，1997

年 11 月 1 日全国人大常委会审议通过了《建筑法》，在法律层面上对建筑工程实行招标发包进行规范。1996 年起财政部陆续颁布了《政府采购管理暂行办法》等部门规章，这也进一步推动了招标采购的快速发展。

这一时期招投标制度的特点主要有当事人市场主体地位进一步加强；对外开放程度进一步提高；国际招标的对象不再仅限于机电产品，施工、监理、设计等也可以纳入国家招标项目中；招标的领域和采购对象进一步扩大；对招投标活动的规范进一步深入。

（三）规范完善阶段

这一阶段主要是从 1999 年《招标投标法》的颁布和实施到现在。2003 年《政府采购法》开始实施。《招标投标法》和《政府采购法》是规范我国境内招标采购活动的两大基本法律。此外，《招标投标法实施条例》和《政府采购法实施条例》作为两大法律的配套行政法规的施行，对招标投标制度作了补充、细化和完善，进一步健全和完善了我国的招标投标制度。另外，国务院各部门、地方人大及其常务委员会也根据本部门、本行业和地方的特色和实际需要制定了相应的招投标管理的部门规章、规范性文件、政策性文件和地方的相关招投标地方性法规、规章和规范性文件。这些规章、规范性文件也已经构成我国整个招标采购制度的重要组成部分，覆盖全国的招标投标管理体系基本形成和不断完善。

二、招标采购的含义

标即标书，也就是任务计划、任务目标的意思。招标就是由招标人发出招标书，公告或投标邀请书，同时说明招标的货物、工程、标段划分、数量、质量、服务及投标人的资质要求等，邀请招标人在规定的时间、地点按照一定的程序进行投标的行为。

招标行为是属于选择交易对象的一种方式，即有购买行为，如工程、服务、货物等，同时也有出售出让行为，如特许经营权、土地使用权、科研成果和技术专利等的出售或出让。所以招标也可以定义为当事人中的一方（招标人）提出自己的条件，征求他方（投标方）承买或承卖。在政府采购中，招标是一种采购方式。

投标是与招标相对应的概念，它是指投标人应招标人特定或不特定的邀请，按照招标文件规定的要求，在规定的时间和地点主动向招标人递交投标文件并以中标为目的的行为。招标投标也被简称为招投标。招标和投标是一种商品交易的行为，是交易过程的两个方面，是商品经济高度发展的产物，是应用技术、经济的方法和市场经济的竞争机制的作用，有组织开展的一种择优成交的方式。

招标采购是指采购方作为招标方，事先提出采购的条件和要求，邀请众多潜在的供应商参加投标，然后由采购方按照规定的程序和标准从中择优选择供应商，并与其签订合同的过程。整个过程要求公开、公正和择优。招标采购的实质是以较低的价格获得最优的货物、工程和服务。招标采购是政府采购最常用的方法。招标是众多采购方式当中最常用的一种，在我国被广泛地使用，所以一般也称招标为“招标采购”。

招标采购是采购方提出招标方案，供货方通过竞争获取供应资格的交易方式，市场经济是其能够实现的前提，因此招标采购是市场经济制度下实现资源优化配置的一种竞争性的交易方式，其可以通过对于程序的控制来实现采购结果的优化，实现资源的合理配置，提高经济效益，提高项目质量。

三、招标采购的分类

招标采购按照不同的分类方法，可以划分为不同的方式，主要有以下几类。

（一）按照竞争开放程度可分为公开招标和邀请招标

1. 公开招标采购

公开招标属于无限制性招标，又称竞争性招标。公开招标是指采购方也就是招标方通过依法指定的媒介公开发布招标公告的方式，邀请不特定的潜在的投标人参加投标，并按照法定程序和招标文件中规定的评标标准和方法择优选择中标人的招标方式。这里指的法定媒介可以是报刊、网络、广播、电视以及其他媒体。公开招标按公开的地域范围又可以分为国内公开招标和国际公开招标。

公开招标的优点：公开招标充分体现了招标的公开、公正、公平的原则，有利于竞争机制的充分发挥，有效防止招标过程中由于信息不对称导致的垄断、围标、串标等行为的发生；有利于招标方以更低的价格更高的质量采购到所需商品，降低采购成本；有利于促进投标方为达到中标目的而提高供应的商品或服务的质量。公开招标的缺点：由于投标人较多，投标者的中标率较低，加大投标者投标费用损失的风险；招标人审查投标文件的工作量大，招标成本较高；投标单位良莠不齐，容易被不负责任的单位抢标。

公开招标的适用范围：《招标投标法实施条例》规定，除特殊情况外国有资金占控股或者主导地位的依法必须进行招标的项目、国家重点项目和省、自治区、直辖市人民政府确定的地方重点项目、其他法律法规规定必须进行公开招标的项目，应当公开招标。例如，《政府采购法》第二十六条规定公开招标应作为政府采购的主要形式。此外，投资额大、工艺或者结构复杂的较大型建设项目也适用公开招标。

2. 邀请招标

邀请招标属于有限竞争性招标，也称选择性招标。邀请招标指招标方以投标邀请书的方式直接向特定的潜在投标人发出投标邀请，并按照法定程序和招标文件规定的评标标准和方法确定中标人的交易方式。《招标投标法》第十七条规定：招标人采用邀请招标方式的，应当向三个以上具备承担招标项目能力、资信良好的特定的法人或者其他组织发出投标邀请书。

邀请招标的优点：邀请招标是向特定的对象发出投标邀请，因此招标方可以选择资格能力和价值目标相近的投标人，有利于投标人之间的均衡竞争；邀请招标投标者数量较少，招标工作量小，目标集中，可以减少招标费用；邀请投标的投标人中标率高。邀请招标的缺点：投标人数量有限，竞争性较差，不利于招标单位获得最优报价；受招标人在选择邀请对象前已知投标人信息的局限性，有可能会损失应有的竞争效果，得不到最合适的投标人和获得竞争效益。此外，邀请招标有可能引发中招标人故意邀请一些不符合条件的供应商作为内定的中标人的假招标行为的发生。

邀请招标适用于以下几种情况：涉及国家安全、国家秘密或者抢险救灾，适宜招标但不宜公开招标的；项目技术复杂或有特殊要求，或者受自然地域限制，只有少量潜在投标人可供选择的；采用公开招标方式的费用占项目合同金额比例过大的以及法律法规规定的其他情形。两种招标方式的比较如下表所示。

公开招标和邀请招标比较

招标方式 比较因素	公开招标	邀请招标
适用条件	适用范围广，项目规模大，技术复杂的项目	范围小，适用于受项目需求、条件和市场限制的，只有少量投标人可供选择的，或采用公开招标费用过大的
竞争程度	无限制竞争，竞争充分	有限竞争，竞争受限
招标成本	较大	较少
信息发布	在指定公开媒介向不特定对象发布	以邀请投标书的形式向特定对象发布
优点	信息公开，竞争性强，不易串标、围标，选择范围大	投标人资质相当，竞争力均衡，招标人需求目标易实现，招标工作量和成本小
缺点	投标人质量参差不齐，招标工作量和成本大	投标人少，竞争不充分，由于信息的局限性可能得不到最合适的投标人和竞争效益

（二）按照地域范围可分为国内招标和国际招标

（1）国内招标。国内招标是指招标人在采购国范围内选择和确定投标人。国内招标的投标人只能来自项目所在国，国内招标是从国内进行采购，缩小了招标范围、减少了招标信息发布、翻译工作和招标项目准备和完成的工作量和时间，可大大缩短整个招标项目所需要的时间。国内招标又可分为国内公开招标和国内邀请招标，两者的不同如前所述主要在投标人的确定范围上。国内招标通常适用于采购金额较小，采购品种分散，分批交货时间较长、劳动密集型的商品和服务。

（2）国际招标。国际招标指在国际相适应的领域范围内公开货物、工程或服务采购的条件和要求，邀请众多投标人参加投标，并按照规定程序从中选择交易对象的一种市场交易行为。国际招标又可分为国家公开招标和国际邀请招标。国际招标要求招标者制作完整的英文标书，在国际公开的媒介和网络发布招标公告。国际招标应遵循国际贸易的准则、惯例，且程序复杂、严密、时间较长，主要适用于技术复杂且标准高，国内招标难以满足需求的项目。使用国际组织或者外国政府贷款、援助资金的项目采用国际招标。

（三）按照招标信息载体形式分为纸质招标和电子招标

（1）纸质招标。纸质招标即招标投标各方以纸质文件为信息载体，完成招标、投标、开标、评标和定标的交易活动。

（2）电子招标。电子招标活动是指以数据电文形式，依托电子招标投标系统完成的全部或者部分招标投标交易、公共服务和行政监督活动。在电子信息交易方式下招标人或者其委托的招标代理机构，可以在其使用的电子招标投标交易平台注册登记。投标人也可以在电子招标投标交易平台进行注册登记，递交资信基本信息，并经电子招标投标交易平台运营机构验证。电子招标形式下的开标也是在电子招标投标交易平台上公开进行，所有投标人同时在线参加开标。电子招标平台生成开标记录并向社会公众公布。同样，评标委员会成员应当在依法设立的招标投标交易场所，登录招标项目所使用的电子招标投标交易平台进行评标，并在交易平台中公布中标候选人和中标结果。数据电文形式的招投标活动与纸质形式的招标投标活动具有同等法律效力。电子招标投标系统按照功能定位，由交易平台、公共服务平台和行政监督平台构成。

推行电子招标可以提高采购透明度，节约资源和交易成本，实现信息共享，还可以利用电子信息技术手段解决招投标过程中的弄虚作假、暗箱操作、串通投标、限制排斥潜在投标人等突出问题。在政府采购中实行电子招投标对于促进政府职能的转变具有非常重要的意义，2013 年 5 月我国颁布实施了《电子招标投标办法》，它是中国推行电子招投标的纲领性文件，它将成为我国招投标行业发展的一个重要里程碑。

四、招标采购的基本原则

招标投标制度是市场经济的产物，并随着市场经济的发展而逐步推广，必然要遵循市场经济活动的基本原则。我国《招标投标法》将公开、公平、公正和诚实信用确立为招标投标活动的基本原则。招标采购也无处不体现这些基本原则。它保证招标采购活动的公开、经济、有效。

1. 公开透明原则

公开透明原则是指将招标项目应该公开的信息公开。公开透明原则要求招标采购活动必须具有高度的透明性。招标公告、招标程序、投标人资质要求、评标方法和标准、中标结果等信息应向社会公开，并尽量扩大信息范围，让更多的投标人及时获取信息，达到充分竞争的目的。信息公开原则使招标采购活动在完全透明的状态下运作，全面广泛地接受社会监督。

2. 公平竞争原则

公平原则是指每个投标人的地位是平等的，在投标活动中享有同等的权利和履行相应的义务，不歧视或排斥任何一个投标人。公平竞争原则要求通过公平竞争的方式从多个投标人中选择最优的投标人。按照这个原则，招标人不得在招标文件中要求或者标明特定的生产供应者以及含有倾向或者排斥潜在投标人的内容，不得以不合理的条件限制或者排斥潜在投标人，不得对潜在投标人实行歧视待遇。否则，将承担相应的法律责任。公平竞争原则使招标采购活动竞争更为充分、运行更为规范、交易更为公平，不仅降低采购人的采购成本，提高采购质量，同时也促进了投标人的竞争能力和自我发展能力。

3. 公正原则

公正原则是要求招标人按照在招标文件以及相关文件中规定的标准对待所有的潜在投标人。该原则要求招投标活动必须按照事先约定的条件和程序进行，对所有投标人实行统一标准，一视同仁，不得有歧视条件和行为，尽可能保障招投标各方的合法权益，做到程序公正；招标评标标准应当具有唯一性，对所有投标人实行同一标准，确保标准公正。评标人应严格按照统一的评标标准评定、确定中标人，不得存在主观倾向，招标文件中没有规定的标准和方法不得作为评标和中标的依据。

4. 诚实信用原则

诚实信用原则是指招标采购活动主体应当遵纪守法、诚实善意、恪守信用、不弄虚作假。这也是民事活动的基本原则之一，招投标活动本质上是市场主体的民事活动必须遵循诚实信用原则。该原则要求无论是招标人还是投标人从事招投标活动，发布信息等都应当诚实，讲究信用，本着诚实、守信的态度履行各自的权利和义务，讲究信誉，兑现承诺，不得散布虚假信息，不得有欺诈、串通、隐瞒等行为。

五、招标采购的组织方式

招标采购的组织方式有两种，一种是业主自行组织，称为自行招标。招标人具有编制招标文件和组织评标能力的，按规定向主管部门备案同意后可以自行办理招标事宜。自行招标条件的核准与管理主要采取事前监督和事后管理的监管方式。事前监督是首先招标人应向项目主管部门上报具有自行招标条件的书面材料，然后主管部门对自行招标书面材料进行核准。事后监督管理主要体现在要求招标人提交招标投标情况的书面报告。

另一种是委托招标，就是招标人委托招标代理机构组织，在招标代理权限范围内，以招标人的名义组织招标工作。招标代理机构是依法设立从事招标代理业务并提供服务的社会中介组织。按照《招标投标法》的规定，招标人有权自主选择招标代理机构，不受任何单位和个人的影响和干预；招标人和招标代理机构的关系是委托代理关系。招标代理机构应当与招标人签订书面委托合同，在委托范围内，以招标人的名义组织招标工作和完成招标任务。

第二节　招标采购程序

招标采购活动应具有严格规范的程序。规范的招标采购制度有利于市场经济的规范运行，使投标人能在公平、公正、公开的市场环境中自由竞争，保证招投标的正常进行。招标采购具体流程可包括招标、投标、开标、评标、定标、合同签订几个阶段。

一、招标

招标是指招标人按照国家有关规定履行项目审批手续、落实资金来源后，依法发布招标公告或投标邀请书，编制并发售招标文件等具体环节的交易活动。一般来说一个完整的招标采购流程是从招标的策划开始的。招标活动一般是涉及面广、参与方多、环节复杂的大型活动，因此，在进行招标采购前应进行详细周密的策划。招标策划活动主要包括以下几个方面。

（1）明确招标的内容和目标，对招标采购的必要性和可行性进行充分的研究和探讨。

（2）对招标书的标底进行初步估算。标底要组织专业人员进行计算，确定一个合理的基本价格。标底是招标单位的绝密资料，不能向任何无关人员泄露。

（3）对招标的方式、操作步骤、时间进度等进行研究决定。例如，是采用公开招标还是邀请招标，是自行招标还是委托代理招标，是网上电子招标还是传统纸质招标。

（4）对评标方法和评标小组进行讨论研究。

（5）把以上讨论形成的方案计划形成文件，交由企业领导层讨论决定，取得企业领导决策层的同意和支持，有些甚至可能还要经过公司董事会同意和支持。

在招标方案通过之后，就要根据策划方案进行具体的招标活动。首先，要制订标书，编制招标文件。编制好招标文件是招标活动当中最重要和最关键的工作。招标文件是招标人向潜在投标人发出的要约邀请文件，是向投标人发出的旨在向其提供为编写投标文件所需的资料，并向其通报招标投标将依据的规则、标准、方法和程序等内容的书面文件。招标人应当根据招标项目的特点和需要编制招标文件。招标文件的目的是通知潜在的投标人有关所要采购的货物和服务，合同的条款及交货的时间安排。起草招标文件时应该保证所有的投标人具有同等的公平竞争机会。其次，要对招标书的标底进行仔细研究确定，有些要召开专家会议，甚至邀请一些咨询公司代理。最后，发布招标公告，对潜在投标人进行资格预审，发售招标文件，在招标公告规定的时间、地点向通过资格预审的潜在投标人发送招标文件。采用公开招标程序的应当通过报刊、网络、电视等媒介公开发布招标公告，吸引不特定的投标人进行投标。采用邀请招标程序的，应向三个以上符合资质条件的投标人发送投标邀请。

二、投标

投标人在收到招标书以后，如果愿意投标，就要进入到投标程序。投标是指投标人根据招标文件要求，编制并提交投标文件，响应招标活动。投标人参与竞争并进行一次性投标报价是在投标环节完成的，在投标截止时间结束后，招标人再不能接受新的投标，投标人也不能再更改投标报价和其他实质性内容。因此，投标文件的编制是投标活动的关键环节，它的制定关系到投标人能否中标，招标人能够取得预期效果的问题。投标文件一般应包括投标报价、投标人资质证明、投标项目方案、投标保证金。其中，投标价格需要经过特别认真的研究、论证来确定，它关系到投标的成败。投标文件应在规定的截止日期密封送到招标文件指定地点。在投标截止时间之前，投标人可以撤回、补充或者修改已提交的投标文件。投标人撤回已提交的投标文件，应当以书面形式通知招标人。

三、开标

招标人按招标公告中规定的时间、地点邀请所有投标人到场，在招标投标监督机构的监督下当众开启投标人提交的投标文件，公开进行开标活动。开标前，应以公开的方式检查投标文件的密封情况；投标书开启后招标人唱标，当众宣布投标人名称、有无撤标情况、投标报价、提交投标保证金的方式是否符合要求、投标项目的主要内容、投标价格及其他有价值的内容；对于投标文件中含义不明确的地方，允许投标人做简要合理的解释；投标人对开标有异议的，应当场提出，招标人应当当场作出答复并记录。开标要由监督部门做开标记录。

一般从发布招标文件之日起至开标，时间不得少于 20 天，在有些特殊情况下，可以暂缓或推迟开标时间，如招标文件发售后对原招标文件做了变更或补充。以电传、电报方式投标的，不予开标。

值得注意的是投标人少于 3 个的，不得开标；依法必须进行招标的项目，招标人应分析失败原因并采取相应措施，按照有关法律法规要求重新招标。重新招标后投标人仍不足 3 个的，按照国家有关规定需要履行审批、核准手续的，经核准后可以不再进行招标。

四、评标

评标是指按照规定的评标标准和方法，对各投标人的投标文件进行评价比较和分析，从中选出最佳投标人的过程。评标应由招标人依法组建的评标委员会负责，评标委员会根据招标文件规定的评标方法，借助计算机辅助评标系统对投标人的投标文件按程序要求进行全面、认真、系统的评审和比较后，确定出不超过 3 名合格中标候选人，并标明排列顺序。

评标的基本程序和内容如下。

(1) 审查投标文件的有效性。

(2) 对投标文件技术方案和商务方案进行审查。

(3) 询标。评标委员会可以要求投标人对投标文件含义不明确的地方进行必要的澄清，但澄清不得超过投标文件记载的范围或改变投标文件的实质性内容。

(4) 综合评审。评审委员会依据招标文件的规定和评标结论，以及询标时所了解的情况，对投标文件进行综合评审比较。

(5) 评标委员会根据综合评审和比较情况，得出评标结论。评标结论中应具体说明收到的投标文件数、符合要求的投标文件数、无效的投标文件数及其无效原因、评标过程有关情况、最终的评审结论等，向招标人推荐 1～3 个中标候选人（应注明排列顺序，并说明这种顺序排列的原因以及最终方案的优劣比较等）

评标委员会推荐中标候选人或直接确定中标人应当符合：①能够最大限度满足招标文件中规定的各项综合评价标准；②能够满足招标文件的实质性要求，并且经评审的投标价格最低，但低于企业成本的除外。

五、定标

定标也称中标，即招标人从评标委员会推荐的中标候选人中确定中标人，并向中标人发出中标通知书，同时将中标结果书面通知其他所有投标人。招标人在确定中标人后，对中标结果进行公示，时间不少于 3 天。公示无异议后，招标人将招标、开标、评标、定评情况形成书面报告送招标投标监督机构备案。

六、合同签订

招标人和中标人应当自中标通知书发出之日起三十日内，按照招标文件和中标人的投标文件订立书面合同。签订合同时，中标人应按照招标文件要求向招标人提交履约保证金，并依法报招标投标监督机构备案。中标人按合同约定履行义务，完成中标项目。招标人和中标人不得再行订立背离合同实质性内容的其他协议。合同签订时，合同的标的、价款、质量、履行期限等主要条款应当与招标文件和中标人的投标文件的内容一致。合同签订后招标人应向中标人和未中标人退还投标保证金及银行同期存款利息，但中标人无正当理由不与招标人签订合同，在签订合同时向招标人提出附加条件，或者不按照招标文件要求提交履约保证金的，取消中标资格，投标保证金不予退还。招标采购流程如下图所示。

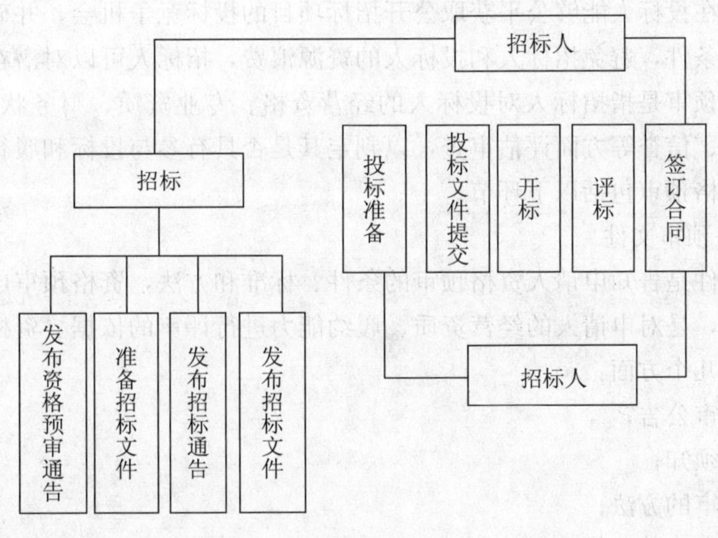

招标采购流程

第三节 招标与投标

招标投标是一种国际上普遍运用的、有组织的市场交易行为，是贸易中的一种工程、货物、服务的买卖方式。在这种方式采购中，买方（招标人）通过事先公开的采购要求，吸引众多的卖方（投标人）平等参与竞争，按照规定程序并组织技术、经济和法律等方面专家对众多的投标人进行综合评审，从中择优选定中标人。招标与投标是招标采购活动中的两个重要的环节。

一、招标

招标环节主要包括制订招标方案、组织资格预审、编制发售招标文件、踏勘现场、投标预备会。

(一) 制订招标方案

招标方案是以招标项目的技术经济、管理特点、条件和功能、质量、价格、进度需求为基础，依据有关法律政策、技术标准规范编制的确定招标项目的实施目标、方式、计划和措施等的总体规划性文件。招标方案是科学、规范、有效地组织实施招标采购工作的必要基础和主要依据。

招标方案主要包括以下几个方面的内容：项目概况、需求分析、招标的目的、招标的内容范围、实施条件、招标的组织形式和招标方式、投标人资格条件等。

(二) 组织资格预审

为了保证潜在投标人能够公平获取公开招标项目的投标竞争机会，并确保投标人满足招标项目的资格条件，避免招标人和投标人的资源浪费，招标人可以对潜在的投标人组织资格预审。资格预审是指招标人对投标人的经营资格、专业资质、财务状况、技术能力、管理能力、业绩、信誉等方面评估审查，以判定其是否具有参与投标和履行合同的资格及能力的活动。资格预审包括以下环节。

1. 编制资格预审文件

资格预审文件是告知申请人资格预审的条件、标准和方法，资格预审申请文件编制和提交要求的载体，是对申请人的经营资质、履约能力进行评审的依据。资格预审文件的内容主要包括以下几个方面：

(1) 资格预审公告；

(2) 申请人须知；

(3) 资格预审的方法；

(4) 资格预审申请文件格式；

(5) 工程建设项目概况。

2. 发布资格预审公告

公开招标的项目，应当发布资格预审公告。对于依法必须进行招标项目的资格预审公告应当在国家依法指定媒体发布。资格预审公告一般包括招标条件、项目概况与招标范围、申请人资格要求、资格预审方法、资格预审文件的获取、资格预审申请文件的提交、发布公告的媒介、招标人的联系方式等内容。以工程招标为例，工程招标资格预审公告主要包括以下内容：

(1) 招标条件；

(2) 工程建设项目概况与招标范围；

(3) 申请人资格要求；

(4) 资格预审文件发售的时间、方式、地点、价格；

(5) 资格预审方法。采用合格制还是有限数量制；

(6) 资格预审文件提交的截止时间、地点；

(7) 公告发布的媒体；

(8) 联系方式。

3. 发售资格预审文件

招标人应当按照资格预审公告规定的时间、地点发售资格预审文件。资格预审文件的发售期不得少于5日。发售资格预审文件收取的费用，应当限于补偿印刷、邮寄成本支出，不得以赢利为目的。

4. 资格预审文件的澄清和修改

招标人可以对已发出的资格预审文件进行必要的澄清或者修改。澄清或者修改的内容可能影响资格预审申请文件编制的，招标人应当在提交资格预审申请文件截止时间至少3日前，以书面形式通知所有获取资格预审文件的潜在投标人；不足3日的，招标人应当顺延提交资格预审申请文件的截止时间。

5. 编制并提交资格预审申请文件

申请人应严格按照资格预审文件要求的格式和内容，编制、签署、装订、密封、标识资格预审申请文件，按照规定的时间、地点、方式提交。依法必须进行招标的项目，提交资格预审申请文件的截止时间，自资格预审文件停止发售之日起不得少于5日。

6. 组建资格审查委员会

资格审查委员会的组件应当符合招投标法及其实施条例有关评标委员会的规定。委员会应由招标人熟悉相关业务的代表和不少于成员总数2/3的经济、技术等专家组成，成员人数为5人以上的单数。与申请人有利害关系的不得进入资格审查委员会。我国《招标投标法》规定国有资金控股或占主导地位的依法必须进行招标的项目，招标人应当组建资格审查委员会预审申请文件。其他项目由招标人自行组织资格审查。

7. 评审资格预审申请文件，编写资格审查报告

审查委员会成员对申请人提交的申请文件按照招标要求进行初步审查和详细审查。在审查过程中，资格审查委员可以以书面形式，要求申请人对提交的资格预审文件中不明确的内容进行必要的澄清和说明。审查委员会按照规定的程序和方法完成资格审查后，确定通过资格预审的申请人名单，并向招标委员会提交书面审查报告。

8. 确认通过资格预审的申请人

招标人根据审查报告和资格预审文件确认通过预审人员，并向其发出投标邀请书，邀请其购买招标文件和参与投标，同时也向未通过资格预审的人发出未通过资格预审的通知。

(三) 编制发售招标文件

招标文件是招标人向投标人提供的为进行投标工作所必需的文件，旨在向其提供为编写投标文件所需的项目需求、招标投标活动规则和合同条件等信息的书面文件。招标文件既是投标商编制投标文件的依据，又是采购人与中标商签订合同的基础。因此，招标文件

在整个采购过程中起着至关重要的作用。

1. 招标文件的主要内容

招标文件的内容大致可分为三类：一是关于编写和提交投标文件的规定，这主要包括招标公告或投标邀请书、投标须知、投标文件格式等内容，主要是明确招标规则，指导投标文件的编写。二是关于投标文件的评审标准和方法，这主要包括评标办法、技术标准和要求等，此项内容有利于提高招标过程的透明度和公平性。三是关于合同的主要条款，其中主要是商务性条款，有利于投标人了解中标后签订的合同的主要内容，明确双方各自的权利和义务。其中，技术要求、投标报价要求和主要合同条款等内容是招标文件的核心内容，统称实质性要求。此外，建设工程招标投标活动采用工程量清单招标的，应当提供工程量清单设计图纸。招标文件中还可包括供投标人了解分析与招标项目相关的参考信息，如项目地址、水文、地址、气象交通等参考资料。招标文件具体内容组成如下。

（1）招标公告或投标邀请书。

招标公告或投标邀请书都是对潜在的投标人的要约邀请。招标公告是对不特定的潜在投标人的邀请。我国招投标法规定招标人采用公开招标方式的应当发布招标公告。招标公告主要包括以下内容：招标项目名称、数量或招标项目的性质，招标采购单位的名称、地址和联系方式，投标人的资格要求，获取招标文件的时间、地点、方式及招标文件的售价，投标截止时间、开标时间地点等内容。采用邀请招标的，招标人向符合资格条件的特定潜在投标人发出投标邀请书。

根据《招标投标法》《招标投标法实施条例》规定，依法必须进行招标的项目的招标公告，资格预审公告，应当在国家指定的报刊、信息网络或者其他媒介发布。我国《政府采购法》中还规定，达到公开招标数额标准的货物或服务采购，采购人或采购代理机构必须采取公开招标方式的在省级以上人民政府财政部门制定的政府采购信息媒体发布招标公告。

（2）投标人须知。

投标人须知，即具体制定投标的规则，使投标人在投标时有所遵循。投标人须知包括项目需求和范围概况，投标人资格要求，招标文件构成与澄清答疑，投标文件构成内容、格式、装订、密封和提交要求，开标、评标、定标、签约等招标投标活动程序规则。

（3）项目需求文件。

项目需求包括项目名称与概要、招标内容范围、数量、功能、质量、交货期、价格、技术标准等。项目需求一般在投标人须知、工程量（货物或服务）清单、设计图纸、技术标准和合同条款等文件中系统详细说明。

（4）评标办法。

评标时只能采用招标文件中已列明的标准和方法，不得另订。

（5）合同文件。

合同文件主要阐述合同标的内容范围和要求，以及约定双方的权利、义务和责任。

（6）参考资料。

参考资料是为了投标人全面、深入了解招标项目需求标的的情况而提供的有关参考信息，包括水文、地质、气象、交通等资料。投标人应对参考资料的理解、推论和判断自行承担责任。

2. 招标文件的编写要点

(1) 体现招标项目的特点和需求。

招标活动涉及的专业范围比较广泛，对于工程招标、货物采购招标、服务招标都应该根据各自的特点编写。编写文件的人员应具有相应的专业知识和实践经验，应在充分了解项目需求特点的基础上编写招标文件。

(2) 文件格式要标准。

招标文件编写时应采用标准文件格式，特定的招标文件应使用国家规定的标准招标文件。例如，国家发改委会同财政部等九个部门颁布的《标准施工招标资格预审文件》《标准施工招标文件》，商务部颁发的《机电产品国际招标标准招标文件（试行）》等，依法必须招标的工程建设项目和机电产品国际招标项目，必须使用上述相应的标准招标文件。采用标准招标文件对规范招投标活动，提高招标文件的质量有重要的推动作用。

(3) 不得出现违法、歧视性条款。

编制招标文件时不得有违法限制、排斥、歧视潜在投标人的条款，制定的评标标准应公开合理，切合实际。

(4) 语言要规范、简练，内容前后保持一致。

招标文件格式、语言文字要规范、严谨、准确、精练，避免出现歧义。

3. 发售招标文件

在招标公告（或投标邀请书）规定的时间、地点向有兴趣投标且经过资格审查合格的投标人发售招标文件。招标文件的发售期不得少于5日。招标文件收取的费用应当限于补偿印刷、邮寄的成本支出，不得以赢利为目的。

(四) 踏勘现场和投标预备会

现场踏勘是指招标人组织投标人对项目的实施现场的经济、地理、地质、气候等客观条件和环境进行的现场调查，潜在投标人应自行负责据此踏勘作出的分析判断和投标决策。一般工程设计、监理、施工和工程总承包以及特许经营等项目招标需要组织踏勘现场。投标人在阅读完招标文件和进行现场踏勘之后，可以参加由招标人按照招标文件的规定组织的旨在澄清解答潜在投标人提出的疑问的投标预备会。所有的澄清、解答均应当以书面方式发给所有获取招标文件的潜在投标人，并属于招标文件的组成部分。招标人同时可以利用投标预备会对招标文件中有关重点、难点等内容做出主动说明。

二、投标

投标是与招标相对应的概念，是指投标人应招标人的邀请，按照招标文件的要求提交投标文件参与投标竞争的行为。投标活动可分为投标准备、投标文件编制和投标文件提交等几个环节。

(一) 投标准备

从投标人获取招标信息，研究招标文件、调研市场环境至组建投标机构这一阶段称为投标准备阶段。投标准备是投标人成功参加投标的重要阶段，充分的投标准备是投标活动取得良好效果的关键。

1. 招标信息的获取

公开招标项目的招标信息投标人可以通过报刊、网络等媒介上公布的招标公告上获取，并按照招标公告规定的时间和方式获取招标文件。邀请招标项目，投标人从投标邀请书中获取招标文件的时间和地点等招标信息。

投标人在投标公告或邀请书上了解投标资格要求，如果符合并有意向参加投标，应当按照招标公告或投标邀请书上规定的时间和地点持投标单位授权委托书获取招标文件。采用电子招标投标的，投标人在网上完成相关手续后，可直接在电子招标交易平台下载电子招标文件。招标人提供邮寄服务的，投标人应与招标人联系约定好寄送时间，并支付邮寄费用。招标人按约定寄送招标文件后，不承担邮件延误或遗失的责任，因此，投标人应尽可能到指定地点领取。

2. 投标分析

投标人获取招标文件后，认真仔细阅读招标文件，并结合招标文件的要求，从自身的能力条件、市场竞争情况、招标单位情况、招标项目特点以及竞争对手情况等方面进行分析，做出评价和判断，决定是否参加投标。

（1）资格要求与自身能力分析。

投标人要对照招标文件要求分析自身情况，包括是否具有招标文件要求的资质，是否有相关的项目经验，是否有相应的人力、物力、财力以及法律法规和招标文件规定的其他条件。投标人应根据自身的人员结构、质量管理、成本控制、合同管理等方面的特点进行综合分析和评价，来决定是否投标。

（2）招标单位及项目情况分析。

投标人可通过踏勘现场、参加投标预备会、市场调研等形式，尽可能全面地了解招标单位和招标项目情况，包括招标人的资信情况，招标项目的规模标准、质量、造价、工期、资源需求等方面的内容，以形成科学合理的分析结论。

（3）市场及竞争对手分析。

投标人应对项目市场情况进行调研，例如，材料设备的价格和供应情况、工人技术水平、人工工资等。投标人还应该掌握投标竞争对手的情况，比如其在同类项目的投标信息、投标报价和可能采取的投标策略。据此对市场竞争格局做出全面的分析和判断，以作出投标决策和制定相应的投标策略。

3. 投标决策

投标决策是指投标人在合法竞争的前提下，依据自身实力和条件确定的投标目标、竞争对策和报价技巧。投标决策的内容主要包括两方面：一是投标还是不投标；二是投标的如何投标，采用何种投标策略。

投标决策应当考虑的两个问题。

（1）风险高低。投标人对技术指标要求不高，项目管理难度较低，履约风险不高的低风险招标项目积极参与。对于技术难度较大，管理要求高，履约风险较大的高风险项目谨慎参与。

（2）赢利高低。当招标项目竞争不充分，投标人自身又有明显优势时可采取赢利投标。当投标人无后继项目，不承接项目可能停产停工时，为赢得竞争可采取保本投标，不赢利或少赢利但不能低于成本投标。

（二）投标文件

投标文件是投标人根据招标文件的要求编制的响应性文件，是反映投标人技术、经济、商务等方面实力和对招标文件响应程度的重要文件，也是评标委员会评价投标人的重要依据。投标人应认真阅读招标文件，严格按照招标文件要求编制投标文件。投标文件一般可分为商务文件、技术文件、价格文件三类。

商务文件是用以证明投标人履行了合法手续及招标人了解投标人商业资信、合法性的文件，如投标人法定代表人身份证明、投标人投标资格证明等。技术文件是对招标文件中技术标准和要求的响应，用以评价投标人的技术实力和经验，如工程施工组织设计、供货组织方案及技术建议等。价格文件是投标文件的核心，如投标报价、投标保证金等。

1. 投标文件的主要内容

（1）单位负责人或法定代表人身份证明和其授权委托书。

投标文件的签署、澄清说明、提交、撤回、修改等事宜，均应由投标人单位负责人或法定代表人实施，单位负责人或法定代表人身份证明用以证明投标文件签署人的身份以及投标文件签字的有效性和真实性。如果单位负责人或法定代表人不能亲自签署投标文件进行投标，则单位负责人或法定代表人可以委托代理人以投标人名义签署、澄清、说明、提交、撤回、修改投标文件、签订投标合同和处理相关事宜。

（2）投标人资格审查材料。

投标人应当具备承担招标项目的相应能力。投标人应根据相关法律法规和招标文件的要求在投标文件中提交资质证书、营业执照、安全生产许可证、相关业绩材料，比如近年来从事过的类似工程主要业绩、财务状况证明、银行资信证明、项目团队成员等证明材料。

（3）投标函及投标函附录。

投标函是指投标人按照招标文件的条件和要求，向招标人提交的有关报价、质量目标等承诺和说明的函件，是投标人为响应招标文件相关要求所做的概括性说明和承诺的函件。投标函一般位于投标文件的首页，是投标文件的纲领性核心要件。投标函的内容格式必须严格按照招标文件提供的统一格式编写，不得随意增减内容，其格式内容如下：

①函件接收人。投标人发出投标函的对象，应填写招标人名称。

②招标项目名称及编号。表明投标人参与投标的项目的名称。

③投标报价。这是投标人经过测算并向招标人递交的承揽实施招标项目的总价格。投标报价是投标工作的核心，报价过高会失去中标机会，报价过低则会给投标人带来亏本风险。因此投标人在确定投标报价时，应通过项目特征和需求分析、市场竞争格局分析，结合自身能力分析和预期效益目标及投资策略，确定适合和有利于自己中标的投标报价。

④完成期限。是投标人承诺完成招标项目的时间。

⑤质量标准。必须满足国家强制性标准和招标文件要求。

⑥投标有效期。投标有效期是指为保证招标人有足够的时间在开标后完成评标、定标、合同签订等工作而要求投标人提交的投标文件在一定时间内保持有效的期限，该期限由投标人在投标文件中载明，从提交投标文件的截止之日起算。投标文件的有效期不应短于招标文件中规定的投标有效期，招标人要求投标人延长投标有效期的，投标人可同意延长投标有效期，也可拒绝延长投标有效期。

⑦投标保证金。投标保证金是指在招标投标活动中，投标人随投标文件一同递交给招标人的一定形式、一定金额的投标责任担保。投标保证金额应符合招标文件的规定，不得低于招标文件规定的金额。保证金可以以支票或现金的形式提交。

⑧相关承诺。如承诺在规定期限内与招标人签订合同，或在规定的期限内保质保量地完成招标项目。

⑨签署。投标函必须由投标人盖章和单位负责人或其委托代理人签字。投标函签署部分还应明确签署日期和投标人的地址、电话、传真、邮政编码等信息。

一般在投标函之后还应附上投标函附录，它是对投标文件中涉及关键性或实质性的内容条款进行说明或强调的文件，投标函附录内容、格式需严格按照招标文件提供的统一格式编制，不得随意增减内容。

（4）技术投标文件。

技术投标文件主要指招标项目相关的工程施工组织设计、供货组织方案及技术建议书、服务技术建议书等文件，它是投标文件的重要组成部分，也是编制投标报价的基础，是体现投标人技术与管理水平的重要依据，也是投标人中标后组织实施的必要准备。因此投标人应根据项目的特点和自身实际编制科学合理、易于实施、有针对性的技术、服务和管理方案。

（5）商务和技术响应/偏差表。

商务和技术响应/偏差表是指投标文件中的商务条款对招标文件中的商务条款的响应和偏差。投标人必须严格按照招标文件要求对规定条款进行准确响应，对存在偏差的，将偏差的内容对照招标文件原要求条件详细对应列出。

（6）项目管理机构。

项目管理机构为投标人为招标项目设立的专门管理机构，在投标文件中投标人应列出管理机构的形式、人员组成、项目经理、项目负责人、技术负责人以及其所持职业（执业）资格证书等。

2. 投标文件的签署与装订

（1）投标文件签署。

投标函及附录、标价工程量清单（投标报价表或文件）、调价函及调价后报价明细等应由法人代表或委托人逐页签名，并逐页加盖单位印章或按要求执行。

（2）投标文件装订。

投标文件的正本与副本应分别装订成册，封面上应标记“正本”或“副本”标记。正副本均不得采用活页夹装订，并要求逐页标注连续页码。

(3) 投标文件的密封、包装。

为避免泄露投标文件的内容，投标人应对包装好的投标文件密封。如果招标文件对投标文件的密封有要求，而投标文件未按要求密封和标记，招标人将拒收。采用电子招标投标的，投标人应当按照招标文件和电子投标交易平台的要求编制并加密投标文件。

3. 投标文件的提交与签收

投标人应在招标文件规定的截止时间前，将投标文件密封并送到指定地点。采用电子招投标的在投标截止前完成电子投标文件的传输提交。文件提交后，投标人应向招标人索要投标文件签收回执，以避免以后发生因密封情况和送达时间产生的争议。

4. 投标文件的补充和修改

投标文件的补充与修改是指投标人在投标截止前可对已经提交的投标文件中遗漏、不足或错误的部分进行增补与修改，并书面通知招标人。投标人不得在投标截止时间后对投标文件进行补充和修改。

第四节 评标体系

评标是由招标人组织的评标委员会按照招标文件规定的标准和方法，对投标文件进行评审，并确定最终的中标人。评标是审查确定中标人的必经程序，是保证招标成功的重要环节，评标的质量决定着能否从众多投标竞争者中选出最能满足招标项目各项要求的中标者。衡量一个投标方案的好坏，是否符合招标人的需求的评标指标有很多，比如投标的报价、技术性能、质量水平、交货期、履约能力等，但不能只看单个指标，而是要综合各个指标得出最科学、最合理的结论。这是个复杂的过程，这就要求招标人要建立严格、专业、规范的评标体系来推动评标工作的顺利进行。一个完善的评标体系主要包括评标委员会、评标方法、评标标准、评标程序等。

一、评标委员会

评标应由招标人依法组建的评标委员会负责，即由招标人按照法律的规定，挑选符合条件的人员组成评标委员会，负责对各投标文件的评审工作。

(一) 评标委员会组成

为了保证评标的公正性，防止招标人左右评标结果，评标不能单由招标人或其代理机构承担，而是要由一个包含技术、经济、法律及招标人在内的专业团队去完成。因此，一个完整的招标委员会应由下列人员组成：

(1) 招标人的代表；

(2) 相关技术方面的专家；

(3) 经济方面的专家；

(4) 其他方面的专家。

评标委员会成员人数须为5人以上单数。由于评标活动的复杂性和专业性，非专业人员无法对投标文件进行评审和比较，同时为了保证评标的公正性和权威性，委员会组成人员中技术和经济方面的专家不得少于2/3。例如，组建7人的评标委员会时，招标人代表不得超过2人，技术、经济方面的专家不得少于5人。招标数额在300万元以上、技术复杂的项目，评标委员会中的技术、经济方面的专家人数应当为5人以上的单数。

(二) 评标专家的确定

依法必须进行招标的项目，其评标委员会的专家成员应当从省级人民政府、国务院有关部门和行业主管部门组建的评标专家库中相关专业的专家名单中随机抽取和确定。技术复杂、专业性强或国家有特殊要求，采取随机抽取的方式确定的专家难以保证其胜任评标工作的特殊项目，报相应主管部门后，可以由招标人直接确定评标专家。

(三) 评标委员会的职责

(1) 公平、公正地按照招标文件中规定的评标标准和方法，对投标文件进行系统的审查、评审和比较。审查投标文件的符合性，评审投标文件适合性和可行性，比较各投标文件的差异性。

(2) 要求投标人对投标文件中含义不明确的地方进行必要的澄清，但澄清不得超过投标文件记载的范围或改变投标文件的实质性内容。

(3) 根据投标人的报价、技术性能、交货期、资信情况、履约能力等进行综合评定，并向招标人提出书面报告，推荐1～3个中标候选人。

(4) 对评标过程严格保密，除依法公示评标结果外，不得私自泄露任何与评标相关的信息。

二、评标标准

为了保证评标的公正和公平，评标必须按照招标文件规定的评标标准和方法，不得采用招标文件未列明的任何标准和方法，也不得改变招标确定的评标标准和方法。

评标标准一般包括价格标准和价格标准以外的非价格标准，以及如何运用这些标准来确定中选的投标。价格标准主要就是投标人的投标报价，这是最核心的标准，是投标人能否中标的关键因素。非价格标准涵盖范围比较广，包括质量标准、服务标准、培训标准、及时性标准、信誉标准、管理标准、工期标准、提供服务的人员资格标准及投标人以往经验标准等。评标过程中应重点考虑以下因素：

(1) 投标文件要符合招标文件的要求。重点考虑方案的合理性、先进性、稳定性及后继优化的空间。

(2) 整体报价合理。报价过高会导致采购成本增加，报价过低的要有能够解释通的合理说明。

(3) 投标人的技术水平、设施设备的先进性和可靠性是保证投标人履约能力的重要因素。

(4) 投标人的信誉情况、服务能力、物流水平、资金情况及后续产品的开发能力、保障能力、技术革新能力是评标的重要参考标准。

三、评标方法

经过初步评审合格的投标文件，评标委员会应当根据招标文件规定的评标方法进行评审，常用的评标方法主要有经评审最低投标价法、合理低价法、全生命周期成本计算法和综合评估法。

(一) 经评审最低投标价法

经评审最低投标价法是以价格为主导考虑因素，对投标文件进行评价的一种评标方法，即在投标文件全部满足招标文件实质性条件的前提下，评标委员会评出投标价格最低的为中标人，但是投标报价低于成本价的除外。对于满足招标文件各项实质性要求的投标，应该按照招标文件中规定的方法，对投标文件的价格要素做出必要的调整，以便使所有投标文件的价格要素按统一口径进行比较。价格要素可能调整的内容包括投标范围偏差、投标缺漏或多项、付款条件的偏差引起资金时间价值的差异、国外货币汇率转换损失，以及虽未计入报价但评标中应当考虑的税费、运输保险及其他费用的增减。还应区分招标文件的原因和投标人的原因，分别按规定办法增减。经过以上价格要素调整后的价格即为经评审的投标价，该价格以最低为优。

采用经评审的最低标投标价法评标，对于实质上响应招标文件要求的投标文件进行比较时只需考虑与投标报价直接相关的量化折价因素，而不再考虑技术、商务等与投标报价不直接相关的其他因素，其特点是操作简便，应用范围较广，但不适用于比较复杂，衡量标准不以价格为主导的项目。经评审最低投标价法一般适用于具有通用技术、性能标准或者招标人对其技术、性能没有特殊要求的招标项目。

(二) 合理低价法

合理低价法指在全部满足招标文件实质性要求的前提下，招标委员会以招标方确定的标底（评标基准价）为依据，评定出投标价格最接近标底的投标人为中标人的评标方法。该方法首先要按照招标文件规定的办法确定评标基准价，然后按照投标标价接近评标基准价的幅度确定得分，得分最高的投标报价为最优。投标价计算得分相等时，以投标报价低的优先。合理低价法具有操作简单、易用的特点，一般适用于具有通用技术、性能标准、没有特殊要求的项目。

(三) 全生命周期成本计算法

全生命周期成本计算法是将工程或货物的建设、采购、安装、运行、维修服务、更新改造，直至报废（废弃成本）的全生命周期成本进行合并计算并折算为现值比较的评标方法，它可以反映一次采购的全寿命成本。其采购的决策不仅仅考虑初始成本，还考虑了项目的长期成本，使采购决策更加科学和客观。使用该方法计算成本时仅考虑工程或货物的各项财务成本，而不考虑技术、品牌、人员、资质、业绩等因素。

全生命周期成本计算法适合于采购在运行期内后续成本（零配件、油料、燃料、维修费）比较高的工程或货物，比如，购买生产设备、车辆、打印机、复印机等。全生命周期成本计算法更能真实地反映采购的真正成本。

（四）综合评估法

综合评估法是指根据“能够最大限度地满足招标文件中规定的各项综合评价标准”这一标准，对已确定的有效投标文件从资信、技术、单价、费用构成、总报价等方面进行评审与比较，对投标文件进行总体评价后，确定中标人的评标方法。采用综合评估法时，可以把技术、信誉、服务等方面的考虑因素折算为货币、分数或比例系数后再做比较，然后按评审因素的量化指标进行评审，得分最高的投标确定为最优投标。

综合评标法综合考虑了各项投标因素，可以适用于所有招标项目，而且简单易行。一般情况下，不宜采用最低投标价法的招标项目，尤其是除价格因素外技术、商务因素影响较大的招标项目或技术复杂、技术规格、性能难以统一的招标项目都可以采用综合评估法。

以上几种评标方法，每种方法各有利弊，具体招标时应根据招标项目自身的特点灵活应用，选择合适的评标方法。

四、评标步骤

（一）初步评审

初步评标的内容主要包括供应商资格是否符合要求，投标文件是否完整，是否按规定方式提交投标保证金，投标文件是否基本上符合招标文件的要求，有无计算上的错误等。如果供应商资格不符合规定，或投标文件未做出实质性的反映，都应作为无效投标处理，不得允许投标供应商通过修改投标文件或撤销不合要求的部分而使其投标具有响应性。

（二）详细评审

在完成初步评标以后，下一步就进入到详细评标阶段。详细评标是评标委员会按照招标文件规定的评标方法、因素和标准，对通过初审的投标文件做进一步的评审。

（三）编写并上报评标报告

评标工作结束后，采购单位要编写评标报告，上报采购主管部门。评标报告包括以下内容：

（1）招标通告刊登的时间、购买招标文件的单位名称；

（2）开标日期；

（3）投标商名单；

（4）投标报价及调整后的价格（包括重大计算错误的修改）；

（5）价格评比基础；

（6）评标的原则、标准和方法；

（7）授标建议。

（四）资格后审

如果在投标前没有进行资格预审，在评标后则需要对最低评标价的投标商进行资格后审。如通过审核，应与其签订合同；如不通过，则应对下一个评标价最低的投标人进行资格审查。

（五）签订合同

招标人和中标人在投标有效期内并在中标通知发出三十日内，按照招标文件和中标人的投标文件订立书面合同，明确双方责任、权利和义务。

招标采购是一种重要的采购方式，应用也越来越普遍。本章从招标采购概述、招标采购的程序、招标和投标、招标体系四方面的内容对招标采购进行了介绍。本章首先介绍了招标采购的含义，招标的主要方式，招标的原则和组织，了解了招标采购是采购人通过招标的方式选择供货商进行采购的方式。招标采购的主要方式有公开招标、邀请招标、纸质招标、电子招标、国内招标和国际招标几种方式。其次介绍了招标采购的基本程序，了解一个科学规范的招标活动应由策划、招标、投标、开标、评标、定标和签订合同等部分组成。再次重点介绍了招标程序当中的招标和投标两个环节。详细地介绍了招标工作和投标工作的准备策划、招投标文件的编制内容和要点。最后介绍了作为招标最重要环节之一的评标及其构成体系，了解了评标委员会的组建、评标参考的标准和评标所经常使用的方法及评标的步骤。

通过本章的介绍，读者应该对招标采购有个相对全面的了解。

一、名词解释

招标采购　招标文件　投标文件　定标　评标

二、选择题

1. 评标委员会推荐的中标候选人应当限定在（　）名，并标明排列顺序。

A. 1～2 人　B. 1～3 人　C. 3～5 人　D. 2～4 人

2. 资格后审一般在评标过程中的（　）阶段进行

A. 初步审查　B. 详细审查　C. 澄清　D. 评审

3. 下列对招标投标的基本程序的排列，正确的是（　）

①招标准备　②组织资格审查　③开标、评标、中标　④投标预备会　⑤现场踏勘　⑥组建评标委员会

A. ①②④⑤⑥③　B. ①②⑤④⑥③

C. ①②⑥④⑤③　D. ①⑤②④⑥③

4. 在投标文件格式中，（　）是指投标人按照招标文件的条件和要求，向招标人提交的有关报价、质量目标等承诺和说明的函件。

A. 投标函及附录　B. 法定代表人身份证明或授权委托书

C. 联合体协议书　　　　　　　　　　D. 投标报价文件

三、简答题

1. 招标采购的分类有哪些，简要说明其特点。
2. 如何进行招标、投标文件的编制。
3. 招标采购所要遵循的原则。
4. 评标方法有哪些?

四、论述招标采购的整体流程

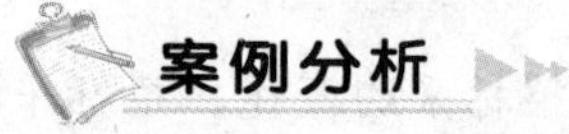

内蒙古经贸网络工程公开招标成功

受内蒙古经贸信息中心的委托，1998 年 4 月 3 日，内蒙古机电招标中心就内蒙古经贸网络工程进行了公开招标，经过招标中心、信息中心和评标专家的共同努力，网络工程招标取得圆满成功，为转变政府采购方式提供了有益的范例。

一、项目概况

内蒙古经贸信息网络工程计划用资 100 万元，于 1998 年 6 月底开通。该网络将联通经贸委内各处室、各盟市经贸委、自治区有关领导、有关厅局和区内各个重点企业。其中经贸委办公楼内 25 个站点，采用 Ethernet（以太网）局域网；远程站点 50 个，采用程控电话拨号方式联网。为保证网络运行的可靠性和先进性，服务器采用数据处理速度较快的小型机，并为今后网络扩充提供硬件方面的准备。

内蒙古经贸信息网的建成，将为自治区经贸委系统提供一套完善的办公自动化手段，能够实现经贸委机关的公文、简报、统计快报、领导任务交办和领导工作日程安排等功能，完成同自治区有关领导、厅、局和各盟市经贸委之间的各类信息交流。基本形成经贸委系统全方位、多层次、高效率的办公信息网络。

二、招标经过和效果

根据内蒙古经贸信息中心的需求方案，招标中心对国内部分技术实力较强的计算机网络公司发出了招标邀请，共有 9 家公司参加投标。经过一个多月的紧张筹备，1998 年 4 月 3 日在呼和浩特市王府饭店公开开标。开标大会全过程在内蒙古自治区公证处公证员的监督、公证下进行。内蒙古自治区经贸委党组成员、纪检组组长周子民到会并作了重要讲话。在招标前，经贸信息中心对工程方案进行了细致的调研工作，提供的技术需求方案完整、合理。在招标过程中，招标中心的招标操作规范、严谨，切实做到了公平、公正、公开。各位评标专家在对各投标商投标文件的仔细阅读和认真质疑的基础上，从公司实力、商业信誉、硬件选型、软件设计方案、网络结构等方面予以综合评价。结果，中国长城计算机软件与系统公司以 76 万元一举中标。为确保工程的顺利实施和及时的售后服务，经信息中心同意，中标方选定内蒙古联想高技术公司作为本地的合作商，负责售后服务工作。1998 年 4 月 8 日，在经贸委会议室，三方共同签订了工程合同。此次招标活动效果显著，节约资金约 24 万元。节资率为 24%，超过全国水平。

三、招标结果评价

内蒙古经贸信息网络工程项目的招标结果表明：招标为业主选择方案最优、技术最强、价格最廉的供应商提供了契机和保障，不失为一种高效科学的采购方式。具体可以表现在以下两个方面：

(1) 节约投资、缩短周期。通常的项目谈判大多是一对一方式，不利于横向比较，很难避免一些无意义的重复工作，至少要花费几个月的时间。招标中心介入后，对9家投标商集中询标、商务谈判，几个月的工作只须一周即可全部完成，既能够充分体现买方主权，又可以采购到质优、价廉的设备，节约了政府投资，缩短了采购周期。

(2) 净化市场、反腐倡廉。把招标机制引入政府机关的办公设备采购，在自治区尚属首例。办公设备招标采购，可以为业主构造一道保护屏，避开“说情风”的干扰。同时，招标机构聘请经验丰富的专家组成结构合理的评标委员会，对各投标商进行质疑和评定，有利于实现科学决策，降低投资风险，避免国有资产流失，从根本上维护了购买者的利益，是机电设备招标服务于政府采购的有益尝试。内蒙古自治区经贸委作为我区机电设备招标工作的上级主管部门，能把招标的竞争机制引入委内办公设备采购，既为全面推动自治区机电招标工作做了表率，又在自治区党政机关廉政建设工作中带了一个好头。

（资料来源：http：//gjscyx. lsu. edu. cn/xt/a2. htm.）

问题：

1. 结合内蒙古经贸网络工程的招标过程，讨论招标采购的程序。
2. 请你评价一下本次招标效果。

附录

投标函（格式）

致________

根据贵方________________项目设计招标的招标文件，招标编号为________________。

我方针对该项目的投标报价为：________元人民币。并正式授权的下述签字________，代表投标人________________，提交招标文件要求的全套投标文件，包括：

1. 商务部分及技术部分投标文件。

2. 投标保证金________元。

3. 其他资料。

据此函，签字人宣布同意如下：

1. 我方已详细审核并确认全部招标文件，包括修改文件（如有时）及有关附件。

2. 一旦我方中标，我方将组建项目设计组，保证按合同协议书中规定的设计周期________日内完成设计服务。

3. 如果要求提供设计保险，我方将在签订合同后按照规定提交设计保险作为我方的设计担保，如我方的设计出现其规定不应出现的缺陷，招标人可以据此要求其进行赔偿。

4. 我方同意所提交的投标文件在招标文件的投标须知中第 13 条规定的投标有效期内有效，在此期间如果中标，我方将受此约束。

5. 除非另外达成协议并生效，你方的中标通知书和本投标文件将成为约束双方的合同文件组成部分。

其他补充说明：____

____

与本投标有关的一切正式往来通讯请寄：

地址：________________ 邮编：________________

电话：________________ 传真：________________

投标人：________________________________（单位盖章）

投标代表：______________________________（签字盖章）

日期：________年____月____日

第十章　现代采购技术

章节知识框架

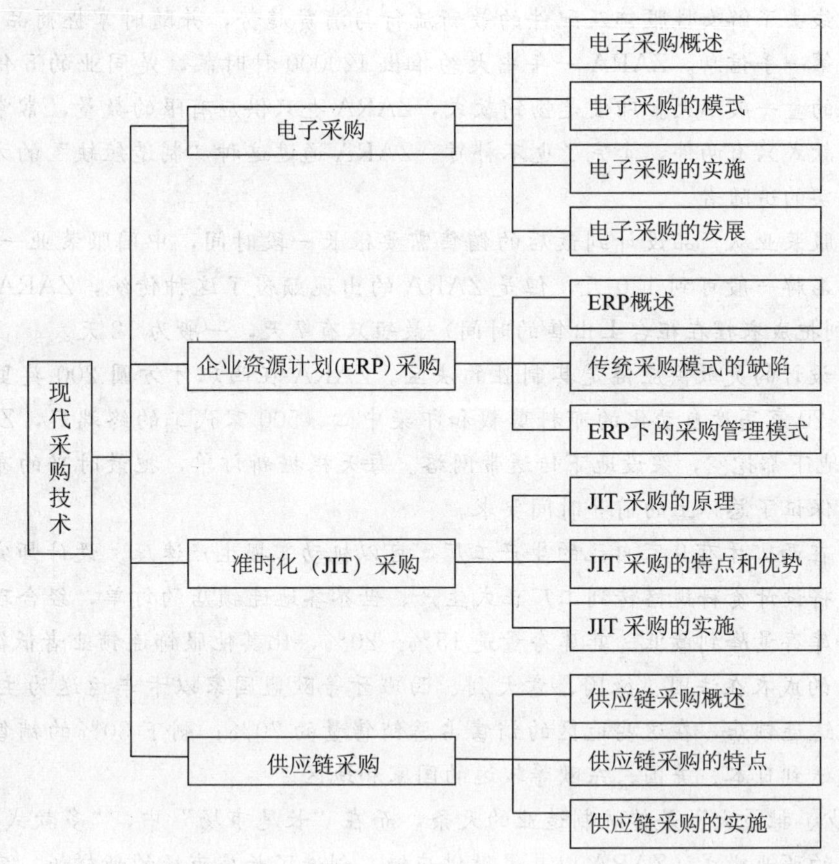

学习要求和目标

（1）了解电子采购的优劣，掌握电子采购的模式，理解电子采购的实施过程；

（2）理解传统采购模式的缺陷，理解ERP下的采购管理功能和采购工作模式；

（3）掌握JIT采购的原理，理解JIT采购的特点和优势，了解JIT采购的实施；

（4）理解供应链采购，掌握供应链采购的特点，理解供应链采购的实施。

ZARA 的灵敏供应链

1975 年，奥特加在西班牙拉科鲁尼亚开设 ZARA 第一家门店，目前 ZARA 已拥有 1900 多家店，遍布世界 87 个市场的主要城市的商业中心。

时尚是服装行业的基础，而时尚的最大特征就是不断变化，服装公司的设计师们必须不断预测时尚变化的趋势。ZARA 的设计师经常到纽约、伦敦、巴黎、米兰、东京等时尚都市的第一线去了解女性服饰及配件的最新流行与消费趋势，并随时掌握商品销售状况、顾客反应等第一手信息。ZARA 一年中大约推出 120000 种时装，是同业的 5 倍之多，而每一款时装的量一般不大。即使是畅销款式，ZARA 也只供应有限的数量，常常在一家专卖店中一个款式只有两件，卖完了也不补货。ZARA 通过这种“制造短缺”的方式，培养了一大批忠实的追随者。

传统的服装业从产品设计到最后的销售需要很长一段时间，中国服装业一般为 6～9 个月，国际名牌一般可到 120 天，但是 ZARA 的出现颠覆了这种传统，ZARA 前导时间（即从设计到把成衣摆在柜台上出售的时间）最短只有 7 天，一般为 12 天。

ZARA 设计的灵敏供应链是其制胜的法宝。ZARA 在西班牙方圆 200 英里的生产基地，集中了 20 家高度自动化的布料剪裁和印染中心，500 家代工的终端厂，ZARA 把这 200 英里的地下都挖空，架设地下传送带网络。每天根据新订单，把最时兴的布料准时送达终端厂，保证了总体上的前导时间要求。

ZARA 在西班牙有 9 家自己的生产工厂，可以机动掌握生产速度。设计师完成服饰设计之后，便将设计资料规格传到工厂正式生产。世界各地连锁店的订单，经合理评估后传到工厂，将库存量降到最低。其库存量是 15%～20%，比其他服饰连锁业者低很多。

ZARA 的成衣在法国、德国、意大利、西班牙等欧盟国家以卡车运送为主，平均 48 小时即可运达连锁店，在这些地区的销售占总销售量的 70%；剩下 30%的销售量，则以空运的方式送到日本、美国、东欧等较远的国家和地区。

“品种少、批量大”是传统制造业的天条，而在“长尾市场”中，“多款式、小批量”却成为当红的商业模式。ZARA 以其灵敏供应链，创造了长尾市场的新样板，实现了“多款式、小批量”的经济规模的突破。

问题：

1. 在 ZARA 的敏捷供应链中，该企业是如何完成采购供应工作的？
2. ZARA 使用了哪些现代采购技术手段？

第一节 电子采购

一、电子采购概述

(一) 电子采购的含义

所谓电子采购就是用计算机系统代替传统的文书系统，通过网络支持完成采购工作的一种业务处理方式，也称为网上采购。英国皇家采购与供应学会（CIPS）对电子采购的定义为“通过互联网，从特定服务或产品的询价、授权、下订单、接受订单到支付的操作过程”。电子采购以网络平台为基础，利用信息和网络技术将企业、运输方、金融、海关、商检和税务等部门连接起来，实现了从搜寻信息、谈判、签约、交货到付款等部分或全部业务的自动化处理。电子采购兴起于美国，最初只是利用电子数据交换系统（EDI）实现供需双方采购基础信息的交换，提高了采购效率，但早期的方案封闭性强、成本投入高，发展受到了限制。20 世纪 90 年代中期，电子采购目录开始兴起，供应商通过产品上网，提高其信息透明度、市场涵盖面，在政府、民间的共同推动下，电子采购进入了高速发展时期。近年来，全方位综合电子采购平台出现，广泛的连接了买卖双方，并提供全程化的电子采购服务。

(二) 电子采购的优势

电子采购是一种不见面的网络交易，例如，网上招标、网上竞标、网上谈判等，它不仅仅完成了采购行为，而且利用数字化技术和互联网技术对采购流程的各个环节进行管理，有效地整合了企业的资源，降低了供求双方的成本，提高了企业的核心竞争力。与传统的采购方式相比，实施电子采购，对于企业有以下一些优势。

1. 提高采购效率，缩短了采购周期

电子采购使传统的信息收集、谈判、资金结算等工作流程大大简化，采购人员可在短时间内得到比以前更广泛、更全面、更准确的信息，提高了采购工作的效率。采购方企业通过电子采购交易平台进行竞价采购，可以根据自己的需求设定交易时间和交易方式，缩短了采购周期。以招标采购为例，从采购方竞价采购正式开始到竞价结束，一般只需要1～2周时间，较传统招标采购节省 30%～60%的时间。

2. 节约采购成本

电子采购实现了买卖双方直接沟通，大大减少了中间环节，可以为采购企业节省大量成本。美国全国采购管理协会的调查表明，采用传统方式生成一份订单所需平均费用为 150 美元，使用电子采购则可以将这一费用降低到 30 美元。企业通过竞价采购商品的价格平均降幅为 10%左右，最高时可达到 40%，充分发挥了采购的利润杠杆效用。IBM 公司的电子采购使 IBM 的运营成本不断降低，自 1995 年以来平均每年节约采购成本约 20 亿美元。

3. 优化采购流程

电子采购不仅仅是利用计算机和网络技术简单替代原有的采购方式，而是依据更科学的方法重新设计采购流程，摒弃传统采购模式中不适应企业发展的落后因素；而且，电子采购便于对采购业务进行集中管理，提高企业存货管理水平，可以逐渐使企业从高库存生产向低库存生产过渡，直至实现零库存生产。海尔集团在实施电子采购后，采购成本大幅降低，库存资金降低约 7 亿元，库存资金周转期从 30 天降低到了 12 天以下。

4. 保证采购质量

电子采购中采购商可以在更大范围内选择供应商，尽可能找到质量和价格最为理想的供应商。通过电子采购，采购商只要直接登录供应商的站点，选择所需要的物资品种，利用网上支付一定数量的定金，当供应商确认订单后，即可为制造商安排货源，并通过物流部门或厂家的分支机构送货上门，可使采购商采购到“正宗”的零部件，且价格更为合理。

5. 实现信息共享，增加交易透明度

通过电子采购，交易双方可以实现信息共享。双方不但可以即时了解本次采购的详细信息，还可以查询以往交易活动的记录，包括中标、交货、履约等情况，买方可以全面了解供应商，卖方更清楚地把握市场需求变化。在传统的采购活动中，采购信息的不充分影响了交易的透明度，人为造成“暗箱操作”。电子化采购可提高供应商、采购商品、采购价格的透明度，进而提高交易的透明度，减少“暗箱操作”。

6. 加强供需双方的业务联系

电子采购可以加强供需双方的业务联系。一方面，电子采购可以使采购企业获益，能帮助采购方改善客户服务和客户满意度，促进供应链绩效，以及改善与供应商关系；另一方面，电子采购也可以让供应商获益，供应商可以更及时地掌握市场需求，降低销售成本，增进与采购商之间的关系，获得更多的交易机会。

（三）电子采购的风险

电子采购虽然能简化采购流程、降低采购成本、提高采购效益、增加采购的透明度，但是也会面临各方面的风险，包括财务方面的成本风险，非财务方面的安全风险，企业“硬件”方面的技术风险，“软件”方面的管理风险以及供应链上企业之间的信任风险等。

1. 安全风险

电子采购的安全问题是用户最关心的问题。计算机系统是电子采购的最基本设备，可能产生物理损坏、数据泄露、信息丢失等问题，也可能受到病毒入侵或出现工作人员管理不当等问题；还有网络信息的安全问题，如有人利用网络非法窃取、篡改或者删除正常用户的信息，甚至非法盗用信息进行交易；还有拒绝服务问题，即在业务、信息和其他合法资源传入的过程中，攻击者会恶意阻断，表现主要有散布虚假信息、虚假开店、恶意散发电子邮件来收取订单等。

2. 信任风险

供应链企业间的信任问题也会给电子采购带来风险。例如，认为网上交易存在的最大问题是“产品质量、售后服务及厂商信用得不到保障”和“安全性得不到保障”的用户占70%，所以企业利用网络进行采购时，就不得不面对信任的风险。有些用户为了推卸责任，可能会在电子采购过程中不承认自己所发出的信息，例如，商家卖出的商品质量出现问题但拒绝承认原有的交易等。

3. 成本风险

成本风险对企业电子采购影响很大。从电子采购的成本结构来看，主要为软件、硬件及培训成本。从企业内部看，当企业投入巨资实施电子采购后，可能因管理及培训跟不上，而导致电子采购的失败；从企业外部看，买方为了提高电子采购的效益，会要求供应商也导入电子采购，若买方不是供应商的主要客户，那么某些供应商宁愿放弃合作，也不愿意跟随买方导入电子采购系统。

4. 技术与管理风险

技术与管理风险也是企业实施电子采购必须考虑的。从技术角度考虑，会有以下问题：例如，建立一个符合交易安全并易于运作的内部网络，培训并帮助供应商建设其网络，对网络进行维护并时常更新技术，管理自己的网站以防止被攻击等；从管理角度考虑，电子采购并不是简单地引入软件，往往还需要对企业现有的操作流程进行重新整合，同时必须对各层管理人员及员工进行培训，及时改变管理人员和员工的观念。因此，企业实施电子采购前，需对可能产生的技术及管理风险加以评估。

二、电子采购的模式

在电子采购中，发生业务关系的主要是供应商和采购商两个主体，而采购信息的来源各不相同，因此，电子采购模式建立和运行的主导方各不相同。一般而言，电子采购有以下几种模式。

(一) 电子采购的基本模式

1. 卖方模式

卖方模式是指供应商在互联网上发布其产品的在线目录，采购方通过浏览获得所需商品信息，做出采购决策并下订单以确定付款和交付选择（见图 10－1）。

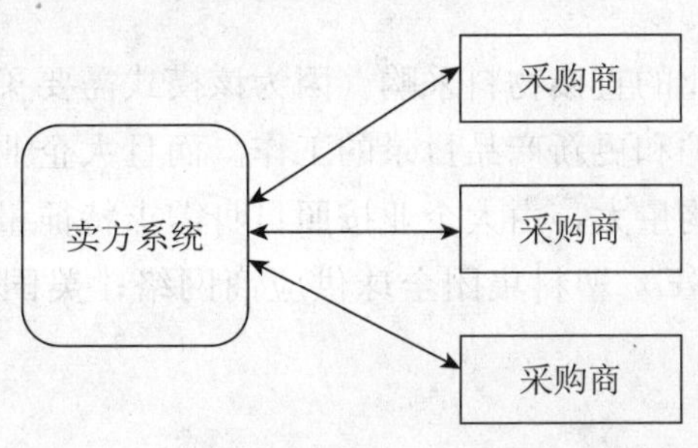

图 10－1　卖方模式

卖方模式是一种供应商主导的电子采购模式，如图 10－1 所示。供应商必须要投入大量的人力、物力和财力，建立、维护和更新产品目录，而采购方无须任何投资，登录卖方的系统通常是免费的，不需花费太多代价就能获取所需的产品。但是对于供应商数量较多的买方，就要访问很多的供应商网站，才能采购到需要的产品，而且采购商难以跟踪供应商，难以控制采购开支。

在卖方模式中，采购方与供应商是通过供应商的B2B平台进行交易的，面临着双方信息系统无法集成的问题，由于双方所用的标准不同，供应商传输的电子文档被采购方的信息系统识别可能会出现问题，延长了采购时间。因此，要引入可扩展标记语言（XML，一种标准数据交换格式），用于买卖双方的数据交换。卖方模式多应用于中小企业的采购环节中。

2. 买方模式

买方模式是指采购方在互联网上发布所需采购产品的信息，供应商访问采购方的网站，登录自己的产品信息供采购方评估选择，双方通过采购方网站进行进一步的沟通，完成采购业务的全过程。

买方模式是一种采购方主导的电子采购模式，如图10－2所示。采购方承担了建立、维护和更新产品目录的工作，这需要大量的建设和维护成本，但节省了采购时间，便于跟踪控制供应商，控制整个采购流程。采购方限定了所需产品的种类和规格，限定了采购员的采购权限和采购数量，供求双方通过采购方网站传递的文档，易于被采购方系统识别并及时处理。

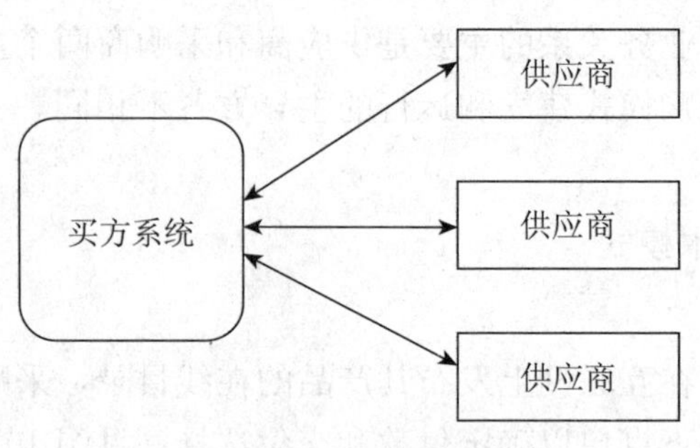

图10－2　买方模式

买方模式适合大型企业的直接物料采购。因为该模式需要买方进行大量的资金投入和系统维护，承担建立、维护和更新产品目录的工作。而且大企业往往处于供应链的核心地位，供应商较为集中，采购量大，由大企业按照自身需求特征量身打造电子采购平台较为合适。如通用电气公司（GE）塑料集团全球供应商网络；美国三大汽车公司的全球汽车零配件供应商网络。

3. 第三方模式

第三方模式是指供应商和采购方通过第三方设立的网站进行采购业务的过程。在这个模式里，无论是供应商还是采购方，都需要在第三方网站上发布自己提供或需要的产品信息，第三方网站则负责产品信息的归纳和整理，以便于用户使用，如图10－3所示。

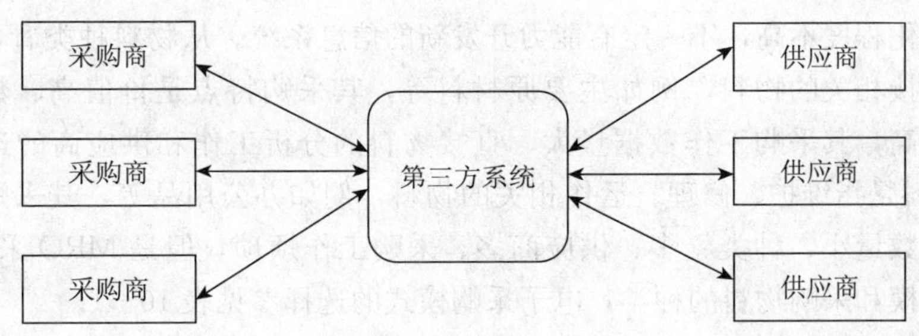

图 10-3 第三方模式

这种模式将不同的供应商、采购商集中到同一个市场，买卖双方不需要进行大量投入，只需按照交易额的固定比例或金额付费，即可利用第三方网站提供的技术完成在线采购，不仅方便供应商推广其产品，降低营销成本，而且方便采购商对所需产品进行查找和对潜在供应商的挑选。但有时某些第三方交易平台为获得更多的客户和服务费，审核注册企业不严格，造成注册企业质量混乱，会增加采购商挑选优秀供应商的困难。

按照经营产品的专业化类别，第三方模式又分为两类：

（1）垂直门户：是经营专门产品的市场，如钢材、化工、能源等，它通常由一个或多个本领域内的领导型企业发起或支持。如化工中国网（HGZG）是国内化工领域垂直行业专业门户网站、国内专业化工电子商务平台；上海有色网（www.smm.cn）是一家专注于金属行业的垂直门户；中国压铸网（www.yzw.cn）是国内知名的压铸行业垂直门户网站。

（2）水平门户：集中了种类繁多的产品，其主要经营领域包括维修和生产用的零配件、办公用品等，向不同市场模块中的一系列组织提供产品，而不是针对某一特定行业。水平门户一般由电子采购软件集团或间接材料和服务供应领域的领导者发起资助。如阿瑞巴（Ariba）是一家软件信息技术服务公司，旨在利用互联网来简化、提升客户采购过程；在线市场公司（Free Markets）是一个跨行业的在线市场平台，将产业购买者与潜在供应商通过电子出价系统联系了起来；阿里巴巴（1688.com）是全球企业间（B2B）电子商务门户，是为多行业的买家、卖家提供商机和在线交易的市场。

按照运作的模式，第三方模式有以下不同类型。

（1）采购代理：第三方采购代理为企业提供了安全的网络采购场所，另外也提供诸如在线投标和实时拍卖等服务。

（2）联盟采购：一组不同的企业把他们要采购的相似的商品在数量上累加，以增强集体购买力，这种系统通常由几家企业共同开发和维护。

（3）中介市场：由专业的网络公司建立，用来匹配企业和多个供应商的在线交易。

4. 电子采购模式的选择

企业选择不同的电子采购模式取决于许多因素，最主要有两个：企业的规模和采购物料的种类。从企业规模看，大企业实力雄厚，资金充裕，通常已经使用了较为成熟的企业管理系统，并有能力开发、维护专有的电子采购系统；中小企业资金、人力相对缺乏，业务流程的信息化程度不高，不一定有能力开发新的信息系统。从物料种类看，直接物料是指对于生产直接相关的物料，例如主要原材料等，其采购特点是价值高、数量大、可预测、采购频率高，其采购工作数据量大，直接物料的分析工作和供应商的选择工作难度高；MRO 物料是指维护、修理、运作相关的物料，例如办公用品等，其采购特点是单位价值低、单位数量小、种类繁多、供应商多、采购工作烦琐，但是 MRO 采购总量较高。根据企业的规模和采购物料的种类，电子采购模式的选择参见表 10 - 1。

表 10 - 1　　电子采购模式的选择

影响因素 / 模式	大企业		中小企业	
	直接物料	MRO 物料	直接物料	MRO 物料
卖方模式			√	
买方模式	√	√	√	
第三方模式		√		√

(二) 电子采购的其他模式

1. 企业私用交易平台

企业私用交易平台类似于电子数据交换（EDI）系统，EDI 系统是大型企业长期以来使用的主机式应用程序，以电子方式交换订单、库存报表与其他资料。这种方式能够减少沟通的成本，使得合作厂商以标准格式，实时分享各类文件，同时也能够保证安全性。企业私用交易平台能让积极参与者掌控大权，买方可以选择网上交易对象，甚至于网络外完成商谈。

2. 反向拍卖

反向拍卖是指采购方到网站登记需求进行拍卖，提供希望得到的产品的信息、需要服务的要求，由供应商进行竞价来争取订单，决定最终产品和服务供应商，从而使采购方以最优的性价比实现购买。这时，一般会采用减价方式竞价决定最终的供应商和价格。

网上反向拍卖有两个优点：一是降低原材料的成本。反向拍卖主要考虑价格因素，这种方式强化了供应商的竞争，企业通过反向拍卖可获得低价的采购来源。同时，利用网络竞价系统可以让众多供应商自动竞价，直到成交，大大降低了管理成本。二是提高采购工作效率。传统的招投标采购，采购方需要做充分的准备工作，花费大量的时间和费用。网上反向拍卖准备工作简单，手续简便，可异地操作，降低了采购方组织工作的难度，提高了采购工作效率。

同时网上反向拍卖也有其缺点：一是过度关注价格，忽视了与供应商的关系。在反向拍卖中，卖方试图卖出更高价，买方追求更低价，买方和卖方的合作关系很难维持。二是可能产生其他成本。采购方为了采购到适合的商品，需要花时间准备详细的技术规格说明，某些供应商长期内不能承受过低的价格，为了获取订单可能会以成本提供低规格的产品应对采购方，可能会提高采购方的质量成本。

网上反向拍卖多用于大规模的、具有价格杠杆优势的间接物料的采购，也用于价值不高、标准化的、供给来源丰富的直接材料采购。

三、电子采购的实施

（一）实施电子采购的技术支持

电子采购是一项集计算机网络技术、数据库技术、EDI 技术、网络安全技术等于一体的电子商务活动。实施电子采购需要以下技术支持。

1. 计算机网络技术

企业内部的采购信息处理和企业间的采购信息传递都需要计算机网络技术。计算机硬件性能增强可以提高信息处理速度和准确性，软件功能完善方便了操作，使操作界面更友善。计算机网络的数据通信功能，用来快速传递各种采购信息；资源共享可以使网络中供需双方的用户都能部分或全部享受采购的信息资源；分布式处理功能可将采购中的复杂问题交给不同终端分别处理，充分利用网络资源，增强处理能力。

2. 数据库技术

数据库技术是企业管理信息系统的核心技术之一。数据库的作用在于存储和管理各种数据，支持决策，在电子采购和信息系统中占有重要的地位，是实现电子采购必不可少的技术条件。包括仓库技术、联机分析处理技术和数据挖掘技术。

3. EDI 技术

EDI 是英文 Electronic Data Interchange 的缩写，它将企业之间的商业往来，以标准化、规范化的文件格式，无须人工介入和纸张文件，采用电子化的方式，通过网络系统在计算机应用系统与计算机应用系统之间，直接地进行信息业务交换与处理，是一种先进的通信手段和技术。企业间的交易谈判、交易合同的传送、商品订货单的传送等都需要 EDI 技术。

4. 网络安全技术

电子采购中可能面临的安全问题包括网络系统自身的安全风险、信息传输中数据丢失、篡改、破坏的风险以及合同签订、合同传递、订购款项支付中的问题等。网络安全技术包括病毒及黑客防范技术、防火墙技术、加密技术、数字证书认证技术等。

5. 金融电子化技术

电子采购过程包括交易双方在网上进行货款支付和交易结算，金融电子化为企业之间进行网上交易提供保证。在电子采购中，交易结算的安全性和效率直接影响着资金流的速度。

（二）实施电子采购的主要步骤

企业在实施电子采购方案之前，首先要考虑电子采购能否与公司的核心企业流程整合，实现电子采购的预期绩效与成本与现行采购方式相比将如何变化。企业实施电子采购的主要步骤如下。

1. 采购流程整合

首先要对采购物品分类、定义采购规格、确定可能的供货商范围、设定招标采购与议价方式、对采购费用历史资料分析等。

2. 建立数据源

建立数据源是为了在网上进行采购和供应管理积累数据。包括供应商目录、供应商的原料和产品信息、各种文档样本、与采购相关的其他网站、可检索的数据库等。

3. 成立正式的项目小组

项目小组需由高层管理者直接领导，其成员包括项目实施的整个进程所涉及的各个层面，包括信息技术、采购、仓储、生产、计划等部门，甚至包括互联网服务提供商（ISP）、应用服务提供商（ASP）、供应商等外部组织的成员。

4. 广泛调研，收集意见

为做好电子采购系统，应广泛听取各方面的意见，包括技术人员、管理人员、软件供应商等；同时借鉴其他企业的做法，制订和完善有关的技术方案。

5. 建立企业电子采购网站

在企业的电子采购系统网站中，设置电子采购功能板块，使整个采购过程始终与管理层、相关部门、供应商及其他相关内外部人员保持动态的实时联系。

6. 测试所有功能模块

在电子采购系统正式应用之前，必须对所有的功能模块进行测试，因为任何一个功能模块在运行中如果存在问题都会对整个系统的运行产生很大的影响。

7. 培训使用者

对电子采购系统的实际操作人员进行培训，确保电子采购系统得以顺利实施。

8. 网站发布

利用电子商务网站和企业内部网收集企业内部各个单位的采购申请，并对这些申请进行统计整理，形成采购招标计划，并在网上进行发布。

四、电子采购的发展

（一）电子采购在国外的发展

电子采购起源于美国。早在 1996 年 7 月，美国地方政府马萨诸塞州就推出了国家采购进入和招商系统，以电子化的形式实现了招商信息的网络化发布。2005 年，美国联邦政府则更新了政府电子化采购平台，实现了政府采购网上公开询价、报价等采购流程；2007 年，美国政府为电子采购的发展提供了政策支持，要求所有超过 25000 美元的采购项目必须通过其唯一的政府采购系统发布。美国的各大汽车生产厂商、计算机巨头，如通用、IBM、戴尔（DELL）等公司，与行业内的相关企业共同组建了联盟性的电子采购平台。

欧洲许多国家的电子采购工作开展得也很早，政府与民间电子采购的发展都取得了突出的成绩。例如，德国大力推广政府电子采购，其电子化政府采购系统形成了一套完整的体系，政府采购信息通过网络进行共享，极大地方便了供应商、采购单位。

在亚洲，日本和韩国的电子采购也有一定的发展。韩国政府从 1997 年开始建设政府的电子采购平台，即国家综合电子采购系统，并于2002年投入使用。2000年，韩国的浦项钢铁公司、现代公司以及韩国通信等几大集团共同成立了韩国最大的B2B电子商务会社，通过电子采购系统，实现了采购集团与其供应商之间所有业务流程的互联互通。近几年，国外的电子采购继续快速发展，日趋完善。

(二) 电子采购在国内的发展

我国的电子采购起步也较早，但无论是政府还是企业，全功能、全流程的电子采购平台发展缓慢。1997年，中国化工信息网正式提供服务，成为国内第一家垂直B2B电子商务商业网站。同年，国家经贸委批准成立了中国商品交易中心、中国商品订货系统和中国商品交易市场等大型电子商务项目。中国商品交易市场的开通，使客户可以在网上寻找信息，在网上加密的谈判室进行业务谈判，签订合同。1999年，马云创立了阿里巴巴中国供应商，建立了中国最大的企业间网上贸易市场平台。2000年，中国石化物资采购电子商务网投入运行，经过四次重大改版升级，其网上采购工作实现了快速发展，目前中石化生产建设所需90%以上的物资实现网上采购。

我国政府的电子采购起步稍晚。2005年以后，一些国家级的政府采购平台和部分省的地方政府采购平台相继上线投入使用，但这些采购平台在很长时间内仅限于简单的信息发布，一些实现高效采购、采购透明化的电子招标、投标、电子支付等功能并没有实现或并未采用。

2008年开始，从政府到民间，国内对于电子采购平台的使用，通过电子采购平台完成的采购量和规模大幅增长。国内的大型企业纷纷建立了自己的电子采购平台，如中国电信业三大运营商，以及中铁、中远集团等。同时，一大批第三方电子采购服务平台和区域性电子采购平台也有了较快的发展。2014年，进入“互联网+”的时代，越来越多的中国企业和政府部门加入到了电子采购的行列中，国内的电子采购快速发展，日渐成熟。

第二节 企业资源计划（ERP）采购

随着全球经济一体化的加深、市场需求变化的加速和企业竞争范围的扩大，主要面向企业内部资源的计划管理思想逐步发展为面向全社会资源进行利用的管理思想，这就是ERP的基本管理思想。仅靠单个企业的资源响应用户的快速需求是很难实现的，“纵向一体化”的管理模式已经逐渐无法适应这种变化，借助其他企业的资源快速响应市场需求的管理模式，即“横向一体化”开始盛行。ERP（Enterprise Resource Planning），即企业资源计划在这种背景下应运而生。在ERP系统中既要规划企业自身的资源，还要把经营过程中的有关各方，如供应商、制造商、分销商、客户等纳入一个紧密的供应链中，才能有效地安排企业的产、供、销活动，利用社会资源快速高效的经营企业，以提高效率和获得竞争优势。立足于整个供应链，使原来不属于增值活动、不具备战略价值的采购活动具备了增值能力和战略管理的高度，在企业的产供销三位一体的管理中发挥着重要的作用。

现代企业成功的采购管理，越来越离不开ERP的成功实施，ERP已经成为现代化采购管理的重要工具。一方面采购管理通过ERP系统在企业内部的有效集成，实现了企业物流、资金流以及信息流的集成，提高了采购管理的效率。另一方面企业通过ERP系统在企业外部供应链上的有效集成，达到与供应商建立长期牢固的合作关系，优化了企业的采购管理。总之，通过ERP系统在企业内外两方面的集成，提高了企业采购管理的效率，集中体现了采购管理与ERP集成的一体化思想。

一、ERP概述

（一）ERP的概念

ERP（Enterprise Resource Planning），即企业资源计划，是指建立在信息技术基础上，以系统化的管理思想，为企业决策层及员工提供决策运行手段的管理平台。ERP系统集信息技术与先进的管理思想于一身，成为现代企业的运行模式，反映时代对企业合理调配资源，最大化地创造社会财富的要求，成为企业在信息时代生存、发展的基石。

ERP系统的管理对象是企业的各种资源及生产要素，这些资源和生产要素包括企业的硬件资源，如厂房、生产线、加工设备、检测设备、运输工具等；也包括企业的软件资源，如人力、管理、信誉、融资能力、组织结构等。企业发展中，这些资源相互作用，成为企业进行生产活动、完成客户订单、创造社会财富、实现企业价值的基础，反映企业在竞争发展中的地位。通过ERP的使用，使企业的生产过程能及时、高质量地完成客户的订单，最大限度地发挥这些资源的作用，并根据客户订单及生产状况做出调整资源的决策。

（二）ERP的理论发展

ERP理论的形成是随着产品复杂性的增加、市场竞争的加剧以及信息全球化而产生的。发展历程大致经历了五个阶段。

1. 库存控制订货点法

20世纪40年代，经济学家通过研究得出结论：库存物料随时间推移而被使用和消耗，提出订货点的方法和理论，并将其运用到企业的库存计划管理中。

2. 基本物料需求计划（MRP）

20世纪60年代中期，美国IBM公司的管理专家约瑟夫·奥利佛博士首先提出独立需求和相关需求的概念，将物料分为独立需求物料和相关需求物料。在此基础上，总结出一套新的管理理论——物料需求计划（Material Requirement Planning，MRP）。物料需求计划与传统的库存理论和管理方法不同，在传统的基础上引入了时间分段和反映产品结构的BOM清单概念，即按时按量可以得到所需物料。但基本MRP有一些缺陷，它只考虑了产品结构和库存信息，对影响交货的其他因素，如制造工艺、生产设备、产能、运输能力、供货能力等没有考虑，生产计划的变更也没有考虑，按基本MRP做出的计划不一定可行。

3. 闭环MRP

随着市场的发展和基本MRP的应用与实践，20世纪80年代初，在基本MRP的基础上形成了闭环 MRP 理论。闭环 MRP 理论考虑了能力约束，在满足能力需求的前提下才能保证物料需求计划的执行和实现，企业必须对投入与产出进行控制，即对企业的能力进行校验和执行控制。闭环 MRP 管理对生产计划的控制已经比较完善，其运行主要涉及的是物流的过程和小部分信息流过程，而实际生产的过程均伴随着企业资金的流通过程，闭环 MRP 却无法反映出来。资金的运作会影响到生产的运作，导致生产计划无法按计划完成。

4. 制造资源计划（MRP－Ⅱ）

1977 年 9 月，美国著名生产管理专家奥利佛（Olive W. Wight）提出“制造资源计划”的概念，即 Manufacturing Resource Planning，简称为 MRP，但并非上一个时期的闭环 MRP，已经是广泛意义上的 MRP。为了和传统的 MRP 区别，其名称改为 MRP－Ⅱ。制造资源计划是一个围绕企业的基本经营目标，以生产计划为主线，对企业制造的各种资源进行统一计划和控制的有效系统，是企业的物流、信息流和资金流统筹考虑并使之畅通的动态反馈系统。在这个系统中，产品的整个制造过程都伴随着资金流通的过程，企业通过对生产成本和资金运作工程的掌控，及时调整经营计划和生产计划，使生产计划更为可行和可靠。当企业的竞争逐渐演变为整体实力的竞争，要求企业对其整个资源进行管理而不仅仅是制造资源管理，与竞争有关的物流、信息及资金要从制造部分扩展为全面质量管理、企业的所有资源（分销资源、人力资源和服务资源等）及市场信息和资源，要求能够处理工作流。随着企业规模不断扩大，多集团、多工厂要求协同作战、统一部署，信息全球化趋势的发展要求企业之间加强信息交流和信息共享，信息管理要求扩大到整个供应链的管理，上述这些要求，MRP－Ⅱ已经无法满足。

5. 企业资源计划（ERP）

到 20 世纪 90 年代，随着逐渐吸收和融合其他先进的管理思想，例如，及时生产（JIT）、全面质量管理（TQC）、优化生产技术（OPT）、分销资源计划（DRP）、制造执行系统（MES）、敏捷制造系统（AMS）等先进的管理理论，MRP－Ⅱ发展到了一个新阶段，即 ERP——Enterprise Resource Planning（企业资源计划）。1993 年，ERP 的概念由美国 Garter Group Inc. 咨询公司首次提出。ERP 的理论基础是从 MRP－Ⅱ发展而来，它继承了 MRP－Ⅱ的基本思想，如制造、进销存和财务，还大大拓宽了管理模块，如多工厂管理、质量管理、设备管理、运输管理、分销资源管理等，也扩展了业务管理的范围和深度，包括质量、设备、分销、运输、多工厂管理等，几乎涉及企业所有的供需过程。ERP 是一整套企业管理系统体系标准，其实质是在 MRP－Ⅱ基础上进一步发展而成的面向供应链的管理思想，也是整合了企业管理理念、业务流程、基础数据、人力物力、计算机硬件和软件于一体的企业资源管理系统。

ERP 发展所经历的每一个阶段在一定程度上都是供应链管理的进一步完善。不论是最初的库存管理，还是后来的采购、生产、销售的管理，再后来的财务、工程技术的管理，企业外部资源的管理等，都是针对企业供需链的管理而不断完善的一个过程。

二、传统采购模式的缺陷

传统采购模式下采购的主要功能是取得物资并降低成本，采购直接影响企业的利润与资产回报率，采购注重资源的选择、谈判、库存管理等，采购管理工作的重心是与供应商的商业交易活动，交易过程的重点放在价格谈判上。在这种方式下，企业与供应商之间是简单的买卖关系，供应商注重的是临时的、眼前的利益。在传统采购模式中，企业的采购部门多为供应科或供销科，其采购流程如图 10－4 所示。

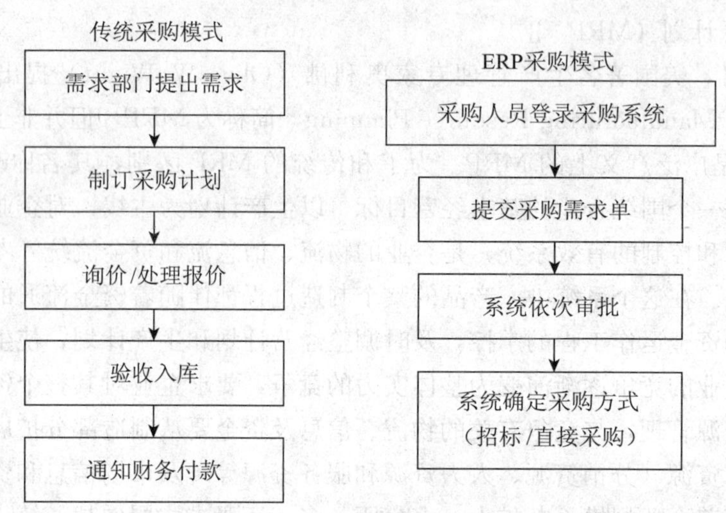

图 10－4 两种采购模式

（一）物料采购与物料管理为一体

物料管理、采购管理、供应商管理由一个职能部门来完成，缺乏必要的监督和控制机制；同时在这种模式下，无法准确预测市场需求，而采购部门担负着保障原材料供给的重任，为保证原材料的正常供应，必然会加大采购量，尤其是在原料涨价时，无法控制采购量，会带来不必要的库存积压和增加的应付账款。

（二）业务信息共享程度弱

一方面，采购方和供应商不能进行有效的信息交流。采购方为了选择价位合适的供应商可能会保留信息，供应商与采购方确定合作关系时，也更加注重眼前及现实利益，这是一种信息博弈。另一方面，大部分的采购操作和谈判通过电话完成，没有必要的文字记录，采购信息和供应商信息基本上由每个业务人员自己掌握，信息没有在企业内共享，需求部门、采购部门信息也不对称。采购业务的可追溯性差，一旦出了问题难以调查，采购任务的执行优劣在很大程度上取决于个人，人员的岗位变动对业务的影响大。

（三）采购控制通常是事后控制

供需双方的生产组织、技术要求不能及时沟通处理，相互工作不透明的，双方合约的交货标准很难按需制定，采购结束后采购方需要进行物料的质量检验，不同批次的物料在生产加工、装配过程中必然会出现质量差异。采购控制无法在事前进行监控，通常是事后控制。事后控制虽然也能带来一定的效果，但是事前控制毕竟能够为企业减少许多不必要的损失，尤其是一个企业横跨多个区域，其事前控制更为重要。

三、ERP 下的采购管理模式

(一) ERP 下的采购管理目标

采购管理是为保障企业物资供应而进行的采购活动的计划、组织、协调和控制的管理活动，最主要的目标是以适当的价格、适时地向合格的供应商采购材料。企业采购职能一方面实现企业的物质供应保障，另一方面也是企业联系整个资源市场的纽带。采购职能还与企业的长期目标密切相关，虽然采购部门很少单独制定战略，但在新产品开发、产品设计、价值分析、自制或外购决策、市场预测等方面可以发挥长期的管理职能。在 ERP 环境下，采购管理要实现三个目标。

1. 及时适量采购

采购并非进货越多越好，物料过多会增加资金占用，增加保管费用，提高成本；采购也不是进货越快越好，进货过早，会增加存储时间，增加了仓储、保管费用，提高成本；进货延迟，则会造成生产延误，影响生产进度。因此，企业应按生产排程及时适量采购。

2. 提高物料质量

要保证采购的物料达到企业生产需要的质量标准，保证企业的产品符合用户的要求。但同时也不能质量过剩，造成不必要的成本，坚持适用质量即可。

3. 采购最优配置

在物资采购的每个环节、各个方面都要涉及资金的运转，如何在采购环节中降低采购的成本，是采购过程中必须始终贯穿的原则。

(二) ERP 下的采购管理功能

采购管理的主要功能是根据物料需求计划、采购提前期、采购批量及对应供应商，生成采购订单，收到来料后根据订单进行验收、送检，合格后登记入库单，以保证生产进度排程对物料的需求。在 ERP 环境下，采购管理的功能有以下几个方面。

1. 供应源管理

供应源管理是采购管理中的一个重要环节，在 ERP 环境中，物料要求对供应源的依赖性不断增大，企业需建立同供应链上下游之间长期互利合作的新型关系，使采购商成为供应商的一个重要客户，使供应商获得规模效益和长期订货，降低购买原材料和外购件的价格。

2. 供应商关系管理

传统的供需关系有三种：竞争性关系、合同性关系、合作性关系。ERP 环境下的供应商关系是一种战略性合作关系，从传统的非合作性竞争走向合作性竞争关系。双方建立合作关系后，企业可以帮助供应商降低成本，很多工作可以简化甚至消除，如订货、质量检查等，从而降低费用进而降低价格；企业的原材料和外购件的库存可以降低；质量责任可以归于供应商，供应商可以参与采购方产品设计，从源头上保证采购质量。

3. 小批量采购和配送控制

企业对原材料和外购件的需求是根据订单的要求来确定的，在降低库存的同时，为了保证准时、按量供应，购买必定是小批量的。消除了原材料和外购件的缓冲库存，可靠的送货是采购管理系统的保证，这取决于供应商的生产能力和运输条件，一些意外因素等都可能导致送货延迟，最理想的送货是直接将货送到生产线。

（三）ERP 下的采购工作模式

传统模式下的采购管理主要存在前文所述的三个问题，通过 ERP 系统的实施，采购工作模式产生以下三方面的变化。

1. 以职责为核心的流程设计

传统采购管理模式的管理思路是基于部门的管理，即首先是企业组织机构中的供应部（科）门，然后是供应部门负责的具体工作。而在 ERP 中每名员工首先是对应各个职责，是基于职责为核心的流程设计。这种设计方法是将所要完成的工作分解成相关的职责，并对应到模块中，在 ERP 实施中，将属于一个模块的职责进行组合，企业将同一类业务进行集中处理，体现集中管理的思想。如某企业通过职责分析，发现同一个采购订单职责由多个业务部门所拥有，将其收归为一个部门，减少了大量采购资金。实行集中管理还减少了许多协调工作，提高了办事效率。将属于库存的职责从原有的职能部门分离出去，库存管理职责尽可能结合生产消耗来制订库存补充计划，其存货会调整到一个相对合理的水平。

2. 基础信息高度共享

ERP 的实施可以减少很多日常工作量，但提供基础信息的岗位工作量会增加，如采购员、询价/报价员等，以往通过电话来完成的工作，实施 ERP 后所有的采购单据都要录入系统，对采购管理有以下影响：提高了业务的可追溯性，减少了业务操作中的人为因素；随时可查询任意时间与某供应商发生的采购业务，并可以查出该笔业务进行的状态，包括库存接收的数量、退货的数量、发票的数量等；随时运行需要的报表，以反映某一时期采购业务的执行情况。ERP 系统按照设定的指标对供应商的状态进行分析，包括供应商供货质量分析、数量分析等，并从中总结规律，制定相应的供应商管理策略，如设定相应的配额和询价优先级等。这样可以将业务人员调动对工作的影响尽可能减少，新到岗位人员可以通过系统方便地查询供应商信息和记录，并按照设定的供应策略完成采购业务。

3. 控制体系完备

ERP 系统与传统信息系统最明显的区别在于“事前控制、事中监督、事后分析”。ERP 系统中的采购能做到流程有序、审批严格、监督有方。

（1）流程有序。对必须经过采购申请、必须首先制订总的采购计划进行设定，从而控制流程，细化日常管理，加大管理幅度。

（2）审批严格。通过 ERP 系统建立采购单据的审批控制流程，规定采购金额上限，避免过量采购或暗箱操作。

（3）监督有方。在采购业务处理过程中，监督人员若通过查询发现业务处理有问题，则可以终止或暂停业务处理，直到问题解决为止，如发现某订单属于重复订单，可以将其暂停，查明原因，或取消该订单。

ERP 的实施还可以为业务人员带来一种体验，让其认识到信息技术是如何改变和优化业务流程的。ERP 系统运行后，项目并没有结束，而是进入了管理持续改善的开端，为电子商务、供应链管理等相关系统的实施打下了坚实的基础。

第三节 准时化（JIT）采购

JIT（Just in Time）采购，又叫准时化采购，是准时化生产系统的重要组成部分。JIT 生产是 20 世纪 60 年代日本企业创立的一种新的生产管理方式，最早使用这一方式的公司是丰田汽车公司。第二次世界大战后的日本汽车工业都在学习美国福特式的大量生产方式，但丰田公司的管理者发现，这种方式并不完全适合日本当时的经营环境：一方面，日本的汽车消费市场、劳动力供给等与美国不同，且企业面临资金短缺，没有条件像福特公司那样维持很大的生产规模；另一方面，美国的生产方式是少品种、大批量生产，通过规模经济来降低成本，而市场需求的发展却是多样化的，如何有效组织多品种、小批量的生产才是提高企业发展水平和提高竞争力的途径。JIT 生产方式就是在这样的时代需求下创造出来的，逐步形成了一套完整的管理体系。制造业的采购特点是由生产特点决定的，因此 JIT 采购是 JIT 生产管理模式的必然要求。

一、JIT 采购的原理

（一）基本思想

JIT（Just in Time）采购，又称为准时化采购，是一种先进的采购模式，是一种管理哲理。它的基本思想是“彻底杜绝浪费”“在恰当的时间、恰当的地点、以恰当的数量、恰当的质量提供恰当的物品”。准时化采购是从准时化生产发展而来的，是为了消除库存和不必要的浪费而进行的持续性改进。

传统的采购都是一种基于库存的采购，采购的目的是为了补充库存，以一定的库存来应对用户的需求。采购部门并不关心企业的生产过程，不了解生产的进度和产品需求的变化。虽然这种采购也进行库存控制，但是由于机制问题，其压缩库存的能力是有限的。所以传统采购的特点是大批量采购、物料的标准化程度高、采购功能相对简单；采购的重点是比较各供应商的价格、质量、交货时间和交货方式。JIT 采购模式下，采购批量规模小，同时要求全过程各阶段都要具有高水平的质量、良好的供应商关系，以及对最终产品需求的准确预测。JIT 采购意味着在必要的时候供应必要的物料，不要过量采购。和准时化生产一样，准时化采购不但能够最好地满足用户需要，而且可以极大地消除库存、最大限度地消除浪费，从而极大地降低企业的采购成本和经营成本，提高企业的竞争力。

（二）主要原理

JIT 采购的方法体现了 JIT 的管理思想。其驱动方式是拉动作业，只有在下道工序有需求时才开始按需用量生产，按生产批量采购和投产，把库存降到最低限度。JIT 采购的基本原理是以需定供，体现在以下几个方面。

（1）准时化采购是一种直接面向需求的采购模式，它的采购送货是直接送到需求点上。

（2）品种配置上，保证品种有效性。用户需要什么，就送什么，品种规格符合客户需要，拒绝不需要的品种。

（3）数量配置上，保证数量有效性。用户需要多少就送多少，不少送，也不多送，拒绝多余的数量。

（4）时间配置上，保证时间有效性。用户什么时候需要，就什么时候送货，不能晚送，也不早送，非常准时，拒绝不按时的供应。

（5）质量配置上，保证质量有效性。用户需要什么质量，就送什么质量，品种质量符合客户需要，拒绝次品和废品。

（6）地点配置上，保证送货上门的准确性。用户在什么地点需要，就送到什么地点。

以上几条，就是JIT采购的原理，它既做到了很好地满足企业对物资的需求，又使得企业的库存量最小，只要在生产线旁边有少许临时存放，当天的任务完毕，这些临时存放就消失了，实现零库存。根据JIT采购的原理，一个企业中的所有活动只有当需要进行的时候接受服务，才是最合算的。

二、JIT采购的特点和优势

（一）JIT采购的特点

在传统的采购模式中，采购的目的是为了补充库存，即为库存采购。在JIT采购模式中，用户的需求订单驱动制造订单，制造订单驱动采购需求订单，使供应链系统在准时响应用户需求的同时，也能较大的降低库存成本。表10－2显示了JIT采购与传统采购的区别。

表10－2　　JIT采购与传统采购的区别

项目	JIT采购	传统采购
采购动因	客户需求	补给库存
驱动方式	订单主动引导	生产被动引导
供应商选择	长期合作，单源供应	短期合作，多源供应
协商内容	长期合作，质量，合理价格	获得最低价格
采购批量	小批量，送货高频率	大批量，送货低频率
库存要求	零库存	安全库存
信息交流	快速，可靠	一般要求
运输	准时送货，买方市场	成本较低，卖方负责安排
包装	标准化容器包装	普通包装，无特定说明

JIT 采购与传统采购从采购批量、供应商选择、运输、包装、信息交流等多个方面都存在着不同之处，有以下几个特点。

1. 较少的供应商

JIT 采购认为，每一种原材料或外购件，只有一个供应商是最理想的状态。一方面，供应商数量少的对管理供应商比较方便，可使供应商获得内部规模效益和长期订货，降低原材料和外购件价格；另一方面，单源供应可以使制造商成为供应商的非常重要的客户，加强了双方的关系，有利于供需之间建立长期稳定的合作，质量上比较容易保证。

2. 供应商选择的标准发生变化

JIT 采购的单源供应对供应商的选择就非常重要了。能否选择到合格的供应商是 JIT 采购能否成功实施的关键。在 JIT 采购模式中，供应商选择要按照一定标准进行综合评价，这些标准应包括产品质量、交货期、价格、技术能力、应变能力、批量柔性、交货期与价格的均衡、价格与批量的均衡、地理位置等，而不像传统采购那样主要依靠价格标准。双方建立起互利合作关系后，采购方可以帮助供应商降低成本，从而使价格降低。当双方建立了良好的合作关系后，很多工作可以简化以至消除，从而减少浪费，降低成本。

3. 小批量采购

小批量采购是 JIT 采购的一个基本特征。准时生产需要小批量要求供应也是小批量，企业生产对原材料和外购件的需求是不确定的，而 JIT 采购旨在消除原材料和外购件库存，为了保证准时、按质、按量供应所需的原材料和外购件，采购必然是小批量的。

4. 准时交货

JIT 采购的一个重要特点是要求交货准时，这是实施准时化生产的前提条件。交货准时取决于供应商的生产与运输条件。为了交货准时，供应商要不断改善企业的生产条件，提高生产的连续性和稳定性，减少由于生产过程的不稳定导致延迟交货，供应商也可采用准时化的生产模式。另外，为了提高交货准时性，要求采购方和供应商都应考虑好运输问题并进行有效的计划和管理，使运输过程准确无误。

5. 保障采购质量

实施 JIT 采购后，企业的原材料和外购件的库存很少以至为零。为了保障生产，采购质量必须从根源上抓起，质量问题应由供应商负责而不是采购方。供应商必须参与制造商的产品设计过程，制造商也应帮助供应商提高技术能力和管理水平。IBM 公司战略中的重要环节之一，就是帮助供应商建立供应体系，详细了解供应商的生产流程、介入产品设计、生产、质量控制等过程，为其产品线找出竞争优势。

6. 可靠的送货和特定的包装要求

可靠送货是实施 JIT 采购的前提条件。JIT 采购消除了原材料和外购件的缓冲库存，供应商交货失误和送货延迟将导致采购方停工待料。送货的可靠性常取决于供应商的生产能力和运输条件。

7. 加强信息交流

JIT 采购要求供应与需求双方信息高度共享，保证供应与需求信息的准确性和实时性。由于双方的战略合作关系，企业在生产计划、库存、质量等各方面的信息都可以及时进行交流，以便出现问题时能够及时处理。只有供需双方进行可靠而快速的双向信息交流，才能保证所需的原材料和外购件的准时按量供应。沃尔玛和宝洁公司合作后，双方以结盟的方式实现数据共享。宝洁公司借助沃尔玛的数据库，及时了解自己产品在沃尔玛的销售量、库存量和价格等，使其及时制定出符合市场需求的生产和研发计划，也能对沃尔玛的库存做到连续补货；沃尔玛向宝洁公司反馈市场信息，直接指导宝洁调整产品结构，改进产品质量，双方形成一种双赢的局面。

（二）JIT 采购的优势

JIT 采购作为一种理想的物资采购方式，不但可以克服传统采购的缺陷，提高物资采购的效率和质量，还可以提升企业的管理水平，带来巨大的经济效益。JIT 采购的主要优点包括以下几个方面。

1. 大量减少了库存

通过 JIT 采购，可以大量减少原材料和外购件库存，导致流动资金占用减少，加速流动资金周转，同时也有利于节省保管空间和保管费用，从而降低库存成本。美国的惠普公司在实施 JIT 采购模式一年后其库存降低了 40%，施乐欧洲公司仓库库存从三个月的供给下降到半个月。据国外专业机构测算，JIT 采购可以使原材料和外购件的库存降低 40%～80%。

2. 提高了采购质量

JIT 采购对质量要求极高。当企业采用 JIT 采购时，供应商参与到制造商的产品设计与制造过程，可以在原材料和零部件的性能和功能方面提供有关信息，为实施产品开发创造条件，从而提高采购质量。

3. 降低了采购价格

实施 JIT 采购后，供应商和制造商的密切合作和长期订货，实现了规模经济，消除了采购过程中的一些浪费（如订货、装卸、检验等），缩短了交货时间，节省了采购过程中的费用消耗，使原材料和外购件的采购价格降低。例如，美国柯达公司通过实施 JIT 采购战略，使其采购物资的价格下降了 20%以上。

4. 消除了不增值过程

在企业采购中，存在大量的不增加产品价值但却非常烦琐的过程，如订货、收货、装卸、开票、质检、点数、入库等。JIT 采购大大地精简了采购流程，消除了这些浪费，提高了工作效率，消除了这些不增值的活动。

5. 暴露了隐藏的问题

过高的库存不仅增加了库存成本，而且还掩盖了许多生产上、管理上的问题，使问题得不到及时解决，严重影响了企业的生产效率。JIT 采购设置了一个最高标准，即原材料和外购件的库存为零，质量缺陷为零。为了实现这个目标，JIT 采购提供了一个不断改进的有效途径，即降低库存→暴露问题→解决问题→降低库存，形成了一种良性循环。

6. 实现柔性生产

JIT 采购使企业实现了需要什么物资，就能供给什么样的物资，什么时间要就能什么时间供应，需要多少就能供给多少。JIT 采购最能适应市场需求变化，使企业具有真正的柔性。

三、JIT 采购的实施

（一）实施 JIT 采购的注意事项

要实施 JIT 采购，需要注意以下四点：第一，JIT 采购成功的基石是选择最佳的供应商，并对供应商进行有效的管理；第二，JIT 采购成功的钥匙是供应商与用户的紧密合作；第三，JIT 采购成功的保证是有效的采购过程质量控制；第四，JIT 采购最实用有效的手段是看板管理。此外，JIT 采购还必须遵循一定的科学实施步骤。

（二）实施 JIT 采购的步骤

实施 JIT 采购，需要按照以下七个步骤进行。

1. 创建 JIT 采购团队

JIT 采购团队除了企业采购供应部门有关人员之外，还要有本企业以及供应商企业的生产管理人员、技术人员、搬运人员等共同组成。JIT 采购团队主要负责寻找货源、商定价格、发展与供应商的协作关系并不断改进。该团队要对供应商的信誉、能力进行评估，并负责培训与教育供应商，以减少采购过程不必要的业务。

2. 制订 JIT 采购实施计划

企业在与供应商取得共识的基础上，制定采购策略，改革当前采购方式，制定出具体的分阶段改进当前传统采购的措施，包括减少供应商的数量、供应商的评价、向供应商发放签证等内容。企业要与供应商一起协商 JIT 采购的目标和有关措施，保持经常性的沟通。

3. 选择供应商，建立伙伴关系

根据物料在企业中的重要性和供应风险对物资进行分类，在此基础上确定不同类别物资的主要供应商，并根据供应商与企业的相互需求程度、供应商的规模和专业化程度、供应商选择的短期和长期目标等，选择少数几个最佳供应商，并与之建立互利的伙伴关系。在这种关系的基础上，发展共同的目标，分享共同的利益，加强与他们之间的业务关系。

4. 进行供应商的培训，确定目标

JIT 采购是供需双方共同的业务活动，单靠采购部门的努力是不够的，需要供应商的配合，通过培训、协商使大家取得一致的共识、目标，相互之间就能够很好地协调并努力做好准时化工作。

5. 进行试点工作，逐步展开

JIT 采购的试点工作，可以先从企业的某种产品或某些特定原材料开始。在试点过程中，取得企业各个部门特别是生产部门的支持非常重要。通过试点总结经验，为全面实施 JIT 采购打下基础。在积累了经验且管理水平达到一定程度时再全面实施准时化采购。

6. 实施并行工程

在产品设计生产计划阶段让供应商参与进来，使之在物料生产供应、库存方面、时间上配合采购方的JIT采购，提高采购活动的效率，同时也利于采购方把用户价值及时转化为对供应商的原材料和零部件的质量与功能要求。在此过程中，供需双方可采用先进的数据传输方式传递信息，并确定配合节拍进度的交货方式等。

7. 继续改进，扩大成果

JIT采购是一个不断完善和改进的过程，需要在实施过程中总结经验教训，从提供交货的准确性、提高产品质量、降低供应库存等各个方面进行改进，不断提高JIT采购的运作绩效。

（三）实施JIT采购的风险及防范

实施准时化采购虽然可以给企业带来降低库存、提高采购质量、降低采购价格等好处，但有时也存在着很多风险。从企业自身角度观察，供应链中实施准时化采购主要有四方面的风险。

1. 质量风险

准时化采购要求采用较少的供应商，甚至单源供应，这意味着一旦供应商出现质量问题，将导致采购方所有生产出来的产品全部存在质量问题；准时化采购中，需求方会给供应商发免检证书，可能把有质量问题的原材料带到生产车间，生产出质量有问题的产品。这给企业带来了质量风险。

为了控制质量风险，需要采购方在选择供应商时除了考虑短期供应因素，应更多考虑供应商长期供货的影响因素，例如，供应商的质量认证体系、供应商生产的稳定性、供应商资质认证和准入的更高要求等。同时，采购方应建立起供应商日常监测机制，监测供应商的质量情况是否稳定，通过对供应商的过程监控降低风险。

2. 断货风险

在供应链的准时化采购中，生产企业或者是供应商，都有可能出现生产中断的意外情况。如果制造商的生产中断，会产生在制品库存增多的风险，而如果是供应商的生产中断，会使得制造商产生缺货的风险。近年来，JIT采购频繁发生断货事件，仅在2009—2011年引起的经济损失就增加了460%。2011年3月，日本大地震造成的临时性出口中断，索尼、东芝、松下等多家日本电子企业先后关闭了相应工厂，对全球电子产业界形成了不利影响。2011年7月，泰国发生50年来最严重洪灾，日本的汽车制造业在东南亚的零部件供应商被迫停产，造成日本国内汽车产业供应链的中断。

为了降低断货风险的影响，采购方应进行风险分析，制订应急计划，与供应商改善关系以确保供应；也可以通过改进产品标准和设计规格，尽可能使用标准化程度高、供应来源广的部件或材料；还可以尝试某种资源的多轨制供应，例如，选择双供应源。

3. 信息泄露风险

供应链管理和准时化采购都有信息共享和交流的需求，这些共享的信息包括制造商向供应商提供的生产计划和作业数据。这些是企业得以生存和维持竞争力的重要私有信息，将这些信息在合作伙伴中共享，会产生情报泄露的风险。

为了防范信息泄露，一方面加强供应商管理，利用合作机制中双方签订的协议约束供应商；另一方面给予供应商合理的利益分配，也可以考虑进行垂直整合，在一定程度上控制供应商。

4. 合作风险

供应链环境下，制造商和供应商是互利的合作战略伙伴关系，这导致供应商对提升自身业务水平兴趣的下降，而准时的采购交付总是会增加供应商的库存成本，采购商的库存成本会相应减少，因而供应商缺乏必要的主动性，这给企业带来了合作风险。

为了降低合作风险，可以引入动态的供应商考核、激励和惩罚机制；还可以拉近供应商与采购方的距离以降低供应商库存。

第四节　供应链采购

供应链的概念最早来源于彼得·德鲁克提出的“经济链”，后经迈克尔·波特发展成为“价值链”，最终演变为“供应链”。成功的供应链管理能够协调并整合供应链中所有的活动，最终成为无缝连接的一体化过程。在供应链管理这种新兴的管理模式下，采购管理成为了供应链上游控制的主导环节，在供应链背景下的采购管理活动和传统的采购也有较大的不同。本节主要讨论供应链环境下的企业采购活动有何特点，如何进行。

一、供应链采购概述

（一）供应链采购的含义

哈理森（Harrison）将供应链定义为：“供应链是执行采购原材料，将它们转换为中间产品和成品，并且将成品销售到用户的功能网链。”美国的史蒂文斯（Stevens）认为：“通过增值过程和分销渠道控制从供应商到用户的流就是供应链，它开始于供应的源点，结束于消费的终点。”国家标准《物流术语》将供应链定义为生产与流通过程中所涉及将产品或服务提供给最终用户的上游与下游企业所形成的网链结构。

无论哪种提法，我们都能看到企业的采购工作处于供应链管理的上游环节，连接着供应商和企业，同时采购的最终目的和供应链上的其他环节一样，都是为了更好地响应最终用户的需求。

供应链采购是指供应链内部企业之间的采购。供应链内部的需求企业向供应商企业采购订货，供应商企业将货物供应给需求企业。

（二）供应链采购的优势

供应链内部企业之间的采购活动，比一般的采购活动更能给企业带来优势，这种优势源于供应链中的上下游企业对彼此的需求了解程度更深，由于双方建立了比一般买卖关系更为紧密的合作关系，在响应需求、降低采购成本、提高资金周转及改善企业管理等方面更具有优势。

1. 成本控制

降低原料成本可直接导致企业利润率的提高。以一个典型企业为例：采购成本占50%，人力成本占20%，管理费用占20%，利润10%。显然采购是成本控制中最有效的部分。在供应链环境下，这种采购的利润杠杆效应更为明显。一方面，买卖双方已经建立了合作伙伴关系，在供应链采购中，双方可以节省大量的交易成本，降低采购中烦琐的行政管理工作产生的费用；另一方面，双方形成了较为稳定的供需关系，合同周期长，长期的规模经济明显，并且降低了企业因采购不当带来的其他成本，例如质量成本等。

2. 提高资金周转率

供应链管理的主要目标之一就是加快物料和信息的流动，缩短资金周转率。作为供应链的重要一环，优化的采购管理是保证供应链通畅必不可少的条件。例如，100元的资金投入经过采购、制造和销售过程可产生10元的利润，假设一个周转期是一个月，一年可以周转12次，那么每年的利润是12×10＝120（元）。如果这个周期缩短一倍，那么年利润也将翻倍，达到240元。提高生产效率，降低每个周期所需投资，也可达到提高资金周转率的效果。在供应链采购中，企业可以依靠采购的力量，增强同链条中的供应商的协作来达到这个目的。企业可帮助供应商提高适应性、可靠性，缩短交货周期，保证质量，还可以实施供应链下的JIT采购。这些措施可以使企业缩短生产周期，提高生产效率，减少库存，同时增强市场应变能力。

3. 帮助企业改革经营模式

积极的、专业化的供应商管理会对公司的经营及生产模式产生重大影响。现代企业发展的一个趋势是把主要注意力和资源集中到可保持长期竞争优势的少数核心业务上，把不能达到行业领先水平的、非核心的活动转包给供应商，这样可降低企业成本，提高整体质量，缩短交货时间，提高相对竞争力。另外，通过与供应商建立战略伙伴关系，企业还可在不直接投资的情况下，利用供应商的资源来开发产品。这样可节省资金，降低成本，并达到迅速形成规模生产，扩大生产能力的目的。供应链采购中的供需双方，供应方可以按照需求方的需求特征设计自己的供应系统，可以参与到客户的设计中，这种量身定制的优势更有利于适应需求方的经营模式。

二、供应链采购的特点

（一）供应链采购与传统采购的区别

在传统管理下，采购重点是放在与供应商如何进行商业交易上，即重视交易过程中供应商价格的比较，通过供应商的相互竞争选择价格最低的作为合作者为特点。在采购中，交货质量、交货时间是重要考虑的因素，但都是通过事后把关的办法来进行控制的，如到货验收等，交易过程的重点放在价格的谈判上。因此，供应商与采购部门经常要进行报价、问价、还价等来回谈判，最后从多个供应商中选择一个价格最低的供应商签订合同，订单才能决定下来。

在供应链采购模式下，采购方和供货方是合作伙伴关系，供应商是通过采购方资格认证的。在采购环节中通过电子商务方式，把采购方的采购订单自动转换为供货方的用户订单。而双方协议的产品质量标准，由供货方负责保证，这样就可以省去第二次检验的环节。由于信息集成和对等，可以采用供应商管理库存（VMI）方式，把供货方的产成品库与采购方的材料库合并，仅在有需要时才把供货方的产品直接发到采购方的生产线上，这样就省去了供需双方各自入库的环节。表 10－3 显示了供应链采购与传统采购的区别。

表 10－3　　供应链采购与传统采购的区别

项目	供应链采购	传统采购
基本性质	基于需求的采购	基于库存的采购
	供应方主动，需求方无采购操作	需求方主动，需求方全流程采购
	合作型采购	竞争性采购
采购环境	友好的合作环境	对抗的竞争环境
信息关系	信息传输、共享	信息不畅、保密
库存关系	供应商管理库存	需求方管理库存
	需求方可无仓库、零库存	需求方设仓库、高库存
送货方式	小批量、多频率连续补货	大批量、少批次进货
双方关系	供需关系友好	供需关系对立
	责任共担、利益共享、协调配合	责任自负、利益此消彼长、互相竞争
采购质量	前端质量控制、免检	严格验收、质检

（二）供应链管理下采购的特点

供应链管理是一种现代的、集成的管理思想和方法，覆盖了从供应商到供应商、从客户到客户的全部过程。为了在竞争当中取得优势，现代采购管理将从“简单购买”逐步转向“合理采购”。在供应链管理的环境下，企业的采购方式和传统管理下的采购方式有所不同，呈现出以下特点。

1. 从为库存而采购到为订单而采购的转变

传统的采购模式是企业为了补充库存而进行采购，因此制订的采购计划具有滞后性。而在供应链采购模式下，根据销售订单制定生产订单，再根据生产订单制定采购订单，从而降低了双方的库存成本，提高了库存周转率和市场响应速度。这种订单驱动的采购有几个特点：签订供应合同的手续大大简化，不再需要双方的询盘和报盘的反复协商，交易成本也因此大为降低；制造计划、采购计划、供应计划能够并行进行，缩短了用户响应时间，实现了供应链的同步化运作；采购物资直接进入制造部门，减少采购部门的工作压力和不增加价值的活动过程，实现供应链精细化运作；信息传递方式发生了变化，供应商能共享采购方的信息，提高了供应商的应变能力，减少信息失真，同时在订货过程中不断进行信息反馈，修正订货计划，使订货与需求保持同步；简化了采购工作流程，实现了面向过程的作业管理模式的转变，为实现精细采购提供基础保障。

2. 采购管理向外部资源管理转变

外部资源管理是现代供应链管理的一个重要步骤。外部资源管理，即将采购活动渗透到供应商的产品设计和产品质量控制过程。企业之所以实行外部资源管理，是因为在传统的采购模式中，供应商对采购部门的要求不能得到实时地响应；关于产品的质量控制也只能进行事后把关，不能进行实时控制，这些缺陷使供应链企业无法实现同步化运作；实施外部资源管理也是实施精细化生产、零库存生产的要求。

采购方在实施外部资源管理时应注意这些问题：和供应商建立一种长期的、互惠互利的合作关系；通过质量保证获得教育培训支持，在供应商之间促进质量改善和质量保证；参与供应商的产品设计和产品质量控制过程；协调供应商的计划，建立一种新的、有不同层次的供应商网络，并通过逐步减少供应商的数量，致力于与供应商建立合作伙伴关系。

供应商在实施外部资源管理时应注意这些问题：帮助拓展用户（下游企业）的多种战略保证高质量的售后服务；对下游企业的问题做出快速反应；及时报告所发现的可能影响用户服务的内部问题；基于用户的需求，不断改进产品和服务质量；在满足自己的能力需求的前提下，提供一部分能力给下游企业能力外援。

3. 从一般买卖关系向战略协作伙伴关系转变

在传统的采购模式中，供应商与需求企业之间是一种简单的买卖关系，因此无法解决一些涉及全局性、战略性的供应链问题。而基于战略伙伴关系的供应链采购方式为解决这些问题创造了条件。这些问题包括：

（1）库存问题。在供应链管理模式下，通过双方的战略协作，供应与需求双方可以共享库存数据，使采购的决策过程变得透明多了，减少了需求信息的失真现象。

（2）风险问题。供需双方通过战略协作，可以降低由于不可预测的需求变化带来的风险，比如运输过程的风险、信用的风险、产品质量的风险等。

（3）便利问题。战略协作伙伴关系可以为双方共同解决问题提供便利的条件，双方可以为制订战略性的采购供应计划而共同协商，不必要为日常琐事消耗时间与精力。

（4）降低采购成本问题。通过战略协作伙伴关系，供需双方都为降低交易成本而获得好处。信息的共享避免了信息不对称决策可能造成的成本损失。

（5）组织障碍问题。战略性的伙伴关系消除了供应过程的组织障碍，为实现准时化采购创造了条件。

三、供应链采购的实施

（一）供应链采购的保障

1. 信息保障

首先，要建立起企业内部网并且和互联网相连；还要开发管理信息系统、建立企业的电子商务网站，建设信息传输系统；还要进行标准化、信息化的基础建设，例如，POS

（销售时点）系统、EDI系统或其他数据传输系统、各种编码系统等。

2. 供应链系统保障

要通过扎实稳妥的工作，逐步建立起供应链系统。这就要求供应链各企业努力加强业务的联系，加强供应链企业的沟通，逐渐形成供应链各个企业的业务协调和紧密关系。要逐渐建设责任共担、利益共享机制。还要促进各个企业的内部基础建设，实现信息化、规范化、协调化，为建立一个完善的供应链做准备。

3. 物流保障

物流保障包括供应链各个企业内部和企业之间的物流基础设施建设，如仓库布点、仓库管理、运输通道、运输工具、搬运工具、货箱设计、物流网络等，还包括一些物流技术，如条码系统、自动识别、计量技术、标准化技术等。

4. 采购保障

采购保障包括建立供应商管理库存、连续补充货物、数据共享机制、自动订货机制、准时化采购机制、付款机制、效益评估和利益分配机制、安全机制等。

（二）供应链采购的实施对策

供应链采购作用的发挥，需要企业制定完善的制度与合理的流程，保证整个采购环节是在有效的监督及控制下进行的。

1. 建立合理的采购流程

采购流程是供应链采购管理中最重要的部分之一，是采购活动具体执行的标准。采购流程由于采购来源、采购方式、采购对象的不同会有一定的差异，因此采购流程的设计十分重要。企业规模越大，采购金额越多就更要重视采购流程设计。如果没有最基本的采购流程，就不会存在供应链管理，就又回到原始的传统采购。

2. 进行专业采购分类

在进行供应链采购时，企业必须进行合理的专业采购分类，将企业每年的采购进行大类划分，再进行小类划分。例如，制造企业，采购分类可分为生产型采购与非生产型采购。非生产型采购可分为研发采购（如模具开发供应商）、营销类采购（如广告、展览等供应商）、后勤类采购（如办公用品）等，还可以再细化，或根据工作性质进行划分。分类后可以有针对性地进行采购工作，提高采购的工作效率和质量。

3. 建立采购权力约束机制

按照采购流程的工作内容把权力分散到相关部门。各部门不能单独决定供应商的选择，要综合多部门的意见进行评价，各部门相互监督、相互约束，防止采购中的违规行为。

4. 建立员工内部激励机制

只有职责明确、奖惩分明，才能发挥出激励机制应有的作用，员工才能主动发挥其积极性，不断努力、创新思维、认真谈判，做好每一个项目，为企业节省每一笔采购资金，降低企业的生产成本，使企业在市场中具备强有力的竞争力。

5. 加强供应商体系管理

在供应商的数量和合作时间上，由短期、多个供应商向长期、少量供应商发展。选择长期供应商可以建立稳定的供求关系，可以加强双方的合作，不断完善质量体系，优化设计产品，还可以保证货源稳定。供应商数量的减少，可以降低企业对供应商管理的成本，保证有效供应商的质量以及专业服务能力。

马丁·克里斯多夫说过，21 世纪的竞争不是企业和企业之间的竞争，而是供应链和供应链之间的竞争，市场上将只有供应链而没有企业。供应链中的采购环节至关重要，建立良好的供应链采购模式才能使企业具有良好的抗风险能力，增强企业的竞争力。

本章小结

本章主要介绍了四种现代采购技术：电子采购、ERP 采购、JIT 采购和供应链采购。

电子采购是通过网络支持完成采购的一种采购方式。电子采购有提高采购效率、节约采购成本、优化采购流程、保证采购质量等优点，也面临着安全风险、信任风险、成本风险和技术与管理风险。电子采购的基本模式有卖方模式、买方模式和第三方模式，还有企业私用交易平台、反向拍卖等其他模式。电子采购的实施需要计算机网络技术、数据库技术、EDI 技术等技术支持，实施电子采购有八个步骤：采购流程整合、建立数据源、成立正式的项目小组、广泛调研收集意见、建立企业电子采购网站、测试功能模块、培训使用者和网站发布。

ERP 已经成为现代化采购管理的重要工具。传统采购模式存在一些缺陷：物料采购与物料管理为一体、业务信息共享程度弱、采购控制通常是事后控制。ERP 下的采购可以解决这些问题。在 ERP 环境下，采购管理要实现三个目标：及时适量采购、提高物料质量、采购最优配置。ERP 下的采购工作模式与传统模式相比有三个变化：以职责为核心的流程设计、基础信息高度共享、控制体系完备。

JIT 采购，即准时化采购，是准时化生产系统的重要组成部分。与传统采购模式相比，JIT 采购有几个新特点：较少的供应商、供应商选择的标准高、采购批量小、准时交货、保障采购质量、可靠的送货和特定的包装要求、加强信息交流。实施 JIT 采购有以下优势：大量减少了库存、提高了采购质量、降低了采购价格、消除了不增值过程、暴露了隐藏的问题、实现了柔性生产。实施 JIT 采购，需要按照以下七个步骤进行：创建 JIT 采购团队、制订 JIT 采购实施计划、选择供应商建立伙伴关系、进行供应商的培训、进行试点工作、实施并行工程、持续改进。实施 JIT 采购要注意防范质量风险、断货风险、信息泄露风险和合作风险。

供应链内部企业之间的采购称为供应链采购。供应链采购具有控制成本、提高资金周转率、帮助企业改革经营模式等优势。供应链管理下的采购活动具有以下特点：从为库存而采购到为订单而采购的转变、从采购管理向外部资源管理转变、从一般买卖关系向战略协作伙伴关系转变。供应链采购的实施需要信息保障、供应链系统保障、物流保障和采购保障。实施供应链采购的对策包括建立合理的采购流程、进行专业采购分类、建立采购权力约束机制、建立员工内部激励机制、加强供应商体系管理等。

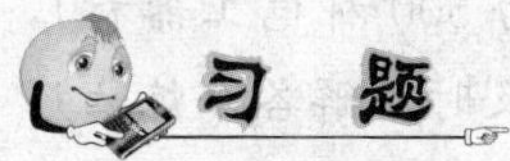

1. 电子采购有哪些优点？实施电子采购可能面临什么风险？
2. 电子采购的基本模式有几种？如何选择？
3. ERP采购的三个目标是什么？与传统模式相比，ERP采购有哪些变化？
4. JIT采购有哪些特点？JIT采购有哪些优势？
5. 实施JIT采购的步骤分几步？实施过程中有哪些风险？如何防范？
6. 供应链采购有哪些优势和特点？
7. 实施供应链采购需要哪些保障？实施过程中的对策有哪些？

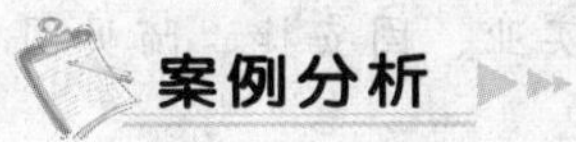

MRO物品的电子采购

MRO是Maintenance、Repair & Operation的缩写，即Maintenance—维护、Repair—维修、Operation—运行，通常是指在实际的生产过程不直接构成产品，只用于维护、维修、运行设备的物料和服务。MRO主要是指非生产原料性质的工业用品，具有品种多、采购批量小、消耗少且无规律等特点。美国一项对MRO采购的调查报告显示，MRO采购占企业总体采购成本的比率平均为26%，最高达63%。MRO采购对于企业成本控制、利润的影响不可忽视。

在以前的企业采购管理活动中，多数人很重视BOM（物料清单）的采购，而忽视MRO产品采购。MRO采购范围涵盖维护、维修及运行等多个方面的物料，在物料的采购、管理、使用过程中，涉及不同的职能部门。过去很多制造型企业中部分MRO备件只能从零售商或贸易商处直接采购，质量和响应速度都存在隐患。企业往往更重视生产，而对设备维护、维修的计划性重视不够，导致MRO物料采购提前期不够或为了满足响应，而引发不合理的高库存。厂家也普遍缺乏对MRO供应商的分析，物料采购所涉及的供应商数量众多且资质参差不齐，企业与供应商之间很难形成与供应商长期、稳定的合作关系。

进入21世纪，随着电子商务的发展和MRO价值越来越受到行业人士的重视，MRO行业迅速发展。美国有专门经营MRO物品的超市，是集工业品的展示、零售、批发、维修、信息交流于一体的综合流通平台，包括信息化、物流配送、PTP（Person to Person）、维修超市、供货商同盟和企业会员六大网络，主要从事通用机械、专用机械、输变电设备、仪器仪表等工业品流通。总部设在美国宾州的SDI公司是一家MRO渠道集成供应商，其业务包括各种MRO的采购、接收和供应，以及存货的控制和管理等。该公司按照工厂的要求为它们提供金属加工、设备维修和其他一些生产用物料，作为一体化采购供应合同的一部分，SDI公司还使用自家的计算机系统管理工厂的工具库。另一家MRO渠道集成商Graybar公司专注于炼油厂的MRO供应，它所提供的采购管理增值服务有：努力帮助客户识别用量大的产品以寄销存货的方式来保证供应（包括大约500种电工器材），并在存货控制和满足供应方面取得了令人满意的平衡；保证客户能够及时了解各个炼油厂有关电工器材的采购支出情况；与产品的制造商一起设法保持产品价格的竞争性并为炼油厂引进专业技术支持，如邀请电工器材产品制造商到炼油厂专门就有关产品的技术问题开展培训。网上MRO采购平台，产品门类齐全，在线下可以有规模很大的仓储基地，高效的物流管理，完善的售后服务，MRO物料，以及非生产型所有物料，例如，工具、PPE（个人防护工具）、研磨、胶黏剂、电气电机类、仪器仪表等。可实现在网上直接进行选型、采购、付款、配送等一站式采购流程。

目前中国的MRO采购和管理与发达国家相比有较大的差距，但MRO服务和MRO采购日益得到各行业用户的重视。目前国内比较知名的MRO工业品服务商主要有：震坤行、沃的工业城、拜优、阿里巴巴（工业品商城）、工品汇、昕江实业、固安捷、陌贝网（工业品在线交易平台）、特立捷、益金行、找工业平台等。

问题：

1. MRO物料的采购有哪些特点？MRO电子采购平台选哪种模式比较合适？

2. 如何设计MRO电子采购平台？MRO电子采购平台需要哪些功能模块？

（提示：试访问案例中提到的MRO工业品服务商网站，看看这些服务商都经营哪些物料，网站有哪些功能？）

第十一章　政府采购

章节知识框架

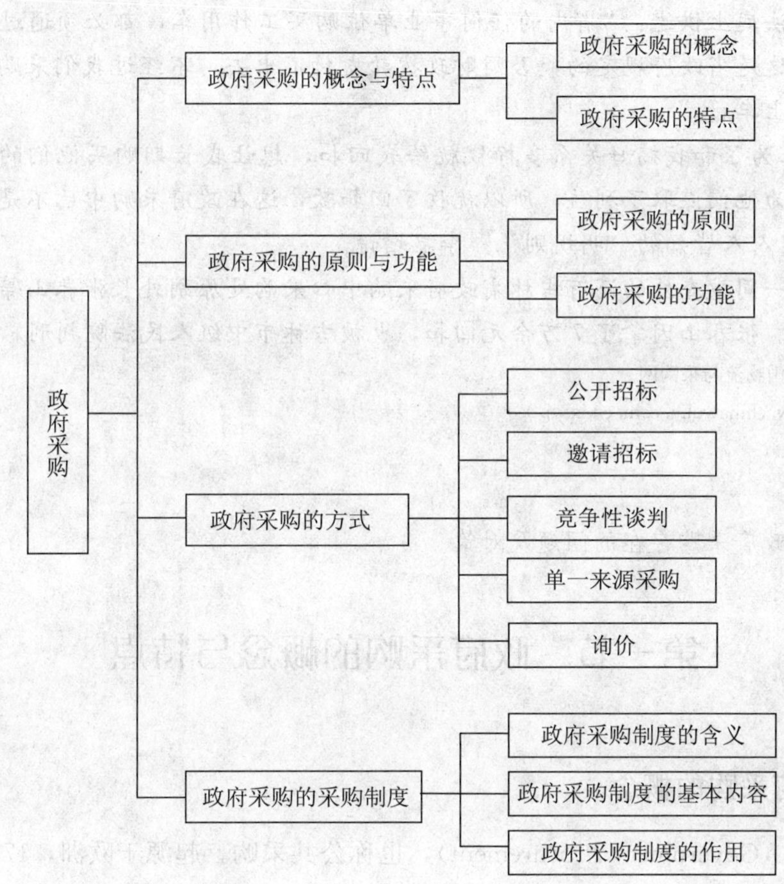

学习要求和目标

(1) 掌握政府采购的含义;

(2) 了解政府采购制度;

(3) 掌握我国政府采购制度的作用;

(4) 了解政府采购的基本方式。

政府采购的制度缺陷

吉林省政府采购中心行政科原科长李显增近日被法院以受贿罪判有期徒刑5年。李显增负责吉林省内所有事业单位的汽车采购，因而众多汽车公司都想方设法给他送礼。而且李显增每购走一台汽车，都会收到少则1000元、多则几千元的回扣。至案发，李显增共收受吉林省昌运汽车公司和吉林省华生汽车公司等数家汽车企业贿赂款6.5万元。

李显增在法庭上供述："省内的任何事业单位购买工作用车，都必须通过我们采购中心统一采购，这是省政府规定的，否则财政拨款支付不出去。不经过我们采购，也办不了手续，更落不上车籍。"

"所以商家为了和我搞好关系多挣钱就给我回扣，想让我长期购买他们的汽车，我利用职务的便利为他们谋取了利益，所以就收了回扣款，这在政府采购中已不是什么'潜规则'，几乎成了人人皆知的'明规则'。"李显增说。

与李显增一同被查处的还有吉林省政府采购中心采购处原副处长张春山等6名政府采购部门负责人。张春山因拿了7万余元回扣，也被吉林市中级人民法院判刑。

资料来源：中国物流与采购网。

（http：//www.chinawuliu.com.cn/xsyj.）

问题：

阐述我国政府采购存在的问题及对策。

第一节 政府采购的概念与特点

一、政府采购的概念

政府采购（Government Procurement），也称公共采购，起源于欧洲，1782年，英国政府成立了"办公用品局"，负责采购政府所需的货物和投资建设项目，并规定了一套政府采购所特有的采购程序及规章制度。1998年，我国国务院明确规定财政部为政府采购的主管部门，从而在我国初步建立了政府采购管理机构及执行机构。地方各级人民政府也相继在财政部门设立或明确了政府采购管理机构来监督管理政府采购活动。2003年1月1日正式实施的《中华人民共和国政府采购法》对政府采购作了如下定义："政府采购是指各级国家机关、事业单位和团体组织使用财政性资金采购依法制定的集中采购目录以内的或者采购限额标准以上的货物、工程和服务的行为。"

政府采购不仅是指具体的采购过程，而是采购政策、采购程序、采购过程及采购管理的总称，是一种对公共采购管理的制度。政府采购机构包括中央政府、各级地方政府、公立学校系统、医院、图书馆、大学和各级政府授权等机构。它们是政府采购的主体。

二、政府采购的特点

政府采购制度实质是一种规范和约束政府经济行为的机制。它的特点具体表现在以下7个方面。

1. 公共性

政府采购是公共财政的重要内容和表现形式，属于公共财政范畴，它的资金来源于公共财政预算资金或政府财政部门管理的资金，也就是财政性资金。其服务对象是政府及公共部门，其目的是通过采购公共产品、公共服务来确保政府的有效运转，满足社会公众的公共需要。

2. 调节性

调节经济发展是政府采购的一大功能。政府采购由于范围广、规模大，在一定程度上能左右经济发展形势，直接影响经济活动效益，还能够弥补市场对资源配置的不足，实现政府对经济总量和结构调整的要求，尤其是在调节经济结构和产业结构方面更能发挥出杠杆作用。当政府鼓励某产业发展时，政府通过扩大对这些产业产品或服务的采购量，扶持产业的发展，促进产业的兴盛；当政府限制某产业发展时，则可以收缩采购规模，抑制这一产业的发展，从而实现经济结构或产业结构的优化。

3. 节约性

节约既是政府采购的目的之一，也是政府采购的一大特点，相对于自行分散采购来说，政府采购由于采购规模大，能促使生产商或供应商的经营活动“规模递增，成本递减”，从而提供同等质量但价格更为低廉的商品和服务，有效地节约财政资金，提高财政资金的使用效益。与此同时，由于政府采购实行规范运作，并要求以公开招标采购为主，能更有效地防止暗箱操作，抑制腐败行为的产生。

4. 集中性

政府采购实行集中采购和分散采购相结合，集中性是政府采购最为显著的特点，在一定意义上来说，政府采购就是集中采购。其一，实行国库集中支付改革，需要实行商品、服务和工程统一集中采购；其二，只有实行集中采购，才能实现采购规模效益；其三，实行集中采购，有利于采购监督；其四，政府对经济的宏观调控，需要有集中采购手段的支持。

5. 公开性

公开是政府采购的生命。人们之所以将政府采购称为“阳光采购”，就是说政府采购的各个环节、各套程序都应该是透明的，没有公开，就没有公平，更不可能会有公正。分散采购存在分散腐败的问题，集中采购也很可能出现集中腐败的弊端。因此，相关部门已将采购信息的公开当作一项基础性工作来抓，已建立了政府采购信息公告制度，要求将招标、中招、采购目录等信息在指定的媒体予以发布，接受纪检、监察、审计、新闻媒体及社会公众的各种形式的监督活动。

6. 竞争性

政府采购没有既定的供应商，供应商的地位都是平等的，供应商也不可能垄断政府采购。竞争是市场经济最为显著的特点，也是政府采购的内在要求。其一，只有竞争才能实现政府采购效益最大化的要求，“货比三家”才能优中比优，廉中比廉，使采购单位获得价廉物美的商品或服务，从而提高财政资金使用的效益。其二，有竞争才能有效地预防腐败，政府采购多一个供应商就多一份竞争，也就多一双监督的眼睛。其三，引进竞争才能刺激产品质量和服务水平的提高，从而提高政府采购水准，实现政府采购的良性循环。

7. 强制性

政府采购是一种政府行为，同时有法律作保障，因此，政府采购具有强制性的特点。这种强制性，可以这样理解：其一，政府采购讲求有法可依，依据就是《政府采购法》，利用财政性资金采购商品、服务和工程必须依法实行政府采购。其二，政府可以通过对采购资金的控制，并辅之以其他经济手段、监督手段乃至行政手段，促使政府机关及公共部门参加政府采购，由政府采购部门统一集中采购所需要的商品、服务和工程。

第二节　政府采购的原则与功能

一、政府采购的原则

政府采购的原则是为了实现政府采购目标而设立的，贯穿政府采购全过程的一般性规则。它是建立政府采购制度、制定政府采购法律法规、实施政府采购活动以及管理政府采购事务所遵循的基本指导思想。《政府采购法》规定，政府采购应当遵循公开透明原则、公平竞争原则、公正原则和诚实信用原则。

1. 公开透明原则

公开透明原则是指有关采购的法律、政策、程序和采购活动对社会公开，所有相关信息都必须公之于众。政府采购的实质是社会的公共采购，是采购机关使用公共资金进行采购，因此它必须对社会公众负责，接受社会公众的监督。在政府采购中贯彻公开透明原则，是接受社会公众监督的前提，有助于提高政府采购的效率，减少和消除“暗箱操作”给国家和公民利益带来的损害，使政府公共支出渠道更加通畅透明。

公开透明原则应当贯穿于政府采购全过程，具体体现为以下三个方面。

一是公开的内容。应当公开的政府采购信息包括政府采购法规政策，省级以上人民政府公布的集中采购目录、政府采购限额标准和公开招标数额标准，政府采购招标业务代理机构名录，招标投标信息，财政部门受理政府采购投诉的联系方式及投诉处理决定，财政部门对集中采购机构的考核结果，采购代理机构、供应商不良行为记录名单等。

二是公开的标准。政府采购公开的信息应当符合内容真实、准确可靠、发布及时、便于获得查找等标准。

三是公开的途径。政府采购信息应当在省级以上财政部门指定的政府采购信息发布媒体上向社会公开发布。

2. 公平竞争原则

公平竞争原则要求政府采购活动在确保公平的前提下充分引入竞争机制。因此，公平竞争原则可以进一步划分为竞争性原则和公平性原则。

竞争性原则是政府采购的一条重要原则。政府采购的目标之一就是提高政府采购的效率，在市场经济条件下，实现这种目标的重要途径就是引入竞争机制，即最大限度地利用供应商之间的激烈竞争。竞争可以促使政府采购形成对买方有利的竞争局面，从而使政府采购主体采购到优质价廉的商品或服务，实现政府采购的目标。政府采购竞争的主要方式是招标投标。

政府采购的公平性原则主要有两方面的内容：一是机会均等，即政府采购应允许所有有兴趣参加投标的供应商参与竞争，政府采购主体不能无故将希望参加政府采购的供应商排斥在外；二是待遇平等，即政府采购应对所有的参加者一视同仁，给予其同等的待遇，比如资格预审和投标评价应对所有投标人都使用同一标准，采购机构向所有投标人提供的信息都应一致等。

公平性原则是实现采购目标的重要保证。竞争只有建立在公平的基础上才能发挥其最大的作用，才能确保提供质优价廉产品或服务的投标商最终赢得标的，从而促进政府采购经济有效目标的实现。

3. 公正原则

公正原则主要指采购人、采购代理机构相对于作为投标人、潜在投标人的多个供应商而言，政府采购主管部门相对于作为被监督人的多个当事人而言，应站在中立、公允、超然的立场上，对于每位相对人都要一碗水端平、不偏不倚、平等对待、一视同仁，而不厚此薄彼，因其身份不同而施行差别对待。

4. 诚实信用原则

市场经济既是法制经济也是信用经济，需要以当事人的诚实信用形成良好的社会风气，保障市场经济的有序运行。诚实信用原则约束的是政府采购活动中的各方当事人，一方面，要求采购主体在项目发标、信息公布、评标审标过程中要真实，不得有所隐瞒；另一方面，也要求供应商在提供物品、服务时达到投标时做出的承诺，树立相应的责任意识。

二、政府采购的功能

目前，世界发达国家和地区基本上都实行了政府采购，这是市场经济发展以及政府行为规范化的必然产物。政府采购具有以下功能。

1. 节约财政支出，提高采购资金的使用效益

实践证明，政府采购制度是一种集中与分散相结合的公开透明的采购制度。从国际经验来看，实行政府采购一般资金节约率为10%以上。

2. 强化宏观调控

发挥政府在国民经济发展中的宏观调控作用，推进保护国内产业、保护环境、扶持不发达地区和中小企业等政策的实施需要制定政府采购法。

3. 活跃市场经济

政府采购活跃市场经济主要表现在:

(1) 政府采购使政府正常运转需要的货物、需建的工程和服务,由政府自产、自建、自管转为全方位面向市场开放,极大地活跃市场经济。

(2) 政府采购的公开招标、竞争性谈判等方式,促使企业按市场经济的规律运行,不断提高产品质量,提高服务质量,提高产品竞争力等,也促使市场经济的活跃。

(3) 政府宏观调控,加大投资,促进内需,大多通过政府采购渠道来进行。大量的政府采购行为使市场经济更加活跃。

4. 推进反腐倡廉

行政腐败是制约我国政治经济体制改革的重大问题,治理行政腐败不仅需要运用党纪国法的严厉制裁,而且需要从经济源头加以杜绝。大量的案例表明,政府购买过程中的钱权交易是滋生行政腐败的主要形式,因此,在实现政府采购市场体制化与公开化的基础上,通过政府采购政策,可以杜绝政府采购主体的行为规范,有效地、及时地铲除行政腐败的幼苗。

5. 保护民族产业

在政府采购市场中适度保护民族产业是发展中国家在对外开放过程中的必要措施,根据 WTO 的规定,我国的进口关税水平已降到极限,因此政府采购已成为重要的非关税壁垒之一。按照国际惯例,我们完全可以以国家安全、经济欠发达等理由为依据,制定一些具有保护民族产业的政府采购政策及相关的国内配套政策,在国际贸易中,这是保护本国政府采购市场,保护民族产业的一个合理、合法手段。

第三节　政府采购的方式

政府采购方式是指政府在采购所需的货物、工程和服务时应采取什么方式和形式来实现。根据各国政府采购的经验,目前使用较多的政府采购方式有公开招标、邀请招标、竞争性谈判、单一来源及询价等方式。

一、公开招标

公开招标(Open Tendering),是指招标人在公开媒介上以招标公告的方式邀请不特定的法人或其他组织参与投标,并在符合条件的投标人中择优选择中标人的一种招标方式。

公开招标是政府采购的主要采购方式,公开招标与其他采购方式不是并行的关系。

公开招标的具体数额标准,属于中央预算的政府采购项目,由国务院规定;属于地方预算的政府采购项目,由省、自治区、直辖市人民政府规定;因特殊情况需要采用公开招标以外的采购方式的,应当在采购活动开始前获得设区的市以上人民政府采购监督管理部门的批准。

采购人不得将应当以公开招标方式采购的货物或者服务化整为零或者以其他任何方式规避公开招标采购。

(1) 公开招标的优点。能够在最大限度内选择投标商，竞争性更强，择优率更高，同时也可以在较大程度上避免招标活动中的贿标行为，因此，国际上政府采购通常采用这种方式。

(2) 公开招标的缺点。公开招标由于投标人众多，一般耗时较长，需花费的成本也较大，对于采购标的较小的招标来说，不宜采用公开招标的方式；另外，还有些专业性较强的项目，由于有资格承接的潜在投标人较少，或者需要在较短时间内完成采购任务等，最好也采用邀请招标的方式。

二、邀请招标

邀请招标也称选择性招标，由采购人根据供应商或承包商的资信和业绩，选择一定数目的法人或其他组织（不能少于三家），向其发出招标邀请书，邀请他们参加投标竞争，从中选定中标的供应商。

现行法律下有两种意义的邀请招标。在招标投标中的邀请招标是指招标人以投标邀请书的方式邀请特定的法人或者其他组织投标。在政府采购中的邀请招标是指货物或者服务项目采购人在省级以上人民政府财政部门指定的政府采购信息媒体发布资格预审公告，公布投标人资格条件，经过对投标人的资格进行审查，采购人从评审合格的投标人中通过随机方式选择 3 家以上的投标人作为正式的投标人，向其发出投标邀请书邀请其参与投标。两种邀请招标存在一定的差异。

(1) 邀请招标的优点。公开招标在其公开程度、竞争的广泛性等方面具有较大的优势，但公开招标也有一定的缺陷，比如，由于投标人众多，一般耗时较长，需花费的成本也较大，对于采购标的较小的招标来说，采用公开招标的方式往往得不偿失；另外，有些项目专业性较强，有资格承接的潜在投标人较少，或者需要在较短时间内完成采购任务等，也不宜采用公开招标的方式。邀请招标的方式则在一定程度上弥补了这些缺陷，同时又能够相对较充分地发挥招标的优势。

(2) 邀请招标的缺点。

①“人情标”较多。一是邀请哪个供应商竞争、邀请多少家由招标单位的领导指定或由招标经办人说了算，其他潜在供应商难以参与竞争；二是拉亲帮友，招标人认为：“肥水不流外人田”；三是招标人保密意识差，心存“邪念”的供应商说几句好话或给少许实惠就将参加竞争的供应商情况和盘托出，为其串标提供了信息。

②现场踏勘和投标预备会成了陪标串标联络会。有些供应商在招标人约定的现场踏勘和图纸答疑期间交谈留意。仅有 3～4 家供应商熟悉起来很方便。

③中介机构从中粉饰。有些招标代理机构培植“三家”投标圈子，只要其代理项目三家轮流中标；有的听任招标人或投标人摆布，帮助其伪造证件资料逃避监管部门审查备案；在评标办法的制定上，围绕意中人的资质、业绩权衡分值；将标底暗递意中人，从中牟利。

④陪标串标方式多样。提高中标率，是供应商追求的目标，在长期的磨合过程中，为了提高效益，降低投标成本，供应商逐渐用上了“刺猬理论”相互陪标：一是区域陪标，外地的陪本地的，最后总是本地的单位中标；二是围截陪标，一个标段有三家投标，其中一家为主，两家陪衬，最后都由为主的一家中标；三是结盟陪标，你陪我一次，我也陪你一次，互不喊冤。陪标过程中发生经济来往属于“小钱”，各方自理，不留后遗症，不为监管部门查处留下证据。

依据《政府采购法》，符合下列情形之一的，才可以采用邀请招标方式采购。

①具有特殊性，只能从有限范围的供应商处采购的。

②采用公开招标方式的费用占政府采购项目总价值的比例过大的。

三、竞争性谈判

竞争性谈判，是指采购人或者采购代理机构直接邀请三家以上供应商就采购事宜进行谈判的方式。

符合下列情形之一的货物或者服务，可以采用竞争性谈判的方式：

（1）招标后没有供应商投标、没有合格标的或者重新招标未能成立的；

（2）技术复杂或性质特殊，不能规定详细规格或者具体要求的；

（3）采用招标所需时间不能满足用户紧急需要的；

（4）不能事先计算出价格总额的。

四、单一来源采购

单一来源采购也称直接采购，是指达到了限额标准和公开招标数额标准，但所购商品的来源渠道单一，或属专利、首次制造、合同追加、原有采购项目的后续扩充，以及发生了不可预见紧急情况不能从其他供应商处采购等情况。

适用条件：

（1）只能从唯一供应商处采购的；

（2）发生了不可预见的紧急情况不能从其他供应商处采购的；

（3）必须保证原有采购项目一致性或者服务配套的要求，需要继续从原供应商处添购，且添购资金总额不超过原合同采购金额10％的。

五、询价

询价也称货比三家，是指采购人向有关供应商发出询价单让其报价，在报价基础上进行比较并确定最优供应商一种采购方式 。

适用条件：当采购的货物规格、标准统一、现货货源充足且价格变化幅度小的政府采购项目，可以采用询价方式采购。

第四节 政府采购的采购制度

一、政府采购制度的含义

政府采购制度是指国家为了使政府采购合理有效、经济节省、公开透明而制定的法律和规定。它是国家为规范政府采购行为而形成的，其实质是一种规范和约束政府经济行为的机制。它具有政策性、公平性、强制性、社会责任性等特点。

二、政府采购制度的基本内容

政府采购制度的基本内容体现在以下几个方面：采购政策，其中最重要的是采购目标和原则，它是政府采购制度的灵魂；采购方法和程序，这是政府采购制度的核心内容；政府采购的组织管理，它是政府采购制度有效运行的基础。政府采购制度是财政管理的重要组成部分，政府采购活动的管理和调控都是通过政府采购制度的规范来体现的。

政府采购制度作为财政制度的重要组成部分，在很多国家已经有相当长的历史。各国政府为了本国的教育、国防、公共基础设施、公共健康和公共安全等，购买大量的工程、货物和服务，在政府支出中占有很大份额，一般中央政府采购大约占国内生产总值（GDP）的10%～15%，而与政府采购相关的贸易额约占世界贸易额的10%。目前，政府采购制度已经成为西方市场经济国家控制和执行政府预算，加强支出管理，实施宏观调控的一种行之有效的手段。

三、政府采购制度的作用

政府采购制度将市场竞争机制引入政府采购领域。通过市场对政府采购的资源进行有效配置，使政府采购成为市场经济的一个重要组成部分。

1. 政府采购制度有利于促进市场经济的发展

政府采购引进市场竞争机制，按照市场规则运行，政府采购成为市场交易的组成部分，政府在进行采购时不是行使其行政职权的管理者，而是与供应商处于同等法律地位的民事关系的参与者。政府采购就是试图通过市场化的方式把政府购买行为从其执行的社会管理职能中分离出来，让它成为一种高效、先进、节约资金的财政分配管理制度。

市场经济的发展亟须建立与之相适应的公共财政支出系统。

公共财政（Public Finance）是政府在市场经济条件下提供公共产品和公共服务的分配活动与分配关系。公共支出（Public Expenditures）是政府为履行其职能而支出的一切费用的总和。政府采购有利于我国财政支出的管理，优化支出结构，提高财政性资金使用效益；有利于促进市场经济的发展，培养企业乃至国家的竞争力。

2. 政府采购制度建设有利于促进财政支出在管理方面实现根本性改变

实行政府采购制度，财政部门从资金的分配到消费，实行了全方位的监督。通过对来自多方面生产者的统一招标，既增加了政府采购的透明度，又保证了质量，使有限的财政资金可以购买到物美价廉的商品，降低行政成本，提高财政资金的使用效益。

3. 建立政府采购制度有利于反腐倡廉

政府采购制度的核心是通过公开的招标方式进行商品或劳务的交易行为，其基本特征是公开、公平、公正。与分散采购相比，政府统一采购主体少，采购次数也少，便于财政部门审查和监督。

在政府采购中，财政部门一般都参与其中。有关部门负责采购事务，财政部门负责付款，这种付款与购买的分离，增加了部门间的牵制和监督，基本上可以杜绝个人的腐败行为。

本章重点介绍政府采购的含义及特点，政府采购具有公共性、调节性、节约性、集中性、公开性、竞争性及强制性等特点；详细介绍了政府不同采购方式的优缺点；紧接着介绍政府采购制度的基本内容，即包括采购政策、采购方法和程序、政府采购的组织和管理等；最后分析了政府采购制度的作用，即政府采购制度有利于促进市场经济的发展、促进财政支出在管理方面实现根本性改变、有利于反腐倡廉等。

1. 政府采购的含义是什么？
2. 政府采购有哪些方式？其优缺点是什么？
3. 政府采购制度的作用是什么？
4. 政府采购具有哪些功能？

货物竞争性谈判采购失败后之反思

某职教中心采购一批汽车实验装置，按照经批准的采购计划，采用竞争性谈判方式进行。谈判小组与邀请参加谈判的3家供应商分别对拟采购的18大类设备111项技术性能指标进行了详细交流磋商，认为三家供应商提供的产品符合采购需求，并让其在规定的时间内做出最终报价。C公司最终报价33.8万元，比采购人公布的采购预算价61万元下浮44.4%，与最终报价次低价52万元相比也下浮了34.8%。

C公司的最终报价与同类设备生产厂家市场销售价格悬殊较大。谈判小组直观地感觉到C公司的最终报价低于成本。能否按期保质履约供货？采购人持怀疑态度。

经过短暂会商，谈判小组约请C公司谈判代表又一次来到洽谈室，谈判小组和盘托出了采购人的疑虑和担忧，善意提请C公司重新测算该设备的企业成本，并要求C公司将最终报价的成本、费用及其利润构成做出说明。谈判小组同时提醒C公司的谈判代表：一旦确定为成交供应商后放弃成交机会，或不按谈判文件和成交通知书明确的内容订立合同，或在订立合同时提出附加条件，或更改谈判文件提供的合同主要条款实质性内容的，采购人将取消其成交供应商资格，谈判保证金不予退还。给采购人造成损失的还将承担相应的法律责任。C公司授权委托人的答复大致为：本公司产品的价格构成是经过认真分析测算的，决定最终报价的价位是慎重的，其成本、费用及利润构成是公司的商业秘密，公司承诺按期供货。应采购人代表的要求，C公司授权委托人口头提供了几个近期中标的类近产品招标人单位名称，但始终没有提供任何解释或证明其最终报价合理性的书面材料。

由于C公司的代表以商业秘密为由拒绝提供报价构成说明及相关证明材料且信誓旦旦、慷慨陈词，谈判小组无法获悉C公司的企业个别成本，无法解开其能否按照最终报价履约供货的疑团。如果确定C公司成交，采购人将承担供应商不能按期保质供货的风险；如果否决C公司报价的可行性而宣布次低价B公司成交，未成交供应商一旦质疑或投诉其确定成交供应商不符合报价最低原则也是麻烦事；况且，如果C公司能够按期保质供货，B公司与C公司52万元与33.8万元的价差也是不小的节约。经过反复权衡，采购人最终宣布C公司为成交供应商，并将谈判结果通知了A、B两家未成交供应商。公示期间，B公司发函采购人和相关监管机构，表示对C公司按照谈判报价履约供货将予以关注，并希望采购人在C公司供货安装调试验收时通知B公司派员观摩。公示期满后，采购人向C公司签发了成交通知书。

谈判小组的担忧在几天后的合同洽谈时成为事实。C公司不承认谈判现场的口头承诺，找出种种不足为理由拖延签订合同时间并很快明确表示不签订合同，先后托熟人或直接与采购单位经办人员协商试图退回谈判保证金，进而书面质疑采购人“确定C公司为成交供应商表明采购人已经认可C公司递交谈判文件的设备相关技术指标参数，不应该再要求C公司按照采购文件提出的相关技术参数订立合同”。

采购人回复C公司：贵公司的谈判函“承诺自觉遵守谈判文件中的所有条款”，显然包括承诺按照谈判文件要求的相关技术指标参数订立合同。要求C公司诚信守约。

C公司对采购人答复不满意，又以同样的理由向政府采购监管部书面投诉，诉称成交通知书要求按照采购人在谈判文件中列示的设备技术指标参数签订合同是对C公司的不合理要求，未签订合同的原因及过错在采购人而并非C公司。由此造成的后果应该由采购人承担。要求政府采购监管部门予以查处。

某市财政局约请市相关部门分管政府采购工作的负责人及采购人就C公司的投诉进行专题会办。会办现场调审了该采购项目相关档案资料，认为C公司谈判现场提供的设备主要技术指标参数与采购人谈判文件要求的参数指标基本吻合。其个别指标参数偏差也是优于采购文件要求的正偏差而不是负偏差，C公司质疑及投诉的矛盾并不存在。会后，某市财政局函复C公司：①C公司谈判文件提供的相关设备技术参数已完全响应采购人谈判文件的要求；②同意按C公司谈判文件提供的设备技术参数签订政府采购合同；③C公司必须在×月×日前与采购人签订合同，并确保产品质量和供货日期，过期按谈判文件约定处理。

财政部门的投诉答复发出后，C公司杳无音信。一个月后，采购人发函C公司，宣布取消其成交供应商资格，没收其谈判保证金，相关设备重新组织招标采购。但采购人错过了参加省教育行政主管部门统一安排的星级学校评估晋级的最后期限。

（资料来源：中国物流与采购网，http：//www. chinawuliu. com. cn.）

问题：

1. 该职教中心设备竞争性谈判采购失败的主要原因有哪些？
2. 通过本案例，总结实施竞争性谈判采购的经验教训。
3. 本案例给你带来哪些启示？

反拍卖技术在政府采购中的应用

在采购方法上，反拍卖技术具有革命性和划时代意义，它通过应用互联网，改变了过去采购过程中信息不充分、不对称、不透明等带来的种种问题，可以最大限度地帮助采购者发现卖方集体的成本区间，同时有力地变革采购流程，减少采购中的腐败行为。反拍卖技术是由采购招标和网上竞标两部分有机结合起来的。

其一，按照招标方法由采购商制定出采购商品的质量标准、商务标准以及标底，利用各种传媒招标寻找尽可能多的供应商，按一定条件确认参与竞价的供应商，并在与所有同意竞价的供应商分别签订参与反拍卖协议后，逐一对其进行相关技术培训。

其二，具备供货资格的供货方，按照约定的时间，分别通过互联网上的反拍卖采购竞价平台，异地同时参与竞价。在整个反拍卖竞价过程中，采购方清楚地知道各个卖主的所有报价情况，包括报价时间、报出价格、报价次数和降价特点等，而各个卖主只能看到不断降低的竞争价格，而不知道是谁在出价，有多少个竞价者。经过充分地、激烈地竞价后，供货价格有优势的供货商将获得签订合同的资格。

第十二章　国际采购

章节知识框架

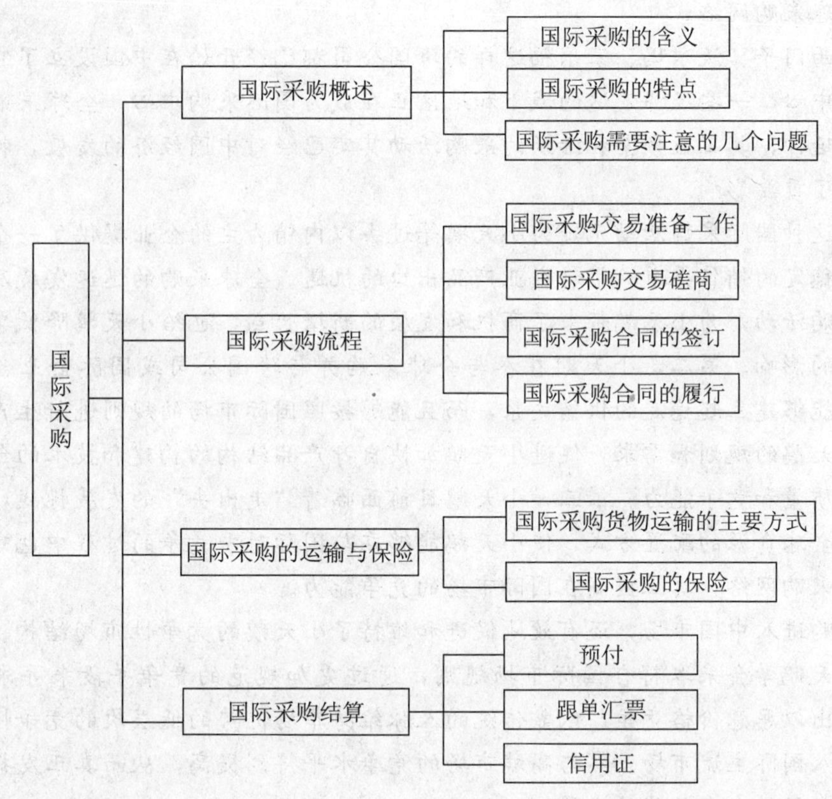

学习要求和目标

(1) 掌握国际采购的含义；

(2) 理解国际采购的流程；

(3) 掌握国际采购运输的方式；

(4) 了解国际采购的结算方法。

导入案例

全球采购加速小天鹅的发展

随着全球采购离中国经营商越来越近，大型跨国公司和国际采购组织的采购网络正在加速向小天鹅开放，很多国际专业化的家电采购组织和经纪人或国际采购团近年来也纷纷到访小天鹅。在一些国际性的展览上，这些人与小天鹅人广泛接触，寻求与小天鹅企业的合作机会，希望从小天鹅获得可靠、合理、便宜并且优质的商品和资源，并将中国企业纳入它们的全球采购网络。

通用、西门子、沃尔玛、家乐福这样的跨国公司都已经开始在中国设立了它的国际采购部或采购中心，一些经济发达的城市和地区正在成为国际采购中心。全球采购网络正在向中国市场延伸，其日益频繁和活跃的采购活动其实已经对中国经济的发展，特别是出口的增长产生了重要影响。

第一，这种国际采购活动无疑为小天鹅等过去以内销为主的企业提供了一个开拓国际市场、建立稳定的销售渠道、带动企业产品出口的机遇。全球采购的迅速发展及小天鹅日趋频繁的采购活动，为小天鹅带来了商机和发展的新增长点，也给小天鹅降低单位成本带来许多积极的影响。第二，小天鹅在参与全球采购并与跨国公司或国际企业合作的过程中，不仅仅能够建立起稳定的供销关系，而且能够按照国际市场的规则进行生产、提供产品，满足小天鹅的规划和需求，促进小天鹅加快自身产品结构的构建和技术的创新，提高自己的产品质量和竞争能力。第三，小天鹅目前面临着“走出去”的发展挑战，需要学习和尽快适应全球资源的配置方式，使小天鹅能够在与国际对手竞争的过程中也建立起全球化的生产和采购网络，真正提高在国际市场的竞争能力。

全球采购进入中国市场，还有效地促进和维持了小天鹅的竞争性市场结构。因为，全球采购让小天鹅学会采取符合国际市场规则，通过更加规范的竞争手段来寻求企业的发展，逐步走出以恶意价格竞争、依靠传统的人脉维持市场优势的低层次的竞争怪圈，使小天鹅逐步进入国际主流市场、参与高端市场的竞争水平得到提高，从而真正发挥市场机制的作用来不断促进自身的稳健发展。

当然，采购活动进入中国，也使小天鹅面临许多挑战。它必须尽快学会世界级采购的最佳方法与工具，例如，企业的产品种类、质量与标准能否满足跨国公司的全球生产体系和国际市场的要求，小天鹅如何了解和适应国际采购的规则和方法，是否能够适应国际采购中心运作要求，小天鹅还存在着哪些不利于企业参与全球化竞争的内容等，这也需要小天鹅深入进行流程再造、组织再造。目前小天鹅已采用了国际的第三方物流，使小天鹅的物流产业进入全球性物流产业跨国化、大型化和网络经济化的潮流之中，并对小天鹅的贸易和生产布局产生深远的影响。

不久前，美国通用电子两位全球金融总裁劳埃德·特罗特与詹姆斯·坎贝尔飞抵无锡，专程访问了小天鹅集团，并与小天鹅集团高层就深层次合作进行商谈。

早在2000年，通用家电就开始与小天鹅在洗衣机零部件方面展开合作。在小天鹅成功地闯过2002年自我改革的阵痛再次腾飞后，双方的合作又有突破性的进展。小天鹅的全球采购本身就是竞争力。

谈起小天鹅，业内外都会说，这是一个高速发展、成绩显赫的企业，是在国际上有一定竞争力的企业。小天鹅竞争力的取得，首先是有市场需求这个发展动力，但更重要的是有竞争才有竞争力的提高。小天鹅就像与重量级的拳击手在对打，在与几乎囊括了国际上所有家电跨国公司的竞争中，小天鹅并没有垮掉，反而走向了世界，成为全球家电的重要供应商之一。

小天鹅通过全球采购已经与世界500强中的8家家电企业结成战略联盟，这表明小天鹅的制造能力和全球采购已达到国际先进水准。小天鹅在全球采购、全球家电资源整合中发挥了积极作用，小天鹅之所以成为全球家电市场的主要供应商，不能简单地理解为是一个量的概念。如果没有全球采购，如果没有多品种、多档次，小天鹅也不会有年年翻番的增长。这是因为，小天鹅多年来在充分竞争的市场环境中，一方面靠自身奋斗提高，另一方面在与跨国公司的合资、合作及同台竞争中，学习了他们有关全球采购运作的经验，在一定程度上提升了小天鹅的整体水平、提升了小天鹅的竞争能力。

由于中国是全球的制造基地，十分细化的市场需求和激烈的全球采购竞争，迫使小天鹅有着极高的新产品开发速度，新品产值率达80％～90％。而且，针对全球化市场，小天鹅努力满足不同国家的技术要求，不断跟进国际水平。因此，不要小看中国的技术升级，哪儿市场活跃，哪儿技术就有活力。

为了继续做大、做强洗衣机主业，小天鹅加大了与通用电子合作的力度，打造国际化战略。通过与通用电气的合作，大大加速了小天鹅国际化发展的进程。现在，小天鹅在功能设计、技术研发、产品开发等各方面均拥有了引领全球洗衣机行业发展走向的核心技术，在行业处于领先地位。小天鹅已经迈出了进军技术先进国际化品牌坚实的脚步。

小天鹅的全球采购得到了国际同行的认可，通用电气公司总裁杰夫·伊梅尔特说："小天鹅是一个很好的例子，可以说明通用电气和中国的企业是能够建立很好的合作关系的。从另一方面来说，小天鹅可以为通用电气生产更好的洗衣机，同时填补了我们产品群中的空缺。他们的产品质量很好，成本低，有较好的创新意识，相当优秀。而我们能做的，是将小天鹅的产品推向国际市场。所以在很多方面，我们双方都很成功。我们都能实现各自的目标，并创造双赢的局面。"

过去，很多国外企业都是把在本国市场上淘汰的产品打进中国。而现在，中国是家电产品的"晴雨表"，很多跨国公司将在本国都没有上市的产品先投进了中国。走进小天鹅，大概都能找到类似波特的《竞争战略》《竞争优势》或科林斯的《基业长青》《从优秀到卓越》内容的书，因为他们知道，不断学习才是真正的竞争力。小天鹅有许多老总在工作之余坚持到国内外知名大学深造，更有老总还登上了国内外知名大学讲坛。

小天鹅在"全球采购"的过程中，还积极学习国际市场游戏规则。在争取国际市场时，不是采用"价格战"的手段，为获得订单而竞相压价。目前，小天鹅洗衣机每台的最高出口价超过了300美元。事实证明，好机卖好价。

小天鹅在"全球采购时还认真研究各国的经济状况、市场需求和法律，做好细分产品定位。小天鹅在注意保护自己知识产权的同时，也要吸收别人的知识产权。学会国际市场的游戏规则，维护中国产业和产品的信誉。小天鹅要多参加国际大展，在大展中多接触客户、了解市场信息。这样小天鹅才能发展成为亚洲大规模的洗衣机制造商、具有国际竞争力的综合性电器集团。

（资料来源：中国物流与采购网，http：//www.chinawuliu.com.cn.）

思考题：

1. 什么原因促使小天鹅进行全球采购？
2. 小天鹅是如何利用全球采购打造世界级企业的？
3. 小天鹅在全球采购中得到了哪些好处？
4. 本案例给你带来哪些启示？

第一节　国际采购概述

随着经济全球化的不断发展，国际采购已成为采购发展的新方向，且随着互联网的普及与应用，使国际贸易越来越高效。而相应形成的全球供应网与企业商务模式更复杂，这些都需要从事采购的供应人员具备更加全面的技术和能力。

一、国际采购的含义

世界市场的形成打破了国家之间的界限，使国与国间的经济联系日益密切，世界各国都积极主动地参与国际交流与合作，努力开拓国内、国际市场，充分利用国内、国际的资源，以便加入国际大流通。

国际采购是指企业向国外供应商采购组织所需要的产品或服务，也就是进口。即利用全球的资源，在世界范围内寻找供应商及寻找质量最好、价格合理的产品。这种国际化采购可以使公司以有竞争力的方式进行管理，在国际市场上成功地运营。

二、国际采购的特点

1. 国际采购的风险较大

由于国际采购时间较长，常会涉及外汇汇率的变化，所以国际采购在运输、收货和结算等方面都面临很大的风险。

2. 国际采购的程序较为复杂

国际采购从采购前的准备，采购合同磋商、签订到履行等方面都比国内采购复杂得多，需要了解国际贸易专业的相关知识，才能顺利完成采购任务。

三、国际采购需要注意的问题

国际采购与国内采购相比较，由于采购的范围、环境等原因，会出现许多问题，我们只有了解这些问题，才能使国际采购工作顺利进行。

（1）语言沟通问题：不同的国家，就贸易术语和技术词汇所包含的意义存在着差异，这就会导致在贸易过程中，双方对于同一名词的理解存在着不同的解释。因此，在采购中，要及时、详细地与对方沟通来减少不必要的误解。

（2）货币问题：在国际采购中，采购价格、货款的结算会涉及两个国家，两种不同货币的兑换问题。在采购中，至少一方要使用外币进行计价、结算和支付。而整个交易会有一个期限，外币与本国货币的折合比率会在这个期限内发生变化，因此存在外汇风险。如果一旦出现这种风险往往需要一个国外货币兑换专家小组来解决此问题。

（3）法律体系：当进行国际采购时，一定要确定出口国、进口国的法庭以及第三方法庭在发生异议时有没有法律权限。所以采购者一定要求助于合适的专家，请他们给予相关的建议。

第二节 国际采购流程

国际采购流程较之国内采购，国际采购受国际贸易规则、惯例和海关监管措施等的约束，其操作过程比较规范化和程序化。由于国际贸易的复杂性和风险性，国际采购在企业内部的管理程序和政府监管的手续等方面更为严格，因此，其流程设计业就更复杂。

具体流程如下图所示。

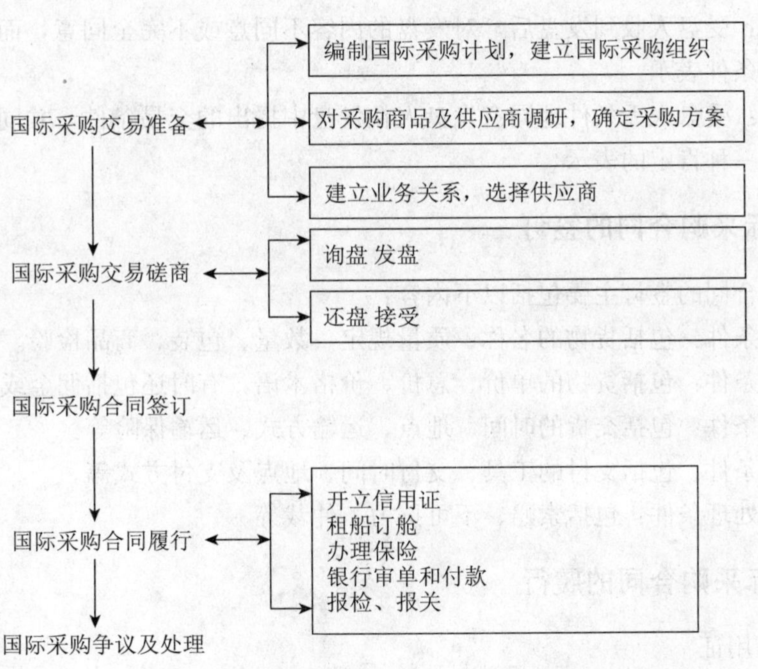

国际采购流程

一、国际采购交易准备工作

1. 编制国际采购计划

国际采购计划规定了拟进行的国际采购业务的基本要求，它的编制标志着国际采购业务的开始。国际采购商品的种类、用途不同，国际采购计划的内容也不同，主要包括采购单位名称、采购目的、采购商品的名称、品质、数量等。

2. 对采购商品及供应商调研

对采购商品的调研要根据商品特点有重点地进行，如对一般商品来说，主要调查商品的适用性、可靠性，以及价格、质量、成分等内容，并予以全面分析和综合考虑。对供应商资质的调查包括：出口商对我国政府的态度，目前的经营状况，以往交往中信用、生产能力、技术水平等。

3. 建立业务关系，选择供应商

根据对于供货商的资质、信用的调研结果，选择合适的供应商，并积极建立长期合作伙伴关系。

二、国际采购交易磋商

(1) 询盘：交易的一方向另一方询问购买或出售某几种货物的各项交易条件的表示。在业务中，多数询盘只询问价格，故称为询价。在实际采购中，常常由买方发出询盘。

(2) 发盘：交易的一方向另一方提出购买或出售某种货物的各项交易条件，并愿意按这些条件达成交易、签订合同的一种肯定的表示。

(3) 还盘：受盘人收到发盘后，对发盘的内容不同意或不完全同意，而提出修改建议或新的限制性条件表示。

(4) 接受：受盘人无条件地同意发盘人在发盘中提出的交易条件，并同意按照这些条件订立合同的一种肯定的表示。

三、国际采购合同的签订

国际采购合同的签订主要包括以下内容：

(1) 购货条件：包括货物的名称、质量规定、数量、包装、商品检验。

(2) 价格条件：包括货物的单价、总价、价格术语，有时还包括佣金或折扣。

(3) 交货条件：包括交货的时间、地点、运输方式、运输保险等。

(4) 支付条件：包括支付的工具、支付时间、地点及支付方式等。

(5) 争议处理条件：包括索赔、不可抗力、仲裁等。

四、国际采购合同的履行

1. 开立信用证

买方履行国际采购合同的第一项程序是要按照合同的规定时间开立信用证。具体程序是买方按照合同规定的内容，填写开具信用证申请书，连同合同副本或复印件交送中国银行；银行根据合同的规定，审查开证申请书，无误后便开立信用证寄发国外。

2. 租船订舱

在开出信用证后，买方应及时委托外运公司办理订舱手续。手续办好后，应迅速将船名及船期通知买方，以便卖方备货装船，做好船货衔接工作。

3. 办理保险

如果按照 FOB 条件成交的国际合同，办理保险是买方的责任。具体手续由买方委托外运公司办理。因此，每批国际采购货物，买方或外运公司在收到国外装船通知后，应将船信息告知保险公司，办理货运保险手续。

4. 审单和付款

货物装运后，卖方便将货运单据与汇票交送出口地银行议付。议付行随即将货运单据与汇票转寄中国银行；中国银行在买方的配合下，对单据进行审核。如果符合信用证规定，便向卖方付款；如果不符会暂停对外付款。

5. 报关、报检

国际采购货物抵达目的港后，买方应及时办理报关、报检手续。

第三节　国际采购的运输与保险

在国际采购中，卖方将货物交付给买方，通常需要通过国际间的长途运输，因此有必要就货物装运时间、装卸地点和运输方式等买卖双方在交接和运输中的责任达成协议。而货物经过长途运输等环节，遇到各种风险而遭受损失的可能性又比较大，为了在货物遭受损失时能得到补偿，减少当事人的损失，就需要办理货物运输保险。

一、国际采购货物运输的主要方式

（一）海上货物运输

（1）班轮运输：班轮（Liner）是指按照规定的航行时刻表在固定的航线和港口往返运载货物的船只。其特点有：

四固定：定船舶、定港口、定航线和定费率。

三特点：①货不论多少，只要舱位可以利用均可受载；②运价内已包括装卸费用，承托双方不计算滞期费和速期费；③承托双方的权利和义务以签发的班轮提单背面条款为准。

（2）租船运输：租船人向船东租用船舶以运输货物，分程租和期租。适用于成交量大、交货集中或对方港口无直达轮停靠的场合。

（二）联合运输

联合运输是指使用两种或两种以上运输方式完成某一运输任务的连贯运输方式，它包括海陆联运、海空联运、陆空陆联运、陆空联运、陆海联运、集装箱运输、大陆桥运输和国际多式联运。

（1）集装箱运输：以集装箱为运输单位进行运输的一种现代化的先进的运输方式，它的货物交接可以是“门到门”，也可以是“港到港”方式。

（2）大陆桥运输：使用横贯大陆的铁路（或公路）运输系统作为中间桥梁，把大陆两端海洋运输连接起来的连贯运输方式。

（3）国际多式联运：按照《联合国国际货物国际多式联运公约》的定义是：国际多式联运是按照国际多式联运合同，以至少两种运输方式，由国际多式联运经营人将货物从国境内接收货物的地点运至另一国境内交付货物的地点。

（4）综合物流：具有的是系统综合和成本归一的控制思想，它将商品经济活动中的所有供应、生产、销售、运输、库存及信息等流通活动综合为一个系统总体，不仅追求商品自然流通的效率与费用，而且力求通过各种途径来提高服务水平，以用户为中心进行管理与控制，加强产品市场竞争力为最终目的。

（三）其他运输方式

（1）邮政运输：一种以邮政部门为承运人的最简单的运输方式。包括普通邮包和航空邮包两种。

（2）管道运输：按运输对象分为液体管道、气体管道、水浆管道。以桶或吨为单位计费。

（3）铁路运输：具有运行速度快、运载量大、受气候影响小、准确性和连续性强等特点。

（4）航空运输：属于现代化运输方式，具有运速快、安全准时，可以运往世界各地而不受地面条件限制等优点。包括班机运输、包机运输、航空急件传送等方式。

二、国际采购的保险

国际采购的保险主要是指国际运输货物保险。它一般是货主（投保人）在货物发运以前，估定一定的投保金额，向保险人，即保险公司投保运输险。

1. 货物运输保险承保范围

货物运输保险就是指投保人或称被保险人，在货物装运以前，估定一定的投保金额，向承保人或称保险人，即保险公司投保运输险。投保人按保险险别、投保金额及保险费率，向承保人支付保险费并领取保险单证。承保人负责对投保货物在运输过程遭受投保险别责任范围内的损失，按投保金额及损失程度赔偿保险单证的持有人。

2. 保险险别

（1）保险险别。

保险险别又称保险项目或投保项目，它是保险公司对承保责任范围的规定。投保人根据货物的运输方式、货物的性能来选择投保险别。

中国人民保险公司根据保险业务的实际需要并参照国际保险市场的习惯做法，制定了各种不同保险条款。其中包括《海洋运输货物保险条款》，其险别分为基本险和附加险两大类。基本险能够单独投保，包括平安险、水渍险和一切险。附加险包括一般附加险和特殊附加险。

①平安险，其责任范围如下：发生意外事故之前或之后又遭遇自然灾害所造成的部分损失；早装卸或转运时一件或数件货物落海造成的全部或部分损失；自然灾害与意外事故造成的全部损失以及意外事故造成的部分损失。

②水渍险，其责任范围除包括上述平安险的各项责任外，还负责被保险货物由于自然灾害造成的部分损失。

③一切险，其责任范围除包括上述水渍险的各项责任外，还负责保险货物在海运途中因各种一般外来原因造成的损失。

④一般附加险，它涵括在一切险之内，投保人如已投保了一切险，就不需要加保一般附加险。包括偷窃提货不着险、淡水雨淋险、短量险、渗漏险、包装破裂险等。

⑤特殊附加险，不能独立投保，只能在基本险基础上投保。包括战争险、罢工险、舱面险、进口关税险、拒收险、交货不到险等。

(2) 交付保险费。

保险费是保险公司向被保险人收取的费用，是保险合同生效的前提。它既是保险人所掌握的保险基金的主要来源，也是保险人经营业务的基本收入。保险公司收取保险费的计算方法是：保险费＝保险金额×保险费率。

第四节 国际采购结算

任何国际采购业务都将涉及支付。与国内采购业务不同的是，国际采购一般有三种支付方式，即预付、跟单汇票和信用证。

一、预付

从采购方来看，这是不理想的支付方式。因为采购方要承担未交货的风险。因此，采购方通常情况下应该拒绝这种方式。

二、跟单汇票

国际采购中应用最为普遍的一种方式，一般来说，出口商不愿在货款未收到前交货。采购商不愿在货物未收到前支付货款，这样跟单汇票就成为两者之间的纽带，通过跟单汇票的方式，银行向双方提供担保。

1. 交单方式

(1) 付款交单。代收银行在进口商付款后将汇票及附属单据交进口商凭以提货。

(2) 承兑交单。代收银行在进口商承兑汇票后将附属单据交进口商，已承兑的汇票留待到期时向进口商收款。

2. 放单方式

凭跟单汇票付款：托收业务中的一种常用的付款方式。进口商在出口商装运货物后凭其委托银行转寄来的汇票及货运单证付款。这种跟单托收方式按其汇票及货运单证交付进口商的条件可分为两种：①付款交单，指出口商委托代收银行只有在进口商先付清货款的条件下才能将货运单证交给进口商，通常在汇票上注明“D/P”字样；②承兑交单，指代收行在进口商承兑汇票后即可将货运单证交付给进口商，而进口商待汇票到期时再付清货款。见“跟单托收”“付款交单”和“承兑交单”。交单方式又称跟单托收的交单方式。

三、信用证

1. 信用证含义

信用证是指由银行（开证行）依照（申请人的）要求和指示或自己主动，在符合信用证条款的条件下，凭规定单据向第三者（受益人）或其指定方进行付款的书面文件。信用证是国际贸易中最常用的支付方式。

在国际贸易活动，买卖双方可能互不信任，买方担心预付款后，卖方不按合同要求发货；卖方也担心在发货或提交货运单据后买方不付款。因此需要两家银行作为买卖双方的保证人，代为收款交单，以银行信用代替商业信用。银行在这一活动中所使用的工具就是信用证。

2. 信用证种类

（1）可撤销信用证，指开证行可不必通知卖方，在买方的指示下，随时修改或撤销，因此它为买方提供了较大的灵活性，却给卖方带来危机感。此种信用证在国际贸易中几乎是不用的。

（2）不可撤销信用证，指只有在所有当事人同意的前提下才可以撤销或修改的信用证。因此它使买方失去了灵活性，却使卖方获得了更多的保障。一旦开出不可撤销信用证，买方就不能不付款。

（3）可转让信用证，指由卖方转让给一个或者多个受益人。当卖方为中间商而需将信用证转给向其供货的一方时，才使用此种信用证，且只可使用其转让一次。

（4）循环信用证，其可在被使用后不经特别修改而恢复原有金额再使用，并可按时间或金额循环。

本章小结

国际采购是全球化的必然产物，本章系统地介绍了国际采购的含义；国际采购的特点及在进行国际采购时容易产生的语言沟通问题、货币问题及法律问题；国际采购的具体流程，分为国际采购交易准备、交易磋商、合同签订及履行和交易争议及处理五个步骤；国际采购的运输方式与保险及国际采购的结算方法等内容。

1. 什么是国际采购?
2. 简述国际采购的基本流程。
3. 简述国际采购的基本运输方式。
4. 简述国际采购货款的结算方式。

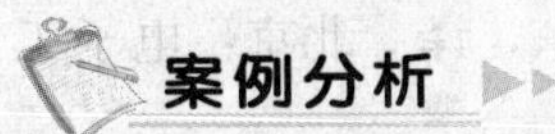

国际采购优化方案

A公司是美国采购商在上海的办事处，主要采购电子产品，如鼠标、音响、U盘、彩盒包装材料等，而A公司的供应商主要在广东地区，原来的做法是让广东的多家供应商分别将货物发到上海，然后A公司安排拼箱出口到美国，再由美国采购商将所有的产品做成组合套装供应到商场。

分析：这样的操作方式有明显的缺陷。

(1) 对于其供应商来说，要支付广东到上海的长途运输费用，增加了成本，而且到了上海以后因为要和别的供应商的货集拼出口，导致不能正常手册核销或拿到出口退税，羊毛出在羊身上，这样的成本负担，最终还是会转嫁到A公司。

(2) 美国采购商收到货以后，需要进行包装生产以后才能发往商场，这必然会增加昂贵的仓储和人工成本。

(3) 品质控制 (Quality Control，QC) 在美国进行，如发现质量有缺陷，退货成本高。

解决方案：用深圳福田保税区来进行操作，可以优化采购流程，降低采购成本。

(1) 让广东地区的供应商将货物发送到深圳福田保税区，降低供应商运输成本，更重要的是福田保税区是境内关外的海关监管区域，国内货物进入保税区视同出口，可以进行手册核销，货物加工好离境以后也不会影响供应商出口退税。

(2) 加工包装和QC在保税区完成。利用本地采购的原材料和大陆工人进行加工增值服务，仓储和人工成本与美国比起来只能用廉价来形容，A公司也可以派QC在这里把关，发现质量缺陷可以立即让供应商过来处理或退货。A公司的控制力将会更强，避免被美国老大“追杀”。

(3) A企业作为上海企业对华南地区的供应商筛选和控制可以与本地的物流企业合作，在这个方案中，物流企业已经不是简单的货代，而是一个战壕里的同盟，本地物流企业可以利用自己的信息优势为外地采购商提供咨询服务。

问题：

1. 该案例中A企业的采购方案做了哪些优化?
2. 本案例给你带来了哪些启示?

参考文献

[1] 秦小辉. 采购管理 [M]. 北京：高等教育出版社，2014.

[2] 罗伯特·B. 汉德菲尔德. 采购与供应链管理 [M]. 王晓东，译. 北京：电子工业出版社，2014.

[3] 钱芝网. 采购管理实务 [M]. 北京：机械工业出版社，2013.

[4] 王征宇. 物流采购管理 [M]. 北京：中国传媒大学出版社，2013.

[5] 骆建文. 采购与供应管理 [M]. 北京：机械工业出版社，2012.

[6] 蹇令香，李东兵. 采购与库存管理 [M]. 大连：东北财经大学出版社，2012.

[7] 梁军. 采购管理 [M]. 2 版. 北京：电子工业出版社，2012.

[8] 李严峰，罗霞. 物流采购管理 [M]. 北京：科学出版社，2010.

[9] 贺挺，周伟丹，贺志芳. 供应链风险管理下的供应商选择研究 [J]. 东南大学学报（哲学社会科学版），2014（6）.

[10] 孙小明. 基于多目标规划与组织间关系的供应商选择方法 [J]. 工业工程与管理，2014.

[11] 欧阳伟. 供应商管理 [J]. 物流科技，2014（2）.

[12] 刚号，唐小我. 基于制造商“努力”的供应链最优策略选择 [J]. 中国管理科学，2014（4）.

[13] 陈宏靓. 浅谈供应链模式下供应商优化管理 [J]. 时代经贸，2014（3）.

[14] 林晓黎. 企业采购价格管理浅析 [J]. 中国科技博览，2014（17）.

[15] 金丽华，吕慧红. 工装采购价格的确定 [J]. 中国经贸，2014（12）.

[16] 王海阳. 浅析企业物资采购成本的控制 [J]. 商场现代化，2014（10）.

[17] 李峰，王斌. 石油企业物资采购成本控制研究 [J]. 物流技术，2013（5）.

[18] 彭明唱，张伐. 基于价值链的制造企业采购成本管理研究 [J]. 商业时代，2013（5）.

[19] 鲍春生. 采购管理实务 [M]. 西安：西北工业大学出版社，2011.

[20] 荣晓明. 浅谈企业物资采购流程的管理思路 [J]. 内蒙古科技与经济，2008（7）.

[21] 张浩. 采购管理与库存控制 [M]. 北京：北京大学出版社，2013.

[22] 李方峻. 采购管理实务 [M]. 北京：北京大学出版社，2010.

[23] 章文光. 物资采购管理 [M]. 吉林：吉林大学出版社，2009.

[24] 郝渊晓. 现代物流采购管理 [M]. 广州：中山大学出版社，2003.

[25] 朱小晖. 企业采购管理 [M]. 北京：石油工业出版社，2000.

[26] 唐艳，蔡勇，李卫忠. 现代采购管理 [M]. 武汉：武汉理工大学出版社，2008.

[27] 王忠宗. 采购管理实务 [M]. 广州：广东经济出版社，2001.

[28] 董千里．采购管理［M］．重庆：重庆大学出版社，2008.

[29] 张瑞夫，张天语，邓涌．现代采购管理实务［M］．上海：上海交通大学出版社，2008.

[30] 张为民，白士强．采购管理［M］．北京：化学工业出版社，2007.

[31] 王槐林．采购管理与库存控制［M］．北京：中国物资出版社，2002.

[32] 白继洲．采购管理实务［M］．广州：广东经济出版社，2003.

[33] 程永生．物流系统分析［M］．北京：中国物资出版社，2010.

[34] 杨赞．采购与库存［M］．大连：东北财经大学出版社，2008.

[35] 张晓芹，黄金万．采购管理实务［M］．北京：人民邮电出版社，2015.

[36] 任珑．招标采购专业知识与法律法规［M］．北京：中国计划出版社，2015.

[37] 任珑．招标采购专业实务［M］．北京：中国计划出版社，2015.

[38] 李帅峰．招标采购利益分配与风险分担研究［D］．北京：北京建筑大学，2013.

[39] 刘海桑．政府采购、工程招标、投标与评标 1200 问［M］．北京：机械工业出版社，2012.

[40] 全国人大法工委研究室．中华人民共和国招投标法释义［M］．北京：人民法院出版社，2014.

[41] 肯尼斯·莱桑斯，布莱恩·法林顿．采购与供应链管理［M］．莫佳忆，译．北京：电子工业出版社，2014.

[42] 北京中交协物流人力资源培训中心．采购绩效管理［M］．北京：机械工业出版社，2008.

[43] 邓明荣，冯毅．采购组织与绩效管理［M］．北京：中国物资出版社，2009.

[44] 张书元，黄瑞．采购组织与绩效管理习题与案例［M］．北京：中国物资出版社，2010.

[45] 中国注册会计师协会．公司战略与风险管理［M］．北京：经济科学出版社，2014.

[46] 薛文彦．采购精细化管理与库存控制［M］．北京：化学工业出版社，2014.

[47] 潘家轺．现代生产管理学［M］．北京：清华大学出版社，2011.

[48] 北京中交协物流人力资源培训中心．采购环境与供应市场分析［M］．北京：机械工业出版社，2014.

[49] 托尼·阿诺德，斯蒂芬·查普曼，洛伊德·克莱夫．物料管理入门［M］．李秉光，等，译．北京：清华大学出版社，2008.

[50] 夏圣亭．商务谈判技术［M］．2 版．北京：高等教育出版社，2007.

[51] 丁建忠．商务谈判［M］．2 版．北京：中国人民大学出版社，2011.

[52] 计国君．生产物流运作及模型［M］．北京：中国物资出版社，2006.

[53] 王静．采购运作管理［M］．北京：机械工业出版社，2014.

[54] 张为民．采购管理［M］．北京：化学工业出版社，2010.

[55] 李恒兴．采购管理［M］．北京：北京理工大学出版社，2011.